Mitarbeiterfortbildung

Die Einkommensteuererklärung 2021

Herausgegeben vom
Steuerberaterverband Niedersachsen
Sachsen-Anhalt e.V.

und den

Referenten:
Dipl.-Finw. Manfred Keil, Steuerberater, Hannover
Dipl.-Finw. Frank Krawczyk, Dozent an der Steuerakademie Niedersachsen, Rinteln
Dipl.-Finw. Markus Perschon, Steuerberater, Escheburg
Dipl.-Oec. Dr. Kai Scharff, Steuerberater, Hamburg
Dipl.-Finw. Michael Seifert, Steuerberater, Troisdorf

Stand: November 2021

BOORBERG

Bibliografische Information der Deutschen Nationalbibliothek | Die Deutsche Nationalbibliothek verzeichnet diese Publikation in der Deutschen Nationalbibliografie; detaillierte bibliografische Daten sind im Internet über www.dnb.de abrufbar.

ISBN 978-3-415-07093-6

Titelfoto: © Stockfotos-MG – stock.adobe.com | Satz: Steuerberaterverband Niedersachsen Sachsen-Anhalt e.V., Zeppelinstraße 8, 30175 Hannover | Druck und Verarbeitung: C.Maurer GmbH & Co. KG, Schubartstraße 21, 73312 Geislingen/Steige

Richard Boorberg Verlag GmbH & Co KG | Scharrstraße 2 | 70563 Stuttgart
Stuttgart | München | Hannover | Berlin | Weimar | Dresden
www.boorberg.de

Inhalt

Inhalt

Inhalt

Abkürzungsverzeichnis

a.a.O.	- am angegebenen Ort
a.F.	- alte Fassung
Abs.	- Absatz
Abschn.	- Abschnitt
abzgl.	- abzüglich
AfA	- Absetzung für Abnutzung
AfaA	- Absetzung für außergewöhnliche Abnutzung
AG	- Aktiengesellschaft(en)
agB	- außergewöhnliche Belastungen
AktG	- Aktiengesetz
AktHR	- Aktuelles Handelsrecht
AktStR	- Aktuelles Steuerrecht
AltEinkG	- Alterseinkünftegesetz
Anm.	- Anmerkung
AO	- Abgabenordnung
ArbG	- Arbeitgeber
ArbN	- Arbeitnehmer
Art.	- Artikel
Az	- Aktenzeichen
BB	- Betriebs-Berater (Zeitschrift)
Bd.	- Band
BEA	- Freibetrag für Betreuungs-, Erziehungs- oder Ausbildungsbedarf eines Kindes
Beil.	- Beilage
BFH	- Bundesfinanzhof
BFH/NV	- Sammlung amtlich nicht veröffentlichter Entscheidungen des Bundesfinanzhofs (Zeitschrift)
BGB	- Bürgerliches Gesetzbuch
BGBl	- Bundesgesetzblatt
BGH	- Bundesgerichtshof
BilMoG	- Gesetz zur Modernisierung des Bilanzrechts
BMF	- Bundesministerium der Finanzen
BR	- Bundesrat
Bsp.	- Beispiel
bspw.	- beispielsweise
BStBl	- Bundessteuerblatt
BT	- Bundestag
Buchst.	- Buchstabe
BVerfG	- Bundesverfassungsgericht
BZSt	- Bundeszentralamt für Steuern
bzw.	- beziehungsweise
d.h.	- das heißt
DB	- Der Betrieb (Zeitschrift)
DBA	- Doppelbesteuerungsabkommen
DHH	- Doppelhaushälfte
Drucks.	- Drucksache
DStR	- Deutsches Steuerrecht (Zeitschrift)
DStZ	- Deutsche Steuer-Zeitung (Zeitschrift)
EFG	- Entscheidungen der Finanzgerichte
EFH	- Einfamilienhaus(-häuser)
ErbSt	- Erbschaftsteuer
Erl.	- Erlass
ESt	- Einkommensteuer
EStG	- Einkommensteuergesetz
EStH	- Einkommensteuer-Handbuch
ETW	- Eigentumswohnung(en)
EU	- Europäische Union
EÜR	- Einnahmen-Überschuss-Rechnung
EuGH	- Europäischer Gerichtshof
EV	- Einzelveranlagung
EWR	- Europäischer Wirtschaftsraum
F	- Fach
f.(f)	- (fort)folgende
FA	- Finanzamt/Finanzämter
FG	- Finanzgericht(e)
FGO	- Finanzgerichtsordnung
FinMin	- Finanzministerium
FinVerw	- Finanzverwaltung
Fn	- Fußnote
FR	- Finanz-Rundschau (Zeitschrift)
gem.	- gemäß
GewSt	- Gewerbesteuer
GG	- Grundgesetz
ggf.	- gegebenenfalls
GmbH	- Gesellschaft mit beschränkter Haftung
GmbHR	- GmbH-Rundschau (Zeitschrift)
grds.	- grundsätzlich
GrESt	- Grunderwerbsteuer
GrS	- Großer Senat
GwG	- geringwertige Wirtschaftsgüter
h.M.	- herrschende Meinung
HGB	- Handelsgesetzbuch
HR	- Handelsregister
HS	- Halbsatz
i.d.F.	- in der Fassung, in dem Fall
i.d.R.	- in der Regel
i.d.S.	- in diesem Sinne
i.e.S.	- im engeren Sinne
i.H.d.	- in Höhe der (des)
i.H.v.	- in Höhe von
inkl.	- inklusiv(e)
InvStG	- Investmentsteuergesetz
InvStRefG	- Investmentsteuerreformgesetz
i.R.(d.)	- im Rahmen (der/des)
i.R.e.	im Rahmen eines (r)
i.S.d.	- im Sinne der/des/dieser
i.S.v.	- im Sinne von
i.V.m.	- in Verbindung mit
i.v.H.	- in voller Höhe
i.w.S.	- im weiteren Sinn(e)
ID-Nr.	- Identifikationsnummer
insb.	- insbesondere
insg.	- insgesamt
JA(Ä)	- Jahresabschluss (-abschlüsse)
JStG	- Jahressteuergesetz
KapESt	- Kapitalertragsteuer
KapG	- Kapitalgesellschaft
KapKto	- Kapitalkonto
KAV	- Kindergeldauszahlungs-Verordnung
KG	- Kommanditgesellschaft
KGaA	- Kommanditgesellschaft(en) auf Aktien
KiSt	- Kirchensteuer
Kj	- Kalenderjahr
km	- Kilometer
Kom.	- Kommentar
KSt	- Körperschaftsteuer
KStG	- Körperschaftsteuergesetz
lfd.	- laufend(e)
Lj	- Lebensjahr(e)
Lkw	- Lastkraftwagen
LSt	- Lohnsteuer
LStH	- Lohnsteuer-Handbuch
LStR	- Lohnsteuer-Richtlinien
lt.	- laut
LuF	- Land- und Forstwirtschaft
max.	- maximal(e)
m.E.	- meines Erachtens
MFH	- Mehrfamilienhaus (-häuser)
Mio.	- Millionen

Abkürzungsverzeichnis

Mrd.	- Milliarden
m.w.N.	- mit weiteren Nachweisen
MwStSystRL	- Mehrwertsteuersystemrichtlinie
n.F.	- neue Fassung
n.v.	- nicht veröffentlicht
Nds. (FG)	- Niedersachsen, niedersächsisch, Niedersächsisches (Finanzgericht)
NJW	- Neue Juristische Wochenschrift (Zeitschrift)
Nr.	- Nummer(n)
nrkr.	- nicht rechtskräftig
NWB	- Neue Wirtschafts-Briefe (Zeitschrift)
o.g.	- oben genannte(n)
OFD	- Oberfinanzdirektion
OHG	- Offene Handelsgesellschaft
OLG	- Oberlandesgericht
PersG	- Personengesellschaft
Pkw	- Personenkraftwagen
rkr.	- rechtskräftig
Rn	- Randnummer(n)
Rz	- Randziffer
S.	- Satz
s.(a.)	- siehe (auch)
Schr.	- Schreiben
sog.	- sogenannte(r)
SolZ	- Solidaritätszuschlag
StEntlG	- Steuerentlastungsgesetz
StModG	- Gesetz zur Modernisierung des Besteuerungsverfahrens
stpfl.	- steuerpflichtig(e)
Stpfl.	- Steuerpflichtige(r)
str.	- streitig (strittig)
Tz	- Textziffer(n)
u.a.	- unter anderem(n)
u.E.	- unseres Erachtens
u.U.	- unter Umständen
u.z.	- und zwar
Urt.	- Urteil
USt	- Umsatzsteuer
v.H.	- vom Hundert
VersAusglG	- Versorgungsausgleichsgesetz
Vfg.	- Verfügung
vGA	- verdeckte Gewinnausschüttung(en)
vgl.	- vergleiche
VSt	- Vermögensteuer
VuV	- Vermietung und Verpachtung
VZ	- Veranlagungszeitraum
WEG	- Wohnungseigentümergesetz
WG	- Wirtschaftsgut
Wj	- Wirtschaftsjahr
z.B.	- zum Beispiel
zvE	- zu versteuerndes Einkommen
z.Zt.	- zur Zeit
ZFH	- Zweifamilienhaus
ZV	- Zusammenveranlagung
zzgl.	- zuzüglich

Zahlen zur Einkommensteuer-Veranlagung 2021

sowie aktuelle Entwicklungen

I. Zahlen zur Einkommensteuer-Veranlagung 2021

§§ des EStG	Inhalt der Bestimmung	2019	2020	2021
§ 32a Abs. 1 EStG	**Grundfreibetrag**			
	Einzelveranlagung	9.168	9.408	9.744
	Zusammenveranlagung	18.336	18.816	19.488
	Eingangssteuersatz	14 %	14 %	14 %
	Spitzensteuersatz (grundsätzlich)	42 %	42 %	42 %
	ab einem zvE i.H.v. … (Einzelveranlagung)	54.960	57.052	57.919
	Spitzensteuersatz (Reichensteuer)	45 %	45 %	45 %
	ab einem zvE i.H.v. … (Einzelveranlagung)	265.327	270.501	274.613
§ 33a Abs. 1 EStG	**Unterhaltshöchstbetrag** (eventuell zzgl. getragener Basis-Kranken- und Pflegeversicherungsaufwendungen)	9.168	9.408	9.744
	Anrechnung eigener Einkünfte und Bezüge der unterhaltenen Person, wenn über …	624	624	624
R 33a.1 EStR	Geringfügiges Vermögen **(Schonvermögen)** der unterhaltenen Person bis Verkehrswert … (Außer Ansatz bleiben bestimmte Vermögensgegenstände – R 33a.1 Abs. 2 S. 4 EStR)	15.500	15.500	15.500
	Kostenpauschale (R 33a.1 Abs. 3 S. 5 EStR)	180	180	180
R 33.3 Abs. 2 EStR	**Anrechnung Haushaltsersparnis** bei Pflegeheimunterbringung und Haushaltsauflösung jährlich	9.168	9.408	9.744
	monatlich	764	784	812
	täglich	25,47	26,13	27,07
§ 1 Abs. 3 EStG	Grenzpendlerregelung			
	Summe der Einkünfte muss der deutschen ESt unterliegen zu mindestens …	90 %	90 %	90 %
	nicht der deutschen ESt unterliegende Einkünfte übersteigen nicht …	9.168	9.408	9.744
	bei Zusammenveranlagung Verdoppelung auf	18.336	18.816	19.488
§ 1a Abs. 1 EStG	Unbeschränkte Steuerpflicht für Staatsangehörige EU-/EWR-Ausland			
	Summe der Einkünfte muss der deutschen ESt unterliegen zu mindestens	90 %	90 %	90 %
	nicht der deutschen ESt unterliegende Einkünfte übersteigen nicht	9.168	9.408	9.744
	bei Zusammenveranlagung Verdoppelung auf	18.336	18.816	19.488

Zahlen zur Einkommensteuer-Veranlagung 2021

§§ des EStG	Inhalt der Bestimmung	2019	2020	2021
§ 1a Abs. 2 EStG	unbeschränkte Steuerpflicht von Bundes-/Landesbediensteten ohne diplomatischen/konsularischen Status			
	Summe der Einkünfte muss der deutschen ESt unterliegen zu mindestens	90 %	90 %	90 %
	nicht der deutschen ESt unterliegende Einkünfte übersteigen nicht	9.168	9.408	9.744
§ 32 Abs. 6 EStG	**Kinderfreibetrag**			
	Einzelveranlagung (p.a.)	2.490	2.586	2.730
	Zusammenveranlagung (p.a.)	4.980	5.172	5.460
	Freibetrag für BEA			
	Einzelveranlagung (p.a.)	1.320	1.320	1.464
	Zusammenveranlagung (p.a.)	2.640	2.640	2.928
§ 66 EStG	**Kindergeld**			
	Kindergeld für 1. und 2. Kind monatlich je .... ab Juli 2019 monatlich	194 204	204	219
	Kindergeld für das 3. Kind monatlich ... ab Juli 2019 monatlich	200 210	210	225
	Kindergeld ab dem 4. Kind monatlich ... ab Juli 2019 monatlich	225 235	235	250
	Kinderbonus (je kindergeldberechtigtem Kind)	0	300	150
§ 10 Abs. 3 EStG	**Basisvorsorgeaufwendungen**			
	Einzelveranlagung	24.305	25.046	25.787
	Zusammenveranlagung	48.610	50.092	51.574
	(zur Kürzung des jeweiligen Höchstbetrags in Sonderfällen siehe § 10 Abs. 3 S. 3 EStG)			
	Berücksichtigung der Aufwendungen bis zu ...	88 %	90 %	92 %
	Höchstabzugsbetrag Einzelveranlagung bei ungekürztem Höchstbetrag ...	21.389	22.542	23.725
	Höchstabzugsbetrag Zusammenveranlagung bei ungekürztem Höchstbetrag ...	42.778	45.084	47.450
§ 10 Abs. 4 EStG	**Sonstige Vorsorgeaufwendungen**			
	Höchstbetrag	2.800	2.800	2.800
	bei Kostenerstattungsanspruch ohne Eigenaufwand	1.900	1.900	1.900
	Mindestens Basis-Kranken- und Pflegeversicherungsaufwendungen			
§ 10 Abs. 4a EStG	Günstigerprüfung (anzuwenden letztmals im VZ 2019)			
	Vorwegabzug Höchstbetrag			
	Einzelveranlagung	300	0	0
	Zusammenveranlagung	600	0	0

Zahlen zur Einkommensteuer-Veranlagung 2021

§§ des EStG	Inhalt der Bestimmung	2019	2020	2021
§ 22 Nr. 1 EStG	**Besteuerungsanteil** der Basisrente bei **Rentenbeginn** je nach Jahr	78 %	80 %	81 %
§ 24a EStG	**Altersentlastungsbetrag** ab Kj nach Vollendung des	64. Lj	64. Lj	64 Lj.
	in % der Einkünfte	17,6 %	16 %	15,2 %
	Höchstbetrag	836	760	722
§ 56 EStDV	Steuererklärungspflicht			
	Zusammenveranlagung, Gesamtbetrag der Einkünfte mehr als …	18.336	18.816	19.488
	Einzelveranlagung, Gesamtbetrag der Einkünfte mehr als …	9.168	9.408	9.744
§ 46 Abs. 2 Nr. 1 EStG	**Veranlagungsgrenze** bei Lohneinkünften, wenn Nicht-Lohneinkünfte über …	410	410	410
§ 46 Abs. 2 Nr. 3 / 4 EStG	Befreiung von Pflicht zur **Abgabe einer Steuererklärung** in bestimmten Fällen bei Arbeitslohn bis insgesamt … (Einzelveranlagung)	11.600	11.900	12.250
	Zusammenveranlagung: Arbeitslohn bis insgesamt …	22.050	22.600	23.350
§ 46 Abs. 3 EStG	**Härteausgleich bis …**	410	410	410
	Minderung um Altersentlastungsbetrag, soweit dieser mehr als … des Arbeitslohns i.S.d. § 46 Abs. 3 S. 2 EStG beträgt,	17,6 %	16 %	15,2 %
§ 70 EStDV	Härteausgleichsbetrag – stufenweise bis …	820	820	820

II. Gesetzesänderungen mit Blick auf die Einkommensteuer 2021

Nachfolgend soll ein **kurzer Überblick** über die für die ESt-Veranlagung bedeutsamen **zum VZ 2021 eingetretenen Gesetzesänderungen** gegeben werden. Eine ausführlichere Darstellung erfolgt z.T. in den einzelnen Themenbereichen. Die Änderungen erfolgten durch eine Vielzahl von Einzelgesetzen[1], die z.T. erst im Juni 2021 beschlossen worden sind. Auf eine Zuordnung der einzelnen Änderungen zu den jeweiligen Einzelgesetzen wird aus Gründen der Übersichtlichkeit verzichtet.

1. Änderung von Beträgen/Zeiträumen/Grenzen ab VZ 2021

– Steuerfreie **Corona-Beihilfe** (§ 3 Nr. 11a EStG)

  Verlängerung des **Auszahlungszeitraums** für aufgrund der Corona-Krise an ArbN gewährte Beihilfen und Unterstützungen bis zur Höhe von 1.500 EUR von ursprünglich 1.3.2020 bis 31.12.2020 auf nunmehr **1.3.2020 bis 31.3.2022** – der max. **Höchstbetrag** darf auch **jahresübergreifend** je Dienstverhältnis nicht überschritten werden.

– **Übungsleiterfreibetrag** (§ 3 Nr. 26 EStG)

  Erhöhung des Übungsleiterfreibetrages von bisher 2.400 EUR p.a. auf **3.000 EUR p.a.** ab VZ 2021.

– **Ehrenamtspauschale** (§ 3 Nr. 26a EStG)

  Erhöhung der Ehrenamtspauschale von bisher 720 EUR p.a. auf **840 EUR p.a.** ab VZ 2021.

– **Entfernungspauschale** (§ 9 EStG)

  Ab dem **VZ 2021 bis VZ 2023** beträgt die Entfernungspauschale **ab dem 21. km 0,35 EUR/Entfernungs-km** statt bisher 0,30 EUR/Entfernungs-km, ab dem VZ 2024 bis VZ 2026 erhöht sich die Pauschale

---

[1] Zweites Gesetz zur steuerlichen Entlastung von Familien sowie zur Anpassung weiterer steuerlicher Regelungen v. 7.12.2020, BGBl I 2020, 2616; Gesetz zur Erhöhung der Behinderten-Pauschbeträge und zur Anpassung weiterer steuerlicher Regelungen v. 14.12.2020, BGBl I 2020, 2770; JStG 2020 v. 21.12.2020, BGBl I 2020, 3096; 3. Corona-Steuerhilfegesetz v. 10.3.2021, BGBl I 2021, 330; Gesetz zur Modernisierung des Körperschaftsteuergesetzes v. 25.6.2021, BGBl I 2021, 2050; Abzugssteuerentlastungsmodernisierungsgesetz v. 2.6.2021, BGBl I 2021, 1259; Fondsstandortgesetz v. 3.6.2021, BGBl I 2021, 1498

ab dem 21. km auf 0,38 EUR/Entfernungs-km – für die **ersten 20 km** beträgt die Entfernungspauschale **unverändert 0,30 EUR/Entfernungs-km.**

– Zuwendung von **Mitarbeiterbeteiligungen** (§§ 3 Nr. 39 und 19a EStG)

  Der bisherige Freibetrag für die Zuwendung von Mitarbeiterbeteiligungen ist mit **Wirkung vom 1.1.2021** von bisher 360 EUR auf **1.440 EUR p.a.** angehoben worden. Außerdem ist für sog. Start-Up-Unternehmen eine verzögerte Besteuerung erst im Zeitpunkt der Veräußerung der Beteiligung – spätestens nach 12 Jahren oder (früherem) Ausscheiden als ArbN – möglich.

– Verlustberücksichtigung bei **Ausfall von Kapitalanlagen** (§ 20 Abs. 6 S. 5f EStG)

  Die Betragsgrenze für die Verlustverrechnungsbeschränkung bei Ausfall von Kapitalanlagen wurde bereits **mit Rückwirkung ab dem VZ 2020** von ursprünglich 10.000 EUR p.a. auf **20.000 EUR p.a.** erhöht – die betragsmäßige Begrenzung gilt auch für den Verlustvortrag.

– **Verbilligte Vermietung** (§ 21 Abs. 2 EStG)

  Die %-Grenze für die verbilligte Vermietung von Wohnungen wurde **ab dem VZ 2021** von bisher 66 % **auf 50 % gesenkt** – die Grenze für die Anerkennung von Verlusten verbleibt unverändert bei 66 %.

– **Grundfreibetrag** (§ 32a EStG)

  Anhebung des Grundfreibetrags **ab dem VZ 2021** von bisher 9.408 EUR auf **9.744 EUR.**

– **Kindergeld und Kinderbonus** (§ 66 EStG)

  Erhöhung des Kindergeldes **ab VZ 2021** für das **1./2. Kind** von 204 EUR/mtl. auf **219 EUR/mtl.** (Jahresbetrag 2.628 EUR), für das **3. Kind** von 210 EUR/mtl. auf **225 EUR/mtl.** (Jahresbetrag 2.700 EUR) und ab dem **4. Kind** von 235 EUR/mtl. auf **250 EUR/mtl.** (Jahresbetrag 3.000 EUR) – außerdem wird ein **einmaliger „Kinderbonus" i.H.v. 150 EUR** für den VZ 2021 gewährt. Dieser wird i.R.d. Familienleistungsausgleichs steuerlich wie Kindergeld behandelt (§ 31 EStG).

– **Behinderungsbedingte Fahrtkostenpauschale** (§ 33 Abs. 2a EStG)

  Ab dem VZ 2021 wurde eine behinderungsbedingte Fahrtkostenpauschale eingeführt, die i.R.d. allgemeinen agB – also unter Berücksichtigung der zumutbaren Belastung – angesetzt werden kann – diese beträgt bei einem **Behinderungsgrad von mind. 80 % oder mind. 70 % und dem Merkzeichen „G" 900 EUR/p.a.** Bei den **Merkzeichen „aG", „Bl", „TBl", „H" oder dem Pflegegrad 4 oder 5** erhöht sich die Pauschale auf **4.500 EUR p.a.** – ein Abzug höherer Beträge ist nicht möglich.

– Erhöhung der **Behinderten-Pauschbeträge** (§ 33b EStG)

Ab dem VZ 2021 wurden die Behinderten-Pauschbeträge verdoppelt und betragen nunmehr:

Grad der Behinderung	VZ 2020	Ab VZ 2021
von 20	0 EUR	384 EUR
von 30	310 EUR	620 EUR
von 40	430 EUR	860 EUR
von 50	570 EUR	1.140 EUR
von 60	720 EUR	1.440 EUR
von 70	890 EUR	1.780 EUR
von 80	1.060 EUR	2.120 EUR
von 90	1.230 EUR	2.460 EUR
von 100	1.420 EUR	2.840 EUR
Hilflose bzw. blinde Menschen (ab 2021 auch taubblinde Menschen)	3.700 EUR	7.400 EUR
Pflegegrad 4 oder 5	3.700 EUR	7.400 EUR

Ein Behinderten-Pauschbetrag wird ab VZ 2021 **nur noch in Abhängigkeit vom Grad der Behinderung** und **bereits ab 20 %** gewährt – weitere Voraussetzungen sind auch bei einem Grad von weniger als 50 % anders als bis zum VZ 2020 nicht zu erfüllen.

– **Pflege-Pauschbetrag** (§ 33b Abs. 6 EStG)

Bisher wurde lediglich bei **Pflegegrad 4 oder 5 (**einschl. hilfloser Menschen – Merkzeichen „H") ein Pflege-Pauschbetrag anstelle der tatsächlichen Kosten als agB i.H.v. 924 EUR/p.a. gewährt – dieser wurde **ab VZ 2021** auf **1.800 EUR/p.a.** erhöht und außerdem ein Pflege-Pauschbetrag bei **Pflegegrad 2 i.H.v. 600 EUR/p.a.** und bei **Pflegegrad 3 i.H.v. 1.100 EUR p.a.** eingeführt.

– **Mobilitätsprämie** (§§ 101 - 109 EStG)

Ab dem VZ 2021 bis VZ 2026 kann i.R.d. ESt-Veranlagung eine Mobilitätsprämie beantragt werden – diese beträgt **14 % der Entfernungs-**

pauschale ab dem 21. km, **soweit** sich diese **nicht mehr steuermindernd ausgewirkt** hat – eine ausführliche Darstellung finden Sie in „B. Arbeitnehmerbereich".

– Vereinfachter **Spendennachweis** (§ 50 Abs. 4 EStDV)

Der vereinfachte Spendennachweis über eine **Einzahlungsbestätigung** bei Barzahlung oder die **Buchungsbestätigung** durch das Kreditinstitut ist bereits mit Wirkung vom VZ 2020 von 200 EUR auf **300 EUR** angehoben worden.

2. Weitere bedeutsame Änderungen im Kurzüberblick

– Verlängerung des **Reinvestitionszeitraums** (§ 6b EStG)[2]

Die Fristen des § 6b EStG verlängern sich **ausnahmsweise** jeweils **um zwei Jahre**, wenn die Rücklage am Schluss des nach dem 29.2.2020 und vor dem 1.1.2021 endenden Wj aufzulösen wäre, sie verlängern sich **um ein Jahr**, wenn die Rücklage am Schluss des nach dem 31.12.2020 und vor dem 1.1.2022 endenden Wj aufzulösen wäre – dadurch wird sichergestellt, dass mit Ablauf der ab März 2020 und in 2021 endenden Wj keine „Zwangsauflösung" erfolgen muss, wenn (noch) keine Reinvestition erfolgt ist – grds. bleibt die Reinvestitionsfrist unverändert bei 4 bzw. 6 Jahren.

– Verlängerung des **Investitionszeitraums** (§ 7g EStG)[3]

Der Investitionszeitraum für Investitionsabzugsbeträge nach § 7g EStG, die in **2017** endenden Wj in Anspruch genommen wurden, beträgt ausnahmsweise **5 Jahre** (2017 - 2022) und für in **2018** endenden Wj in Anspruch genommene Abzugsbeträge **4 Jahre** (2018 - 2022) – dadurch wird sichergestellt, dass mit Ablauf der im VZ 2020 und 2021 endenden Wj keine „Zwangshinzurechnung" erfolgen muss, wenn (noch) keine Investition erfolgt ist – grds. bleibt die Investitionsfrist (z.B. für in 2021 gebildete Abzugsbeträge) unverändert 3 Jahre.

– Zurechnung der **Rente im Sterbemonat** (§ 22 Nr. 1 S. 3 Buchst. a Doppelbuchst. aa S. 9 EStG)

Ab dem VZ 2021 ist aus Vereinfachungsgründen geregelt worden, dass eine nachschüssig gezahlte **Rente für den Sterbemonat** auch

---

2 § 52 Abs. 14 S. 4 f. EStG
3 § 52 Abs. 16 S. 3 f. EStG

dann noch dem **verstorbenen Rentenempfänger zuzurechnen** und von diesem zu versteuern ist, wenn dieser im Zeitpunkt der Auszahlung schon verstorben ist – bisher hätten die Erben die Rente versteuern müssen.

3. Reduzierung des Solidaritätszuschlags ab VZ 2021

Durch das Gesetz zur Rückführung des SolZ 1995[4] sollen ca. 90 % der Lohnsteuerzahler bzw. der Zahler veranlagter ESt vollständig vom SolZ entlastet werden. Dazu wurde die Freigrenze des § 3 SolzG von bisher 972 EUR (Zusammenveranlagung 1.944 EUR) auf 16.956 EUR (Zusammenveranlagung 33.912 EUR) erhöht. Durch eine modifizierte Gleitzone sollen weitere 6,5 % der o.g. Steuerzahler zumindest entlastet werden, 3,5 % der o.g. Steuerzahler sollen den SolZ in unveränderter Höhe zahlen. Bezüglich der KSt sowie der sog. Abgeltungsteuer (§ 32d EStG) bleibt der SolZ auch ab dem VZ 2021 unverändert.

Auswirkungen **VZ 2021** der Änderung im Überblick:

- **Freigrenze** EV bis 16.956 EUR (tarifliche ESt) => **zvE 62.127 EUR**
  - Ersparnis: 932,58 EUR (zugleich max. Ersparnis)
- **Freigrenze** ZV bis 33.912 EUR (tarifliche ESt) => **zvE 124.254 EUR**
  - Ersparnis: 1.865,16 EUR (zugleich max. Ersparnis)
- **„Gleitzone[5]„** EV bis 31.527 EUR (tarifliche ESt) => **zvE 96.820 EUR**
- **„Gleitzone“** ZV bis 63.054 EUR (tarifliche ESt) => **zvE 193.641 EUR**

Beispiel aus der Gleitzone

Die Eheleute Adam werden im VZ 2021 zusammenveranlagt und haben ein zu versteuerndes Einkommen i.H.v. 130.000 EUR erzielt. Die tarifliche Steuer beträgt 36.326 EUR. Der SolZ beträgt damit grds. 5,5% v. 36.326 EUR = 1.997,93 EUR, darf jedoch nicht mehr als 11,9% v. (36.326 EUR ./. 33.912 EUR) = 287,27 EUR betragen.

---

4 Gesetz zur Rückführung des SolZ 1995 (SolzG n.F.) v. 10.12.2019, BGBl I 2019, 2115

5 § 4 SolzG: Der SolZ beträgt 5,5 % der Bemessungsgrundlage. Er beträgt nicht mehr als 11,9 % des Unterschiedsbetrages zwischen der Bemessungsgrundlage, vermindert um die ESt nach § 32d Abs. 3 und 4 EStG und der nach § 3 Abs. 3, 4 und 5 SolzG jeweils maßgebenden Freigrenze.

Praxishinweise

Aufgrund der **Erweiterung des sog. Vorläufigkeitskatalogs** zu § 165 AO durch das BMF-Schr. vom 4.1.2021[6] und der Frage der Verfassungsmäßigkeit des SolzG nach Auslaufen des Solidarpaktes II ist die Festsetzung des SolZ ab dem VZ 2020 vorläufig. Einsprüche sind nicht erforderlich. Gegen die Neuregelung ab VZ 2021 wurde durch die BT-Fraktion der FDP Verfassungsbeschwerde[7] erhoben.

4. Koalitionsvertrag und Steuerrechtsänderungspläne

Der Koalitionsvertrag der sog. „Ampel“ enthält zahlreiche steuerrelevante Gesetzesänderungen.

Die in dem Koalitionsvertrag geäußerten politischen Absichtserklärungen werden in Kürze durch Gesetzgebungsverfahren flankiert.

Auf die durch den Koalitionsvertrag geplanten Steuerrechtsänderungen gehen wir in dem jeweiligen Kapital näher ein.

6 BMF-Schr. v. 4.1.2021 – IV A 3 - S 0338/19/10006:001, BStBl I 2021, 49
7 Az des BVerfG: 2 BvR 1505/20

III. Kurzer Blick in die Erklärungsvordrucke 2021

Die ESt-Erklärungsvordrucke werden im VZ 2021 an die aktuellen Entwicklungen angepasst. Bedeutsam sind vornehmlich folgende Neuerungen:

Hauptvordruck ESt 1 A (Anpassung an die Mobilitätsprämie)

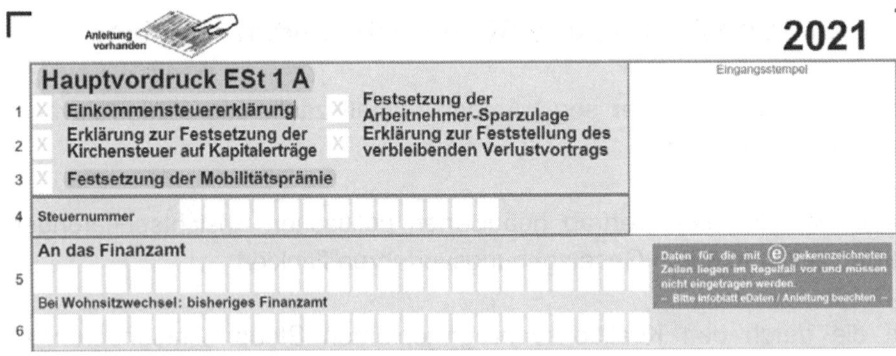

Anleitung vorhanden

2021

Hauptvordruck ESt 1 A

Eingangsstempel

1 Einkommensteuererklärung | Festsetzung der Arbeitnehmer-Sparzulage

2 Erklärung zur Festsetzung der Kirchensteuer auf Kapitalerträge | Erklärung zur Feststellung des verbleibenden Verlustvortrags

3 Festsetzung der Mobilitätsprämie

4 Steuernummer

An das Finanzamt

5

Bei Wohnsitzwechsel: bisheriges Finanzamt

6

Daten für die mit (e) gekennzeichneten Zeilen liegen im Regelfall vor und müssen nicht eingetragen werden. – Bitte Infoblatt eDaten / Anleitung beachten –

Neue Anlage – Mobilitätsprämie

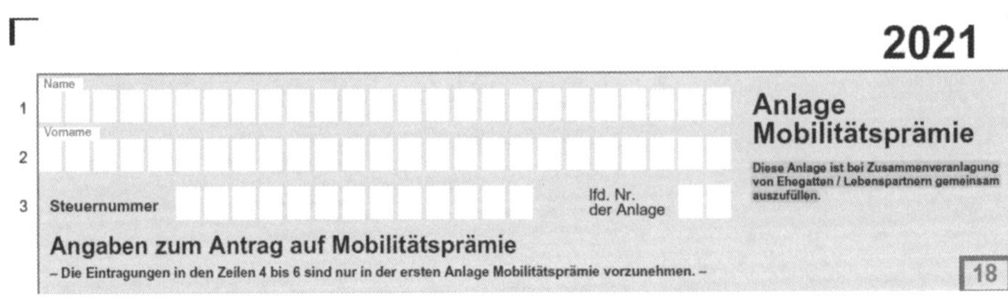

2021

Name

1

Vorname

2

3 Steuernummer | lfd. Nr. der Anlage

Anlage Mobilitätsprämie

Diese Anlage ist bei Zusammenveranlagung von Ehegatten / Lebenspartnern gemeinsam auszufüllen.

Angaben zum Antrag auf Mobilitätsprämie

– Die Eintragungen in den Zeilen 4 bis 6 sind nur in der ersten Anlage Mobilitätsprämie vorzunehmen. –

18

Anlage Außergewöhnliche Belastungen (behindertenbedingte Fahrtkostenpauschale)

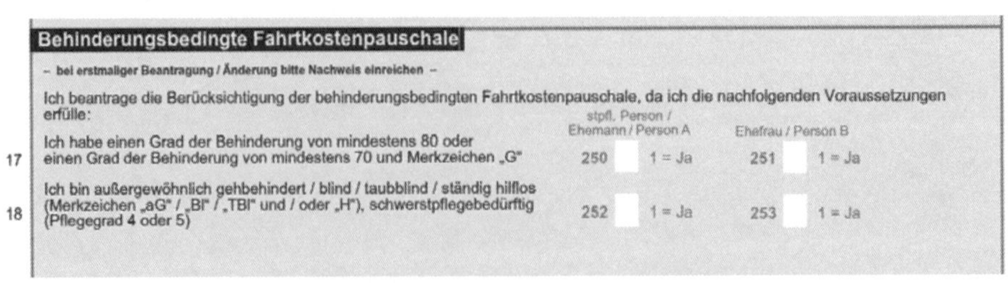

Behinderungsbedingte Fahrtkostenpauschale

– bei erstmaliger Beantragung / Änderung bitte Nachweis einreichen –

Ich beantrage die Berücksichtigung der behinderungsbedingten Fahrtkostenpauschale, da ich die nachfolgenden Voraussetzungen erfülle:

		stpfl. Person / Ehemann / Person A	Ehefrau / Person B
17	Ich habe einen Grad der Behinderung von mindestens 80 oder einen Grad der Behinderung von mindestens 70 und Merkzeichen „G"	250 1 = Ja	251 1 = Ja
18	Ich bin außergewöhnlich gehbehindert / blind / taubblind / ständig hilflos (Merkzeichen „aG" / „Bl" / „TBl" und / oder „H"), schwerstpflegebedürftig (Pflegegrad 4 oder 5)	252 1 = Ja	253 1 = Ja

IV. Ausblick: Gesetzesänderungen zum Jahreswechsel 2021/2022

1. Allgemeines

Aufgrund der neuen Konstellation der Regierung bleibt abzuwarten, welche Gesetzesänderungen im Bereich der ESt-Veranlagung ab dem VZ 2022 auf uns zukommen werden. Zum Zeitpunkt des Redaktionsschlusses sind noch keine verlässlichen Aussagen möglich. Allerdings sind einige erst ab dem VZ 2022 in Kraft tretende Änderungen bereits vor der Wahl verabschiedet worden – dies erfolgte mit den unter II. genannten zahlreichen Gesetzgebungsverfahren. Einige nur temporär eingeführte Regelungen entfallen – vorbehaltlich einer gesetzlichen Verlängerung – ab dem VZ 2022, da sie bereits im ursprünglichen Gesetzgebungsverfahren zeitlich befristet waren. Die wichtigsten Punkte im Kurzüberblick.

2. Körperschaftsteuermodernisierungsgesetz

Durch § 1a KStG – eingeführt durch das sog. Körperschaftsteuermodernisierungsgesetz[8] – besteht für Personenhandelsgesellschaften (z.B. OHG oder KG) sowie Partnerschaftsgesellschaften die Möglichkeit, für nach dem 31.12.2021 beginnende Wj zur Besteuerung nach dem KStG zu optieren[9]. D.h., dass eine solche Gesellschaft, ohne ihre Rechtsform zu verändern, wie eine KapG besteuert wird. Die optierende Gesellschaft ist dann sowohl Steuersubjekt für die KSt als auch für die GewSt – der Gewinn ist nicht mehr einheitlich und gesondert festzustellen und auch nicht mehr von den Gesellschaftern nach § 15 Abs. 1 S.1 Nr. 2 EStG zu versteuern.

Die **Option** auf der Ebene der PersG **schlägt** dann auf die **Ebene der Gesellschafter durch**[10]: Aufgrund der Option gilt die Beteiligung an einer optierenden Gesellschaft für Zwecke der Besteuerung nach dem Einkommen als **Beteiligung** eines nicht persönlich haftenden Gesellschafters **an einer KapG**. Durch das Gesellschaftsverhältnis veranlasste Einnahmen – insb. also Entnahmen – führen beim Gesellschafter zu **Gewinnausschüttungen i.S.d. § 20 Abs. 1 Nr. 1 EStG**. Einnahmen, die er von der Gesellschaft für seine Tätigkeit im Dienst der Gesellschaft bezieht, führen unter den übrigen

---

8 Gesetz zur Modernisierung des Körperschaftsteuergesetzes v. 25.6.2021, BGBl I 2021, 2050
9 § 34 Abs. 1a KStG
10 § 1a Abs. 3 KStG

Voraussetzungen zu **Einkünften aus nichtselbstständiger Arbeit i.S.d. § 19 EStG**. Auch Einnahmen aus der Überlassung von Darlehen oder WG führen **nicht (mehr) zu Sonderbetriebseinnahmen**, sondern je nach Einzelfall zu Einkünften aus KapV[11] oder Einkünften aus VuV oder sonstigen Einkünften. Der Antrag auf Option wird auf der Ebene der Gesellschaft gestellt, so dass die entsprechenden **Rechtsfolgen alle Gesellschafter** betreffen.

Das Optionsmodell für PersG ist insg. äußerst komplex und wirft zahlreiche Einzelfragen auf. Weiterführend wird u.a. auf die Ausführungen im AktStR 2021[12] sowie das BMF-Schreiben vom 10.11.2021[13] verwiesen.

3. Personengesellschaftsmodernisierungsgesetz

Durch den Beschluss des BT vom 24.6.2021 und die Entscheidung des BT vom 25.6.2021, nicht den Vermittlungsausschuss anzurufen, ist das Gesetz zur Modernisierung des Personengesellschaftsrechts – das sog. MoPeG verabschiedet[14]. Die wesentlichen Änderungen treten jedoch erst zum 1.1.2024 in Kraft, so dass für die Praxis noch Zeit bleibt, sich ausführlich mit den – vor allem auch steuerlichen – Folgen der Reform zu befassen.

Wesentlicher Aspekt ist eine **umfassende Neuregelung der Vorschriften zur GbR**, die durch die Reform „aufgewertet" wird, indem u.a. ein **Gesellschaftsregister** für die GbR eingeführt wird. Die GbR kann zukünftig als **rechtsfähige oder als nicht rechtsfähige Gesellschaft** errichtet werden. Allerdings wird der **Begriff des Gesamthandsvermögens abgeschafft**, was steuerlich die Frage nach entsprechenden Folgewirkungen z.B. i.Z.m. § 6 Abs. 5 EStG aufwirft, mit dem sich ggf. auch der Gesetzgeber i.R.e. „Steuerbegleitgesetzes" beschäftigen wird. Weiterführend wird auf die einschlägige Literatur[15] verwiesen.

---

11 § 20 Abs. 1 Nr. 7 EStG
12 *Kaminski,* AktStR 2021, 675
13 BMF-Schr. v. 10.11.2021 – IV C 2 - S 2707/21/10001:004, DStR 2021, 2693
14 MoPeG v. 24.6.2021, BGBl I 2021, 3436
15 Z.B. *Werner,* NWB 2021, 2049

4. Sonstige Änderungen im Kurzüberblick

– Steuerfreiheit für **Aufstockungsbeträge zum Kurzarbeitergeld** (§ 3 Nr. 28a EStG)

Ab dem VZ 2022 entfällt (nach dem bisherigen Stand der Dinge) die für den Zeitraum 1.3.2020 bis 31.12.2021 eingeführte **Steuerfreiheit für Zuschüsse des ArbG zum Kurzarbeitergeld** nach § 3 Nr. 28a EStG. Das Kurzarbeitergeld bleibt über den Jahreswechsel hinaus weiterhin steuerfrei[16] und unterliegt dem Progressionsvorbehalt[17].

– Erhöhung der **Sachbezugsfreigrenze** (§ 8 Abs. 2 S.11 EStG)

Die Sachbezugsfreigrenze des § 8 Abs. 2 S. 11 EStG steigt **ab dem VZ 2022** von 44 EUR auf **50 EUR**.

– Auslaufen der **degressiven AfA** (§ 7 Abs. 2 EStG)

Bewegliche WG des Anlagevermögens, die **nach dem 31.12.2021 angeschafft** oder hergestellt werden, können **nicht mehr degressiv nach § 7 Abs. 2 EStG abgeschrieben** werden. Die Möglichkeit zur degressiven AfA ist auf Anschaffung bzw. Herstellung nach dem 31.12.2019 und vor dem 1.1.2022 begrenzt.

– Entfristung der Erhöhung des **Entlastungsbetrags für Alleinerziehende** (§ 24b EStG)

Die zunächst **zeitlich befristete Erhöhung** des Entlastungsbetrag für Alleinerziehende von 1.908 EUR **auf 4.008 EUR** für den VZ 2020 und 2021 wurde „entfristet" und gilt damit **auch für die VZ 2022 ff.** Der Erhöhungsbetrag für weitere Kinder beträgt auch im VZ 2022 unverändert 240 EUR p.a.

– Weitere Erhöhung des **Grundfreibetrags** (§ 32a EStG)

Der Grundfreibetrag steigt **ab dem VZ 2022** erneut um 240 EUR auf dann **9.984 EUR**.

---

[16] § 3 Nr. 2 Buchst. a EStG

[17] § 32b Abs. 1 S. 1 Nr. 1 Buchst. a EStG

V. Hochwasserkatastrophe

Durch mehrere Starkregenereignisse sind in den Monaten Juni und Juli 2021 in Deutschland – vorranging in Bayern, Nordrhein-Westfalen und Rheinland-Pfalz – erhebliche Schäden entstanden. Die FinVerw hat darauf mit mehreren „typischen“ Katastrophenerlassen[18] reagiert.

Neben Ausführungen zu Stundungen, zur USt sowie zur Grundsteuer sind für die ESt-Veranlagung 2021 folgende Aspekte bedeutsam:

– Vereinfachter **Spendennachweis**

  Statt einer Zuwendungsbestätigung genügt als Nachweis der Zuwendungen, die **bis zum 31.10.2021** zur Hilfe in Katastrophenfällen auf ein für den Katastrophenfall eingerichtetes Sonderkonto einer inländischen juristischen Person des öffentlichen Rechts, einer inländischen öffentlichen Dienststelle oder eines inländischen amtlich anerkannten Verbandes der freien Wohlfahrtspflege einschließlich seiner Mitgliedsorganisationen eingezahlt oder bis zur Einrichtung des Sonderkontos auf ein anderes Konto der genannten Zuwendungsempfänger eingezahlt werden, der **Bareinzahlungsbeleg oder die Buchungsbestätigung eines Kreditinstitutes** (z.B. der Kontoauszug, Lastschrifteinzugsbeleg oder der PC-Ausdruck bei Online-Banking).

– **Zuwendungen aus dem Betriebsvermögen**

  Die Aufwendungen des Stpfl. zur Unterstützung für Opfer des Hochwassers sind nach den Maßgaben des BMF-Schreibens vom 18.2.1998[19] zum **Betriebsausgabenabzug** zuzulassen. Aufwendungen des sponsernden Stpf. sind danach Betriebsausgaben, wenn der Sponsor wirtschaftliche Vorteile, die in der Sicherung oder Erhöhung seines unternehmerischen Ansehens liegen können, für sein Unternehmen erstrebt. Diese wirtschaftlichen Vorteile sind u.a. dadurch erreichbar, dass der Sponsor öffentlichkeitswirksam (z.B. auf Bitte um Unterstützung durch die Gemeinde, durch Berichterstattung in Zeitungen,

---

[18] FinMin Rheinland-Pfalz, Vfg. v. 26.7.2021 – S 1915#2018/0001-0401 447, EStB 2021, 348; Bayerisches Staatsministerium der Finanzen und für Heimat v. 26.7.2021 —37 – S 1915 - 14, NWB JAAAH-86100; FinMin Nordrhein-Westfalen v. 23.7.2021 – S 1915 - 6/48 - V A 3, FR 2021, 855; BMF-Schr. v. 23.7.2021 – III C 2 - S 7030/21/10008:001, BStBl I 2021, 1024; BMF-Schr. v. 28.10.2021 – S 7030/21/10008:001, NWBDokId FAAAH-93653

[19] BMF-Schr. v. 18.2.1998 – IV B 2 - S 2144 - 40/98 / IV B 7 - S 0183 - 62/98, BStBl I 1998, 212

Rundfunk, Fernsehen, Internet usw.) auf seine Leistungen aufmerksam macht.

Wendet der Stpfl. seinen von dem Hochwasser unmittelbar und nicht **unerheblich negativ betroffenen Geschäftspartnern** zum Zwecke der Aufrechterhaltung der Geschäftsbeziehungen in angemessenem Umfang unentgeltlich Leistungen aus seinem Betriebsvermögen zu, sind die **Aufwendungen i.v.H. als Betriebsausgaben** abziehbar. **§ 4 Abs. 5 S. 1 Nr. 1 EStG** ist insoweit aus Billigkeitsgründen **nicht anzuwenden**. Entsprechendes gilt für Zuwendungen, für die kein Abzug nach § 10b EStG möglich ist, an öffentlich-rechtliche Körperschaften zur Berufsvertretung (z.B. Berufskammern und Innungen) i.R.v. Spendenaufrufen zugunsten der von dem Hochwasser unmittelbar und nicht unerheblich negativ betroffenen Berufsangehörigen.

Erfüllt die Zuwendung des Stpfl. unter diesen Gesichtspunkten nicht die Voraussetzungen für den **Betriebsausgabenabzug**, so ist **aus allgemeinen Billigkeitserwägungen** die Zuwendung von WG oder sonstigen betrieblichen Nutzungen und Leistungen (**nicht** hingegen **Geld**) des Stpfl. aus einem inländischen Betriebsvermögen an durch das Hochwasser unmittelbar und nicht unerheblich geschädigte Personen oder mit der Bewältigung des Hochwassers befasste Unternehmen und Einrichtungen (einschließlich der juristischen Personen des öffentlichen Rechts) als Betriebsausgabe zu behandeln, die **ohne Rücksicht auf § 4 Abs. 5 S. 1 Nr. 1 EStG** abgezogen werden darf. Dies gilt für Zuwendungen des Stpfl. i.R.d. unmittelbaren Gefahrenabwehr oder der allgemeinen Aufräumarbeiten, die **bis zum 31.10.2021** erfolgen.

Praxishinweis

Betriebliche **Zuwendungsempfänger** müssen erhaltene (Sach-)Zuwendungen mit dem gemeinen Wert als **Betriebseinnahme** ansetzen.

– Verlust von **Buchführungsunterlagen**

Sind unmittelbar durch das Hochwasser Buchführungsunterlagen und sonstige Aufzeichnungen vernichtet worden oder verloren gegangen, so sind hieraus steuerlich **keine nachteiligen Folgerungen** zu ziehen. Der betroffene Stpfl. sollte die Vernichtung bzw. den Verlust **zeitnah dokumentieren** und soweit wie möglich nachweisen oder glaubhaft machen.

- **Sonderabschreibungen** – auch für den Bereich der VuV

  Die Billigkeitsmaßnahmen ermöglichen für zahlreiche Investitionen, die zu Anschaffungs- oder Herstellungskosten führen, Sonderabschreibungen – bei Gebäuden bis zu 30 % und bei beweglichen WG des Anlagevermögens bis zu 50 % im Wj der Fertigstellung und in den beiden folgenden Wj (Begünstigungszeitraum).

  Die Sonderabschreibungen können nur in Anspruch genommen werden, wenn mit der Ersatzherstellung oder Ersatzbeschaffung bis zum Ablauf des dritten dem Wj des schädigenden Ereignisses folgenden Wj begonnen wurde.

  Außerdem soll **ohne nähere Prüfung** – bei Gebäuden bei Maßnahmen bis 70.000 EUR – von **sofort abzugsfähigem Erhaltungsaufwand** ausgegangen werden. Erhaltungsaufwand größeren Umfangs kann **auf 2 bis 5 Jahre verteilt** werden.

- Bildung von **Rücklagen**

  Für die Ersatzbeschaffung unbeweglicher und beweglicher Anlagegüter kann auf Antrag in besonders begründeten Ausnahmefällen **im Wj vor dem Wj der Ersatzherstellung bzw. Ersatzbeschaffung** die **Bildung einer Rücklage** zugelassen werden. Solche Ausnahmefälle können vorliegen bei außergewöhnlich hohen Teilherstellungskosten oder Anzahlungen oder wenn die Zulassung von Sonderabschreibungen nicht ausreicht, um die Finanzierung der Maßnahmen zur Beseitigung der Schäden zu sichern. Die Rücklage darf zusammen 30 % bei Gebäuden bzw. 50 % bei beweglichen WG der Anschaffungs- oder Herstellungskosten der Ersatz-WG nicht übersteigen.

  Die Rücklage ist gewinnerhöhend aufzulösen, sobald und soweit für die WG, deren Finanzierung die Rücklage erleichtern soll, Sonderabschreibungen vorgenommen werden können, bei beweglichen WG spätestens am Schluss des ersten Wj, das nach der genannten Frist endet und bei Baumaßnahmen spätestens am Schluss des vierten auf den Beginn der Baumaßnahme folgenden Wj.

  Die Grundsätze von R 6.5 Abs. 4 und 6.6 Abs. 7 EStR sind anzuwenden.

  Die **Gewinnminderung** durch Sonderabschreibungen und Bildung von Rücklagen darf **insg. höchstens 600.000 EUR** betragen; sie darf **in keinem Jahr 200.000 EUR übersteigen.**

- Beseitigung von Hochwasserschäden am **Grund und Boden**

  Die Aufwendungen zur Beseitigung der Hochwasserschäden am Grund und Boden können **sofort als Betriebsausgaben** abgezogen werden. Das Gleiche gilt für Aufwendungen zur Wiederherstellung von Hofbefestigungen und Wirtschaftswegen, wenn der bisherige Buchwert beibehalten wird.

- Unterstützung an **ArbN**

  Beihilfen und Unterstützungen des ArbG an seine ArbN können nach R 3.11 LStR steuerfrei sein. Bei vom Hochwasser betroffenen ArbN kann im Allgemeinen von einem **besonderen Notfall** ausgegangen werden, so dass auch ein Betrag von mehr als 600 EUR steuerfrei sein kann. **Zinszuschüsse und -vorteile** für Darlehen zur Beseitigung von Hochwasserschäden können ebenfalls **während der gesamten Laufzeit steuerfrei** sein.

  Vorteile aus einer erstmalig nach Eintritt des Hochwassers erfolgten

  - Nutzungsüberlassung eines betrieblichen Kfz an ArbN, deren privates Kfz durch das Hochwasser zerstört wurde,
  - Nutzungsüberlassung von Wohnungen oder von Unterkünften,
  - Gewährung von unentgeltlicher Verpflegung an ArbN und deren Angehörige, oder
  - anderen Sachzuwendung aus Nutzungsüberlassung

  sind **bis zum 31.10.2021** in die vorstehenden Regelungen **einzubeziehen**.

  Die vorstehend genannten begünstigten Zuschüsse und Sachzuwendungen sind insg. **nur bis zu einem Betrag in Höhe des Schadens** steuerfrei.

- **Arbeitslohnspende**

  Verzichten ArbN auf die Auszahlung von Teilen des Arbeitslohns oder auf Teile eines angesammelten Wertguthabens

  - zugunsten einer Beihilfe des ArbG an vom Hochwasser betroffene ArbN des Unternehmens oder

- zugunsten einer Zahlung des ArbG auf ein Spendenkonto einer spendenempfangsberechtigten Einrichtung i.S.d. § 10b Abs. 1 S. 2 EStG,

bleiben diese **Lohnteile bei der Feststellung des steuerpflichtigen Arbeitslohns außer Ansatz**, wenn der ArbG die Verwendungsauflage erfüllt und dies dokumentiert.

Die steuerfrei belassenen Lohnteile dürfen i.R.d. ESt-Veranlagung **nicht als Spende** berücksichtigt werden.

- Aufwendungen für existenziell notwendige Gegenstände (Wohnung, Hausrat, Kleidung) als **agB**

  Aufwendungen für die Wiederbeschaffung von Hausrat und Kleidung und für die Beseitigung von Schäden an dem eigengenutzten Wohneigentum können i.R.v. R 33.2 EStR als agB berücksichtigt werden. Dabei ist das **Fehlen einer sogenannten Elementarschadensversicherung unschädlich**; diese stellt keine allgemein zugängliche und übliche Versicherungsmöglichkeit i.S.d. R 33.2 Nr. 7 EStR dar.

VI. Einkommensteuer-Erklärung und Verfahrensrecht

1. Abgabefristen

a) Frist zur Abgabe der Steuererklärungen für den VZ 2020 – Fristverlängerungen

Mit dem Gesetz zur Umsetzung der Anti-Steuervermeidungsrichtlinie v. 25.6.2021 (ATAD-Umsetzungsgesetz – ATADUmsG)[20] wurden auch die **Abgabefristen für den VZ 2020** durch eine Änderung des EGAO[21] **verlängert**.

Das BMF hat mit Schreiben vom 20.7.2021[22] zu Anwendungsfragen im Zusammenhang mit den **Fristverlängerungen**, der Festsetzung von **Verspätungszuschlägen**[23] und der **zinsfreien Karenzzeit**[24] Stellung genommen.

Für die ESt-Erklärung 2020 ergeben sich die nachfolgenden, verlängerten Abgabefristen:

Steuerlich nicht beratene Personen:	Montag, 1.11.2021[25] (bzw. Dienstag, 2.11.2021)[26]
Steuerlich beratene Personen:	Dienstag, 31.5.2022

Für steuerlich nicht beratene Personen mit Einkünften aus LuF und abweichendem Wj ist die ESt-Erklärung 2020 zehn Monate nach Ablauf des Wj 2020/2021[27] – bei einem z.B. am 30.6.2021 endenden Wj spätestens am Montag, 2.5.2022[28] einzureichen.

Für steuerlich beratene Personen mit Einkünften aus LuF und abweichenden Wj ist die ESt-Erklärung 2020 spätestens am Montag, 31.10.2022 einzureichen.

---

20 ATADUmsG v. 25.6.2021, BGBl I 2021, 2035
21 Art 97 § 36 Abs. 3 EGAO i.V.m. § 149 Abs. 2 und 3 AO
22 BMF-Schr. v. 20.7.2021 – IV A 3 - S 0261/20/10001:014, BStBl I 2021, 984
23 § 152 AO
24 § 233a AO
25 § 108 Abs. 3 AO – 31.10.2021 = Sonntag
26 § 108 Abs. 3 AO – 1.11. ist in einigen Bundesländern ein Feiertag (Allerheiligen)
27 § 149 Abs. 2 S. 2 AO
28 § 108 Abs. 3 AO – 30.4.2022 = Samstag

b) Frist zur Abgabe der Steuererklärungen für den VZ 2021

Für die **ESt-Erklärung 2021** ergeben sich die nachfolgenden Abgabefristen:

Steuerlich nicht beratene Personen[29]: Montag, 1.8.2022[30]

Steuerlich beratene Personen[31]: Dienstag, 28.2.2023

Für steuerlich nicht beratene Personen mit Einkünften aus **LuF** und abweichendem Wj ist die ESt-Erklärung 2021 sieben Monate nach Ablauf des Wj 2021/2022[32] – bei einem z.B. am 30.6.2022 endenden Wj also spätestens am Dienstag, 31.1.2023 einzureichen.

Für steuerlich beratene Personen mit Einkünften aus LuF und abweichenden Wj ist die ESt-Erklärung 2021 spätestens am Montag, 31.7.2023[33] einzureichen.

Praxishinweise

Fordert das FA zur Abgabe einer ESt-Erklärung **auf**, obwohl die gesetzlichen Voraussetzungen für eine Pflichtveranlagung nicht vorliegen, so handelt es sich dennoch um einen Fall der **Pflichtveranlagung**[34].

Wurde auf den Schluss des vorangegangenen VZ ein verbleibender Verlustvortrag festgestellt, so ist für den unmittelbar folgenden VZ eine Pflichtveranlagung durchzuführen[35].

c) Antragsveranlagung

Liegt für den VZ 2021 **kein Fall der Pflichtveranlagung** vor, so gelten die Abgabefristen nicht und die Festsetzungsverjährung ist zu berücksichtigen. Die Festsetzungsverjährung[36] endet mit Ablauf des **31.12.2025**.

29 § 149 Abs. 2 S. 1 AO
30 § 108 Abs. 3 AO – 31.7.2022 = Sonntag
31 § 149 Abs. 3 AO
32 § 149 Abs. 2 S. 2 AO
33 § 149 Abs. 3 AO
34 BFH-Urt. v. 4.10.2017 – VI R 53/15, BStBl II 2018, 123
35 § 56 S. 2 EStDV; vgl. hierzu auch BFH-Urt. v. 30.3.2017 – VI R 43/15, BStBl II 2017, 1046
36 § 169 Abs. 2 S. 1 Nr. 2 AO

d) Keine verlängerte Erklärungsfrist für Angehörige der steuerberatenden Berufe in eigener Sache

Der BFH hat mit Beschluss vom 27.8.2021[37] die **Nichtzulassungsbeschwerde** eines Rechtsanwalts **zurückgewiesen**.

Der Kläger erzielte als Rechtsanwalt und Mitglied einer Rechtsanwaltssozietät Einkünfte aus selbstständiger Arbeit. Die ESt-Erklärung für den VZ 2018 hat er nach mehrfacher Aufforderung am 29.12.2019 beim FA eingereicht. In der Erklärung gab er an, dass er als Angehöriger der steuerberatenden Berufe und Mitglied seiner Kanzlei an der Erstellung mitgewirkt habe.

Im ESt-Bescheid setzte das FA einen Verspätungszuschlag i.H.v. 125 EUR fest. FG und BFH bestätigten dies.

Es ist nach Aussage der Richter bereits anhand des Gesetzes und der bisherigen Rechtsprechung des BFH eindeutig geklärt, dass die verlängerte Erklärungsfrist[38] **nicht für die eigene Steuererklärung** eines Angehörigen der steuerberatenden Berufe und seines mit ihm zusammenveranlagten[39] Ehegatten gilt.

2. Festsetzungsverjährung und Ablaufhemmung

§ 171 Abs. 3 AO

(3) Wird vor Ablauf der Festsetzungsfrist außerhalb eines Einspruchs- oder Klageverfahrens ***ein Antrag*** *auf Steuerfestsetzung oder auf Aufhebung oder Änderung einer Steuerfestsetzung oder ihrer Berichtigung nach § 129 gestellt, so läuft die Festsetzungsfrist insoweit nicht ab, bevor über den Antrag unanfechtbar entschieden worden ist.*

Mit Urteil vom 23.9.2020[40] hat sich der BFH (u.a.) ausführlich dazu geäußert, welche **Anforderungen an einen Antrag** zu stellen sind, durch den der Ablauf der Festsetzungsfrist gehemmt werden soll.

Dieser zuvor noch nicht eindeutig geklärten Frage kommt besondere Bedeutung zu, wenn die Steuererklärung für einen Mandanten erst kurz vor Ende der Festsetzungsverjährung eingereicht wird, und die Veranlagung zu einer

---

37 BFH-Beschl. v. 27.8.2021 – VIII B 36/21, Juris (nicht amtlich veröffentlicht)
38 § 149 Abs. 3 AO
39 §§ 26, 26b EStG
40 BFH-Urt. v. 23.9.2020 – XI R 1/19, BStBl II 2021, 341

Steuererstattung führen würde. Gleiches gilt, wenn sich **vortragsfähige Verluste** ergeben, die i.R.d. § 10d EStG gesondert festgestellt werden müssen.

Der BFH hat sich auch dazu geäußert, welche Angaben ein Antrag enthalten muss, wenn die **Besteuerungsgrundlagen noch nicht vollständig** bekannt sind, und die Erklärung nicht mehr vor Ablauf der regulären Festsetzungsfrist erstellt werden kann.

Die Entscheidung lässt sich wie folgt in ihren Grundzügen zusammenfassen:

– Als Antrag i.S.d. § 171 Abs. 3 AO sind nur solche Willensbekundungen zu verstehen, die ein **Tätigwerden der FinVerw** außerhalb des ohnehin gebotenen Verwaltungshandelns auslösen sollen.

– Ist der Stpfl. **nicht** zur Abgabe einer ESt-Erklärung verpflichtet, kann die Abgabe einer Steuererklärung, mit der eine **Antragsveranlagung**[41] begehrt wird, als Antrag auf ein Tätigwerden angesehen werden.

– Im Fall einer **Pflichtveranlagung** stellt die Abgabe der Steuererklärung allein **keinen** Antrag i.S.d. Vorschrift dar, auch nicht, wenn die Festsetzung zu einer Erstattung führen würde.

  Es ist daher ein **zusätzlicher Antrag** auf Erlass eines Steuerbescheides erforderlich, um die Ablaufhemmung auszulösen (s.u. Praxishinweis).

– Wenn **noch keine Steuererklärung** abgegeben werden kann, muss sich aus dem Antrag auf Erlass des Steuerbescheides eindeutig ergeben, **inwieweit die Steuerfestsetzung beantragt** wird. Rein betragsmäßige Angaben zur Höhe der Steuer reichen **nicht** aus. Der Antrag muss – vergleichbar einem Antrag auf schlichte Änderung eines Steuerbescheides[42] – hinreichende **Angaben zu den Besteuerungsgrundlagen** enthalten. Hierbei wäre nach Ansicht des BFH zur Konkretisierung des Antrags eine **substantiierte eigene Schätzung** des Stpfl. anhand der ihm zugänglichen Erkenntnisquellen vorzunehmen.

  Die Ablaufhemmung im Fall eines Antrags des Stpfl. soll sicherstellen, dass der Erfolg oder Misserfolg seines Antrags nicht von der Arbeitsweise oder -geschwindigkeit der Behörde abhängt.

---

41 § 46 Abs. 2 Nr. 8 EStG
42 § 172 Abs. 1 S. 1 Nr. 2 Buchst. a AO

Dies setzt aber voraus, dass der Stpfl. durch **ausreichende Angaben** in seinem Antrag die Behörde überhaupt in die Lage versetzt, das Begehren **der Sache nach zu bearbeiten**.

Andernfalls ist der Erfolg oder Misserfolg seines Antrags durch seine fehlenden Angaben veranlasst. Ein Antrag ohne ausreichende Angaben führt **nicht** zur Ablaufhemmung.

Praxishinweis

Wird eine obligatorische Steuererklärung erst kurz vor Ablauf der Festsetzungsfrist eingereicht, besteht die Gefahr der Festsetzungsverjährung. Die Abgabe der Erklärung allein stellt keinen Antrag i.S.d. § 171 Abs. 3 AO dar.

Es ist daher ein **zusätzlicher Antrag** erforderlich, um die Ablaufhemmung auszulösen. Dieser Antrag sollte **gesondert** gestellt werden und nicht wie ein Begleitschreiben zur Steuererklärung gestaltet sein. Außerdem sollte sich der Antrag zur Klarstellung ausdrücklich auf den § 171 Abs. 3 AO beziehen.

3. Keine gesonderte und einheitliche Feststellung in Fällen von geringer Bedeutung

Das FG Münster hat sich mit Urteil vom 9.3.2021[43] zu der Frage geäußert, unter welchen Voraussetzungen **keine** gesonderte und einheitliche Feststellung von gemeinschaftlich erzielten Einkünften durchzuführen ist, weil ein **Fall von geringer Bedeutung** vorliegt.[44]

Der Sachverhalt lässt sich (vereinfacht) wie folgt darstellen:

- Die Kläger A und B unterhielten mit ihren Eltern V und M ein gemeinsames Konto bei einem Bankhaus. Hieraus erzielten sie zu je 25 % Einkünfte aus KapV.
- In den ESt-Erklärungen der Streitjahre 2002 und 2003 erklärten weder die Kläger noch die Eltern die gemeinschaftlich erzielten Einkünfte.
- Eine Erklärung zur gesonderten und einheitlichen Feststellung der Einkünfte reichten sie ebenfalls **nicht** ein.

43 FG Münster, Urt. v. 9.3.2021 – 1 K 2028/17 F, EFG 2021, 809, rkr
44 § 180 Abs. 3 S. 1 Nr. 2 AO

- Nach dem Tod der Eltern, im Jahr 2015, teilten die Kläger dem FA mit, dass die Einkünfte aus KapV bislang nicht erklärt worden sind.

  ➔ Zu diesem Zeitpunkt war für die ESt-Veranlagungen 2002 und 2003 bereits **Festsetzungsverjährung** eingetreten.

- Das FA erließ daraufhin für die Jahre 2002 und 2003 erstmalige Bescheide über die gesonderte und einheitliche Feststellung der Besteuerungsgrundlagen und rechnete den Beteiligten jeweils 25 % der gemeinschaftlichen Einkünfte zu.

  ➔ Für den Erlass erstmaliger Feststellungsbescheide war noch **keine Festsetzungsverjährung** eingetreten.

Streitig war, ob in dem Fall überhaupt eine Feststellung durchzuführen war, oder ob es sich um einen **Fall von geringer Bedeutung** i.S.d. § 180 Abs. 3 AO handelt, bei dem eine gesonderte Feststellung der Besteuerungsgrundlagen unterbleibt.

Das FG kam zu dem Ergebnis, dass eine **Feststellung nicht erfolgen durfte** und hob die Feststellungsbescheide ersatzlos auf. Das Urteil ist rechtskräftig.

Zur Begründung führten die Richter aus, ein Fall von geringer Bedeutung i.S.d. § 180 Abs. 3 AO liege insb. vor, wenn

- die Ermittlung und Aufteilung gemeinschaftlich erzielter Einkünfte ein leicht überschaubarer Vorgang ist,
- für alle Beteiligten das Feststellungsfinanzamt mit dem Wohnsitzfinanzamt identisch ist, und somit nicht die Gefahr widersprüchlicher Entscheidungen besteht,
- für alle Beteiligten Beginn und Ende der Festsetzungsfrist parallel verlaufen und somit eine einheitliche Besteuerung erfolgen kann (bzw. im Urteilsfall einheitlich eben nicht mehr erfolgen kann).

Der Sachverhalt bleibt nach Ansicht der Richter auch dann ein Fall von geringer Bedeutung, in dem keine gesonderte Feststellung durchzuführen ist, wenn das FA durch die gesonderte Feststellung die für sämtliche Beteiligten **eingetretene Festsetzungsverjährung faktisch umgehen könnte.** Dies sei ein Gedanke, der allein von dem Ziel einer Steuerfestsetzung, aber nicht vom Vereinfachungszweck des § 180 Abs. 3 AO getragen werde.

4. Beantragung von nachträglichen Vorauszahlungen

Zur **Vermeidung von Zinsrisiken** für Steuernachzahlungen[45] sollte regelmäßig ein Antrag auf Festsetzung einer nachträglichen, sog. „fünften Vorauszahlung" geprüft werden. § 37 Abs. 3 S. 3 EStG bestimmt hierzu:

> *„[3]Das Finanzamt kann bis zum Ablauf des auf den Veranlagungszeitraum folgenden* ***15. Kalendermonats*** *die Vorauszahlungen an die Einkommensteuer anpassen, die sich für den Veranlagungszeitraum voraussichtlich ergeben wird; dieser Zeitraum verlängert sich auf 23 Monate, wenn die Einkünfte aus Land- und Forstwirtschaft bei der erstmaligen Steuerfestsetzung die anderen Einkünfte voraussichtlich überwiegen werden."*

Im Zuge der Verlängerung der Abgabefristen für die Steuererklärungen wurde auch die **Frist für die Festsetzung der nachträglichen Vorauszahlung verlängert.** Hierzu wurde in § 52 Abs. 35d EStG geregelt:

> *„§ 37 Absatz 3 Satz 3 ist* ***auf Antrag des Steuerpflichtigen*** *mit der Maßgabe anzuwenden, ... dass* ***für den Veranlagungszeitraum 2020*** *an die Stelle des 15. Kalendermonats* ***der 18. Kalendermonat*** *und an die Stelle des 23. Kalendermonats der 26. Kalendermonat tritt."*

Die Festsetzung einer **nachträglichen Vorauszahlung für den VZ 2020** ist somit auf Antrag bis zum Ablauf des **30.6.2022** möglich, bei überwiegend Einkünften aus LuF bis zum Ablauf des **28.2.2023.**

Für den **VZ 2021** ist eine Verlängerung der Fristen zurzeit nicht ersichtlich. Somit ist die Festsetzung einer nachträglichen Vorauszahlung für den VZ 2021 bis zum Ablauf des 31.3.2023 möglich, bei überwiegend Einkünften aus LuF zum Ablauf des 30.11.2023.

Praxishinweis

Ein **Antrag auf Festsetzung** von nachträglichen Vorauszahlungen ist einer lediglich **freiwilligen Zahlung** vorzuziehen, weil dies zum einen weniger Schwierigkeiten bei der Verbuchung der Beträge im FA bereitet.

Noch wichtiger ist aber, dass in die Berechnung der Zinsen nur „die bis zum Beginn des Zinslaufs **festgesetzten** Vorauszahlungen"[46] einfließen. Freiwillige Zahlungen

---

[45] § 233a AO

[46] § 233a Abs. 3 S. 1 AO

ohne Festsetzung haben keine Auswirkung auf die Zinsberechnung[47] und können zu einem Erlass der festgesetzten Zinsen im Billigkeitswege führen; AEAO zu § 233a Rz 70.1.1.

Da „die **bis zum Beginn des Zinslaufs** festgesetzten Vorauszahlungen"[48] bei der Berechnung der Zinsen maßgeblich sind, wurde korrespondierend auch der Beginn des Zinslaufs angepasst.[49]

Für den **Besteuerungszeitraum 2020** beginnt

- der allgemeine Zinslauf[50] erst am 1.7.2022 und
- der besondere Zinslauf[51] (überwiegend Einkünfte aus LuF) erst am 1.3.2023.

Für den **Besteuerungszeitraum 2021** ist eine Verlängerung der Fristen zurzeit nicht ersichtlich. Für den Besteuerungszeitraum 2021 beginnt somit

- der allgemeine Zinslauf am 1.4.2023 und
- der besondere Zinslauf (überwiegend Einkünfte aus LuF) am 1.12.2023

5. Entscheidung des BVerfG zur Vollverzinsung

Das BVerfG hat mit Beschluss vom 8.7.2021[52] zur Vollverzinsung[53] entschieden, dass

- die Vollverzinsung grds. verfassungsgemäß ist, da sie zur Abschöpfung potenzieller Liquiditätsvorteile durch späte Steuerfestsetzungen geeignet ist,
- der Zinssatz von 0,5 % pro Monat[54] für Verzinsungszeiträume **ab dem 1.1.2014 nicht mehr mit Art. 3 GG vereinbar** ist,
- das bisherige Recht für Verzinsungszeiträume bis 31.12.2018 weiter anwendbar ist (Fortgeltungsanordnung),

---

47 AEAO zu § 233a Rz 70.1.1
48 § 233a Abs. 3 S. 1 AO
49 Art. 97 § 36 Abs. 3 Nr. 10 und 11 EGAO
50 § 233a Abs. 2 S. 1 AO
51 § 233a Abs. 2 S. 2 AO
52 BVerfG, Beschl. v. 8.7.2021 – 1 BvR 2237/14, BGBl I 2021, 4303
53 § 233a AO
54 § 238 Abs. 1 S. 1 AO

– das bisherige Recht für Verzinsungszeiträume ab dem 1.1.2019 nicht mehr anwendbar ist (Anwendungssperre).

Für Verzinsungszeiträume ab dem 1.1.2019 hat das BVerfG den Gesetzgeber verpflichtet, **rückwirkend eine gesetzliche Neuregelung** zu treffen, die den verfassungsrechtlichen Vorgaben entspricht. Hierfür hat das Gericht eine Frist bis zum 31.7.2022 eingeräumt.

Das BVerfG hat die Unvereinbarkeit nicht auf die Nachzahlungszinsen beschränkt, somit sind **grds. auch Erstattungszinsen** betroffen. Ob es hierbei zu **Rückforderungen i.R. der gesetzlichen Neuregelung** kommen kann, ist rechtlich umstritten. Die **Vertrauensschutzregelung** des § 176 Abs. 1 Nr. 1 AO bestimmt, dass bei der Aufhebung oder Änderung eines Steuerbescheids nicht zuungunsten des Stpfl. berücksichtigt werden darf, dass das BVerfG die Nichtigkeit eines Gesetzes feststellt, auf dem die bisherige Steuerfestsetzung beruht. Gerade dies wäre bei einer Rückforderung von Nachzahlungszinsen der Fall. Die **FinVerw vertritt allerdings die Auffassung**, dass im Falle der vorläufigen Festsetzung nach § 165 Abs. 1 S. 2 Nr. 2 AO bei Erstattungszinsen der o.g. **Vertrauensschutz nicht greift.** Ob diese Auffassung gerichtlich haltbar ist, bleib abzuwarten.

Die Unvereinbarkeit erstreckt sich **nicht auf andere Verzinsungstatbestände zulasten** der Stpfl. (Stundungs-, Hinterziehungs- und Aussetzungszinsen), weil die Verzinsung in diesen Fällen entweder auf Antrag des Stpfl. (Stundung, Aussetzung der Vollziehung) erfolgt bzw. von diesem bewusst in Kauf genommen wird (Hinterziehung) und jederzeit durch Zahlung beendet werden kann.

Das BMF hat sich mit Schreiben vom 17.9.2021[55] zu den Folgen der Entscheidungen geäußert. Vom Landesamt für Steuern Nds. gibt es dazu eine ergänzende Pressemitteilung.[56] Danach werden derzeit u.a. **vorläufig bis zu einer gesetzlichen Neuregelung weder Nachzahlungs- noch Erstattungszinsen für Verzinsungszeiträume ab 1.1.2019 festgesetzt.** Bestehende Zinsfestsetzungen sollen erst nach der gebotenen Gesetzesänderung geändert werden.

---

55 BMF-Schr. v. 17.9.2021 – IV A 3 - S 0338/19/10004:005, BStBl I 2021, 1759
56 Pressemitteilung LfSt Nds. v. 17.9.2021 – www.lstn.niedersachsen.de

Der Beitrag von *Perschon* in AktStR[57] enthält eine ausführliche Darstellung der Entscheidung des BVerfG im Einzelnen und verbindet diese mit einer Stellungnahme zu den verschiedenen Punkten und einer Einschätzung der künftigen Entwicklung.

6. Säumniszuschläge

Zu der Frage, ob die Säumniszuschläge ebenfalls verfassungswidrig zu hoch sind, ist ein **Revisionsverfahren** beim BFH[58] anhängig. Dieses betrifft nur **Zeiträume nach dem 31.12.2009.**

Für Zeiträume bis zum 31.12.2009 bestehen nach Ansicht des BFH keine verfassungsrechtlichen Zweifel. Insoweit wurde die Revision nicht zugelassen.

Nach Auffassung des FG Münster[59] bestehen zumindest für **vor 2019** entstandene Säumniszuschläge keine Zweifel an der Verfassungsmäßigkeit. Ob dies ab 2019 anders zu beurteilen ist, bleibt abzuwarten.

7. Abzinsung von Verbindlichkeiten

Streitig ist weiterhin, ob die Abzinsung von Verbindlichkeiten in der steuerlichen Gewinnermittlung mit 5,5 %[60] ebenfalls verfassungswidrig ist. Hierzu liegen gegensätzliche FG-Urteile vor.

Das FG Hamburg[61] hat in einem Verfahren zur Aussetzung der Vollziehung (AdV)[62] **ernsthafte verfassungsrechtliche Zweifel** am Zinssatz von 5,5 % geäußert und dem Kläger AdV gewährt. Eine vom FG zugelassene Beschwerde wurde nicht eingelegt.

Ablehnend hat das FG Münster[63] mit Beschluss vom 5.5.2021 entschieden. Auch in diesem Verfahren ging es um die Gewährung einer AdV. Die Richter hatten **keine verfassungsrechtlichen Zweifel** am Abzinsungssatz von

---

57 *Perschon*, AktSt 2021, 839
58 Az des BFH: VII R 22/20
59 FG Münster, Urt. v. 12.10.2021 – 12 K 901/20 AO, Juris
60 § 6 Abs. 1 Nr. 3 EStG
61 FG Hamburg, Beschl. v. 31.1.2019 – 2 V 112/18. EFG 2019, 525, rkr.
62 § 69 Abs. 3 i.V.m. Abs. 2 FGO
63 FG Münster, Beschl. v. 5.5.2021 – 13 V 505/21, EFG 2021, 1205; NZB eingelegt, Az des BFH: XI B 44/21 (AdV)

5,5 %. Der Senat ist der Auffassung, dass für die Abzinsung von Verbindlichkeiten **nicht die gleichen verfassungsrechtlichen Maßstäbe** wie für die Verzinsung von Steuernachzahlungen oder -erstattungen gelten. Die Abzinsungsregelung für Verbindlichkeiten führe **lediglich zu einer temporären** und allenfalls in geringem Umfang zu einer endgültigen **steuerlichen Belastung.**

Gegen den Beschluss des FG Münster wurde Nichtzulassungsbeschwerde eingelegt.[64]

8. Typisierende Berechnung der nicht abziehbaren Schuldzinsen nach § 4 Abs. 4a EStG

Auch die Berechnung der nicht abziehbaren Schuldzinsen, die typisierend mit 6 % der Überentnahmen angesetzt werden, ist umstritten.

Beim BFH ist weiterhin ein Musterverfahren[65] anhängig, ob diese typisierende Berechnung vor dem Hintergrund des Niedrigzinsniveaus verfassungsgemäß ist.

Zu den aktuellen Entwicklungen wird auf die Ausführungen unter **„A. Unternehmensbereich – Update zum Schuldzinsenabzug (§ 4 Abs. 4a EStG)“** verwiesen.

9. E-Bilanz und Übertragungspflicht

Der BFH hat mit Urteil vom 21.4.2021[66] zu der Frage Stellung bezogen, wann eine unbillige Härte vorliegt, bei der auf die elektronische Übermittlung der Bilanz verzichtet werden kann.[67]

Bei der Klägerin handelte es sich um eine haftungsbeschränkte Unternehmergesellschaft mit einem Stammkapital von 2.500 EUR, die ihren Gewinn durch Bestandvergleich ermittelt.

---

64 Az des BFH: XI B 44/21 (AdV)
65 Az des BFH: IV R 19/19
66 BFH-Urt. v. 21.4.2021 – XI R 29/20, BFH/NV 2021, 1275
67 § 5b Abs. 2 EStG

In dem Fall ging es **nicht** um die Frage der **persönlichen** Zumutbarkeit. Der Gesellschafter-Geschäftsführer, ein Rechtsanwalt, hat die Steuererklärungen im Elster-Verfahren eingereicht. Entsprechende Hardware und Fachkenntnisse waren somit vorhanden.

Es ging vielmehr um die Frage, ob die Anschaffung einer Software zur Übermittlung der E-Bilanz **wirtschaftlich zumutbar** sei, wenn zu diesem Zweck keine kostenlosen Software-Lösungen existierten.

Der BFH hat hierzu entschieden:

- Eine „unbillige Härte“ liegt **nicht** bereits deshalb vor, weil die Einkünfte des bilanzierenden Stpfl. im Wj gering oder negativ sind.
- Vielmehr ist zu beurteilen, ob angesichts des Umfangs der Bilanz sowie der Gewinn- und Verlustrechnung die vom Stpfl. zu tragenden Kosten unverhältnismäßig sind. Nur wenn dies der Fall ist, liegt ein nicht unerheblicher finanzieller Aufwand vor.
- Ein finanzieller Aufwand i.H.v. **40,54 EUR** für die vorgeschriebene elektronische Übermittlung der Bilanz sowie der Gewinn- und Verlustrechnung nach amtlich vorgeschriebenem Datensatz ist **auch für einen „Kleinstbetrieb“ nicht (wirtschaftlich) unzumutbar.**
- Selbst wenn eine kostenlose Eingabemöglichkeit über „Elster“ aus Sicht der Stpfl. wünschenswert wäre, besteht darauf kein rechtlicher Anspruch.

10. Ausblick

a) Die Steuerberaterplattform

Die Bundeskammerversammlung hat im September 2020 die Einrichtung einer Steuerberaterplattform beschlossen, einer eigenen digitalen Infrastruktur, um im Zuge der fortschreitenden Digitalisierung die Selbstverwaltung nicht aus der Hand zu geben.

Hierüber informiert die BStBK u.a. auf ihrer Webseite unter der Adresse:

https://www.bstbk.de/de/themen/steuerberaterplattform

Außerdem hat die BStBK einen Frage- und Antwort-Katalog zur Steuerberaterplattform veröffentlicht. Die PDF-Datei findet sich unter:

> https://www.bstbk.de/downloads/bstbk/steuerrecht-und-rechnungslegung/fachinfos/BStBK_FAQ_StB-Plattform.pdf

Als erster Anwendungsfall der Plattform soll zum 1.1.2023 ein besonderes elektronisches Steuerberaterpostfach eingerichtet werden, durch das eine eindeutige, anerkannte und vertrauenswürdige digitale Adresse für alle Steuerberaterinnen, Steuerberater und Kanzleien zur Verfügung gestellt wird. Hierüber sollen die Steuerberater rechtssicher erreichbar sein. Nachrichten, die über das Postfach versendet werden, weisen den Absender eindeutig als Steuerberater aus.

Künftig sollen über die Plattform Steuerberater, Mandanten, Justiz und Verwaltung kommunizieren und Daten austauschen können. Geplant ist u.a. eine Chat-Funktion für eine direkte Kommunikation mit dem FA, mit der z.B. Ergänzungen zur Steuererklärung übermittelt werden können.

Der Zugriff soll über die in der Kanzlei eingesetzte Fachsoftware erfolgen. Zur Identifizierung kann ein Personalausweis verwendet werden, die Authentifizierung erfolgt durch einen Abgleich mit dem Berufsregister der Steuerberaterkammern.

Die rechtlichen Rahmenbedingungen wurden durch eine Änderung des StBerG zum 1.1.2023 bereits geschaffen.

Nach einer entsprechenden Ausschreibung wurde die DATEV eG als technischer Dienstleister beauftragt.

b) Easy Tax und Co.

Der Koalitionsvertrag sieht eine Digitalisierungsoffensive vor. Durch digitale Verfahren soll die Erfüllung der steuerlichen Pflichten erleichtert werden, wie z.B. durch die vorausgefüllte Steuererklärung (Easy Tax).

Zudem soll das Besteuerungsverfahren weiter digitalisiert werden. Die einzelnen Regelungen bleiben abzuwarten.

c) Anzeige von Steuergestaltungen in Inlandsfällen

Bereits bestehende Mitteilungspflichten bei grenzüberschreitenden Gestaltungen sollen nach dem vorliegenden Koalitionsvertrag auf nationalstaatliche Gestaltungen ausgeweitet werden, sofern Unternehmer einen Umsatz von mehr als 10 Mio. EUR erzielen.

A. Unternehmensbereich

I. Blick in die Anlage „EÜR“

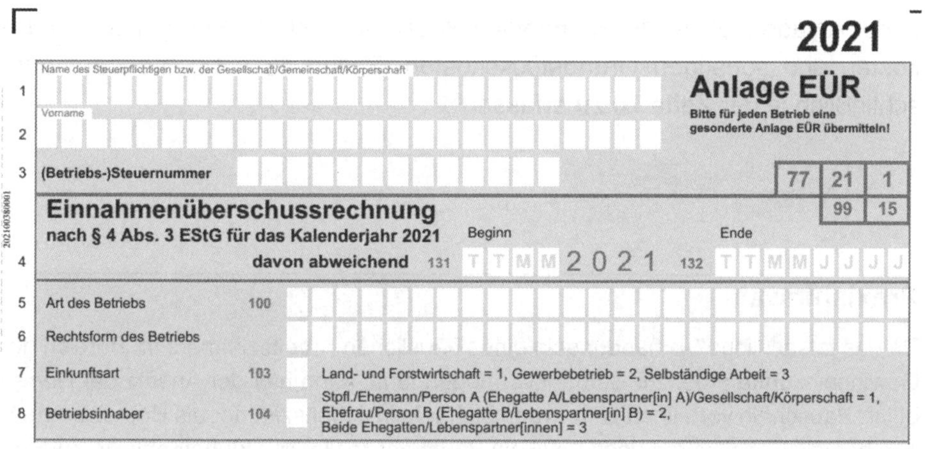

2021

Name des Steuerpflichtigen bzw. der Gesellschaft/Gemeinschaft/Körperschaft

Vorname

Anlage EÜR

Bitte für jeden Betrieb eine gesonderte Anlage EÜR übermitteln!

(Betriebs-)Steuernummer

77	21	1
	99	15

Einnahmenüberschussrechnung

nach § 4 Abs. 3 EStG für das Kalenderjahr 2021

davon abweichend 131 Beginn T T M M 2 0 2 1 132 Ende T T M M J J J J

Art des Betriebs	100	
Rechtsform des Betriebs		
Einkunftsart	103	Land- und Forstwirtschaft = 1, Gewerbebetrieb = 2, Selbständige Arbeit = 3
Betriebsinhaber	104	Stpfl./Ehemann/Person A (Ehegatte A/Lebenspartner[in] A)/Gesellschaft/Körperschaft = 1, Ehefrau/Person B (Ehegatte B/Lebenspartner[in] B) = 2, Beide Ehegatten/Lebenspartner[innen] = 3

1. Allgemeines

Mit BMF-Schreiben vom 31.8.2021[1] hat die FinVerw die Vordrucke der „Anlage EÜR“ sowie die Vordrucke für die Berechnung der nichtabziehbaren Schuldzinsen nach § 4 Abs. 4a EStG, die Darstellung des Anlagevermögens sowie Sonder- und Ergänzungsrechnungen für Mitunternehmerschaften, die Anlage „LuF“ zur Einnahmenüberschussrechnung und die dazugehörigen Anleitungen für das Jahr 2021 bekanntgegeben. Wesentliche Änderungen gegenüber den Vordrucken des Jahres 2020 haben sich nicht ergeben, dennoch ist für den **VZ 2021** auf folgende **Besonderheiten** hinzuweisen:

2. Homeoffice-Pauschale

Die sog. **Homeoffice-Pauschale** ermöglicht – soweit keine Kosten nach den grds. Abzugsregelungen für ein häusliches Arbeitszimmer[2] geltend gemacht werden – auch für den Bereich der **Gewinneinkünfte** einen **pauschalen Betriebsausgabenabzug i.H.v. 5 EUR** für jeden Kalendertag, an dem der Mandant seine betriebliche Tätigkeit ausschließlich in der häuslichen Wohnung

---

1 BMF-Schr. v. 31.8.2021 – IV C 6 - S 2142/20/10001:011, BStBl I 2021, 1464
2 § 4 Abs. 5 Nr. 6b S. 2f EStG

ausübt und keine außerhalb der Wohnung belegene Betätigungsstätte aufsucht[3]. Der Abzugsbetrag ist auf 600 EUR im Wj bzw. Kj begrenzt. Die Homeoffice-Pauschale ist für den Zeitraum 1.1.2020 bis 31.12.2021 abziehbar[4].

Ausweislich des Koalitionsvertrags ist eine Verlängerung bis Ende 2022 geplant.

In der Anlage EÜR ist die Homeoffice-Pauschale nicht im Bereich der Raumkosten und sonstigen Grundstückskosten (Zeilen 46 - 48), sondern ausschließlich in der **Zeile 70** zu erfassen[5].

70	Aufwendungen für ein häusliches Arbeitszimmer (einschl. AfA und Schuldzinsen)	162		172	

Praxishinweis

Da das tatsächliche Vorhandensein eines häuslichen Arbeitszimmers im Bereich der Gewinneinkünfte grds. zur Betriebsvermögen führt, kann hier der Ansatz der Homeoffice-Pauschale vorteilhaft sein, wenn bisher kein Arbeitszimmer als Betriebsvermögen berücksichtigt wurde und auch kein Raum ausschließlich für betriebliche Zwecke genutzt wird.

3. Hilfen/Zuschüsse aufgrund der Corona-Pandemie

Wie bereits in der Anlage EÜR für den VZ 2020 ist für Hilfen und Zuschüsse, die aufgrund der Corona-Pandemie gezahlt worden sind, eine besondere Eintragungsmöglichkeit in der Zeile 15 vorgesehen.

15	Umsatzsteuerfreie, nicht umsatzsteuerbare Betriebseinnahmen (auch Hilfen/Zuschüsse aufgrund der Corona-Pandemie) sowie Betriebseinnahmen, für die der Leistungsempfänger die Umsatzsteuer nach § 13b UStG schuldet	103	

Im VZ 2021 wird neben der Frage der erhaltenen Hilfen und Zuschüsse jedoch auch verstärkt die Frage der **Behandlung evtl. Rückzahlungen** von Bedeutung sein. Diese führen bei der Gewinnermittlung nach § 4 Abs. 3 EStG im Zahlungszeitpunkt zu entsprechenden **Betriebsausgaben**, die in der Anlage EÜR in der Zeile 66 zu erfassen sind.

66	Übrige unbeschränkt abziehbare Betriebsausgaben (auch zurückgezahlte Hilfen/Zuschüsse aufgrund der Corona-Pandemie)	183	

3 § 4 Abs. 5 Nr. 6b S. 4 EStG
4 § 52 Abs. 6 S. 13 EStG
5 Siehe Anleitung zur EÜR 2021

> **Praxishinweis**
>
> Werden im VZ 2021 Rückzahlungen von Hilfen und Zuschüssen als Betriebsausgaben berücksichtigt, sollte unbedingt geprüft werden, ob im VZ 2020 eine entsprechende Erfassung des Zuflusses als Betriebseinnahme erfolgt ist.

4. Gewerbesteuerzahlungen/-erstattungen

Mit Blick auf den beschränkten Schuldzinsenabzug nach § 4 Abs. 4a EStG spielt die Unterscheidung zwischen abziehbaren und nichtabziehbaren Betriebsausgaben sowie (einkommensteuerpflichtigen und -freien Betriebseinnahmen) spätestens ab VZ 2021[6] eine wichtige Rolle.[7] Zu den nichtabziehbaren Betriebsausgaben zählt auch die GewSt samt Nebenleistungen[8]. GewSt-Erstattungen sind im Umkehrschluss „steuerfreie“ Betriebseinnahmen. Die Eintragung in der Anlage EÜR erfolgt in beiden Fällen in der Zeile 71, erste Spalte. Bei einer GewSt-Erstattung entsprechend mit negativem Vorzeichen.[9]

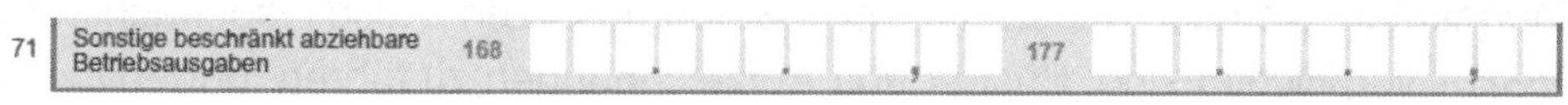
71 Sonstige beschränkt abziehbare Betriebsausgaben 168 . . , 177 . . ,

5. Hinzurechnung von Investitionsabzugsbeträgen (IAB)

IAB können nach § 7g Abs. 2 S. 1 EStG im Wj der Anschaffung oder Herstellung eines begünstigten WG bis zu 40 % bzw. 50 % der Anschaffungs- oder Herstellungskosten gewinnerhöhend hinzugerechnet werden. Die IAB sind grds. für das Jahr der Bildung rückgängig zu machen, wenn sie nicht **bis zum Ende des dritten auf das jeweilige Wj des Abzugs folgenden Wj** hinzugerechnet worden sind.[10] Grds. könnten demnach im Jahr 2021 nur IAB aus den Jahren 2018, 2019 oder 2020 nach § 7g Abs. 2 S. 1 EStG hinzugerechnet werden. Aufgrund der Corona-Pandemie wurde jedoch für IAB, die im Jahr 2017 oder 2018 in Anspruch genommen worden sind, eine **Sonderregelung[11]** eingeführt (Verlängerung Investitionsfrist auf 5 Jahre für 2017 und 4 Jahre für 2018).[12] Danach ist es bei abweichendem Wj 2016/2017 auch denkbar, dass auch noch ein IAB aus 2016 im Jahr 2021 genutzt werden kann.

---

6 Vgl. hierzu auch BMF-Schr. v. 18.1.2021 – IV C 6 - S 2144/19/10003 :004, BStBl I 2021, 119
7 Siehe dazu ausführlich unter A.VIII
8 § 4 Abs. 5b EStG
9 Siehe hierzu ausführlich *Seifert*, NWB 27/2021, 1975, 1982
10 § 7g Abs. 3 S. 1 EStG
11 § 52 Abs. 16 S. 3f EStG
12 Siehe dazu A.V.1.

Diese gilt für Einkünfte aus LuF, weil im Falle der EÜR ansonsten das Wj mit dem Kj identisch ist.

Die Anlage EÜR 2021 enthält daher entsprechende Eintragungsmöglichkeiten in den Zeilen 96a ff:

	zuzüglich			
96a	– Hinzurechnung der Investitionsabzugsbeträge nach § 7g Abs. 2 Satz 1 EStG aus 2016 (aufgrund Corona-Pandemie bei abweichendem Wj.; Erläuterungen auf gesondertem Blatt)	278	+	
96b	– Hinzurechnung der Investitionsabzugsbeträge nach § 7g Abs. 2 Satz 1 EStG aus 2017 (aufgrund Corona-Pandemie; Erläuterungen auf gesondertem Blatt)	279	+	
97	– Hinzurechnung der Investitionsabzugsbeträge nach § 7g Abs. 2 Satz 1 EStG aus 2018 (Erläuterungen auf gesondertem Blatt)	180	+	
98	– Hinzurechnung der Investitionsabzugsbeträge nach § 7g Abs. 2 Satz 1 EStG aus 2019 (Erläuterungen auf gesondertem Blatt)	181	+	
99	– Hinzurechnung der Investitionsabzugsbeträge nach § 7g Abs. 2 Satz 1 EStG aus 2020 (Erläuterungen auf gesondertem Blatt)	182	+	
100	– Gewinnzuschlag nach § 6c i. V. m. § 6b Abs. 7 und 10 EStG	123	+	
	abzüglich			
101	– Investitionsabzugsbeträge nach § 7g Abs. 1 EStG	187	–	

6. Buchführungspflicht nach § 141 AO

Mandanten, die nach anderen als den Steuergesetzen – also insb. nach dem HGB – verpflichtet sind, Bücher und Aufzeichnungen zu führen, dürfen ihren Gewinn nicht nach § 4 Abs. 3 EStG ermitteln[13].

Darüber hinaus kann sich eine **Buchführungspflicht** und damit ein Ausschluss von der Gewinnermittlung nach § 4 Abs. 3 EStG **nach § 141 AO** ergeben. Dies gilt insb., wenn der **Gewinn aus Gewerbebetrieb mehr als 60.000 EUR** im Wj beträgt[14]. Außerdem ergibt sich eine Buchführungspflicht nach § 141 AO bei **Überschreiten einer Umsatzgrenze i.H.v. 600.000 EUR**. Durch das Abzugssteuerentlastungsmodernisierungsgesetz[15] wurde die **Definition der Umsatzgrenze** zur Festlegung der Buchführungspflicht **an die Grenze zur Zulässigkeit für die Ist-Besteuerung[16] angepasst**. Maßgeblich ist nunmehr der Umsatz i.S.d. § 19 Abs. 3 UStG. Durch die Anpassung müssen die Grenze für die Ist-Besteuerung und die Grenze für Buchführungspflicht nicht mehr gesondert berechnet werden. Darüber hinaus nimmt die Berechnungsmethode mehr steuerfreie Umsätze als bisher aus, sodass die Anpassung effektiv einer **Erhöhung der Grenze** gleichkommt. Bisher waren nur steuerfreie Umsätze nach § 4 Nr. 8 bis 10 UStG außer Betracht zu lassen. Nunmehr gilt dies zusätzlich für steuerfreie Umsätze nach § 4 Nr. 11 - 29

13 § 140 AO
14 § 141 Abs. 1 S. 1 Nr. 4 AO
15 Abzugssteuerentlastungsmodernisierungsgesetz v. 2.6.2021, BGBl I 2021, 1259
16 § 20 Abs. 1 Nr. 1 UStG

UStG. Die Änderung ist am 8.6.2021[17] in Kraft getreten und gilt damit für alle offenen Fälle.

Eine Gewinn- oder Umsatzgrenze ist bei Einkünften aus selbstständiger Arbeit[18] unverändert nicht vorgesehen.

Praxishinweis

Durch die Angaben in der Anlage EÜR wird durch die künstliche Intelligenz geprüft, ob eine Verpflichtung zur Buchführungspflicht nach Maßgabe von § 141 AO besteht.

Die Verpflichtung zur Buchführung nach § 141 AO ist dann vom Beginn des Wj zu erfüllen, das auf die **Bekanntgabe der Mitteilung** folgt, **durch die die Finanzbehörde** auf den Beginn der Verpflichtung hingewiesen hat[19]. Durch entsprechende Abgabe der Steuererklärung nach dem Jahreswechsel, kann eine entsprechende Verpflichtung verzögert werden.

7. Pflicht zur elektronischen Anzeige einer Betriebseröffnung

Mandanten bzw. deren Berater müssen dem zuständigen FA **innerhalb eines Monats nach Eröffnung** eines land- und forstwirtschaftlichen oder gewerblichen Betriebes oder Aufnahme einer freiberuflichen Tätigkeit **weitere Auskünfte** über die für die Besteuerung erheblichen rechtlichen und tatsächlichen Verhältnisse erteilen[20]. Diese Auskünfte sind nach amtlich vorgeschriebenem Datensatz **elektronisch** über die amtlich bestimmte Schnittstelle zu übermitteln[21], sofern das FA nicht zur Vermeidung unbilliger Härten die Auskunftserteilung nach amtlich vorgeschriebenem Vordruck zulässt[22]. Da die elektronische **Übermittlung über das kostenlose Elsterportal** möglich ist, ist ein Fall der „unbilligen“ Härte u.E. i.d.R. nicht gegeben.

[17] Tag der Verkündung im BGBl I 2021 Nr. 28 – BGBl I 2021, 1259
[18] § 18 EStG
[19] § 141 Abs. 2 AO
[20] § 138 Abs. 1b S. 1 und Abs. 4 AO
[21] § 138 Abs. 1b S. 2 AO
[22] § 138 Abs. 1b S. 3 AO

Durch das BMF-Schreiben vom 4.12.2020[23] ist der **erstmalige Anwendungszeitpunkt** des § 138 Abs. 1b AO mit dem **1.1.2021** bestimmt worden. Betroffen davon sind zunächst die folgenden Fragebögen:

- Aufnahme einer gewerblichen, selbstständigen (freiberuflichen) oder land- und forstwirtschaftlichen Tätigkeit (Einzelunternehmen);
- Gründung einer Personengesellschaft/-gemeinschaft;
- Gründung einer KapG bzw. Genossenschaft.

Der Fragebogen zur „Gründung einer Körperschaft nach ausländischem Recht“ ist gem. **BMF-Schreiben vom 17.9.2021**[24] **ab 1.1.2022** elektronisch zu übermitteln. Der Fragebogen zur *„Gründung eines Vereins oder einer anderen Körperschaft des privaten Rechts im Sinne des § 1 Abs. 1 Nr. 4 und 5 KStG oder Aufnahme einer wirtschaftlichen/unternehmerischen Tätigkeit“* ist hingegen **bis auf Weiteres nach amtlich vorgeschrieben Vordruck** einzureichen.

---

23 BMF-Schr. v. 4.12.2020 – IV A 5 - O 1561/19/10003:001, BStBl I 2020, 1209
24 BMF-Schr. v. 17.9.2021 – IV A 5 - O 1561/19/10003:005, BStBl I 2021, 1762

II. Abgrenzung von Einkunftsarten

1. Allgemeines

Bei der Frage der Abgrenzung der Einkunftsarten – insb. zwischen Einkünften aus Gewerbebetrieb[25], den Einkünften aus selbstständiger Arbeit[26] sowie den Einkünften aus VuV – kommt es immer wieder zu Streitigkeiten mit der FinVerw. Neben der Frage der **GewSt-Pflicht** für Einkünfte i.S.d. § 15 EStG, die je nach GewSt-Hebesatz der Gemeinde durch die Steuerermäßigung nach § 35 EStG („Anrechnung der GewSt") abgemildert wird, ist auch die **Zuordnung zum Privat- oder Betriebsvermögen** von zentraler Bedeutung. Hier haben sich wieder aktuelle Entwicklungen ergeben, die nachfolgend dargestellt werden. Weiterführend wird auch auf die Ausführungen in „Die Einkommensteuererklärung 2020"[27] verwiesen.

PRÜFUNGSSCHEMA

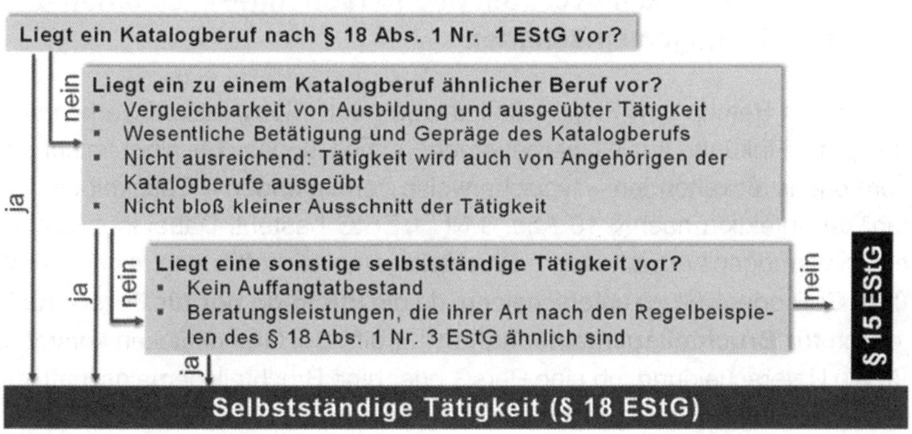

Quelle: AktStR 2019, 608

[25] § 15 EStG
[26] § 18 EStG
[27] „Die Einkommensteuererklärung 2020", 29 ff.

2. Gewerbliche Infektion bei Personengesellschaften

a) Allgemeines

§ 15 Abs. 3 Nr. 1 EStG bestimmt, dass die mit Einkünfteerzielungsabsicht unternommene Tätigkeit einer PersG **in vollem Umfang als Gewerbebetrieb** gilt, wenn die Gesellschaft **auch eine gewerbliche Tätigkeit** ausübt oder gewerbliche Einkünfte aus einer **Beteiligung an einer gewerblichen PersG** erzielt – sog. gewerbliche Infektion oder Abfärbung. Die Abfärbetheorie gilt unabhängig davon, ob aus der Tätigkeit ein Gewinn oder Verlust erzielt wird oder ob die gewerblichen Einkünfte aus einer Beteiligung positiv oder negativ sind. Eine Umqualifizierung nach § 15 Abs. 3 Nr. 1 EStG in Einkünfte aus Gewerbebetrieb tritt nicht ein, wenn die originär gewerblichen Nettoumsatzerlöse 3 % der Gesamtnettoumsatzerlöse der Gesellschaft und den Betrag von 24.500 EUR im VZ nicht übersteigen[28].

b) Betrieb von Photovoltaikanlagen und Blockheizkraftwerken durch vermögensverwaltende Personengesellschaften und Bruchteilsgemeinschaften

Durch den Betrieb von Photovoltaikanlagen und Blockheizkraftwerken werden grds. Einkünfte aus Gewerbebetrieb[29] erzielt, sodass bei einer im übrigen vermögensverwaltenden – typischerweise vermietenden – Tätigkeit die Gefahr der Infektion nach § 15 Abs. 3 Nr. 1 EStG besteht. Dabei ist zwischen einer vermögensverwaltenden Bruchteilsgemeinschaft[30] und einer PersG (z.B. GbR oder KG) zu unterscheiden, da die **Infektion nur für PersG**, **nicht** jedoch **für Bruchteilsgemeinschaften**[31] greift. Bei Grundstücken kommt es für die Unterscheidung, ob eine PersG oder eine Bruchteilsgemeinschaft vorliegt, u.a. auf die Eintragungen im Grundbuch an.

---

[28] BFH-Urt. v. 27.8.2014 – BStBl II 2015, 996 und 1002

[29] § 15 EStG

[30] §§ 741 ff. BGB

[31] U.a. OFD Nds., Vfg. v. 22.2.2016 – S 2240-160-St 221/St 222, NWB-DokId GAAAG-37585 sowie OFD Frankfurt/M., Vfg. v. 4.9.2008 – S 2241 A - 110 - St 213, NWB-DokId XAAAD-01217

Beispiel

Die Eheleute A und B sind zu ideellen Anteilen[32] Eigentümer eines Mehrfamilienhauses (MFH), dass sie gemeinsam vermieten. Außerdem betreiben sie auf dem Dach des MFH eine Photovoltaikanlage.

Lösung

Hinsichtlich des MFH besteht eine Bruchteilsgemeinschaft. Die Eheleute erzielen gemeinschaftlich Einkünfte aus VuV. Hinsichtlich der Photovoltaikanlage liegt eine (konkludent gebildete) gewerbliche GbR vor. Aus der Beteiligung an der GbR erzielen die Ehegatten Einkünfte aus Gewerbebetrieb. Zu einer Infektion der Einkünfte aus VuV kommt es nicht.

Abwandlung

Die X-KG ist Eigentümerin[33] eines vermieteten MFH und betreibt auf dem Dach des Gebäudes eine Photovoltaikanlage.

Lösung Abwandlung

Unter den übrigen Voraussetzungen des § 15 Abs. 3 Nr. 1 EStG – insb. der Überschreitung der o.g. Bagatellgrenzen – erzielt die X-KG insg. gewerbliche Einkünfte.

Praxishinweis

Die Infektion kann durch die Gründung einer ggf. sogar personen- und beteiligungsidentischen Schwester-PersG verhindert werden. In der Praxis sollte dies durch klare schriftliche vertragliche Vereinbarungen erfolgen. Beim BFH ist derzeit ein **Revisionsverfahren**[34] anhängig, in dem es um die Frage geht, ob eine oder zwei Gesellschaften vorliegen. Die Vorinstanz[35] hat klargestellt, dass allein getrennte Gewinnermittlungen nicht zur konkludenten Gründung einer zweiten PersG führen, sodass der **Betrieb einer Photovoltaikanlage auf einem Vermietungsobjekt** einer ansonsten vermögensverwaltenden GbR nach § 15 Abs. 3 Nr. 1 EStG insg. als gewerbliche Einkünfte beurteilt wurden, obwohl durchgängig negative Einkünfte erzielt wurden.

---

32 A und B sind jeweils im Grundbuch eingetragen.
33 Die X-KG ist in das Grundbuch eingetragen.
34 Az des BFH: IV R 42/19
35 FG München, Urt. v. 26.6.2018 – 2 K 2245/16, NWB DokId GAAAH-31983, Revision eingelegt, Az des BFH: IV R 42/19

c) Auswirkungen auf die Gewerbesteuer

Grds. führt die Infektion nach § 15 Abs. 3 Nr. 1 EStG auch zur GewSt-Pflicht. Nach der Entscheidung des FG Köln vom 26.6.2020[36] ist hier jedoch zwischen einer Infektion aufgrund von der PersG erzielter originärer gewerblicher Einkünfte und einer Infektion aufgrund einer Beteiligung an einer anderen gewerblichen PersG zu unterscheiden.

Eine vermögensverwaltende PersG, die lediglich Einkünfte aus VuV erzielt und nur kraft der Fiktion des § 15 Abs. 3 Nr. 1 2. Alt. EStG als Gewerbebetrieb gilt, weil sie an einer gewerblich tätigen anderen PersG beteiligt ist, unterliegt mit ihren – nach Kürzung um die gewerblichen Beteiligungseinkünfte gem. § 9 Nr. 2 GewStG – verbleibenden originär nicht gewerblichen Einkünften nach Auffassung des FG Köln nicht der GewSt; insoweit ist § 2 Abs. 1 S. 2 GewStG verfassungskonform auszulegen. Ansonsten würden infolge der Umqualifizierung sämtlicher Einkünfte der Gesellschaft in solche aus Gewerbebetrieb gem. § 15 Abs. 3 Nr. 1 2. Alt. EStG der von der PersG insg. erzielte Gewinn der GewSt unterfallen und auch an sich nicht gewerbliche Einkünfte mit GewSt belastet.

Beispiel

Die Y-KG betreibt neben der Vermietung eines Grundstücks eine Photovoltaikanlage. Die grundsätzlichen Voraussetzungen für die Anwendung des § 15 Abs. 3 Nr. 1 EStG sind erfüllt – die Y-KG ist gewerbesteuerpflichtig.

Abwandlung

Die o.g. Y-KG ist an der gewerblich tätigen Z-KG beteiligt, die eine Photovoltaikanlage betreibt. Obwohl die Y-KG nach § 15 Abs. 3 Nr. 1 EStG insg. gewerbliche Einkünfte erzielt, ist sie nach den o.g. Grundsätzen nicht gewerbesteuerpflichtig.

Praxishinweis

Da sich die FinVerw zu der dargestellten Problematik bisher nicht geäußert hat und es sich **„nur“ um ein finanzgerichtliches Urteil** handelt, ist für die Praxis eine unmittelbare Beteiligung einer vermögensverwaltenden Gesellschaft an einer gewerblichen Gesellschaft nicht zu empfehlen. Eine Beteiligungsidentität der jeweiligen Gesellschafter würde die Infektion nicht auslösen und die Frage der GewSt-Pflicht würde sich erst gar nicht stellen.

---

36 FG Köln, Urt. v. 26.6.2020 – 4 K 3437/11, EFG 2021, 857, Revision, Az des BFH: IV R 24/20

3. Ferienwohnungsvermietung

Die Vermietung von Ferienwohnungen kann eine gewerbliche Tätigkeit darstellen, wenn ein Umfang erreicht wird, der die Vermietung nicht mehr als reine Vermögensverwaltung qualifiziert. Die Anzahl der vermieteten Objekte ist jedoch nicht von Bedeutung. Vielmehr müssen **zusätzliche Dienstleistungen gegenüber den Feriengästen** hinzutreten. Danach wäre ein Gewerbebetrieb anzunehmen, wenn eine **hotelmäßige Nutzung der Ferienwohnung** vorliegt oder die Vermietung **nach Art einer Fremdenpension** erfolgt. Ausschlaggebend ist, ob wegen der **Häufigkeit des Gästewechsels** (!) oder im Hinblick auf **zusätzlich** zur Nutzungsüberlassung **erbrachte Leistungen** eine Unternehmensorganisation erforderlich ist[37].

Praxishinweis

Zur Frage der **Häufigkeit des Gästewechsels** ist das Urteil des **FG Düsseldorf v. 25.3.2021**[38] interessant: In dem Urteilsfall nahm der Kläger gewerbliche Einkünfte an, da es sich um eine **Vermietung von Hausbooten** gehandelt hat und er für die Hausboote, die er als bewegliche WG angesehen hat, § 7g EStG in Anspruch nehmen wollte. Das versagt ihm das FG: Die Vermietung eines Hausboots an Feriengäste gehe nicht über den Rahmen einer privaten Vermögensverwaltung hinaus und ermögliche daher nicht die Inanspruchnahme des § 7g EStG, wenn sie aufgrund der **regelmäßig im Voraus erfolgenden Buchungen für mehrtägige Zeiträume** keine mit einem gewerblichen Beherbergungsbetrieb vergleichbare unternehmerische Organisation erfordert und keine für die Vermietung von Ferienwohnungen unüblichen Sonderleistungen erbracht werden.

Die Annahme von beweglichen WG allerdings teilte das FG: Die betriebsgewöhnliche Nutzungsdauer eines nicht motorisierten, auf Pontons ruhenden Hausboots ist in Anlehnung an die „AfA-Tabelle AV“[39] mit 30 Jahren anzusetzen. Diese Sichtweise kann u.E. auf die in Mode kommenden sog. **„Tiny-Houses“**[40] übertragen werden, wenn diese beweglich sind.

---

37 Vgl. BFH-Urt. v. 28.6.1984 – IV R 150/82, BStBl II 1985, 211; OFD Nürnberg, Vfg. v. 20.6.1986 – S 2240 - 129/St 21, DStR 1986, 648 sowie ausführlich „Die Einkommensteuererklärung 2019“, 44 ff.

38 FG Düsseldorf, Urt. v. 25.3.2021 – 11 K 3321/17 F, EFG 2021, 1188, rkr.

39 BMF-Schr. v. 15.12.2000 – IV D 2 - S 1551-188/00, BStBl I 2000, 1532

40 englisch „winzige Häuser“

4. Gewerbliche Tätigkeit einer Diplomsozialarbeiterin vs. erzieherische Tätigkeit i.S.d. § 18 EStG

Zu den Einkünften aus freiberuflicher Tätigkeit i.S.d. § 18 Abs. 1 Nr. 1 EStG gehört u.a. die selbstständig ausgeübte erzieherische Tätigkeit. Der BFH hat mit **Urteil vom 29.9.2020**[41] zur Definition einer erzieherischen Tätigkeit Stellung genommen. Im Urteilsfall ging es um eine **Diplomsozialarbeiterin**, die i.R.d. **ambulanten Eingliederungshilfe** Menschen mit einer psychischen Erkrankung, körperlichen oder geistigen Behinderung oder chronischen Suchterkrankung (Alkohol oder Cannabis) bei einer selbstbestimmten Lebensführung durch Beratungs-, Begleitungs-, Betreuungs- und Förderleistungen auf der Grundlage eines mit dem Klienten erarbeiteten, individuellen sog. Hilfeplans unterstützte. Ziel war es, den Klienten einen eigenständigen Alltag und die **Eingliederung in das soziale Leben** zu ermöglichen.

Nach Auffassung des BFH erzielte die Klägerin Einkünfte aus Gewerbebetrieb und eben keine aus einer freiberuflichen erzieherischen Tätigkeit. Eine **erzieherische Tätigkeit** i.S.d. § 18 Abs. 1 Nr. 1 S. 2 EStG sei – über die Vermittlung von Kenntnissen und Fähigkeiten hinaus – auf die umfassende Schulung des menschlichen Charakters und die **Bildung der Persönlichkeit im Ganzen** gerichtet. **Keine erzieherische Tätigkeit** liegt demgegenüber vor, wenn eine im Rahmen ambulanter Eingliederungshilfe gewährte Unterstützung für behinderte oder erkrankte Menschen darauf zielt, gemeinsam erkannte, **individuelle Defizite** einer Person **auszugleichen**.

5. Aufsichtsräte und ähnliche Funktionsträger

Auf die umsatzsteuerlichen Entwicklungen i.Z.m. der Tätigkeit eines Aufsichtsrates oder ähnlichen Organs einer Körperschaft (z.B. Verwaltungsrat, Beirat etc.) haben wir bereits in „Die Einkommensteuererklärung 2020“[42] hingewiesen. Mit **Schreiben vom 8.7.2021**[43] hat sich nunmehr auch die FinVerw zu der geänderten Rechtsprechung und deren Anwendbarkeit geäußert. Danach folgt die FinVerw der geänderten Beurteilung des BFH grds. für alle offenen Fälle mit einem Wahlrecht, die bisherige Rechtsauffassung aus Vertrauensschutzgründen bis Ende 2021 weiter anzuwenden. Das **Mitglied eines Aufsichtsrats** ist danach **entgegen bisheriger Rechtsprechung nicht** als **Unternehmer** i.S.d. § 2 UStG tätig, wenn es aufgrund einer nicht variablen Festvergütung **kein Vergütungsrisiko** trägt. Eine Festvergütung i.d.S.

---

41 BFH-Urt. v. 29.9.2020 – VIII R 10/17, BStBl II 2021, 387
42 „Die Einkommensteuererklärung 2020“, 35 ff.
43 BMF-Schr. v. 8.7.2021 – III C 2 - S 7104/19/10001:003, BStBl I 2021, 919

liegt insb. im Fall einer **pauschalen Aufwandsentschädigung** vor, die für die Dauer der Mitgliedschaft im Aufsichtsrat gezahlt wird. Besteht die Vergütung des Aufsichtsratsmitglieds **sowohl** aus festen **als auch variablen Bestandteilen**, soll es grds. **selbstständig** tätig sein, wenn die **variablen Bestandteile im Kj mindestens 10 %** der gesamten Vergütung einschl. erhaltener Aufwandsentschädigungen betragen.

Das FG Nds.[44] hat auch die Tätigkeit des **Mitglieds des Verwaltungsausschusses eines berufsständischen Versorgungswerks** als **nicht umsatzsteuerbar** angesehen. Eine variable Vergütung für die Teilnahme an Sitzungen würde ohne nennenswerte Einflussmöglichkeiten des Mitglieds auf solche Termine kein wirtschaftliches Risiko begründen.

Praxishinweis

Die Tätigkeit als Aufsichts- bzw. Verwaltungsrat führt unabhängig von der umsatzsteuerlichen Beurteilung **weiterhin** zu **Einkünften i.S.d. § 18 EStG**, da die Tätigkeit als Aufsichtsrat ausdrücklich in § 18 Abs. 1 Nr. 3 EStG aufgeführt ist. Unabhängig von der Frage einer variablen oder festen Vergütung ist ein Aufsichtsrat (weiterhin) **nicht weisungsabhängig** i.S.d. § 1 Abs. 2 S. 2 LStDV, sodass **keine Einkünfte i.S.d. § 19 EStG** vorliegen. Aufgrund der Anwendung der geänderten Rechtsprechung ist allerdings zu erwarten, dass **bisher gezahlte Umsatzsteuern zurückerstattet** werden. Fließen **Umsatzsteuern für mehrere VZ in einem Jahr geballt** zu, könnte eine ermäßigte Besteuerung nach **§ 34 Abs. 1 EStG** mit der sog. Fünftelregelung in Betracht kommen[45]. Inwieweit sich eine Rückzahlung der Umsatzsteuer an den Auftraggeber ergibt, ist im Einzelfall (zivilrechtlich) zu prüfen. In diesem Fall ist u.E. § 34 Abs. 1 EStG nicht anwendbar, da den Betriebseinnahmen entsprechende Betriebsausgaben gegenüberstehen.

---

44 FG Nds., Urt. v. 8.10.2020 – 5 K 162/19, EFG 2021, 492, rkr.
45 Vgl. u.a. BFH-Urt. v. 25.9.2014 – III R 5/12, BStBl II 2015, 220

6. Pokerspieler

Bereits in der Vergangenheit hat sich die Rechtsprechung[46] immer wieder mit der Frage der einkommensteuerlichen Relevanz des regelmäßigen Pokerspiels auseinandergesetzt. Die **professionelle Teilnahme an Pokerturnieren** kann danach im Gegensatz zu reinen Glücksspielen (z.B. Automatenspiel, Roulette, Black Jack) zu gewerblichen Einkünften führen. Maßgebliche Abgrenzungskriterien sind dabei:

- Häufigkeit der Teilnahme an Pokerspielen
- Erfahrung des Spielers
- Erfolg des Spielers
- Pokergewinne als einzige Einkunftsquelle

Praxishinweis

Mit seiner aktuellen **Entscheidung vom 25.2.2021**[47] hat der BFH die o.g. **Rechtsgrundsätze bestätigt** und klargestellt, dass es keinen Unterschied macht, ob der Spieler die Gewinne bei **Pokerturnieren** oder bei Spielen in **Casinos** erzielt, wenn die nachhaltige Betätigung eines Pokerspielers die Grenze zur Gewerblichkeit überschreitet. Allerdings kommt eine GewSt-Pflicht danach nur in Betracht, wenn eine Betriebsstätte im Inland unterhalten wird, die bei einem gewerblich tätigen Pokerspieler nicht zwingend erforderlich ist.

46 BFH-Urt. v. 7.11.2018 – X R 34/16, BFH/NV 2019, 686
47 BFH-Urt. v. 25.2.2021 – III R 67/18, BFH/NV 2021, 1070

III. Ehrenamtliche Tätigkeiten

1. Erhöhung der Freibeträge ab VZ 2021

Nach mehreren Anläufen sind die sog. Ehrenamtspauschalen nunmehr endlich erhöht worden[48]. Der sog. **Übungsleiterfreibetrag des § 3 Nr. 26 EStG** zur Steuerbefreiung bestimmter nebenberuflicher Tätigkeiten wurde von bisher 2.400 EUR p.a. auf **3.000 EUR,** der sog. **Ehrenamtspauschale des § 3 Nr. 26a EStG** wurde von bisher 720 EUR p.a. auf **840 EUR** angehoben. Beide Erhöhungen treten mit Wirkung vom VZ 2021 in Kraft[49].

Die vom Bundesrat geforderte Einführung einer Steuerbefreiung für Sachleistungen aus sog. Ehrenamtskarten[50] wurde nicht umgesetzt.

Zum Umfang der begünstigten Tätigkeit, zur Abgrenzung einer nebenberuflichen und einer hauptberuflichen Tätigkeit und zu weiteren Anwendungsfragen vgl. R 3.26 LStR 2021.

Praxishinweis

In einem Verfahren beim FG Berlin-Brandenburg[51] ging es u.a. um die Frage der Gewährung der „Ehrenamtspauschale" i.S.d. § 3 Nr. 26a EStG für eine Aufwandsentschädigung i.H.v. 620 EUR für die **Tätigkeit im Aufsichtsrat einer kommunalen GmbH**, die gem. Satzung einer Gemeinde i.R.d. sog. Betreibermodells die Abwasserentsorgung und Trinkwasserversorgung übernommen hat. Das FA versagte die Berücksichtigung, da der Kläger nicht ggü. einer juristischen Person des öffentlichen Rechts und auch nicht ggü. einer gemeinnützigen GmbH tätig war. Das FG gewährte hingegen die Steuerfreiheit, da die Abwasserbeseitigung mehr als 50 % der Tätigkeit ausmachte und als hoheitliche Pflichtaufgabe die Gemeinnützigkeitskriterien erfüllen würde. Eine Aufteilung des Freibetrages nahm das FG nicht vor. Gegen die Entscheidung wurde Revision eingelegt.[52]

---

48 JStG 2021 v. 21.12.2020, BGBl I 2020, 3096
49 § 52 Abs. 1 S. 1 EStG
50 BR-Drucks. 503/20 v. 9.10.2020 – § 3 Nr. 26c EStG-E
51 FG Berlin-Brandenburg, Urt. v. 12.11.2020 – 9 K 9167/17, EFG 2021, 825, Revision eingelegt, Az des BFH: VIII R 9/21
52 Az des BFH: VIII R 9/21

2. Tätigkeit in Impf- und Testzentren

Nach einem gemeinsamen Beschluss der Finanzministerien von Bund und Ländern[53] kann für die Aufwandsentschädigung freiwilliger Helfer in Impfzentren entweder die Übungsleiterpauschale nach § 3 Nr. 26 EStG (VZ 2021: max. 3.000 EUR) oder die Ehrenamtspauschale nach § 3 Nr. 26a EStG (VZ 2021: max. 840 EUR) berücksichtigt werden[54].

Dabei soll der höhere **Übungsleiterfreibetrag** für all diejenigen gelten, die **direkt an der Impfung beteiligt** sind – also in Aufklärungsgesprächen oder beim Impfen selbst. Wer sich wiederum in der Verwaltung und der Organisation von Impfzentren engagiert, kann nur den niedrigeren **Ehrenamtsfreibetrag** in Anspruch nehmen. Die Berücksichtigung der Pauschalen ist auch dann möglich, wenn das Impfzentrum von einem privaten Dienstleister betrieben wird oder die Helferinnen und Helfer in den Zentralen Impfzentren und den Kreisimpfzentren über einen privaten Personaldienstleister angestellt sind[55].

Praxishinweise

Das FinMin Baden-Württemberg weist darauf hin, dass Übungsleiter- als auch Ehrenamtspauschale lediglich bei Vergütungen aus **nebenberuflichen Tätigkeiten** greifen. Dies ist in der Regel der Fall, wenn sie im Jahr nicht mehr als ein Drittel der Arbeitszeit einer vergleichbaren Vollzeitstelle in Anspruch nehmen. Dabei können auch solche Helfer nebenberuflich tätig sein, die keinen Hauptberuf ausüben, etwa Studenten oder Rentner[56]. Außerdem sind die Pauschalen Jahresbeträge, die nur einmal pro Kj gewährt werden. Bei verschiedenen begünstigten Tätigkeiten werden die Einnahmen daher zusammengerechnet. Sie sind allerdings auch **nicht zeitanteilig zu kürzen**, wenn die begünstigte Tätigkeit lediglich wenige Monate ausgeübt wird[57].

Die o.g. Regelungen sollen auch für nebenberufliche Tätigkeiten in **Testzentren** gelten und sind nach den derzeitigen Verlautbarungen auf den VZ 2020 und 2021 beschränkt.[58]

---

53 Vgl. u.a. Pressemitteilung des FinMin Baden-Württemberg v. 15.2.2021 – www.fm.baden-wuerttemberg.de

54 Vgl. hierzu auch OFD Frankfurt/Main, Vfg. v. 15.3.2021 – S 2331 A - 49 - St 210, DStR 2021, 870

55 Vgl. u.a. ergänzende Pressemitteilung des FinMin Baden-Württemberg v. 20.8.2021 – www.fm.baden-wuerttemberg.de

56 Vgl. hierzu R 3.26 Abs. 2 LStR

57 Vgl. hierzu R 3.26 Abs. 8 LStR

58 Vgl. FAQ „Corona“ (Steuern) des BMF, Stand 15.9.2021, unter XI. Nr. 18 u. 19

3. Erhöhung steuerfreier Aufwandsentschädigungen

Aus einer Bundeskasse oder Landeskasse gezahlte Bezüge, die zum einen

- in einem Bundesgesetz oder Landesgesetz,
- auf Grundlage einer bundesgesetzlichen oder landesgesetzlichen Ermächtigung beruhenden Bestimmung oder
- von der Bundesregierung oder einer Landesregierung

als Aufwandsentschädigung festgesetzt sind und die zum anderen jeweils auch als Aufwandsentschädigung im Haushaltsplan ausgewiesen werden, sind **nach § 3 Nr. 12 EStG** ebenso **steuerfrei** wie andere Bezüge, die als Aufwandsentschädigung aus öffentlichen Kassen an öffentliche Dienste leistende Personen gezahlt werden, soweit nicht festgestellt wird, dass sie für Verdienstausfall oder Zeitverlust gewährt werden oder den Aufwand, der dem Empfänger erwächst, offenbar übersteigen.

Durch die Lohnsteuer-Änderungsrichtlinie 2021[59] wurden die steuerfreien Mindestbeträge für Aufwandsentschädigungen aus öffentlichen Kassen in rückwirkend zum 1.1.2021 von 200 EUR auf 250 EUR monatlich sowie für gelegentliche ehrenamtliche Tätigkeiten von 6 EUR auf 8 EUR am Tag angehoben[60].

Praxishinweis

Ein typischer Anwendungsfall[61] für die Steuerbefreiung des § 3 Nr. 12 EStG im VZ 2021 ist das sog. **Erfrischungsgeld**, das ehrenamtlichen **Wahlhelfern** für die Teilnahme an der BT-Wahl am 26.9.2021 – und ggf. entsprechend für Landtags- oder Kommunalwahlen – gezahlt wurde. Das Erfrischungsgeld beträgt grds. mindestens 25 EUR/Tag für „einfache“ Wahlhelfer und 35 EUR/Tag für Wahlvorstände und Stellvertreter und ist als Aufwandsentschädigung steuerfrei, kann jedoch in den einzelnen Bundesländern abweichen[62]. Als Besonderheit im Jahr 2021 konnten Wahlhelfer eine (vorzeitige) Corona-Impfung erhalten. U.E. ist hier jedoch kein steuerbarer geldwerter Vorteil zu sehen.[63] Eine Überschreitung der **250 EUR-Monatsgrenze** ist auch bei Teilnahme an mehreren Wahlen im Monat unwahrscheinlich.

---

59 LStÄR 2021 v. 3.6.2021, BStBl I 2021, 776
60 R 3.12 Abs. 3, Abs. 5 S. 1 LStR 2021
61 Vgl. u.a. FinMin Sachsen-Anhalt, Vfg. v. 19.3.2002 – S 2337, NWB DokId UAAAA-84532
62 Durchschnittlich 45 EUR
63 Vgl. dazu auch FAQ „Corona“ (Steuern) des BMF, Stand 15.9.2021, unter VI. Nr. 3 zur Frage der Betriebseinnahme

IV. Aktuelles zur Abschreibung

1. Degressive Abschreibung (§ 7 Abs. 2 EStG)[64]

Durch das Zweite Corona-Steuerhilfegesetz[65] wurde temporär die Möglichkeit geschaffen, **bewegliche WG des Anlagevermögens**, die **nach dem 31.12.2019 und vor dem 1.1.2022 angeschafft oder hergestellt** werden, anstelle der linearen AfA[66] degressiv mit einem unveränderlichen Prozentsatz vom Buchwert (Restwert) abzuschreiben.[67] Die degressive AfA darf **höchstens das Zweieinhalbfache** der linearen AfA und **max. 25 %** betragen.[68] Die degressive AfA ist in den der Anschaffung bzw. Herstellung folgenden Wj jeweils vom **Restbuchwert** vorzunehmen.

Beispiel

Einzelunternehmer A (Wj = Kj) hat im August 2020 einen neuen Geschäftswagen für Anschaffungskosten i.H.v. 48.000 EUR erworben und zeitanteilig[69] degressiv nach § 7 Abs. 2 EStG i.H.v. 25 % v. 48.000 EUR x 5/12 = 5.000 EUR abgeschrieben, sodass der Restbuchwert am 31.12.2020 noch 43.000 EUR betragen hat. Die degressive AfA für 2021 beträgt 25 % v. 43.000 EUR = 10.750 EUR.

Praxishinweis

Nach Auffassung des Instituts der Wirtschaftsprüfer (IDW) ist im Regelfall davon auszugehen, dass eine **handelsbilanzielle Anwendung der degressiven AfA nicht zulässig** ist, sodass wegen der beschleunigten steuerlichen AfA im handelsrechtlichen Jahresabschluss zu versteuernde temporäre Differenzen entstehen, die bei der Bilanzierung latenter Steuern zu berücksichtigen sind[70].

Vorbehaltlich einer gesetzlichen Verlängerung des Anwendungszeitraums für die degressive AfA, läuft diese mit Anschaffung oder Herstellung spätestens am 31.12.2021 aus. Dabei kommt es allerdings nicht auf das Wj des Mandanten an, sodass die degressive AfA auch erstmals für Anschaffungen und

---

64 Vgl. auch „Die Einkommensteuererklärung 2020", 63 ff.
65 Zweites Gesetz zur Umsetzung steuerlicher Hilfsmaßnahmen zur Bewältigung der Corona-Krise v. 30.6.2020, BGBl I 2020, 1512
66 § 7 Abs. 1 EStG
67 § 7 Abs. 2 S. 1 f. EStG
68 § 7 Abs. 2 S. 2 2. HS EStG
69 § 7 Abs. 2 S. 3 i.V.m. § 7 Abs. 1 S. 4 EStG
70 „Zweifelsfragen zu den Auswirkungen der Ausbreitung des Coronavirus auf die Rechnungslegung und deren Prüfung (Teil 3, 5. Update, April 2021)" v. 6.4.2021 – www.idw.de

Herstellungen beweglicher WG des Anlagevermögens im **abweichenden Wj 2021/2022** in Betracht kommt, wenn die Anschaffung bzw. Herstellung noch bis zum 31.12.2021 erfolgt.

Beispiel

B ist bilanzierender Einzelunternehmer mit abweichenden Wj vom 1.8.2021 - 31.7.2022. Am 30.12.2021 schafft A einen neues Geschäftsfahrzeug an, das noch degressiv mit 25 % abgeschrieben werden kann. Die AfA für das Wj 2021/2022 beträgt 8/12 der Jahres-AfA[71].

Praxishinweise

Zeitpunkt der Anschaffung eines beweglichen WG ist der Zeitpunkt der Lieferung, sodass es weder auf die Zahlung noch auf die Inbetriebnahme des gelieferten (betriebsfähigen) WG ankommt[72]. Zeitpunkt der Lieferung ist i.d.R. der **Zeitpunkt** des **Übergangs** des Eigenbesitzes, Gefahr, **Nutzen und Lasten** auf den Erwerber[73]. Im Fall der Herstellung eines WG ist der Zeitpunkt der Fertigstellung maßgeblich[74]. Ein WG ist fertiggestellt, sobald es seiner **Zweckbestimmung** entsprechend genutzt werden kann – auch hier kommt es auf die tatsächliche Inbetriebnahme nicht an[75].

2. Sofortabschreibung digitaler Wirtschaftsgüter

a) Allgemeines

Das Bundeskabinett hatte am 19.1.2020 i.R.e. der „Corona"-Sitzungen beschlossen, eine **Sofortabschreibung für ab dem 1.1.2021 angeschaffte *digitale WG*** einzuführen. Die Regelung wurde allerdings nicht gesetzlich, sondern durch ein **BMF-Schreiben**[76] zur *„Nutzungsdauer von Computerhardware und Software zur Dateneingabe und -verarbeitung"* umgesetzt. Dabei wird die **Nutzungsdauer** (ND) für die im Schr. aufgeführten digitalen WG mit **einem Jahr** angenommen. Bisher betrug die allgemeine betriebsgewöhnli-

---

71 § 7 Abs. 2 S. 3 i.V.m. § 7 Abs. 1 S. 4 EStG
72 § 9a EStDV
73 BFH-Urt. v. 28.4.1977 – IV R 163/75, BStBl I 1977, 553
74 § 9a EStDV
75 BFH-Urt. v. 21.7.1989 – III R 89/85, BStBl II 1989, 906
76 BMF-Schr. v. 26.2.2021 – IV C 3 - S 2190/21/10002:013, BStBl I 2021, 298

che ND für Workstations, Personalcomputer, Notebooks und deren Peripheriegeräte (Drucker, Scanner, Bildschirme u.ä.)[77] **drei Jahre**, die für **Software fünf Jahre**[78].

Praxishinweise

Bei Annahme einer einjährigen ND, kommt eine lineare AfA nach § 7 Abs. 1 S. 1 EStG nicht in Betracht, da danach nur WG mit einer ND von mehr als einem Jahr abzuschreiben sind[79]. Im Ergebnis **sind** die **Anschaffungs- oder Herstellungskosten** bei Annahme einer einjährigen ND **sofort** als **Aufwand** zu erfassen – eine Verteilung ist nicht möglich. Auch bei **unterjähriger Anschaffung bzw. Herstellung** kann **keine monatsgenaue Verteilung** erfolgen.

b) Anwendung

Die Annahme einer einjährigen ND soll grds. für Wj gelten, die nach dem 31.12.2020 beginnen – dann aber auch für Wj, die davor angeschafft wurden, sodass der Restwert im Jahr 2021 voll abgeschrieben werden kann.

Beispiel

Einzelunternehmer C (Wj = Kj) hat im Oktober 2020 ein Laptop für 1.200 EUR angeschafft. Die lineare AfA für 2020 beträgt bei Annahme einer dreijährigen ND 1/3 v. 1.200 EUR x 3/12 = 100 EUR, sodass der Restbuchwert auf den 31.12.2021 noch 1.100 EUR beträgt. Im Jahr 2021 kann der gesamte Restbuchwert i.H.v. 1.100 EUR abgeschrieben werden.

Abwandlung

Die Anschaffung erfolgt im August 2021. Die AK i.H.v. 1.200 EUR sind sofort als Betriebsausgaben abzugsfähig.

Praxishinweise

Die Anwendung des BMF-Schreibens ist **zeitlich nicht befristet** und betrifft auch entsprechende WG des **Privatvermögens**, die im Bereich der Überschusseinkünfte genutzt werden.

---

77 AfA-Tabelle Nr. 0 – AfA-Tabelle für die allgemein verwendbaren Anlagegüter (nach 31.12.2000), Position 6.14.3.2, BMF-Schr. v. 15.12.2000 – IV D 2 - S 1551 - 188/00, BStBl I 2000, 1532

78 BMF-Schr. v. 18.11.2005 – IV B 2 - S 2172 - 37/05, BStBl I 2005, 1025

79 BFH-Urt. v. 26.8.1993 – IV R 127/91, BStBl II 1994, 232

c) Begünstigte WG

Das BMF stellt die begünstigten WG in einer nahezu überbordenden Ausführlichkeit ausführlich dar – Auszug:

„Computer" bezeichnet ein Gerät, das Logikoperationen ausführt und Daten verarbeitet, das in der Lage ist, Eingabegeräte zu nutzen und Informationen auf Anzeigegeräten auszugeben und das in der Regel eine Zentraleinheit (ZE) beinhaltet, die die Operationen ausführt. Ist keine ZE vorhanden, muss das Gerät als Client Gateway zu einem Computerserver fungieren, der als Computerverarbeitungseinheit dient.

„Desktop-Computer" bezeichnet einen Computer, dessen Haupteinheit an einem festen Standort aufgestellt wird, der nicht als tragbares Gerät ausgelegt ist und der mit einem externen Anzeigegerät sowie externen Peripheriegeräten wie Tastatur und Maus genutzt wird. Bei einem „integrierten Desktop-Computer" funktionieren der Computer und das Anzeigegerät als Einheit, deren Wechselstromversorgung über ein einziges Kabel erfolgt.

„Notebook-Computer" bezeichnet einen Computer, der speziell als tragbares Gerät und für den längeren Betrieb mit oder ohne direkten Anschluss an eine Wechselstromquelle konzipiert ist. Notebook-Computer verfügen über ein integriertes Anzeigegerät mit einer sichtbaren Bildschirmdiagonale von mindestens 22,86 cm (9 Zoll) und können mit einem integrierten Akku oder einer anderen tragbaren Stromquelle betrieben werden. Unterkategorien des Notebook-Computers sind unter anderen:

„Tablet-Computer": eine Notebook-Computerart, die sowohl über ein eingebautes berührungsempfindliches Anzeigegerät als auch über eine eingebaute physische Tastatur verfügt.

„Slate-Computer": eine Notebook-Computerart, die über ein eingebautes berührungsempfindliches Anzeigegerät, nicht aber über eine eingebaute physische Tastatur verfügt.

„mobiler Thin-Client": eine Notebook-Computerart, die eine Verbindung zu entfernten Rechenressourcen (z.B. Computerserver, Remote-Workstation) benötigt, mit denen die hauptsächliche Datenverarbeitung erfolgt, und die über kein eingebautes Rotations-Speichermedium verfügt.

„Desktop-Thin-Client" bezeichnet einen Computer, der eine Verbindung zu entfernten Rechenressourcen (z.B. Computerserver, Remote-Workstation) benötigt, mit denen die hauptsächliche Datenverarbeitung erfolgt, und der über kein eingebautes Rotations-Speichermedium verfügt. Die Haupteinheit eines Desktop-Thin-Clients wird an einem festen Standort (z.B. auf einem Schreibtisch) aufgestellt und ist nicht als tragbares Gerät ausgelegt. Desktop-Thin-Clients können Informationen entweder auf einem externen oder, soweit vorhanden, auf einem eingebauten Anzeigegerät ausgeben.

„Workstation" bezeichnet einen Hochleistungs-Einzelplatzcomputer, der neben anderen rechenintensiven Aufgaben hauptsächlich für Grafikanwendungen, Computer Aided Design, Softwareentwicklung sowie finanzwirtschaftliche und wissenschaftliche Anwendungen genutzt wird.

„Mobile Workstation" bezeichnet einen Hochleistungs-Einzelplatzcomputer, der neben anderen rechenintensiven Aufgaben mit Ausnahme von Spielen hauptsächlich für Grafikanwendungen, Computer Aided Design, Softwareentwicklung sowie finanzwirtschaftliche und wissenschaftliche Anwendungen genutzt wird, und der speziell als tragbares Gerät und für den längeren Betrieb mit oder ohne direkten Anschluss an eine Wechselstromquelle konzipiert ist. Mobile Workstations haben ein integriertes Anzeigegerät und können mit einem integrierten Akku oder einer anderen tragbaren Stromquelle betrieben werden. Die meisten mobilen Workstations verfügen über ein externes Netzteil sowie eine integrierte Tastatur und ein integriertes Zeigegerät.

„Small-Scale-Server" bezeichnet eine Computer-Art, die in der Regel Desktop-Computer-Komponenten im Desktopgeräteformat verwendet, jedoch in erster Linie als Speicherhost für andere Computer und zur Ausführung von Funktionen wie der Bereitstellung von Netzinfrastrukturdiensten und dem Daten-/Medien-Hosting bestimmt ist und als Standgerät, Turmgerät oder in einem sonstigen Format ausgelegt ist, das dem Format von Desktop-Computern ähnelt, sodass alle Datenverarbeitungs-, Speicher- und Netzschnittstellenkomponenten in einem Gehäuse untergebracht sind; die für den Betrieb 24 Stunden pro Tag an 7 Tagen in der Woche ausgelegt ist; die in erster Linie für den Simultanbetrieb in einer Mehrbenutzer-Umgebung ausgelegt ist, in der mehrere Benutzer an vernetzten Client-Geräten arbeiten können; die über ein Betriebssystem verfügt, das für Heimserver oder Serveranwendungen im unteren Leistungsbereich ausgelegt ist, sofern das Gerät mit einem Betriebssystem in Verkehr gebracht wird.

„Dockingstation" bezeichnet ein separates Produkt, das an einen Computer angeschlossen wird und dazu dient, Funktionen wie z.B. die Erweiterung der Anschlussmöglichkeiten oder das Zusammenlegen von Anschlüssen für Peripheriegeräte zu übernehmen. Dockingstations können auch das Laden von internen Akkus im angeschlossenen Computer erleichtern.

„Externes Netzteil“ bezeichnet ein Gerät, das dafür konzipiert ist, Wechselstrom (AC) aus dem Stromnetz in Wechselstrom (AC) oder Gleichstrom (DC) niedrigerer Spannung umzuwandeln; das die Umwandlung jeweils nur in eine Gleichstrom- oder eine Wechselstromausgangsspannung vornehmen kann; das zum Betrieb mit einem separaten Gerät – dem Primärverbraucher – bestimmt ist; das sich in einem vom Primärverbraucher physisch getrennten Gehäuse befindet; das über einen abnehmbaren oder fest verdrahteten elektrischen Anschluss mit Stecker und Kupplung, ein Kabel, eine Litze oder eine sonstige Verdrahtung mit dem Primärverbraucher verbunden ist und das über eine Ausgangsleistung laut Typenschild von höchstens 250 Watt verfügt.

„Peripherie-Geräte“ sind alle Geräte, die nach dem **EVA-Prinzip** (Eingabe-Verarbeitung-Ausgabe) zur Ein- und Ausgabe von Daten genutzt werden. Peripheriegeräte lassen sich funktional in drei Gruppen gliedern:

- Eingabegeräte: Tastatur, Maus, Grafiktablett, Scanner, Kamera, Mikrofon, Headset, u.ä.
- Externe Speicher: Festplatte, DVD-/CD-Laufwerk, Flash Speicher (USB-Stick), Bandlaufwerke (Streamer)
- Ausgabegeräte: Beamer, Plotter, Headset, Lautsprecher und „Computer-Bildschirm“ oder auch Monitor oder Display (dient der Darstellung der Benutzeroberfläche und der Datenausgabe) sowie „Drucker“ (Geräte, die Computerdaten in graphischer Form auf Papier oder Folien bringen, Non-Impact-Drucker (anschlagfrei, Laserdrucker, Tintenstrahldrucker) und Impact-Drucker [Nadeldrucker]).

Praxishinweise

Im Bereich der Hardware wäre es ggf. einfacher gewesen aufzuführen, für welche Geräte die Annahme einer einjährigen ND nicht gelten soll – so bleibt nur die Suche nach Lücken: Danach sollen offensichtlich **Mobiltelefone und Smartphones**, **Fernsehgeräte, elektronische Registrierkassen** sowie **computergesteuerte Maschinen nicht begünstigt** sein. Auch **Großrechner und -server** sind u.E. mangels Nennung nicht begünstigt, sodass es hier bei der Annahme einer siebenjährigen ND verbleibt[80]. Neben der als abschließend bezeichneten Aufzählung muss die Hardware

---

[80] AfA-Tabelle Nr. 0 – AfA-Tabelle für die allgemein verwendbaren Anlagegüter (nach 31.12.2000), Position 6.14.3.1, BMF-Schr. v. 15.12.2000 – IV D 2 - S 1551 - 188/00, BStBl I 2000, 1532

die Voraussetzungen der sog. **Ökodesign-Verordnung der EU**[81] erfüllen und die Produktart in den technischen Unterlagen angegeben sein.

Der **Begriff „Software“** i.S.d. BMF-Schreibens erfasst die Betriebs- und **Anwendersoftware zur Dateneingabe und -verarbeitung**. Dazu gehören auch die nicht technisch-physikalischen Anwendungsprogramme eines Systems zur Datenverarbeitung, sowie **neben Standardanwendungen** auch **auf den individuellen Nutzer abgestimmte Anwendungen** wie ERP-Software, Software für Warenwirtschaftssysteme oder sonstige Anwendungssoftware zur Unternehmensverwaltung oder Prozesssteuerung.

Praxishinweis

Hinsichtlich der Begünstigung von Software ist die Einbeziehung auf den individuellen Nutzer abgestimmter Software von großer Bedeutung, da derartige Investitionen in sog. „ERP“-Software[82] i.d.R. **hohe Investitionsbeträge** auslösen, die bisher über 5 Jahre[83] abgeschrieben werden mussten.

d) Kritik, offene Fragen und Verhältnis zum Handelsrecht

Das BMF-Schreiben zur „Nutzungsdauer von Computerhardware und Software zur Dateneingabe und -verarbeitung“ ist insb. deshalb in die Kritik geraten, da es ohne eine gesetzliche Regelung über eine Verwaltungsverfügung mit einer deutlichen Verkürzung der angenommenen ND die Sofortabschreibung praktisch durch die „Hintertür“ einführt. Möglicherweise überschreitet die Exekutive damit ihre rechtsstaatlichen Befugnisse[84]. Die Einführung einer gesetzlichen Regelung für eine steuerliche Sonderabschreibung wäre sicherlich zielführender gewesen und hätte einige Zweifelsfragen vermieden.

Praxishinweis

Das Fehlen einer gesetzlichen Grundlage der Sofortabschreibung digitaler WG wird vor allem dann in der Praxis zu Problemen führen, wenn es zu Streitigkeiten i.Z.m. mit dem Anwendungsbereich des BMF-Schreibens kommt, da eine finanzgerichtliche

[81] Verordnung (EU) Nr. 617 /2013 der Kommission v. 26.6.2013 zur Durchführung der Richtlinie 2009/125/EG des Europäischen Parlaments und des Rates im Hinblick auf die Festlegung von Anforderungen an die umweltgerechte Gestaltung von Computern und Computerservern (ABl. L 175 v. 27.6.2013, Seite 13)

[82] „Enterprise-Resource-Planning“-Software

[83] BMF-Schr. v. 18.11.2005 – IV B 2 - S 2172 - 37/05, BStBl I 2005, 1025

[84] Vgl. hierzu u.a. *Rätke/Theile,* BBK 2021, 377

Auseinandersetzung auf der Basis einer reinen Verwaltungsverfügung schwierig erscheint. Solange das BMF-Schreiben allerdings i.S.d. Mandanten Anwendung findet, gilt der Grundsatz „wo kein Kläger, da kein Richter".

Fraglich i.Z.m. mit dem BMF-Schreiben ist, ob die **Annahme der einjährigen ND ab dem VZ 2021 zwingend** ist oder ob auch weiterhin von der bisherigen ND von 3 Jahren für die Hardware und 5 Jahren für Software ausgegangen werden kann.

Praxishinweis

Nach den Ausführungen des BMF *„kann"* eine betriebsgewöhnliche ND von einem Jahr zugrunde gelegt werden. Der Wortlaut legt damit eine nicht zwingende Anwendung der faktischen Sofortabschreibung nahe. U.E. ist die ND ohnehin mit Blick auf den konkreten Betrieb im Einzelfall zu bestimmen, sodass die Annahme einer längeren ND – wie auch in anderen praktischen Fällen – vom FA anerkannt werden sollte. Nach den Ausführungen des Instituts der Wirtschaftsprüfer (IDW)[85] ist die Zugrundelegung einer ND von nur einem Jahr für die im BMF-Schreiben begünstigten digitalen Investitionen **handelsrechtlich** regelmäßig **nicht zulässig**, da sich die ND an den betrieblichen Realitäten ausrichten muss. Allerdings **steht** der **Grundsatz der Maßgeblichkeit** des § 5 Abs. 1 S. 1 EStG einer abweichenden ND in Handels- und Steuerbilanz **nicht entgegen**. Dem sog. steuerlichen Wahlrechtsvorbehalt nach § 5 Abs. 1 S. 1 2. HS EStG, wonach die Maßgeblichkeit der handelsrechtlichen GoB unter dem Vorbehalt der Wahl eines anderen Ansatzes i.R.d. Ausübung eines (allein) steuerlichen Wahlrechts steht, sind jedenfalls nach Auffassung der FinVerw nicht allein steuergesetzliche Wahlrechte, sondern auch steuerliche **Wahlrechte** zu subsumieren, die sich **aus einem BMF-Schreiben** ergeben[86].

3. Koalitionsvertrag und Superabschreibung

Nach dem Koalitionsvertrag soll eine Investitionsprämie für Klimaschutz und digitale WG geschaffen werden, die es in den Jahren 2022 und 2023 ermöglichen soll, einen Anteil der Anschaffungs- und Herstellungskosten der im jeweiligen Jahr angeschafften oder hergestellten WG des Anlagevermögens, die in besonderer Weise diesen Zwecken dienen, vom steuerlichen Gewinn abzuziehen **(„Superabschreibung")**. Die gesetzliche Ausgestaltung bleibt abzuwarten.

---

85 „Zweifelsfragen zu den Auswirkungen der Ausbreitung des Coronavirus auf die Rechnungslegung und deren Prüfung (Teil 3, 5. Update, April 2021)" v. 6.4.2021 – www.idw.de

86 BMF-Schr. v. 12.3.2010 – IV C 6 - S 2133/09/10001, BStBl I 2010, 239

V. § 7g EStG – aktuelle Entwicklungen

1. Ausnahmsweise verlängerte Investitionsfristen

An der grds. Regelung des § 7g Abs. 3 S. 1 EStG, dass die in Anspruch genommenen IAB nach § 7g Abs. 1 EStG rückgängig zu machen sind, soweit in Anspruch genommene IAB nicht bis **zum Ende des dritten auf das Wj des jeweiligen Abzugs folgenden Wj** i.R.e. tatsächlichen Investition hinzugerechnet worden sind (dreijährige Investitionsfrist), ändert sich nichts.

Der Tatsache, dass aufgrund der Corona-Krise davon auszugehen ist, das eigentlich geplante Investitionen teilweise nicht durchgeführt werden konnten, hat der Gesetzgeber durch eine ausnahmsweise Verlängerung der Investitionsfrist für in **nach dem 31.12.2016 und vor dem 1.1.2018** endenden Wj **beanspruchte IAB** auf **fünf Jahre**[87] und für in **nach dem 31.12.2017 und vor dem 1.1.2019 endenden Wj** beanspruchte IAB auf **vier Jahre**[88], Rechnung getragen. Damit soll sichergestellt werden, dass mit Ablauf der im VZ 2020 oder 2021 endenden Wj keine (zwingende) rückwirkende Hinzurechnung nach § 7g Abs. 3 S.1 EStG erfolgen muss.

Beispiel

Einzelunternehmerin A (Wj = Kj) hat im Jahr 2017, 2018 und 2019 jeweils 10.000 EUR IAB in Anspruch genommen. In den Wj 2020 und 2021 sind keine Investitionen erfolgt, sodass eine Hinzurechnung der IAB nach § 7g Abs. 2 S. 1 EStG nicht in Betracht kommt. Alle drei IAB können im VZ 2021 „stehenbleiben“ – es muss keine rückwirkende Hinzurechnung erfolgen. Erfolgt allerdings auch im VZ 2022 keine Investition, so sind die IAB rückwirkend für 2017 (fünfjährige Investitionsfrist bis Ende 2022), 2018 (vierjährige Investitionsfrist bis Ende 2022) und 2019 (dreijährige Investitionsfrist bis Ende 2022) hinzuzurechnen.

Praxishinweise

I.R.d. ESt-Veranlagung 2021 ist damit zu entscheiden, ob IAB aus den Jahren 2017 und 2018 (sowie aus den Jahren 2019 und 2020) noch „stehenbleiben“ oder vorzeitig (freiwillig[89]) rückwirkend hinzugerechnet werden sollen. Dabei ist zu berücksichtigen, dass eine spätere Hinzurechnung bei weiterhin ausbleibender Investition eine entsprechend **Verzinsung nach § 233a AO** auslöst. Die Höhe des Zinssatzes ist nach

---

87 § 52 Abs. 16 S. 3 EStG
88 § 52 Abs. 16 S. 4 EStG
89 § 7g Abs. 3 S.1 2. HS EStG

der Unvereinbarkeitserklärung des BVerfG[90] vorbehaltlich einer gesetzlichen Neuregelung bis zum 31.7.2022 noch offen.

Die **Investitionsfrist** für i.R.d. **ESt-Veranlagung 2021** in Anspruch genommenen IAB beträgt **unverändert drei Jahre.**

2. Änderungen im VZ 2020/2021

Durch das JStG 2020[91] sind einige bedeutsame Änderungen im § 7g EStG – z.T. bereits mit Wirkung ab dem VZ 2020 – eingetreten. Gegenüber der Darstellung in „Die Einkommensteuererklärung 2020", sind noch Änderungen im Gesetzgebungsverfahren erfolgt.

a) Gewinngrenze als einheitliches Größenmerkmal

Die bisherigen Größenmerkmale wurden abgeschafft und durch eine einheitliche **Gewinngrenze i.H.v. 200.000 EUR** ersetzt[92]. Maßgeblich ist dabei der steuerliche Gewinn ohne Berücksichtigung der abzuziehenden IAB nach § 7g Abs. 1 S. 1 EStG sowie der hinzuzurechnenden IAB nach § 7g Abs. 1 EStG.

Berechnung der Gewinngrenze:

	steuerlicher Gewinn
zzgl.	IAB des Wj nach § 7g Abs. 1 S. 1 EStG
abzgl.	Hinzurechnung von IAB nach § 7g Abs. 2 S. 1 EStG
=	maßgebliche Gewinngrenze

Die Gewinngrenze gilt sowohl für **Inanspruchnahme von IAB** als auch für die Inanspruchnahme von Sonderabschreibung. Unverändert ist dabei für die Frage, ob IAB abgezogen werden dürfen, auf das Wj, in dem die Abzüge vorgenommen werden sollen, abzustellen. Bei der Inanspruchnahme von **Sonderabschreibungen** ist ebenfalls unverändert auf das der Anschaffung/Herstellung vorangegangene Wj abzustellen.

---

90 BVerfG, Beschl. v. 8.7.2021 – 1 BvR 2237/14, 2422/17, DStR 2021, 1934
91 JStG 2020 v. 21.12.2020, BGBl I 2020, 3096
92 § 7g Abs. 1 S. 2 Nr. 1 EStG, § 7g Abs. 6 Nr. 1 EStG

Praxishinweis

Bei der Berechnung der Gewinngrenze werden nach dem eindeutigen Gesetzeswortlaut nur IAB nach § 7g Abs. 1 S. 1 EStG sowie Hinzurechnungen nach § 7g Abs. 2 EStG nicht berücksichtigt. Damit bleiben Sonderabschreibungen nach § 7g Abs. 5 EStG sowie die gewinnmindernden Abzüge von im Jahr der Anschaffung/Herstellung eines begünstigten WG hinzugerechneten IAB mindernd berücksichtigt.

Beispiel

Einzelunternehmer B hat im VZ 2021 vor Abzug eines IAB einen steuerlichen Gewinn i.H.v. 220.000 EUR. Für eine im Wj 2021 begünstigte Anschaffung eines WG hat er einen im Jahr 2019 gebildeten IAB eingesetzt, sodass dem Gewinn 20.000 EUR außerbilanziell hinzugerechnet worden sind. Von den Anschaffungskosten des WG hat A nach § 7g Abs. 2 S. 2 EStG einen gewinnmindernden Abzug ebenfalls i.H.v. 20.000 EUR sowie eine Sonderabschreibung nach § 7g Abs. 6 EStG i.H.v. 5.000 EUR vorgenommen. Da die außerbilanzielle Hinzurechnung nach § 7g Abs. 2 S. 1 EStG bei der Ermittlung der Gewinngrenze nicht zu berücksichtigen ist, überschreitet B die maßgebliche Grenze nicht (220.000 EUR ./. 20.000 EUR = 200.000 EUR). Die Sonderabschreibung wird zur Ermittlung der Gewinngrenze ebenso wenig hinzugerechnet wie der gewinnmindernde Abzug nach § 7g Abs. 2 S.2 EStG.

Die einheitliche Gewinngrenze gilt grds. **erstmals für IAB und Sonderabschreibungen, die in nach dem 31.12.2019 endenden Wj in Anspruch genommen** werden[93]. Abweichend davon ist die Neuregelung zur einheitlichen Gewinngrenze bei abweichenden Wj spätestens für IAB und Sonderabschreibungen anzuwenden, die in nach dem 17.7.2020[94] endenden Wj in Anspruch genommen werden[95]. Damit können für **vor dem 17.7.2020 endende Wj** noch die bisherigen Größenmerkmale angewendet werden.

Beispiel

Einzelunternehmer C hat ein abweichendes Wj vom 1.7.2019 - 30.6.2020. Bei der Frage, ob ein IAB im Wj 2019/2020 in Anspruch genommen werden kann, kann anstelle der Gewinngrenze i.H.v. 200.000 EUR (maßgeblich Gewinn des Wj 2019/2020) alternativ die Betriebsvermögensgrenze nach § 7g Abs. 2 S. 2 EStG a.F. i.H.v. 235.000 EUR (maßgeblich Betriebsvermögen am 30.6.2020) berücksichtigt werden. Dies gilt entsprechend für die Inanspruchnahme von Sonderabschreibung für im Wj 2019/2020 angeschaffte bzw. hergestellte begünstigte Wj – maßgeblich ist der Gewinn des Wj 2018/2019 bzw. das Betriebsvermögen am 30.6.2019.

---

93 § 52 Abs. 16 S. 1 1. HS EStG
94 Tag der Versendung des Referentenentwurfs zum JStG 2020
95 § 52 Abs. 16 S. 1 2. HS EStG

b) Erhöhung des Investitionsabzugsbetrages

Die bisherige Möglichkeit, IAB i.H.v. 40 % der voraussichtlichen Anschaffungs-/Herstellungskosten in Anspruch zu nehmen, wird **auf 50 % erhöht**[96]. Zugleich werden auch im Wj der Anschaffung bzw. Herstellung des begünstigten WG das **Wahlrecht zur Hinzurechnung**[97] sowie das **Wahlrecht zum gewinnmindernden Abzug** von den Anschaffungs-/Herstellungskosten[98] **auf 50 % erhöht**.

Die Erhöhung von 40 % auf 50 % kann **erstmals** für IAB, die in **nach dem 31.12.2019 endenden Wj in Anspruch** genommen werden[99], genutzt werden. Da die Anwendungsregelung ausdrücklich auf den Zeitpunkt der Inanspruchnahme des IAB abstellt, können auch die Hinzurechnung und der gewinnmindernde Abzug nach § 7g Abs. 2 S. 1 f. EStG erst für in nach dem 31.12.2019 endenden Wj in Anspruch genommene IAB i.H.v. 50 % der Anschaffungs-/Herstellungskosten der begünstigten WG in Anspruch genommen werden. Für die Nutzung von IAB, die vorher in Anspruch genommen worden sind, gilt damit auch bei Anschaffung bzw. Herstellung der begünstigten WG in Wj, die nach dem 31.12.2019 enden, noch eine Übertragungsmöglichkeit i.H.v. nur 40 %.

Beispiel

Einzelunternehmerin D (kalendergleiches Wj) erfüllt die Voraussetzungen des § 7g EStG und hat im Wj 2019 einen IAB i.H.v. 5.000 EUR in Anspruch genommen. Im Wj 2020 schafft sie begünstigte WG für Ansschaffungskosten i.H.v. 10.000 EUR an. Der IAB aus dem Wj 2019 kann nur max. i.H.v. 40 % der Anschaffungskosten = 4.000 EUR außerbilanziell hinzugerechnet und in entsprechender Höhe gewinnmindernd von den Anschaffungskosten des WG abgezogen werden.

Abwandlung

D hat den IAB im Wj 2020 in Anspruch genommen und schafft das begünstigte WG im Wj 2021 an. In diesem Fall kann D 50 % der Anschaffungskosten = 5.000 EUR außerbilanziell hinzurechnen und in entsprechender Höhe gewinnmindernd von den Anschaffungskosten des WG abziehen.

96 § 7g Abs. 1 S. 1 EStG
97 § 7g Abs. 2 S. 1 EStG
98 § 7g Abs. 2 S. 3 EStG
99 § 52 Abs. 16 S. 1 1. HS EStG

Praxishinweis

Vor dem Hintergrund der erweiterten Nutzungsmöglichkeit des IAB, der unveränderten Möglichkeit, Sonderabschreibung vorzunehmen sowie der temporär eingeführten degressiven Abschreibung[100], die neben der Sonderabschreibung des § 7g EStG möglich[101] ist, stellt sich das Wj 2020/2021 bzw. **2021 als besonderes Investitionsjahr** dar.

Beispiel

Einzelunternehmer E (kalendergleiches Wj) erfüllt die Voraussetzungen des § 7g EStG und hat im Wj 2021 eine Investition in ein begünstigtes WG (ND 6 Jahre) i.H.v. 50.000 EUR vorgenommen. Im Wj 2020 kann E einen IAB i.H.v. 50 % v. 50.000 EUR = 25.000 EUR außerbilanziell in Anspruch nehmen. Bei Anschaffung im Wj 2021 können die 25.000 EUR wieder außerbilanziell hinzugerechnet werden. Bei Anschaffung des WG im Wj 2021 ergibt sich bei voller Ausschöpfung der Abschreibungsmöglichkeiten folgendes Bild:

Anschaffungskosten	50.000 EUR
Gewinnminderung § 7g Abs. 2 S. 2 EStG	- 25.000 EUR
maßgebliche Anschaffungskosten für weitere AfA[102]	25.000 EUR
Degressive AfA nach § 7 Abs. 2 EStG	- 6.250 EUR
Sonderabschreibung nach § 7g Abs. 5 EStG	- 5.000 EUR
Restbuchwert 31.12.2021	13.750 EUR
Gewinnminderung 2020:	25.000 EUR
Gewinnminderung 2021:	11.250 EUR

Gesamte Gewinnminderung 2020 und 2021 beträgt damit bezogen auf die Anschaffungskosten 72,5 %.

Die außerbilanzielle Hinzurechnung des IAB im Jahr 2021 wird durch den gewinnmindernden Abzug kompensiert.

Praxishinweis

Durch die Erhöhung der Nutzungsmöglichkeit des IAB auf 50 % erhöht sich bei entsprechender Gestaltung auch die **GWG-Grenze faktisch auf 1.600 EUR**[103], da für die Frage, ob eine Sofortabschreibung nach § 6 Abs. 2 EStG möglich ist, auf die

100 § 7 Abs. 2 EStG – Anschaffung/Herstellung nach dem 31.12.2019 und vor dem 1.1.2022
101 § 7g Abs. 5 EStG
102 § 7g Abs. 2 S. 2 2. HS EStG
103 Bei vollem Vorsteuerabzug

Anschaffungs-/Herstellungskosten abzgl. der Gewinnminderung nach § 7g Abs. 2 S. 2 EStG abzustellen ist[104].

Beispiel

Einzelunternehmerin F (kalendergleiches Wj) erfüllt die Voraussetzungen des § 7g EStG und ist zum vollen Vorsteuerabzug berechtigt. Im Jahr 2021 werden Werkzeuge für jeweils Netto-Anschaffungskosten i.H.v. 1.600 EUR angeschafft, die grds. über eine betriebsgewöhnliche Nutzungsdauer von drei Jahren abzuschreiben sind[105]. Im Jahr 2020 nimmt F jeweils IAB i.H.v. 50 % der Anschaffungskosten (= 800 EUR) in Anspruch, die bei Anschaffung im Wj 2021 außerbilanziell wieder hinzugerechnet werden und zugleich gewinnmindernd von den Anschaffungskosten der Werkzeuge abgezogen werden. Die verbleibenden Anschaffungskosten i.H.v. jeweils 800 EUR können sofort als GWG abgeschrieben werden.

c) Vermietung als unschädliche Nutzung

Ab dem VZ 2020 wird bezüglich der **Verbleibens- und Nutzungsfrist** des begünstigten WG die **Vermietung** – also die entgeltliche Überlassung – des WG als **unschädlich** normiert[106]. Auf der Grundlage der bisherigen Regelung ging die FinVerw davon aus, dass die Verbleibens- und Nutzungsfrist im begünstigten Betrieb u.a. dann nicht mehr erfüllt ist, wenn das WG einem Anderen **für mehr als drei Monate entgeltlich oder unentgeltlich zur Nutzung überlassen** wird[107]. Dies sollte nicht in den Fällen einer Betriebsaufspaltung gelten[108].

Durch die Neuregelung soll die Verwendbarkeit der angeschafften oder hergestellten betrieblichen WG flexibilisiert werden. Neben der Privatnutzung bleibt damit jedoch auch weiterhin die **unentgeltliche Nutzung in einem anderen Betrieb des Stpfl.** aufgrund der Betriebsbezogenheit des § 7g EStG **schädlich**, wenn sie bei einer zeitraumbezogenen Prüfung – also während der gesamten Verbleibens- und Nutzungsfrist – bis zum Ende des auf die Anschaffung oder Herstellung folgenden Wj mehr als 10 % beträgt, sodass die Nutzung im begünstigten Betrieb nicht mehr mindestens 90 % beträgt.

---

104 § 7g Abs. 2 S. 2 2. HS EStG
105 § 7 Abs. 1 S. 1 EStG
106 §§ 7g Abs. 1 S. 1, Abs. 4 S. 1 sowie Abs. 6 Nr. 2 EStG n.F.
107 BMF-Schr. v. 20.3.2017 – IV C 6 - S 2139 - b/07/10002-02, BStBl I 2017, 423, Rz 38
108 BMF-Schr. v. 20.3.2017 – IV C 6 - S 2139 - b/07/10002-02, BStBl I 2017, 423, Rz 39

Hinsichtlich der Vermietung (= entgeltliche Überlassung) wird in der Gesetzesbegründung wörtlich ausgeführt:

> Dagegen führt die Vermietung eines zum notwendigen Betriebsvermögen gehörenden WG zu Betriebseinnahmen und damit zu einer betrieblichen Vermögensmehrung. Dieses Ergebnis entspricht dem Fördergedanken des § 7g EStG. Das gilt **auch dann**, wenn der **Stpfl. das WG an einen anderen eigenen Betrieb vermietet.**[109]

Der **gesetzgeberische Gedanke,** eine „Vermietung an den eigenen Betrieb" als Gestaltungsmöglichkeit für eine unschädliche Verwendung zu ermöglichen, **geht** aus unserer Sicht allerdings **ins Leere**. Bereits zivilrechtlich ist es nach § 181 BGB nicht möglich, eine entgeltliche Vermietung mit sich selbst zu vereinbaren. Die Vermietung durch einen Stpfl. an einen anderen eigenen Betrieb ist damit auch steuerlich nicht denkbar. Eine natürliche Person mit mehreren Betrieben kann § 7g EStG daher auch weiterhin nicht in Anspruch nehmen, wenn das WG in keinem der Betriebe zu mindestens 90 % betrieblich genutzt wird. Die Neuregelung ermöglicht jedoch die **Vermietung von WG zwischen verschiedenen Stpfl.**

Die Unschädlichkeit einer mehr als dreimonatigen Vermietung gilt **erstmals** für IAB und Sonderabschreibungen, die in **nach dem 31.12.2019 endenden Wj** in Anspruch genommen werden[110]. Da die Anwendungsregelung ausdrücklich auf den Zeitpunkt der Inanspruchnahme des IAB abstellt, kommt es nicht auf die Anschaffung bzw. Herstellung des begünstigten WG an. Für begünstigte WG, die zwar in nach dem 31.12.2019 endenden Wj angeschafft bzw. hergestellt werden, für die jedoch IAB genutzt werden, die vor Inkrafttreten der Neuregelung gebildet worden sind, bleibt eine mehr als dreimonatige Vermietung eine schädliche Verwendung i.S.d. der **Verbleibens- und Nutzungsfrist**. Eine gewisse **„Verwerfung"** ergibt sich **hinsichtlich der Sonderabschreibung**, da es hier auf den Zeitpunkt der Inanspruchnahme ankommt, sodass sich hinsichtlich der Nutzung des IAB eine schädliche Verwendung und hinsichtlich der Inanspruchnahme der Sonderabschreibung eine unschädliche Verwendung ergeben kann, da es hier auf die Nutzung des WG im Jahr der Anschaffung und im darauf folgenden Wj ankommt.

---

[109] BT-Drucks. 19/22850 v. 25.9.2020, Hervorhebungen durch den Verfasser

[110] § 52 Abs. 16 S. 1 1. HS EStG

Praxishinweis

Unabhängig von der Unschädlichkeit der Vermietung sind die Nutzungs- und Verbleibensvoraussetzungen weiterhin zu erfüllen. In einem interessanten Fall hat der **BFH**[111] entschieden, dass ein WG auch dann noch in einer Betriebsstätte des Betriebs des Stpfl. ausschließlich betrieblich genutzt wird, wenn es **in dem Betrieb eines Anderen ausschließlich als Werkzeug zur Herstellung von durch den Stpfl. in Auftrag gegebenen Teilen eingesetzt** und in der restlichen Zeit dort für den Stpfl. lediglich verwahrt wird. Im Urteilsfall ging es um Spritzgussformen, die ein Unternehmen dem Subunternehmer für die Herstellung von Kunststoffteilen zur Verfügung gestellt hatte und die auch dort eingelagert, aber nur zur Fertigung der Kunststoffteile im Auftrag des Unternehmens genutzt wurden[112].

d) Einschränkung der nachträglichen Inanspruchnahme

Mit Urteil vom 23.3.2016[113] hat der BFH bereits für die ab VZ 2007 gültige Fassung des § 7g EStG entschieden, dass ein IAB auch nachträglich – d.h. nach der Anschaffung bzw. Herstellung des begünstigten WG – in Anspruch genommen werden kann, wenn die entsprechenden Steuerbescheide verfahrensrechtlich noch änderbar sind (z.B. nach § 164 AO)[114]. Die FinVerw hat diese Grundsätze anerkannt[115]. Die **nachträgliche Inanspruchnahme** von IAB ist insb. i.Z.m. **Betriebsprüfungen** eine interessante steuerliche Gestaltungsmöglichkeit.

Beispiel

Einzelunternehmerin G hat ein kalendergleiches Wj und erfüllt die Voraussetzungen des § 7g EStG. Im Jahr 2021 findet eine Betriebsprüfung für die Jahre 2017 - 2019, die unter dem Vorbehalt der Nachprüfung nach § 164 AO stehen, statt. Im Jahr 2018 ergibt sich ein unstrittiges Mehrergebnis. I.R.d. Betriebsprüfung nimmt G nachträglich für 2018 einen IAB für ein bereits im Jahr 2020 angeschafftes begünstigtes WG in Anspruch. Der IAB wird im Wj 2020 außerbilanziell hinzugerechnet und zugleich gewinnmindernd von den Anschaffungskosten des WG abgezogen. Im Ergebnis wird das Mehrergebnis der Betriebsprüfung durch den IAB – ggf. teilweise – kompensiert. Dadurch entstehen geringere Zinsen i.S.d. § 233a AO und das Mehrergebnis verteilt sich praktisch über die Minderung der Abschreibung für das WG auf die Wj 2020 ff.

---

111 BFH-Urt. v. 3.12.2020 – IV R 16/18, BStBl II 2021, 382
112 Vgl. dazu ausführlich *Seifert*, AktStR 2021, 311
113 BFH-Urt. v. 23.3.2016 – IV R 9/14, BStBl II 2017, 295
114 Siehe hierzu ausführlich *Messner*, AktStR 2016, 541
115 BMF-Schr. v. 20.3.2017 – IV C 6 - S 2139 - b/07/10002-02, BStBl I 2017, 423, Rz 21

Um dieser aus Sicht des Gesetzgebers „ungewollten Gestaltung“ entgegenzutreten, wird die Inanspruchnahme von IAB nach Anschaffung bzw. Herstellung eines begünstigten WG eingeschränkt. IAB, die **nach Eintritt der Unanfechtbarkeit der erstmaligen Steuerfestsetzung oder erstmaligen gesonderten Feststellung** in Anspruch genommen werden, können **nur noch für begünstigte WG** verwendet werden, die **zum Zeitpunkt der Inanspruchnahme des IAB noch nicht angeschafft oder hergestellt** worden sind[116]. **Bis zum Ende der Einspruchsfrist** der erstmaligen Steuerfestsetzung bzw. gesonderten Feststellung geltend gemachte IAB können damit weiterhin **unabhängig vom Investitionszeitpunkt** des begünstigten WG verwendet werden.

Die Einschränkung der Verwendung von nach Unanfechtbarkeit der erstmaligen Steuerfestsetzung bzw. gesonderten Feststellung in Anspruch genommenen IAB gilt erstmals für **IAB, die in nach dem 31.12.2020 endenden Wj in Anspruch genommen** werden[117]. Da die Anwendungsregelung **nicht auf das Datum der Antragstellung**, sondern auf das Wj der Inanspruchnahme des IAB abstellt, können für alle IAB, die nach dem 31.12.2020 nachträglich für Wj, die vor dem 1.1.2021 enden in Anspruch genommen werden, uneingeschränkt auch für bereits erfolgte Investitionen verwendet werden.

e) Einschränkung der Nutzung innerhalb einer Personengesellschaft – keine „Überkreuznutzung“ von IAB

Mit Beschluss vom 15.11.2017[118] hat der BFH entschieden, dass eine begünstigte Investition i.S.d. § 7g EStG auch dann vorliegt, wenn bei einer PersG der IAB vom Gesamthandsgewinn abgezogen wurde und die geplante Investition innerhalb des dreijährigen Investitionszeitraums von einem ihrer Gesellschafter vorgenommen und in dessen Sonderbetriebsvermögen aktiviert wird. Die außerbilanzielle Hinzurechnung im Wj der Anschaffung erfolgt in diesem Fall beim Sonderbetriebsgewinn des investierenden Gesellschafters, obwohl der außerbilanzielle Abzug zu Lasten des Gesamthandgewinns erfolgt ist. Der BFH hat damit die **„Überkreuznutzung“ von IAB zwischen Gesamthandsvermögen und Sonderbetriebsvermögen** zugelassen. In der Praxis ergeben sich dadurch insb. für Familien-PersG interessante Gestaltungsmöglichkeiten, mit denen rein steuerliche **Gewinnverschiebungen**

116 § 7g Abs. 2 S. 2 EStG
117 § 52 Abs. 16 S. 2 EStG
118 BFH-Beschl. v. 15.11.2017 – VI R 44/16, BStBl II 2019, 466

zwischen den Gesellschaftern erreicht werden können[119]. Die FinVerw hat die Rechtsgrundsätze anerkannt[120].

Diese „ungewollte Gestaltung“ wird durch eine Ergänzung des § 7g Abs. 7 EStG zukünftig ausgeschlossen. Danach können vom Gewinn der Gesamthand oder Gemeinschaft abgezogene IAB ausschließlich bei Investitionen der PersG oder Gemeinschaft verwendet werden[121]. Entsprechendes gilt für vom Sonderbetriebsgewinn eines Mitunternehmers abgezogenen IAB bei Investitionen dieses Mitunternehmers oder seines Rechtsnachfolgers in seinem Sonderbetriebsvermögen[122]. Eine **Überkreuznutzung** von IAB bei PersG und Gemeinschaften wird damit **ausgeschlossen**.

Die Einschränkung der „Überkreuznutzung“ von IAB innerhalb einer PersG oder Gemeinschaft gilt erstmals für IAB, die in nach dem 31.12.2020 endenden Wj in Anspruch genommen werden[123]. Da die Anwendungsregelung **nicht auf das Datum der Antragstellung**, sondern auf das Wj der Inanspruchnahme des IAB abstellt, können für IAB, die in vor dem 1.1.2021 endenden Wj in Anspruch genommen werden, weiterhin für Investitionen im gesamten Vermögensbereich einer PersG oder Gemeinschaft verwendet werden.

3. Weitere aktuelle Entwicklungen

a) Privater Nutzungsumfang eines Geschäftswagens

Da die Anwendung des § 7g EStG voraussetzt, dass das begünstigte WG (fast) ausschließlich – zu mindestens 90 % – betrieblich genutzt wird[124], kommt es immer wieder zu Streitigkeiten bzgl. der Begünstigung von Geschäftswagen, die auch für private Zwecke genutzt werden. Wird für einen Geschäftswagen die sog. 1%-Regelung angewandt, geht die FinVerw grds. von einer schädlichen Privatnutzung zu mehr als 10 % aus[125]. Diese Auffassung dürfte durch das BFH-Urteil vom 15.7.2020[126] überholt sein, auch wenn das Urteil noch nicht im BStBl veröffentlicht ist. Danach können nämlich die Anteile der betrieblichen und der außerbetrieblichen Nutzung eines Pkw

---

119 Siehe hierzu ausführlich *Krohn*, AktStR 2018, 249
120 BMF-Schr. v. 26.8.2019 – IV C 6 - S 2139 - b/07/10002-02, BStBl I 2019, 870
121 § 7g Abs. 7 S. 2 EStG
122 § 7g Abs. 7 S. 3 EStG
123 § 52 Abs. 16 S. 2 EStG
124 § 7g Abs. 1 S. 1 EStG
125 BMF-Schr. v. 20.3.2017 – IV C 6 - S 2139-b/07/10002-02, BStBl I 2017, 423, Rz 44
126 BFH-Urt. v. 15.7.2020 – III R 62/19, DStR 2021, 788

nicht nur durch ein ordnungsgemäßes Fahrtenbuch, sondern **auch durch andere Beweismittel** nachgewiesen werden[127]. Der Nachweis wird im Einzelfall jedoch unverändert schwierig sein.

b) IAB bei Erwerb eines Mitunternehmeranteils

Die Beteiligung an einer PersG stellt im Ergebnis eine quotale Beteiligung an den WG des Gesamthandsvermögens der PersG dar. In diesem Zusammenhang ist ein interessantes Verfahren beim BFH[128] anhängig:

Kann wegen des beabsichtigten **Erwerbs eines Mitunternehmeranteils** ein **IAB** hinsichtlich der bereits zum Gesamthandsvermögen der Mitunternehmerschaft gehörenden WG gebildet werden?

Der Kläger wollte für die Beteiligung an einer GbR bzgl. zweier Photovoltaikanlagen, die der GbR im Gesamthandsvermögen zuzurechnen waren, im Jahr vor dem Erwerb der Beteiligung einen IAB nach § 7g EStG in Anspruch nehmen. Nach der Entscheidung der Vorinstanz ist die Inanspruchnahme eines IAB bei beabsichtigter Anschaffung eines GbR-Anteils für bereits im Gesellschaftsvermögen befindliche WG allerdings nicht zulässig[129].

c) Reichweite der Korrekturvorschrift des § 7g Abs. 3 EStG

In einem interessanten Verfahren hat sich der BFH mit Urteil vom 25.3.2021[130] mit der Reichweite der Korrekturvorschrift des § 7g Abs. 3 S. 2 EStG, die die rückwirkende Änderung einer Steuerfestsetzung wegen ausbleibender Investition ermöglicht, auseinandergesetzt. In dem zugrundeliegenden Sachverhalt wurde für den VZ 2009 zunächst ein Gewinn unter Berücksichtigung eines IAB der Veranlagung zugrunde gelegt. Bis Ende 2012 blieb eine Investition aus und das FA änderte den ESt-Bescheid 2009 im Jahr 2014. Dabei unterlief dem FA allerdings ein Fehler, und der Gewinn wurde niedriger als zuvor angesetzt. Im Jahr 2017 bemerkte das FA den Fehler und korrigierte den Gewinn ggü. dem im VZ 2009 ursprünglich angesetzten Gewinn zzgl. des IAB – also so, wie es materiell-rechtlich zutreffend gewesen ist.

---

127 Vgl. dazu ausführlich *Seifert,* AktStR 2021, 311
128 Az des BFH: IV R 11/21
129 FG Münster, Urt. v. 26.3.2021 – 4 K 1018/19 E,F, EFG 2021, 1191, Revision eingelegt, Az des BFH: IV R 11/21
130 BFH-Urt. v. 25.3.2021 – VIII R 45/18, BStBl II 2021, 530

Der BFH gab dem Kläger allerdings Recht: Die Änderung im Jahr 2017 war **verfahrensrechtlich nicht zulässig**:

§ 7g Abs. 3 S. 2 EStG ermöglicht als spezielle Korrekturvorschrift lediglich eine **punktuelle Rückgängigmachung** des vom Stpfl. gem. § 7g Abs. 1 EStG gewinnmindernd berücksichtigten IAB. Über diesen Rahmen hinausgehende Gewinnänderungen können nur vorgenommen werden, wenn diese durch andere Änderungsnormen gedeckt sind. Dies gilt auch für Fehler, die dem FA im Zusammenhang mit der Rückgängigmachung eines IAB unterlaufen sind. Den bei der ersten Änderungsveranlagung unterlaufenen Fehler konnte das FA somit nicht mehr korrigieren.

Auch die **Hemmung der Festsetzungsverjährung** gem. § 7g Abs. 3 S. 3 EStG wirkt **nur partiell**. Sie tritt nur insoweit ein, als die Rückgängigmachung des IAB gem. § 7g Abs. 3 S. 2 EStG betroffen ist.

Praxishinweis

Zu beachten ist jedoch, dass nach **§ 177 AO materielle Fehler** i.R.e. z.B. auf § 7g Abs. 3 S. 2 EStG gestützten Änderung **gegenläufig berichtigt werden können**, „soweit" die Änderung reicht. D.h. z.B. bisher nicht berücksichtigte Betriebsausgaben können, soweit die Hinzurechnung zu einer Gewinnerhöhung wird, im Gegenzug angesetzt werden[131].

d) Nutzungs- und Verbleibenszeitraum bei einer Betriebsaufgabe

Mit **Urteil vom 28.7.2021**[132] hat der BFH eine wichtige Entscheidung für die nach § 7g EStG geforderten Nutzungs- und Verbleibensvoraussetzungen („im Wj der Anschaffung und folgenden Wj") für WG für die ein IAB bzw. Sonderabschreibung in Anspruch genommen wurde, gefällt.

Vereinfachter Sachverhalt

A ist Einzelunternehmer (§ 4 Abs. 3 EStG) und nimmt für ein WG im Wj 2012 einen IAB in Anspruch, der im Wj 2014 für die Anschaffung des WG genutzt wird. Außerdem wird im Wj 2014 für das WG Sonderabschreibung nach § 7g EStG in Anspruch genommen. Zum 30.6.2015 wird der Betrieb aufgegeben und eine Schlussbilanz erstellt.

---

131 § 177 Abs. 2 AO
132 BFH-Urt. v. 28.7.2021 – X R 30/19, DStR 2021, 2571

Müssen IAB und Sonderabschreibung wegen Verstoß gegen die Nutzungs- und Verbleibensvoraussetzungen rückgängig gemacht werden, weil das WG nicht bis Ende des Kj 2015 betrieblich genutzt wird?

Dazu der BFH:

Für die Erfüllung der Nutzungsvoraussetzungen des § 7g Abs. 4 S. 1, Abs. 6 Nr. 2 EStG genügt es in Fällen, in denen der Betrieb im Jahr nach der Anschaffung oder Herstellung des begünstigten WG aufgegeben wird, wenn das WG nicht für ein volles Kj bzw. einen vollen Zwölf-Monats-Zeitraum nach dem Wj seiner Anschaffung oder Herstellung, sondern lediglich während des mit der Betriebsaufgabe endenden **Rumpfwirtschaftsjahres** in einer inländischen Betriebsstätte des Betriebs ausschließlich oder fast ausschließlich betrieblich genutzt wird.[133]

---

[133] Entgegen BMF-Schr. v. 20.11.2013 – IV C 6 - S 2139 b/07/10002, BStBl I 2013, 1493, Rz 36, 37, 58 und BMF-Schr. v. 20.3.2017 – IV C 6-S 2139-b/07/10002-02, 2017/0202664, BStBl I 2017, 423, Rz 40

VI. Photovoltaikanlagen

1. Allgemeines

Bereits in „Die Einkommensteuererklärung 2020“[134] haben wir die ertragsteuerliche **Problematik der Einkünfteerzielung** bei auf privaten Hausdächern installierten Photovoltaikanlagen ausführlich dargestellt. Aufgrund der – je nach Monat der erstmaligen Inbetriebnahme der Anlage – **stetig sinkenden Einspeisevergütung**[135] nach dem Erneuerbare-Energien-Gesetz (EEG) ist es häufig nicht mehr möglich, einen Totalgewinn zu erzielen, sodass bereits rechtssystematisch von ertragsteuerlich unbeachtlicher Liebhaberei auszugehen ist. Der Selbstverbrauch ist aufgrund des Teilwertansatzes (Herstellungskosten) gewinnneutral[136].

Die für 20 Jahre garantierte Einspeisevergütung ist auch im Jahr 2021 weiter gesunken. So beträgt z.B. die Vergütung für Anlagen bis 10 kWp, die im November 2021 in Betrieb genommen worden sind, nur noch **7,03 ct./kWh**. Durch die EEG-Novelle 2021 wurde hinsichtlich „ausgeförderter“ Anlagen geregelt, dass der Netzbetreiber den Strom nach Ablauf von 20 Jahren nur noch zum Marktpreis an der Strombörse bzgl. der Vermarktungskosten kaufen muss (aktuell zwischen 2 und 5 ct./kWh)[137].

Praxishinweise

Höchstrichterliche Rechtsprechung zum Thema „Liebhaberei und Photovoltaikanlagen“ gibt es noch nicht. Das **FG Thüringen** hat allerdings mit rechtskräftigem Urteil vom 11.9.2019[138] **keine Liebhaberei** angenommen. Der Beweis des ersten Anscheins würde für die Annahme eines Gewerbebetriebes sprechen. U.E. sind die Urteilsgrundsätze **auf aktuelle Fälle nicht übertragbar**, da dem Urteil ein Sachverhalt aus dem Jahr 2013 zugrunde gelegen hat und die maßgebliche **Einspeisevergütung** mit 14,27 ct./kWh **deutlich höher** war als heute. Die zunächst eingelegte Revision wurde wieder zurückgenommen, sodass das Urteil rechtskräftig ist.

---

134 „Die Einkommensteuererklärung 2020“, 91 ff.
135 Vgl. im Einzelnen § 48 Abs. 3 EEG
136 § 6 Abs. 1 Nr. 4 EStG
137 Gesetz zur Änderung des EEG und weiterer energierechtlicher Vorschriften v. 21.12.2020, BGBl I 2020, 3138
138 FG Thüringen, Urt. v. 11.9.2019 – 3 K 59/18, EFG 2021, 32, rkr.

Nachdem der „Wunsch" des Bundesrates, eine Steuerbefreiung der Einspeisevergütung für Anlagen bis 10 kWp, die nach dem 31.12.2019 in Betrieb gegangen sind[139], abgelehnt wurde, hat die Frage der „Liebhaberei" mit dem nachfolgend dargestelltem BMF-Schreiben vom 29.10.2021[140], das das ursprüngliche Schreiben vom 2.6.2021[141] ersetzt hat, zu einem sog. ***Liebhaberei-Wahlrecht*** eine neue Bedeutung bekommen. Das überarbeitete BMF-Schreiben enthält zahlreiche Beispiele auf die weiterführend verwiesen wird.

Praxishinweis

Wird der durch die Photovoltaikanlage produzierte Strom nicht nur selbst verbraucht und zu den o.g. Vergütungssätzen eingespeist, sondern auch für **eigenbetriebliche Zwecke** genutzt und/oder **direkt vermarktet**, sind die weiteren Nutzungskomponenten in die Prognosebetrachtung einzubeziehen, sodass sich ggf. ein Totalgewinn ergeben kann und ein steuerlich beachtlicher Gewerbebetrieb vorliegt. Für diese Fälle **gilt** – wie die nachfolgenden Ausführungen zeigen – auch das **Liebhaberei-Wahlrecht** des BMF **nicht**.

2. Liebhaberei-Wahlrecht (BMF)

a) Liebhaberei auf Antrag

Nach dem BMF-Schreiben vom 29.10.2021[142] kann bei kleinen Photovoltaikanlagen aus Vereinfachungsgründen auf schriftlichen Antrag unterstellt werden, dass keine Gewinnerzielungsabsicht vorliegt, sodass der Einkünftetatbestand des § 15 Abs. 2 S. 1 EStG nicht erfüllt wird. Damit entfallen dann auch entsprechende Erklärungspflichten, insb. die Abgabe einer EÜR. Eine Prüfung durch eine konkrete Prognoserechnung ist nicht vorzunehmen, wenn die Voraussetzungen des BMF-Schreibens erfüllt sind. Ergänzend hat das Bayerische Landesamt für Steuern mit einem Merkblatt vom 2.6.2021[143] Stellung genommen und eine Mustererklärung[144] zur Inanspruchnahme des Wahlrechts veröffentlicht.

---

139 BR-Drucks. 503/20 v. 9.10.2020

140 www.bundesfinanzministerium.de

141 BMF-Schr. v. 2.6.2021 – IV C 6 - S 2240/19/10006:006, BStBl I 2021, 722

142 BMF-Schr. v. 29.10.2021 – IV C 6 - S 2240/19/10006 :006, DStR 2021, 2590

143 Merkblatt „Liebhabereiwahlrecht bei kleinen Photovoltaikanlagen und Blockheizkraftwerken", www.finanzamt.bayern.de

144 www.finanzamt.bayern.de unter der Rubrik > Steuerinfos > Photovoltaikanlagen

b) Anforderungen an die Anlage

Das Liebhaberei-Wahlrecht gilt für Photovoltaikanlagen mit einer installierten Leistung von **bis zu 10 kWp, die nach dem 31.12.2003 in Betrieb genommen** wurden. Maßgeblich ist die installierte Leistung i.S.d. § 3 Nr. 31 EEG. Zur Berechnung der 10 kWp-Grenze sind mehrere **Anlagen des Stpfl. zusammenzurechnen**. Dabei spielt es keine Rolle, ob die Anlagen zu unterschiedlichen Zeitpunkten in Betrieb genommen worden sind, technisch getrennt sind oder sich auf verschiedenen Grundstücken befinden. Dabei sind auch Anlagen einzubeziehen, die die übrigen Voraussetzungen der Vereinfachungsregelung nicht erfüllen.

Praxishinweise

Die **10 kWp-Grenze** ist offensichtlich mit Blick auf die Größe der in der Vergangenheit auf entsprechenden Objekten installierten Anlagen gewählt worden. Bis Ende 2020 waren Anlagen bis zu dieser Größe von der EEG-Umlage befreit. Seit 1.1.2021 sind allerdings Anlagen bis 30 kWp von der EEG-Umlage befreit[145], so dass auf „privaten" Hausdächern mittlerweile auch größere Anlagen installiert werden. Streitigkeiten für in 2021 installierte Anlagen mit **mehr als 10 kWp** Leistung sind daher zu erwarten. Hier wäre die fehlende Gewinnerzielungsabsicht dann nach den allgemeinen Grundsätzen nachzuweisen. Offen ist die Frage, wie die Prüfung des Liebhaberei-Wahlrechts erfolgt, wenn sich zwar mehrere Anlagen auf einem Dach befinden, diese jedoch von unterschiedlichen Personen betrieben werden. Grds. ist die Prüfung, ob Liebhaberei vorliegt oder nicht, u.E. betriebsspezifisch und damit für den einzelnen Stpfl. zu prüfen.

Überraschend ist die Einbeziehung von **Alt-Anlagen**, die nach dem 31.12.2003 in Betrieb gegangen sind. Rechtssystematisch ist bei diesen Anlagen aufgrund der hohen Einspeisevergütung (bei Inbetriebnahme im Januar 2004: 57,4 ct./kWh!) u.E. nicht von Liebhaberei auszugehen, sodass das BMF-Schreiben **über eine reine Vereinfachung hinausgeht** und in den Fällen, in denen tatsächlich keine Liebhaberei vorliegt, zu einem Steuerverzicht durch den Fiskus führt. Dies ist u.E. rechtswidrig, da es dafür an einer gesetzlichen Grundlage fehlt. Der Bundesrat hat die Bundesregierung und den Deutschen Bundestag mit Beschluss vom 5.11.2021[146] aufgefordert, noch für den VZ 2021 eine **(Ertrags-)Steuerbefreiung** für die Erzeugung von Strom aus Photovoltaikanlagen mit einer möglichen **Gesamtleistung von bis zu 30 kWp** und aus Blockheizkraftwerken mit einer installierten elektrischen Leistung von bis zu 7,5 kWp zu schaffen.

---

145 Gesetz zur Änderung des EEG und weiterer energierechtlicher Vorschriften vom 2.12.2021, BGBl I 2021, 3138

146 BR-Drucks. 776/21 v. 5.11.2021

Beispiel

A betreibt seit 2011 eine Photovoltaikanlage (8 kWp) auf dem Dach seines privat genutzten EFH. Die Anlage erfüllt die Voraussetzungen für das Liebhabereiwahlrecht. Außerdem betreibt A auf dem Dach eines vermieteten Grundstücks eine weitere im Jahr 2020 in Betrieb genommene Anlage (9 kWp). Obwohl die zweite Anlage die Voraussetzungen für das Liebhaberei-Wahlrecht nicht erfüllt, sind die Leistungen beider Anlagen (8 + 9 = 17 kWp) zu addieren, sodass A die Voraussetzungen für das Wahlrecht nicht erfüllt.

c) Nutzung des Stroms

Die Nutzung des Stroms aus der begünstigten Photovoltaikanlage darf neben der **Einspeisung in das öffentliche Stromnetz** grds. **nur in den zu eigenen Wohnzwecken genutzten Räumen** erfolgen. Die unentgeltliche Überlassung zu Wohnzwecken steht dabei der Nutzung zu eigenen Wohnzwecken gleich. Die Nutzung in einem **häuslichen Arbeitszimmer** ist **unschädlich**. Gleiches gilt für Räume (z.B. Gästezimmer), die **nur gelegentlich** entgeltlich **vermietet** werden, wenn die Einnahmen hieraus 520 EUR im Veranlagungszeitraum nicht überschreiten[147]. Anlagen auf Objekten die **ganz oder teilweise** (z.B. vermietete Einliegerwohnung) für darüberhinausgehende **Vermietungszwecke** genutzt werden, sind vom BMF-Schreiben ebenso **nicht erfasst** wie **betrieblich genutzte Objekte**, wenn der Strom auch in den anderen Gebäudeteilen verbraucht wird. Eine Begünstigung ist jedoch möglich, wenn eine **technische Trennung** vorliegt, so dass der Strom **ausschließlich in den zu eigenen Wohnzwecken genutzten Gebäudeteilen** genutzt wird. Ein eigener Zähler reicht nicht aus.

d) Wirkung des Liebhaberei-Wahlrechts

Der Antrag auf Liebhaberei soll nach Auffassung der FinVerw dazu führen, dass für den Betrieb der Photovoltaikanlage **von Anfang an** von Liebhaberei auszugehen ist. Damit wirkt der Antrag auch für alle offenen, also verfahrensrechtlich noch änderbaren Veranlagungszeiträumen und für die Folgejahre (vorbehaltlich einer Änderung der Verhältnisse, s.u.).

---

[147] Vgl. R 21.2 Abs. 1 S. 2 EStR

Praxishinweise

Während ein **Vorbehalt der Nachprüfung i.S.d. § 164 AO** nach Ablauf der Festsetzungsfrist entfällt, verjährt eine **Vorläufigkeit nach § 165 AO** grds. nicht. Sind Veranlagungszeiträume hinsichtlich der Berücksichtigung eines Verlustes aus dem Betrieb einer Photovoltaikanlage vorläufig veranlagt worden, wäre die Ausübung des Liebhabereiwahlrechts damit immer mit einer entsprechenden Änderung und Nichtberücksichtigung der Verluste verbunden. Zu einem **rückwirkenden Ereignis** i.S.d. § 175 Abs. 1 Nr. 1 AO führt die Ausübung des Wahlrechtes nicht. Ein **Gründungsfragebogen** ist auch bei Inanspruchnahme des Liebhaberei-Wahlrechts einzureichen.

Beispiel

A hat im Jahr 2017 eine Photovoltaikanlage in Betrieb genommen, die die Voraussetzungen für das Liebhaberei-Wahlrecht erfüllt. Im VZ 2016 hat A einen Investitionsabzugsbetrag und im VZ 2017 Sonderabschreibung nach § 7g EStG in Anspruch genommen und dadurch jeweils Verluste erzielt. Die Verluste wurden i.R.d. Veranlagung berücksichtigt, jedoch erfolgte die Veranlagung der VZ 2016 und 2017 hinsichtlich der Berücksichtigung der Verluste vorläufig nach § 165 AO. Im VZ 2018 - 2020 sind jeweils geringe Gewinne angefallen. Die Steuerbescheide 2018 - 2020 sind endgültig ergangen. Im VZ 2021 wird wieder ein geringer Gewinn erzielt. Wird für den VZ 2021 erstmals ein Antrag nach dem o.g. BMF-Schreiben gestellt, so sind auch die ESt-Bescheide 2016 und 2017 zu ändern, sodass die Verluste nicht mehr zu berücksichtigen sind. Eine Änderung der VZ 2018-2020 ist ausgeschlossen.

Praxishinweis

Dadurch, dass die FinVerw im Fall der Antragstellung davon ausgeht, dass Liebhaberei von Anfang an besteht, kommt es nicht zu einem Übergang von einem steuerlich beachtlichen Gewerbebetrieb zu einem unbeachtlichen Liebhabereibetrieb. Die Frage der **Besteuerung von stillen Reserven im Übergangszeitpunkt** stellt sich damit nicht.

Für **Anlagen, die vor dem 1.1.2004 in Betrieb genommen** wurde, kann das Wahlrecht **erst nach Ablauf des 20jährigen Förderzeitraums** in Anspruch genommen werden. Der Übergang zur Liebhaberei führt dann nicht zu einem Gewinn – die **stillen Reserven** werden mit **0 EUR** angenommen.

e) Antragsfrist

Bei Neuanlagen, die nach dem 31.12.2021 in Betrieb genommen werden, ist der Antrag bis zum Ablauf des VZ zu stellen, der auf das Jahr der Inbetriebnahme folgt. Bei Altanlagen, die davor in Betrieb gegangen sind, ist der Antrag **bis zum 31.12.2022** zu stellen. Für „ausgeförderte" Anlagen ist der Antrag bis zum Ablauf des VZ zu stellen, der auf den VZ folgt, in dem letztmalig die erhöhte garantierte Einspeisevergütung gewährt wurde.

f) Änderung der Verhältnisse

Die Nichtberücksichtigung der Einkünfte aus dem Betrieb einer Photovoltaikanlage, für die das Liebhaberei-Wahlrecht ausgeübt wurde, soll nicht für VZ gelten, in denen die vom BMF geforderten Voraussetzungen (z.B. ausschließliche Nutzung des Stroms in den für eigene Wohnzwecke genutzten Räumen) nicht vorliegen. So kann z.B. eine spätere Vergrößerung der Anlage oder eine Nutzungsänderung der Immobilie zu einer Nichtanwendung der Grundsätze des BMF-Schreibens führen **(veranlagungsjahrbezogene Betrachtungsweise)**.

> **Praxishinweis**
> Der Wegfall der Voraussetzung des Liebhaberei-Wahlrechts – z.B. durch Nutzungsänderung oder Vergrößerung der Anlage – ist dem **FA mitzuteilen**.

g) Personengesellschaften- und gemeinschaften

Das Liebhaberei-Wahlrecht soll auch für Einkünfte aus dem Betrieb einer Photovoltaikanlage gelten, die bislang Gegenstand einer gesonderten und einheitlichen Feststellung waren.

> **Praxishinweis**
> Betreiben **zusammenveranlagte Ehegatten** in GbR eine Photovoltaikanlage auf ihrem eigengenutzten Wohnhaus, so hat eine **gesonderte und einheitliche Feststellung** der Besteuerungsgrundlagen nach dem BFH-Urteil vom 6.2.2020[148] **regelmäßig zu unterbleiben.** Dies gilt auch dann, wenn die GbR auf die Anwendung der Kleinunternehmerregelung des § 19 UStG verzichtet hat und folglich hinsichtlich der Umsatzbesteuerung beim Finanzamt geführt wird.

---

148 BFH-Urt. v. 6.2.2020 – IV R 6/17, BStBl II 2021, 17

h) Anerkennung von Verlusten

Aus dem Liebhaberei-Wahlrecht ist nicht die Schlussfolgerung zu ziehen, dass Verluste aus dem Betrieb einer Photovoltaikanlage ohne Ausübung des Liebhaberei-Wahlrechts ohne weiteres anerkannt werden. Vielmehr weist das BMF im o.g. Schreiben darauf hin, dass die Gewinnerzielungsabsicht bei Nichtausübung des Wahlrechts nach den **allgemeinen Grundsätzen** – also einer **Totalgewinnprognose** – nachzuweisen wäre. Gerade bei in jüngerer Vergangenheit in Betrieb genommenen Anlagen ist daher u.E. davon auszugehen, dass eine Verlustberücksichtigung mangels Gewinnerzielungsmöglichkeit nicht mehr in Betracht kommt, wenn der Strom lediglich selbst genutzt und im Übrigen zur Einspeisevergütung nach dem EEG verkauft wird.

i) Blockheizkraftwerke

Die Grundsätze des BMF-Schreibens vom 29.10.2021 sind auf **Blockheizkraftwerke** deren Strom nach den o.g. Grundsätzen genutzt wird und nach dem 31.12.2003 in Betrieb gegangen sind, **entsprechend** anzuwenden, wenn die **Leistungsfähigkeit 2,5 kWp** nicht überschreitet.

3. Umsatzsteuerliche Behandlung (Überblick)

a) Allgemeines

Eine Gewinnerzielungsabsicht ist für die Annahme einer Unternehmereigenschaft i.S.d. § 2 UStG nicht erforderlich. Vielmehr reicht die Absicht, Einnahmen zu erzielen aus, sodass es „Liebhaberei“ im Umsatzsteuerrecht nicht gibt. Dies gilt auch, wenn die Vorsteuerbeträge die USt voraussichtlich oder tatsächlich übersteigen.

Praxishinweis

Die Unternehmereigenschaft des § 2 UStG setzt eine **nachhaltige Tätigkeit** voraus. Für den Betrieb einer Photovoltaikanlage gilt, dass von einer nachhaltigen Tätigkeit i.S.d. § 2 UStG auszugehen ist, wenn der erzeugte Strom ganz oder teilweise, **regelmäßig** und nicht nur gelegentlich in das allgemeine Stromnetz **eingespeist** wird[149].

---

149 Vgl. Abschn. 2.5. Abs. 1 UStAE

Wird regelmäßig Strom eingespeist, kommt es für die Unternehmereigenschaft **nicht** auf die **Höhe der erzielten Umsätze** an[150].

b) Nutzung der Kleinunternehmerregelung

Insb. vor dem Hintergrund der geringen Einspeisevergütung wird die Grenze des § 19 UStG (22.000 EUR Umsätze im Vorjahr bzw. nicht mehr als 50.000 EUR Umsätze im laufenden Jahr) beim Betrieb von kleinen Photovoltaikanlagen deutlich unterschritten. In diesem Fall wird die Umsatzsteuer auf die Einspeisevergütung nicht erhoben. Gleichzeitig ist der Mandant nicht berechtigt, Vorsteuerabzug aus dem Erwerb der Anlage in Anspruch zu nehmen[151]. Eine Besteuerung des Eigenverbrauchs erfolgt nicht.

Praxishinweis

Bei der Prüfung der Kleinunternehmerregelung des § 19 UStG sind neben den Umsätzen aus der Photovoltaikanlage auch **alle anderen Umsätze** des Mandanten zu berücksichtigen, sodass die Umsätze aus der Anlage nicht isoliert betrachtet werden können. Stehen mehrere Personen (z.B. bei Ehegatten) als Betreiber der Photovoltaikanlagen „zur Auswahl", wäre es mit Blick auf § 19 UStG vorteilhaft, denjenigen auszuwählen, der **im Übrigen keine unternehmerische Tätigkeit** i.S.d. § 2 UStG ausübt.

c) Verzicht auf die Anwendung des § 19 UStG

Erfüllt der Mandant die Voraussetzungen des § 19 UStG, so kann er zur Erlangung des Vorsteuerabzugs freiwillig auf die Anwendung der Kleinunternehmerregelung verzichten und zur Regelbesteuerung optieren[152]. In diesem Fall unterliegen die Einspeisevergütungen der Umsatzsteuer, die allerdings vom Netzbetreiber zusätzlich vergütet wird. Zusätzlich muss der Mandant allerdings auch den Eigenverbrauch[153] versteuern. Die **Bemessungsgrundlage für den Eigenverbrauch** ist unabhängig von den Kosten des Mandanten der **Marktpreis**[154], sodass sich die USt-Belastung für den Mandanten mit steigendem Marktpreis erhöht. Auch bei Verzicht auf die Anwendung des § 19 UStG bleibt es ertragsteuerlich bei einer unbeachtlichen Tätigkeit, wenn

150 Vgl. BFH-Urt. v. 18.12.2008 – V R 80/07, BStBl II 2011, 292
151 § 19 Abs. 1 S. 4 UStG
152 § 19 Abs. 2 S. 1 UStG
153 § 3 Abs. 9a UStG
154 Vgl. BMF-Schr. v. 19.9.2014 – IV D 2 - S 7124/12/10001-02, BStBl I 2014, 1287

das oben dargestellte Liebhaberei-Wahlrecht zur Anwendung kommt oder rechtssystematisch Liebhaberei vorliegt.

Praxishinweis

Wenn der Unternehmer bzgl. der Photovoltaikanlage so gewählt wurde, dass § 19 UStG erfüllt ist, kann **nach Ablauf von mindestens fünf Kj** (Bindungsfrist) an die Option zur Regelbesteuerung ein **Wechsel zur Kleinunternehmerbesteuerung** in Betracht gezogen werden. In diesem Fall endet auch die Eigenverbrauchsbesteuerung. Allerdings ist dabei der **Berichtigungszeitraum nach § 15a UStG** zu beachten. Für sog. **Aufdachanlagen** (Scheinbestandteile[155]) beträgt der Berichtigungszeitraum nach § 15a UStG fünf **Jahre**, für sog. **dachintegrierte Anlagen**[156] („Solar-Ziegel-Anlagen") allerdings **10 Jahre** (Grundstücksbestandteile[157]).

Beispiel

A hat im Oktober 2021 eine Photovoltaikanlage (Einspeisung und Selbstverbrauch) in Betrieb genommen und aus der Anschaffung 4.800 EUR Vorsteuer in Anspruch genommen. Auf die Anwendung der Kleinunternehmerregelung hat A verzichtet. Der Berichtigungszeitraum nach § 15a UStG beginnt am 1.10.2021 und endet am 30.9.2026. Für die Jahre 2021 - 2025 ist A an die Option zur Regelbesteuerung gebunden, sodass der Selbstverbrauch der Umsatzbesteuerung zu unterwerfen ist.

Wechselt A im Jahr 2026 wieder zur Kleinunternehmerregelung, so wäre zwar keine Eigenverbrauchsbesteuerung mehr vorzunehmen, A müsste jedoch noch für den verbleibenden Berichtigungszeitraum nach § 15a UStG (Januar - September 2026 = 9 Monate) eine Vorsteuerberichtigung (9/60 v. 4.800 EUR = 720 EUR) vornehmen.

Wechselt A im Jahr 2027 zur Kleinunternehmerregelung, so müsste er zwar noch eine Eigenverbrauchsbesteuerung für 2026 vornehmen, jedoch würde die Berichtung des Vorsteuerabzugs unterbleiben.

Praxishinweis

Eine Photovoltaikanlage deren Strom auch selbst verbraucht wird, ist umsatzsteuerlich ein **gemischt genutzter Gegenstand**, sodass für die grds. Vorsteuerabzugsberechtigung eine **Zuordnung zum umsatzsteuerlichen Unternehmensvermögen** erforderlich ist.[158] Dies kann konkludent **durch entsprechende Umsatzsteuer-Voranmeldung oder -Jahreserklärung** erfolgen. Nach Auffassung der FinVerw muss

155 § 95 BGB
156 Vgl. OFD Karlsruhe, Vfg. v. 13.8.2019 – S 7104, UStB 2019, 303, Tz 5
157 § 94 BGB
158 Vgl. dazu A 15.2c UStAE

die Zuordnung jedoch **spätestens bis zum 31.7. des Folgejahres** erfolgen[159]. Zu der Frage der Zuordnungsfrist ist derzeit ein BFH-Verfahren anhängig[160]. Aufgrund eines Vorabentscheidungsersuchens des BFH[161] beim EuGH[162] hat dieser entschieden, dass eine Befristung durchaus rechtmäßig ist, die Frist jedoch angemessen sein muss. Die Entscheidung des BFH bleibt abzuwarten. In jedem Fall ist eine **rechtzeitige Vornahme des Vorsteuerabzugs** zu empfehlen.

159 Abschn. 15.2c Abs. 18 S. 5 UStAE – für VZ 2020 ausnahmsweise bis 31.10.2021 bzw. 1.11.2021/2.11.2021 (Verlängerung des gesetzlichen Regelabgabefrist, § 149 Abs. 2 S. 1 AO)

160 Az des BFH: XI R 3/19 sowie XI R 7/19

161 BFH-Beschl. v. 18.9.2019 – XI R 3/19, BFH/NV 2020, 321 sowie BFH-Beschl. v. 18.9.2019 – XI R 7/19, BFH/NV 2020, 326

162 EuGH-Beschl. v. 14.10.2021 – C-45/20, 46/20, DStR 2021, 2404

VII. Update zum Schuldzinsenabzug (§ 4 Abs. 4a EStG)

1. Allgemeines

§ 4 Abs. 4a EStG[163] schränkt den Betriebsausgabenabzug für betrieblich veranlasste Schuldzinsen erstmals für das Wj, das nach dem 31.12.1998 endet ein, soweit sog. Überentnahmen getätigt worden sind. Über- und Unterentnahmen vorangegangener Wj bleiben unberücksichtigt[164]. Bei der **Gewinnermittlung nach § 4 Abs. 3 EStG** ist die Vorschrift **sinngemäß** anzuwenden. Dazu sind Entnahmen und Einlagen gesondert aufzuzeichnen[165].

In den vorangegangenen Jahren haben wir das Thema immer wieder mit seinen aktuellen Entwicklungen dargestellt[166]. Zumindest seit der Veranlagung 2019 ist neben einer Über- bzw. Unterentnahme auch der sog. Entnahmeüberschuss zu berechnen. Die **Bemessungsgrundlage für die nichtabziehbaren Schuldzinsen** kann **nicht höher** sein **als der Entnahmeüberschuss** während der Totalperiode (beginnend ab dem 1.1.1999)[167].

Grundfall

A hat ihr Einzelunternehmen (Wj = Kj) zum 1.3.2019 eröffnet. Auf den 31.12.2020 beträgt der Saldo an Unterentnahmen i.S.d. § 4 Abs. 4a S. 3 EStG 10.000 EUR. Im Jahr 2021 sind Verluste i.H.v. 30.000 EUR entstanden. Neben Einlagen i.H.v. 10.000 EUR hat A Entnahmen i.H.v. 15.000 EUR getätigt. Insgesamt wurden von 2019 - 2021 50.000 EUR Einlagen und 55.000 EUR Entnahmen getätigt. Im Wj 2021 sind laufende Schuldzinsen i.H.v. 3.000 EUR angefallen; diese stehen nicht im Zusammenhang mit Anlageinvestitionen.

Berechnung der Über-/Unterentnahme VZ 2021:

Verlust	- 30.000 EUR
zzgl. Einlagen	+ 10.000 EUR
abzgl. Entnahmen	- 15.000 EUR
Überentnahme 31.12.2021:	35.000 EUR
abzgl. Unterentnahme Vj:	- 10.000 EUR
Maßgebliche **Überentnahme**:	25.000 EUR

163 Vgl. hierzu auch „Die Einkommensteuererklärung 2018“, 63 ff.
164 § 52 Abs. 6 S. 5 f. EStG
165 § 4 Abs. 4a S. 6 EStG
166 Vgl. „Die Einkommensteuererklärung 2019“, 77 ff.; „Die Einkommensteuererklärung 2020“, 49 ff.
167 BFH-Urt. v. 14.3.2018 – X R 17/16, BStBl II 2018, 744 sowie BMF-Schr. v. 2.11.2018 – IV C 6 - S 2144/07/10001:007, BStBl I 2018, 1207

Berechnung des Entnahmeüberschusses:

Einlagen	+ 50.000 EUR
abzgl. Entnahmen	- 55.000 EUR
Entnahmeüberschuss 31.12.2021:	5.000 EUR

Die Bemessungsgrundlage für § 4 Abs. 4a EStG beträgt 5.000 EUR, da sie den tatsächlichen Entnahmeüberschuss nicht überschreiten darf. Es ergeben sich somit nicht abziehbare Schuldzinsen i.H.v. 6 % v. 5.000 EUR = 300 EUR. Da die tatsächlichen Schuldzinsen nach Abzug des Sockelbetrags[168] höher sind (3.000 EUR ./. 2.050 EUR = 950 EUR), sind 300 EUR dem steuerlichen Gewinn hinzuzurechnen.

2. Gewinnbegriff i.S.d. § 4 Abs. 4a EStG

a) Allgemeines

Die Überentnahme ist nach § 4 Abs. 4a S. 2 EStG wie folgt zu berechnen:

> *„Eine Überentnahme ist der Betrag, um den die **Einlagen** die Summe des **Gewinns** und der **Einlagen** des Wj übersteigen."*

Unstrittig ist, dass der Begriff **„Gewinn" auch** einen **Verlust** umfasst[169].

b) „neuer" Gewinnbegriff

Der **BFH** hat mit **Urteil vom 3.12.2019**[170] entschieden, dass Gewinnbegriff i.S.d. § 4 Abs. 4a EStG für die Ermittlung der nicht abziehbaren Schuldzinsen der Gewinn i.S.d. § 4 Abs. 1 EStG ist. **Außerbilanzielle Korrekturen werden damit nicht berücksichtigt.** In der Folge verbleibt z.B. eine steuerfreie Investitionszulage im Gewinn und erhöht das Entnahmepotenzial; nicht abziehbare Betriebsausgaben i.S.d. § 4 Abs. 5 S. 1 EStG hingegen mindern den Gewinn und damit das Entnahmepotenzial. Die Entscheidung widerspricht der **bisherigen Auffassung der FinVerw**[171]. Diese stellte auf den steuerlichen Gewinn – also **nach außerbilanziellen Kürzungen und Hinzurechnung** ab.

---

[168] § 4 Abs. 4a S. 4 EStG
[169] BFH-Urt. v. 14.3.2018 – X R 17/16, BStBl II 2018, 744
[170] BFH-Urt. v. 3.12.2019 – X R 6/18, BStBl II 2021, 77
[171] BMF-Schr. v. 2.11.2018 – IV C 6 - S 2144/07/10001:007, BStBl I 2018, 1207

Die FinVerw hat sich mit **BMF-Schreiben vom 18.1.2021**[172] den Rechtsgrundsätzen der BFH-Rechtsprechung angeschlossen. Für den Gewinnbegriff des § 4 Abs. 4a EStG ist nunmehr der Gewinn nach § 4 Abs. 1 EStG maßgeblich; außerbilanzielle Kürzungen und Hinzurechnungen wirken sich auf den Gewinn i.S.d. § 4 Abs. 4a EStG nicht (mehr) aus.

Praxishinweis

Die **Unterscheidung** zwischen abziehbaren und nichtabziehbaren Betriebsausgaben sowie steuerpflichtigen und steuerfreien Betriebseinnahme ist **auch bei der Gewinnermittlung durch EÜR** nach § 4 Abs. 3 EStG maßgeblich. Für die Anwendung des § 4 Abs. 4a EStG ist damit das Ergebnis vor „außerbilanziellen" Kürzungen und Hinzurechnungen maßgeblich.

Das BMF weist in seinem o.g. Schreiben **ausdrücklich** darauf hin, dass auch

- nicht abzugsfähige **GewSt** samt Nebenleistung (§ 4 Abs. 5b EStG),
- nach § 4d Abs. 3, § 4e Abs. 3 oder nach § 4f EStG verteilte Betriebsausgabe,
- abgezogene oder hinzugerechnete **IAB** nach § 7g EStG sowie
- die **Verteilung des Übergangsgewinns** aus dem Wechsel der Gewinnermittlungsart nach R 4.6 Abs. 1 S. 2 EStR

als außerbilanzielle Hinzurechnung bzw. Kürzung zu behandeln sind.

Praxishinweis

Die unklare Aussage des BMF bzgl. der **Verteilung des Übergangsgewinns** ist u.E. wie folgt zu verstehen: Ein Übergangsgewinn/-verlust ist bereits **vollständig im Übergangsjahr** i.R.d. § 4 Abs. 4a EStG zu berücksichtigen. Eine vollständige Nichtberücksichtigung würde dazu führen, dass z.B. ein evtl. Übergangsgewinn keinerlei Auswirkung auf das Entnahmepotential nach § 4 Abs. 4a EStG hätte. Dies wäre jedoch unsystematisch, da er weder in der bisherigen Gewinnermittlung noch in der zukünftigen Gewinnermittlung „innerbilanziell" erfasst wird, im Ergebnis das Entnahmepotential i.S.d. § 4 Abs. 4a EStG jedoch einmal erhöhen muss.

Beispiel – Übergangsgewinn[173]

C hat bis einschl. VZ 2020 seinen Gewinn durch EÜR ermittelt. Erstmals im VZ 2021 ermittelt er den Gewinn durch Bilanzierung. Auf den 31.12.2020 besteht eine Forderung i.H.v. 15.000 EUR, sodass im Übergangsjahr 2021 ein

[172] BMF-Schr. v. 18.1.2021 – IV C 6 - S 2144/19/10003 :004, BStBl I 2021, 119
[173] Vgl. zur Ermittlung auch ausführlich „Die Einkommensteuererklärung 2020", 80 ff.

Übergangsgewinn i.H.v. 15.000 EUR zu erfassen ist. Andernfalls würde sich die Forderung weder im VZ 2020 (mangels Zuflusses) noch i.R.d. Bilanzierung (Aktivtausch) auf den Gewinn auswirken. C verteilt den Übergangsgewinn auf die Jahre 2021 - 2023 mit jeweils 5.000 EUR. Für die Ermittlung der nichtabziehbaren Schuldzinsen sind die gesamten 15.000 EUR im VZ 2021 zu berücksichtigen. In den Jahren 2022 und 2023 sind die Hinzurechnungen i.H.v. 5.000 EUR zu neutralisieren.

c) Anwendung

Die geänderte Ermittlung der nichtabziehbaren Schuldzinsen i.S.d. § 4 Abs. 4a EStG ist zwar grds. in allen offenen Fällen anzuwenden. Auf Antrag können außerbilanzielle Hinzurechnungen nach der **bisherigen Rechtsauffassung der FinVerw letztmals für Wj** berücksichtigt werden, die vor dem 1.1.2021 begonnen haben. Die Übergangsregelung gilt damit noch für **abweichende Wj. 2020/2021** und ist damit auch noch **für die ESt-Veranlagung 2021 relevant**. Bei einer Mitunternehmerschaft ist der Antrag einvernehmlich von allen Mitunternehmern zu stellen.

Für die Praxis von **herausragender Bedeutung** ist, dass es von der FinVerw nicht beanstandet wird, wenn **bereits durchgeführte Berechnungen** der Gewinne und Verluste **unverändert fortgeschrieben** werden und hierfür die Änderung hinsichtlich der außerbilanziellen Kürzungen und Hinzurechnungen unberücksichtigt bleibt. Damit muss der **nach der bisherigen Systematik berechnete Saldo an Über- bzw. Unterentnahmen nicht neu berechnet** werden.

Praxishinweise

Da in der Praxis **Fälle mit nichtabziehbaren Betriebsausgaben häufiger** vorkommen als Fälle mit steuerfreien Betriebseinnahmen, führt die Anwendung der o.g. Rechtsprechung zu einer **Verschlechterung ggü. der bisherigen Handhabung** und damit zu tendenziell höheren Überentnahmen bzw. niedrigeren Unterentnahmen. Für **VZ bis einschl. 2020** und **abweichende Wj 2020/2021** ist die bisherige Handhabung damit tendenziell günstiger, sodass die **Übergangsregelung** des BMF zu begrüßen ist. Der Berechnung des **Entnahmeüberschusses als Obergrenze der Bemessungsgrundlage** für § 4 Abs. 4a EStG kommt zukünftig eine größere Bedeutung zu, da diese Rechengröße durch den anzusetzenden Gewinn/Verlust **nicht beeinflusst** wird. So führen nichtabziehbare Betriebsausgaben im Ergebnis zwar zu einer höheren Überentnahme bzw. niedrigeren Unterentnahme, stellen jedoch keine Entnahme dar, sodass sich der Entnahmeüberschuss nicht erhöht.

Im Hinblick auf den Ansatz des Hinzurechnungsbetrags ist eine Neuberechnung der Gewerbesteuerrückstellung nicht erforderlich, aber auch nicht zu beanstanden.[174]

Beispiel – VZ 2020 vs. VZ 2021

B hat in seinem Einzelunternehmen (Wj = Kj) im VZ 2020 einen Gewinn i.S.d. § 4 Abs. 1 EStG i.H.v. 46.000 EUR erzielt. Nach Hinzurechnung von 3.000 EUR GewSt sowie 1.000 EUR weiteren nichtabziehbaren Betriebsausgaben i.S.d. § 4 Abs. 5 EStG ergibt sich ein steuerlicher Gewinn i.H.v. 50.000 EUR. B hat im Wj 2020 insg. 30.000 EUR entnommen und keine Einlagen getätigt.

Berechnung der Unterentnahme VZ 2020 – Anwendung der Übergangsregelung des BMF:

Steuerlicher Gewinn	50.000 EUR
abzgl. Entnahmen	- 30.000 EUR
Unterentnahme 31.12.2020:	**20.000 EUR**

Abwandlung

Der o.g. Sachverhalt hat sich **im VZ 2021** ereignet.

Berechnung der Unterentnahme VZ 2021 – neue Rechtslage:

Gewinn i.S.d. § 4 Abs. 1 EStG	46.000 EUR
abzgl. Entnahmen	- 30.000 EUR
Unterentnahme 31.12.2021:	**16.000 EUR**

3. Typisierende Berechnung mit 6 % verfassungsgemäß?

Die nichtabziehbaren Schuldzinsen werden typisierend mit 6 % der Überentnahme bzw. des Entnahmeüberschusses ermittelt[175]. Beim BFH ist unverändert ein **Musterverfahren**[176] anhängig, ob diese typisierende Berechnung vor dem Hintergrund des Niedrigzinsniveaus verfassungsgemäß ist.

Praxishinweis

Da die Entscheidung des BVerfG[177] zur Anwendung des Zinssatzes nach § 238 AO i.R.d. Vollverzinsung nach § 233a AO mittlerweile ergangen ist und die Vollverzinsung ab Verzinsungszeiträumen ab 2014 (Fortgeltungsanordnung bis einschl. 2018) als mit dem Grundgesetz unvereinbar erklärt wurde, kann die Entscheidung des BFH im

[174] BMF-Schr. v. 5.11.2021 – IV C 6 - S 2144/19/10003:008, DStR 2021, 2642
[175] § 4 Abs. 4a S. 3 EStG
[176] FG Düsseldorf, Urt. v. 31.5.2019 – 15 K 1131/19 G,F, EFG 2019, 1752, Revision eingelegt, Az des BFH: IV R 19/19
[177] BVerfG, Beschl. v. 8.7.2021 – 1 BvR 2237/14, 1 BvR 2422/17, DStR 2021, 1934

o.g. nunmehr mit Spannung abgewartet werden. Aussichtslos erscheint das Verfahren nicht, sodass in allen Fällen, in denen § 4 Abs. 4a EStG zur Anwendung kommt, **Einsprüche** eingelegt werden sollten. Mit Hinweis auf das Musterverfahren können die Einspruchsverfahren dann ruhen[178].

[178] § 363 Abs. 2 S. 2 AO

VIII. Betriebseinnahmen/-ausgaben – aktuelle Entwicklungen

1. Corona-Hilfen

a) Allgemeines

Die aufgrund der Corona-Krise an Unternehmen und Selbstständige auf der Grundlage verschiedener Hilfsprogramme von Bund und Ländern gezahlten und nach dem Grundsatz der Programme nicht zurückzuzahlenden **finanziellen Hilfen** in Form von **Soforthilfen**, **Überbrückungshilfen** und sonstigen Unterstützungsmaßnahmen stellen nach Auffassung der FinVerw[179] **steuerpflichtige Betriebseinnahmen** dar. Dementsprechend führt eine **Rückzahlung** entsprechender Hilfen zu **Betriebsausgabe**. Es ist davon auszugehen, dass der FinVerw entsprechende (Kontroll-)Informationen über die Zahlung von Corona-Hilfen vorliegen.

Liegen **Entschädigungszahlungen nach dem Infektionsschutzgesetz**[180] vor, handelt es sich als Surrogat für entgangene Betriebseinnahmen oder der Erstattung von Betriebsausgaben ebenfalls um steuerbare Betriebseinnahmen, wenn die Zahlungen i.Z.m. Einkünften i.S.d. §§ 13, 15 oder 18 EStG stehen. Die Einnahmen sind allerdings **nach § 3 Nr. 25 EStG steuerfrei**, unterliegen jedoch dem **Progressionsvorbehalt**[181].

Praxishinweis

I.R.d. **Gewinnermittlung nach § 4 Abs. 3 EStG** spiegelt sich die Auffassung der FinVerw in der **Zeile 15** – hier sind die Betriebseinnahmen aus Corona-Hilfen zu erfassen – und der **Zeile 66** – hier sind die Rückzahlungen als Betriebsausgaben zu erfassen – der Anlage EÜR wider. I.R.d. **Bilanzierung** sollen die Erträge unter der **Taxonomie-Position „sonstige betriebliche Erträge (GKV), Zuschüsse und Zulagen, sonstige Zuschüsse und Zulagen“** erfasst werden[182]. Außerdem ist die **Anlage Corona-Hilfen** einzureichen.

---

[179] U.a. Bayerisches Landesamt für Steuern, Fach-Info Ertragsteuern 23/2020 v. 31.7.2020 – S 2143.2.1-10/3 St 32 – dazu kritisch *Seifert*, NWB 2020, 1744

[180] § 56 Infektionsschutzgesetz

[181] § 32b Abs. 1 S. 1 Nr. 1 Buchst. e EStG – Hinweis: fehlerhafte Darstellung in „Die Einkommensteuererklärung 2020“, 48 „Praxishinweis“

[182] Information zur Anlage „Corona-Hilfen“

Soweit es sich um **Darlehens- oder Bürgschaftsprogramme** handelt, bei denen eine (vollständige) Rückzahlung der Mittel vorgesehen ist, handelt es sich nicht um Betriebseinnahmen.

b) Zeitliche Zuordnung

(1) Allgemeines

Die Auszahlungen der Corona-Hilfen erfolgten z.T. verzögert, sodass sich die Frage stellt, in welchem VZ z.B. die sog. **„Dezember-Hilfe" für das Jahr 2020** zu erfassen ist, wenn die **Auszahlung erst im Jahr 2021** erfolgt ist. Außerdem stellt sich die Frage, wie steuerlich zu verfahren ist, wenn eine im VZ 2020 **zunächst ausgezahlte Corona-Hilfe in einem späteren VZ zurückgezahlt** werden muss. Diese Frage wird sich insb. i.R.d. ESt-Veranlagung 2021 stellen. Für die Antworten ist die Art der Gewinnermittlung entscheidend.

(2) Einnahmen-Überschussrechnung

Wird der Gewinn durch EÜR nach § 4 Abs. 3 EStG ermittelt, kommt es für die Erfassung der Betriebseinnahmen ausschließlich auf den Zufluss i.S.d. § 11 Abs. 1 EStG an[183]. Auf die wirtschaftliche Zugehörigkeit, den Zeitpunkt der Antragstellung oder den Zeitpunkt der Bewilligung kommt es nicht an. Kommt es in einem anderen VZ zu einer (anteiligen) **Rückzahlung**, so kommt es u.E. auch allein darauf an, wann diese Rückzahlung abfließt. Das **Merkmal des „Behaltendürfens"** ist nach ständiger BFH-Rechtsprechung für den Ansatz einer Betriebseinnahme i.R.d. Gewinnermittlung nach § 4 Abs. 3 EStG **nicht maßgeblich[184].**

Beispiel

A ist nebenberuflich künstlerisch tätig und erzielt Einkünfte i.S.d. § 18 EStG. Seinen Gewinn ermittelt A nach § 4 Abs. 3 EStG. Im Jahr 2020 hat A 9.000 EUR Soforthilfe erhalten. Da er seine Tätigkeit jedoch nicht hauptberuflich ausübt und damit die Voraussetzungen für die Gewährung nicht erfüllt hat, musste er die Hilfszahlung im Jahr 2021 insg. wieder zurückzahlen. Im VZ 2020 ist eine Betriebseinnahme und im VZ 2021 eine Betriebsausgabe i.H.v. 9.000 EUR anzusetzen.

---

[183] Vgl. auch FinMin Schleswig-Holstein, Erl. v. 18.10.2021 – VI 304 - S 2137 - 347, DB 2021, 2597

[184] BFH-Urt. v. 13.10.1989 – III R 30-31/85, BStBl II 1990, 287 sowie BFH-Urt. v. 2.8.2016 – VIII R 4/14, BStBl II 2017, 310

Praxishinweis

Durch die **unterschiedliche Erfassung der Zahlung und Rückzahlung** einer Corona-Hilfe i.R.d. Gewinnermittlung nach § 4 Abs. 3 EStG – insb. der Soforthilfe, die z.T. ohne genaue Prüfung ausgezahlt wurde – kann es steuerlich aufgrund verschiedener persönlicher Steuersätze zu dem Ergebnis kommen, dass letztlich eine **zusätzliche Steuerbelastung** verbleibt. U.E. sollte in diesen Fällen für das Auszahlungsjahr ein **Antrag auf abweichende Festsetzung aus Billigkeitsgründen**[185] (kein Ansatz einer Betriebseinnahme, kein Ansatz einer Betriebsausgabe) bzw. ein **Erlass der zusätzlichen Steuer aus Billigkeitsgründen**[186] beantragt werden. Es ist zwar unklar, wie sich die FinVerw bzgl. entsprechender Anträge verhält, u.E. ist es aber durchaus **sachlich unbillig**, wenn durch die letztlich zurückgeführte Corona-Hilfe eine steuerliche Belastung verbleibt.

c) Ermäßigte Besteuerung nach § 34 EStG?

In der Literatur ist die Frage aufgeworfen worden, ob Corona-Hilfen, die als steuerpflichtige Betriebseinnahmen erfasst werden müssen, ggf. nach § 34 Abs. 1 EStG i.R.d. sog. Fünftel-Regelung ermäßigt besteuert werden können. So vertritt *Dellner*[187] die Auffassung, dass Corona-Hilfen Entschädigungen für entgangene oder entgehende Einnahmen i.S.d. § 24 Nr. 1 Buchst. a EStG bzw. Entschädigungen für die Nichtausübung einer Tätigkeit i.S.d. § 24 Nr. 1 Buchst. b EStG sein können. Damit würden die Zahlungen außerordentliche Einkünfte i.S.d. § 34 Abs. 2 Nr. 2 EStG darstellen, die ermäßigt zu besteuern sind.

Praxishinweis

Unabhängig davon, ob die o.g. Auffassung zutrifft, ist die Diskussion spätestens durch den o.g. Aufsatz eröffnet. Es ist davon auszugehen, dass die **Klärung** der damit verbundenen Rechtsfragen früher oder später **durch den BFH** erfolgen wird. Nicht ganz ohne Bedeutung ist, dass *Dellner* am FG München ist. Für die **Praxis** ist daher zu empfehlen, die **Auswirkungen** der Anwendung des § 34 EStG zu **prüfen** und für die Corona-Hilfen ggf. als Entschädigung i.S.d. § 24 EStG die **ermäßigte Besteuerung zu beantragen**. Da derzeit noch keine anhängigen Verfahren bekannt sind, sollten entsprechende **Einspruchsverfahren** zunächst mit den o.g. Argumenten geführt werden. Die FinVerw lehnt eine Anwendung des § 34 EStG in diesen Fällen ab.[188]

---

185 § 163 AO
186 § 227 AO
187 *Dellner*, NWB 2021, 1514, 3372
188 Vgl. auch FinMin Schleswig-Holstein, Erl. v. 18.10.2021 – VI 304 - S 2143 - 065, DB 2021, 2597

2. Neues zur 10-Tages-Frist

a) Allgemeines

Nach § 11 Abs. 1 S. 2 bzw. Abs. 2 S. 2 EStG sind abweichend vom Zu- bzw. Abflussprinzip Einnahmen bzw. Ausgaben dem Jahr der **wirtschaftlichen Zugehörigkeit** zuzurechnen, wenn es sich um …

- regelmäßig wiederkehrende Einnahmen bzw. Ausgaben handelt,
- die kurze Zeit (10-Tages-Zeitraum) vor oder nach Beendigung des Kj,
- zu dem sie wirtschaftlich gehören,
- zu- bzw. abgeflossen sind.

Die zeitliche Zuordnung regelmäßig wiederkehrender Betriebseinnahmen oder -ausgaben i.R.d. Gewinnermittlung nach § 4 Abs. 3 EStG beschäftigt uns insb. hinsichtlich der **USt- und LSt-Vorauszahlungen** seit Jahren[189] und stellt ganz offensichtlich eine „never ending story" im Wortsinn dar. Auch in diesem Jahr gibt es in diesem Zusammenhang aktuelle Entwicklungen.

Das **Bayerische Landesamt für Steuern**[190] hat sich ausführlich zum aktuellen Stand der Gesamtproblematik geäußert.

Praxishinweis

In einem vom BFH entschiedenen Verfahren ging es um die Frage, ob es sich i.R.d. Gewinnermittlung nach § 4 Abs. 3 EStG bei der vereinnahmten und verausgabten Umsatzsteuer ggf. um **durchlaufende Posten** i.S.d. § 4 Abs. 3 S.2 EStG handeln würde, die bei der Gewinnermittlung auszuscheiden wären. Der BFH ist der Auffassung der Kläger in seinem Beschluss vom 29.10.2020[191] nicht gefolgt – es handelt sich also **unverändert** um in die Gewinnermittlung einzubeziehende **Betriebseinnahmen und -ausgaben.** *Schade eigentlich …*

---

189 „Die Einkommensteuererklärung 2020", 60

190 Bayerisches Landesamt für Steuern, Vfg. v. 27.7.2021 – S 2226.2.1.-5/23 St 32, DB 2021, 2051

191 BFH-Beschl. v. 29.10.2020 – VIII B 54/20, BFH/NV 2021, 310

b) Samstags- und Sonntagsfälle

Nachdem die Frage der Auswirkung auf § 11 EStG, wenn der 10.1. auf einen **Samstag oder Sonntag** fällt, geklärt ist und auch die (Rück-)Wirkung einer **Einzugsermächtigung** unstreitig ist, ist i.R.d. ESt-Veranlagung 2020 eine **weitere nicht sofort offensichtliche Frage** aufgetaucht:

I.R.d. **Lastschriftverfahrens** liegt der Abfluss i.S.d. § 11 Abs. 2 EStG im Zeitpunkt der Fälligkeit vor. Dies bedeutet jedoch **nicht zwangsläufig**, dass der Abfluss einer grds. am 10. fälligen USt- oder LSt-(Voraus)zahlung, die später aufgrund einer Einzugsermächtigung gezahlt wird, auch **am 10.** anzunehmen ist. Wird eine Steueranmeldung nämlich erst nach dem 10. abgegeben, so tritt die **Fälligkeit erst mit der Abgabe der Steueranmeldung** ein, sodass der Einzug dann auf den nach dem 10. liegenden Abgabezeitpunkt zurückwirkt. Die Zahlung würde also **außerhalb der kurzen Zeit** liegen.

Für die „**Samstags- und Sonntagsfrage**" hat der BFH[192] entschieden, dass eine USt-VZ, die innerhalb von zehn Tagen nach Ablauf des Kj gezahlt wird, **auch dann im Jahr ihrer wirtschaftlichen Zugehörigkeit** abziehbar ist, wenn der **10.1.** des Folgejahres auf einen **Sonnabend, Sonntag** oder gesetzlichen Feiertag fällt. Bei der Ermittlung der Fälligkeit für den 10-Tage-Zeitraum i.S.d. § 11 EStG kommt es damit allein auf die **gesetzliche Fälligkeit** an. Eine Verlängerung nach § 108 Abs. 3 AO ist unbeachtlich.

Fasst man **beide Aspekte** zusammen, kommt man zu dem Ergebnis, dass in den **praxistypischen Fällen**, in denen die USt-Voranmeldung für Dezember bzw. bei Dauerfristverlängerung für November erst nach dem auf einen Samstag oder Sonntag fallenden 10.1. abgegeben wird, sich die (Zahlungs-) Fälligkeit i.S.d. § 11 EStG nur dann nicht auf einen späteren Zeitpunkt verschiebt, wenn die **tatsächliche Übermittlung der USt-Voranmeldung auch spätestens am 10.1.** erfolgt ist. Dies ist in der Praxis allerdings häufig gar nicht der Fall, da die Ermittlung erst am darauffolgenden Werktag (Montag, 11.1. oder 12.1.) vorgenommen wird. In diesen Fällen liegt die **Fälligkeit (Übermittlungstag) außerhalb des 10-Tageszeitraums**, sodass kein **Abzug** im Jahr der wirtschaftlichen Zugehörigkeit, sondern **erst im Abflussjahr** erfolgt.

---

192 BFH-Urt. v. 27.6.2018 – X R 44/16, BStBl II 2018, 781

Beispiel VZ 2021

Einzelunternehmer A (Gewinnermittlung nach § 4 Abs. 3 EStG, monatliche USt-VA, Dauerfristverlängerung, Einzugsermächtigung) hat seine USt-VA für November 2020 am 11.1.2021 (10.1.2021 = Sonntag) elektronisch an das FA übermittelt. Die USt-VZ wurde am 14.1.2021 von seinem Konto eingezogen. Die USt-VA für November 2021 hat er am 10.1.2022 (Montag) an das FA übermittelt und der Betrag wurde am 13.1.2022 vom FA eingezogen.

Die USt-VZ für November 2020 ist erst mit der Abgabe am 11.1.2021 fällig und somit außerhalb des 10-Tageszeitraums. Die Betriebsausgabe ist daher im Jahr 2021 (Abfluss am 11.1.2021 durch Einzugsermächtigung) zu erfassen. Die USt-VZ November 2021 ist im Jahr 2021 (Jahr der wirtschaftlichen Zugehörigkeit) abweichend vom Abflussjahr zu erfassen, da die Fälligkeit am 10.1.2022 (Tag der Übermittlung der USt-VA) liegt und die Zahlung aufgrund der Einzugsermächtigung ebenfalls am 10.1.2022 als geleistet gilt. Damit liegen Zahlung und Fälligkeit innerhalb der kurzen Zeit.

c) Bedeutung der Fälligkeit

Ob die Auffassung der FinVerw[193] zutrifft, dass für eine abweichende Zurechnung tatsächlich **Zahlung und Fälligkeit innerhalb des 10-Tages-Zeitraums** liegen müssen, ist immer **noch ungeklärt**. Beim BFH sind derzeit zwei Verfahren anhängig[194], in denen die Fälligkeit außerhalb des 10-Tages-Zeitraums lag, die Zahlung jedoch innerhalb des 10-Tages-Zeitraums erfolgte. Entsprechende Fälle können mit Hinweis auf die beiden BFH-Verfahren **offengehalten** werden.

Beispiel

Die umsatzsteuerpflichtige Einzelunternehmerin B gibt ihre USt-Voranmeldung monatlich ab und hat eine Dauerfristverlängerung. Die USt-Voranmeldung für Dez. 2021 gibt sie bereits am 8.1.2022 ab und zahlt die erst am 10.2.2022 fällige USt-VZ ebenfalls am 8.1.2022. Nach Auffassung der FinVerw kommt mangels Fälligkeit innerhalb des 10-Tages-Zeitraums keine abweichende Zurechnung in Betracht, sodass die Betriebsausgabe im VZ 2022 zu erfassen ist.

---

193 Vgl. H 11 „Allgemeines – kurze Zeit" EStH 2020
194 Az des BFH: VIII R 25/20 und X R 2/21

Praxishinweis

Auf die unter b) dargestellte Problematik hat der Ausgang der beiden Verfahren keine Auswirkung. Bei einer Abgabe nach dem 10.1. wirkt auch eine Einzugsermächtigung nicht auf einen früheren Zeitpunkt zurück als den durch den Abgabetag bestimmten Fälligkeitszeitpunkt.

3. Rechtsanwälte

a) Fremdgeld – durchlaufende Posten

Rechtsanwälte vereinnahmen häufig sog. **Fremdgelder** im Namen und für Rechnung ihrer Mandanten. Dabei handelt es sich grds. um **durchlaufende Posten** i.S.d. § 4 Abs. 3 S. 2 EStG, sodass weder die Vereinnahmung noch die Verausgabung als Betriebseinnahmen bzw. -ausgaben aufzuzeichnen sind. Rechnet der Rechtsanwalt jedoch eine Honorarforderung gegen den Herausgabeanspruch des Fremdgelds ggü. seinem Mandanten auf, so ist in diesem Zeitpunkt ein Zufluss zu erfassen, da der Rechtsanwalt im Zeitpunkt der **Aufrechnungserklärung**[195] die Verfügungsmacht an dem (Fremd-)Geld erhält.

Praxishinweis

Mit Urteil vom 29.9.2020[196] hat der BFH klargestellt, dass ein Rechtsanwalt die für einen durchlaufenden Posten notwendige Verklammerung von Einnahme und Ausgabe im Zeitpunkt der Aufrechnung **auch dann** endgültig aufhebt und eine entsprechende Einnahme zu versteuern hat, wenn sich der Honoraranspruch später als zu hoch und die **Aufrechnung** insoweit als **unwirksam** erweist.

Beispiel

Rechtsanwalt C vereinnahmt im VZ 2021 für den Mandanten M Fremdgeld i.H.v. 100.000 EUR und zahlt es noch im VZ 2021 nach Abzug einer vermeintlichen Honorarforderung i.H.v. 20.000 EUR an M aus. Nach einem Rechtsstreit im VZ 2022 über die Höhe der Honorarforderung muss C dem M 5.000 EUR zusätzlich auszahlen.

Die Aufrechnung im VZ 2021 führt zu einer Betriebseinnahme i.H.v. 20.000 EUR, die (Rück)Zahlung im VZ 2022 zu einer Betriebsausgabe i.H.v. 5.000 EUR.

---

195 Vgl. H 11 „Aufrechnung" EStH 2020
196 BFH-Urt. v. 29.9.2020 – VIII R 14/17, BStBl II 2021, 431

b) ABC des Steuerrechts für Rechtsanwälte

Die **Bundesrechtsanwaltskammer** hat auf ihrer Internetseite eine Zusammenstellung ihrer bisherigen steuerlichen Informationen bzgl. der Besonderheiten bei der Besteuerung von Rechtsanwälten veröffentlicht[197]. Hier wird u.a. auf Handlungshinweise und Merkblätter zu den Themen **Betriebsprüfung**, **Gewerblichkeit** (Infektionsrisiko nach § 15 Abs. 3 Nr. 1 EStG), **LSt** bei Kostenübernahme für angestellte Rechtsanwälte und zur **Rechtsformwahl** verwiesen und „verlinkt". Die Ausführungen der Rechtsanwaltskammer können auch für die Lösung von Einzelfragen für die Steuerkanzlei i.R.d. Beratung von entsprechenden Mandanten hilfreich sein.

4. Bewirtungskosten aus geschäftlichem Anlass

a) Allgemeines

Für den Abzug von Bewirtungskosten muss zunächst ein betrieblicher Zusammenhang i.S.d. § 4 Abs. 4 EStG vorhanden sein, sodass die **allgemeinen Voraussetzungen für den Abzug als Betriebsausgaben** erfüllt sind. Danach sind privat veranlasste Bewirtungsaufwendungen vom Betriebsausgabenabzug ausgeschlossen. Gleiches gilt für **Verpflegungsaufwand des Unternehmers** außerhalb einer geschäftlichen Bewirtung – z.B. auf einer Geschäftsreise (einschl. Frühstücksanteil einer Übernachtungsrechnung). Hier greift das **Aufteilungs- und Abzugsverbot des § 12 Nr. 1 EStG**. Unter den weiteren Voraussetzungen des § 4 Abs. 5 Nr. 5 i.V.m. § 9 Abs. 4a EStG sind ggf. **Verpflegungspauschalen** als Betriebsausgaben abziehbar.

Handelt es sich um **Bewirtungsaufwand aus geschäftlichem Anlass**, so sind die Abzugsvoraussetzungen des § 4 Abs. 5 S. 1 Nr. 2 EStG zu prüfen. Ein geschäftlicher Anlass ist anzunehmen, wenn Personen, zu denen eine **Geschäftsbeziehung** besteht oder angebahnt werden soll oder auch **Besucher** des Betriebs bewirtet werden[198].

Der Abzug von angemessenen Bewirtungsaufwendungen als Betriebsausgaben setzt einen schriftlichen Nachweis über Ort, Tag, **Teilnehmer** und **Anlass der Bewirtung** sowie die Höhe der Aufwendungen voraus. Die zum

---

[197] www.brak.de – Suchbegriff „Steuerfragen"
[198] Vgl. R 4.10. Abs. 6 EStR 2012

Nachweis von Bewirtungsaufwendungen erforderlichen schriftlichen Angaben müssen **zeitnah** gemacht werden[199]. Die zusätzlichen Angaben können auf einem formlosen, aber **unterschriebenen Eigenbeleg** gemacht werden[200]. Die Bewirtungsrechnung selbst muss maschinell erstellt sein und die Voraussetzungen für eine Rechnung im umsatzsteuerlichen Sinne[201] erfüllen, sodass bei Rechnungen mit einem Gesamtbetrag von mehr als 250 EUR (Grenze für Kleinbetragsrechnungen[202]) u.a. auch Name und Anschrift des Leistungsempfängers enthalten sein müssen.

Praxishinweis

Bewirtung liegt grds. vor, wenn Personen durch **Darreichung von Speisen und Getränken** beköstigt werden. Davon **abzugrenzen** sind **Aufmerksamkeiten**, wie z.B. ein „Besprechungskaffee"[203]. Die Schwierigkeit der Abgrenzung im Einzelfall offenbart das Urteil des **FG Köln vom 29.4.2021**[204]: Das FG hat in dem Fall eines **Spielhallenbetreibers**, der seinen Kunden unentgeltlich Getränke, Baguette sowie Pizzaecken und Kuchen zur Verfügung stellt, 30 % der entsprechenden Aufwendungen als nichtabziehbare Betriebsausgaben beurteilt. Gegen das Urteil ist eine **Nichtzulassungsbeschwerde**[205] beim BFH anhängig, sodass entsprechende Fälle offengehalten werden können.

b) Neues BMF-Schreiben

Mit ausführlichem Schreiben vom 30.6.2021[206] hat sich die FinVerw u.a. auch mit Blick auf die fortschreitende Digitalisierung zu den Voraussetzungen des Betriebsausgabenabzugs bei Bewirtungsaufwendungen geäußert.

Praxishinweis

Die von der FinVerw geforderten Anforderungen sollten u.E. insb. mit **Mandanten mit höheren Bewirtungsaufwendungen** besprochen und eingehalten werden, damit nicht i.R.e. **zukünftigen Außenprüfung** entsprechende Beanstandungen erfolgen.

---

199 BFH-Urt. v. 25.3.1988 – III R 96/85, BStBl II 1988, 655
200 BFH-Urt. v. 15.1.1998 – IV R 81/96 – BStBl II 1998, 263
201 § 14 UStG
202 § 33 UStDV
203 Vgl. R 4.10 Abs. 5 S. 9 Nr. 1 EStR 2012
204 FG Köln, Urt. v. 29.4.2021 – 10 K 2648/20, NWB/AAAH-93710, NZB eingelegt, Az des BFH: IX B 54/21
205 Az des BFH IX B 54/21
206 BMF-Schr. v. 30.6.2021 – IV C 6 - S 2145/19/10003:003, BStBl I 2021, 908

Dabei führt das BMF u.a. die allgemeinen Rechnungsvoraussetzungen des § 14 UStG auf. Herauszustellen sind dabei die Ausführungen zur **Leistungsbeschreibung**. Buchstaben, Zahlen oder Symbole sollen danach für den Abzug von Betriebsausgaben ebenso wenig genügen wie die Angabe „Speisen und Getränke“. Bezeichnungen wie z.B. „Menü 1”, „Tagesgericht 2” oder „Lunch-Buffet” und aus sich selbst heraus verständliche Abkürzungen sind jedoch nicht zu beanstanden.

Der **Nachweis von Trinkgeld** soll z.B. dadurch geführt werden können, dass das Trinkgeld vom Empfänger auf der Rechnung quittiert wird, wenn es nicht in der Rechnung aufgeführt ist.

Die maschinell erstellten Belege müssen grds. die Voraussetzungen der Kassensicherungsverordnung erfüllen und damit bei Verwendung eines elektronischen Kassensystem auch die entsprechenden **Angaben zur sog. technischen Sicherheitseinrichtung (sog. TSE-Angaben)** enthalten. Dies gilt jedoch erst für **Belege nach dem 31.12.2022**. Werden **Bewirtungsleistungen zu einem späteren Zeitpunkt** als dem Tag der Bewirtung **in Rechnung gestellt** und unbar bezahlt (z.B. bei der Bewirtung eines größeren Personenkreises i.R.e. geschlossenen Veranstaltung) oder sind in dem bewirtenden Betrieb ausschließlich unbare Zahlungen möglich, ist die **Vorlage eines Belegs eines elektronischen Aufzeichnungssystems mit Kassenfunktion**, der die Angaben nach § 6 KassenSichV beinhaltet, **nicht** zwingend **erforderlich**. In diesem Fall ist der Rechnung der Zahlungsbeleg über die unbare Zahlung beizufügen.

Praxishinweis

Mittlerweile werden anstelle von maschinellen Papierbelegen auch **Rechnungen** angeboten, die **digital** – z.B. **durch einen QR-Code auf das Smartphone** – übermittelt werden. Nach den Ausführungen des BMF sind auch diese Belege anzuerkennen. Hinsichtlich der notwendigen Ergänzungen durch Eigenbeleg ist ebenfalls ein **zeitnah erstellter digitaler Eigenbeleg bzw. ein digitalisierter Eigenbeleg** zulässig. I.R.d. Buchführung müssen dann beide **Belege miteinander verknüpft** werden – zu den weiteren Anforderungen lohnt sich ein Blick in das BMF-Schreiben.

5. Aufwendungen für Gästehäuser – Abgrenzung zum Geschenk

Im Gegensatz zu Aufwendungen für Geschenke, bei denen ein begrenzter Abzug von Betriebsausgaben in Betracht kommt, können **Aufwendungen für** Einrichtungen des Stpfl., soweit sie der Bewirtung, Beherbergung oder

Unterhaltung von Personen, die **nicht ArbN des Stpfl.** sind, dienen (**Gästehäuser**) und sich **außerhalb des Orts eines Betriebs** des Stpfl. befinden, insg. nicht als Betriebsausgaben abgezogen werden.

Das **FG Berlin-Brandenburg** hatte in diesem Zusammenhang über einen interessanten Sachverhalt zu entscheiden[207]: Ein Lohnsteuerhilfeverein unterhielt Ferienappartements, die erfolgreichen (selbstständigen) Beratungsstellenleitern unentgeltlich zur Motivation und Belohnung zur Verfügung gestellt wurden. Die Vorteile wurden nach § 37b EStG pauschal besteuert.

Nach der rechtskräftigen Entscheidung des FG stellen die Aufwendungen nicht „Geschenke" i.S.d. § 4 Abs. 5 S. 1 Nr. 1 EStG, sondern **nichtabziehbare Aufwendungen für Gästehäuser** dar.

Auch wenn die Ferienapartments im gleichen Gebäudekomplex wie eine Beratungsstelle und ein – eine Betriebsstätte darstellender – Schulungsraum des Lohnsteuerhilfevereins belegen waren, würden sie sich „**außerhalb des Orts eines Betriebs**" i.S.d. § 4 Abs. 5 S. 1 Nr. 3 EStG befinden. Für den „Ort eines Betriebs" ist nicht allein darauf abzustellen, dass überhaupt eine Stelle, Betriebstätte oder ein Betrieb in der räumlichen Nähe der Beherbergungseinrichtung vorhanden ist, sondern dass diese auch **üblicherweise von den beherbergten Geschäftsfreunden aufgesucht** werden muss, und dies war nicht der Fall, da die Appartements nur zu Urlaubszwecken aufgesucht wurden. Die selbstständigen Beratungsstellenleiter seien auch keine ArbN.

6. Sonstiges

a) Stipendien als BE

Einnahmen aus Stipendien, die aus **öffentlichen Mitteln** zur Förderung der Forschung oder zur Förderung der wissenschaftlichen oder künstlerischen Ausbildung oder Fortbildung gewährt werden, sind nach § 3 Nr. 44 EStG **steuerfrei**, wenn

- die Stipendien einen für die Erfüllung der Forschungsaufgabe oder für die Bestreitung des Lebensunterhalts und die Deckung des Ausbildungsbedarfs erforderlichen Betrag nicht übersteigen und nach den von dem Geber erlassenen Richtlinien vergeben werden und

---

[207] FG Berlin-Brandenburg, Urt. v. 10.11.2020 – 8 K 8008/19, EFG 2021, 533, Revision eingelegt, Az des BFH: XI R 37/20

- der Empfänger im Zusammenhang mit dem Stipendium nicht zu einer bestimmten wissenschaftlichen oder künstlerischen Gegenleistung oder zu einer bestimmten Arbeitnehmertätigkeit verpflichtet ist.

Der **BFH** hatte in diesem Zusammenhang eine Entscheidung über die Frage zu treffen, ob im Urteilsfall[208] **steuerpflichtige Betriebseinnahmen** anzunehmen sind und hat dies für den folgenden Fall bejaht:

Im Urteilsfall ging es um zwei Existenzgründer, die in Rechtsform einer GbR auf dem Gebiet der Softwareentwicklung tätig waren und Einkünfte i.S.d. § 18 EStG erzielten. Die Stipendien kamen aus dem Programm „Existenzgründungen aus der Wissenschaft (EXIST)" und sollten der Entwicklung und Realisierung eines Gründungsvorhabens dienen. Die Einnahmen aus den Stipendien waren wegen des ursächlichen Zusammenhangs mit der Tätigkeit als Betriebseinnahmen zu erfassen – die Voraussetzungen des § 3 Nr. 44 EStG waren nicht erfüllt.

Praxishinweis

Ein weiterer interessanter Aspekt in dem Urteilsfall war, dass der BFH die Einnahmen als **Sonderbetriebseinnahmen** der beiden Gesellschafter bei der GbR beurteilt hat, obwohl es sich **nicht um Zahlungen von der GbR an ihre Gesellschafter** gehandelt hatte. Ausreichend dafür war der **ursächliche Zusammenhang** mit der Tätigkeit der Kläger bei der GbR und die entsprechende Zweckbestimmung der Mittel[209].

b) Sponsoring

Mit **Urteil vom 14.7.2020**[210] hat der BFH im Gegensatz zur Vorinstanz[211] einen erheblichen Betrag (rd. 71.000 EUR im Streitjahr) für das **Sponsoring im Motorsport als Betriebsausgaben** einer ärztlichen Gemeinschaftspraxis anerkannt.

Sponsoringaufwendungen eines Freiberuflers zur Förderung von Personen oder Organisationen in sportlichen, kulturellen oder ähnlichen gesellschaftlichen Bereichen sind danach Betriebsausgaben, wenn der Sponsor als Gegenleistung wirtschaftliche Vorteile, die insb. auch in der **Sicherung oder Erhöhung des unternehmerischen Ansehens** liegen können, für sein Unternehmen erstrebt oder für Produkte bzw. Dienstleistungen seines Unternehmens werben will. Der Abzug als Betriebsausgabe setzt voraus, dass der

---

208 BFH-Urt. v. 25.3.2021 – VIII R 47/18, BStBl II 2021, 696
209 Siehe dazu weiterführend *Strahl,* NWB 2021, 1858
210 BFH-Urt. v. 14.7.2020 – VIII R 28/17, BStBl II 2021, 14
211 FG Rheinland-Pfalz, Urt. v. 19.5.2016 – 4 K 1218/14, EFG 2017, 1867

Sponsoringempfänger **öffentlichkeitswirksam** auf das Sponsoring oder die **Produkte bzw. Dienstleistungen des Sponsors** hinweist und hierdurch für Außenstehende eine **konkrete Verbindung zu dem Sponsor und seinen Leistungen** erkennbar wird. Erfolgt das Sponsoring durch eine **Freiberufler-PersG**, liegt der erforderliche hinreichende Zusammenhang zum Sponsor auch dann vor, wenn auf die freiberufliche Tätigkeit und **Qualifikation der einzelnen Berufsträger** hingewiesen wird.

IX. (Kleines) Update zur elektronischen Kasse

1. Allgemeines

Seit dem 1.1.2020 müssen elektronische Aufzeichnungssysteme i.S.d. § 146a AO mit einer sog. **zertifizierten technischen Sicherheitseinrichtung** (TSE) ausgestattet sein. Dem BMF-Schreiben vom 6.11.2019[212] folgend, wurde es zunächst **nicht beanstandet**, wenn ein elektronisches Aufzeichnungssystem **längstens bis 30.9.2020** noch nicht über eine TSE verfügt hatte. Nach Auslaufen der Nichtbeanstandungsregelung haben die Landes-FinVerw[213] **antragslose stillschweigende Nichtbeanstandungsregelungen bis 31.3.2021** verfügt, wenn der Stpfl. nachweisen kann, dass er bis zum 30.9.2020 (z.T. bis 31.8.2020) die erforderliche Anzahl an TSE bei einem Kassenhändler, einem Kassenhersteller oder einem anderen Dienstleister verbindlich bestellt hat oder der Einbau der TSE beauftragt worden ist.

Praxishinweise

Die Zeit der „Nichtbeanstandung" ist damit grds. abgelaufen und aus der Praxis ist zu hören, dass bereits **Kassen-Nachschauen**[214] zur Überprüfung der eingesetzten Kassensysteme stattfinden. Wird ein nicht zulässiges Kassensystem verwendet, droht dem Mandanten ein **Bußgeld von bis zu 25.000 EUR**[215]. Kassensysteme, die **bauartbedingt nachweislich nicht nachgerüstet werden können** und **nach dem 25.11.2010 und vor dem 1.1.2020 angeschafft** wurden und die **Anforderungen des BMF-Schreiben vom 26.11.2010**[216] **erfüllen,** dürfen längstens bis zum 31.12.2022 weiterhin verwendet werden[217]. Das Landesamt für Steuern Niedersachsen veröffentlicht regelmäßig aktuelle Hinweise im Internet[218]

Aus Vereinfachungsgründen können die Kosten für die nachträgliche erstmalige Ausrüstung bestehender Kassen oder Kassensysteme mit einer TSE und die Kosten

---

212 BMF-Schr. v. 6.11.2019 – IV A 4 - S 0319/19/10002:001, BStBl I 2019, 1010

213 Z.B. für Niedersachsen: Informationsblatt zur TSE-Verlängerung vom 10.7.2020 – veröffentlicht auf der Internetseite des Landesamtes für Steuern Niedersachsen – www.lstn.niedersachsen.de sowie *Teutemacher,* Checkliste zur Kassenführung mit elektronischen Aufzeichnungssystemen, NWB PAAAE-89435 und *Teutemacher,* Checkliste zur Kassenführung mit offener Ladenkasse, NWB JAAAF-88008

214 § 146b AO

215 § 379 Abs. 6 AO

216 BMF-Schr. v. 26.11.2010 – IV A 4 - S 0316/0810005-07, BStBl I 2010, 1342

217 Art. 97 § 30 Abs. 3 EGAO

218 www.lstn.niedersachsen.de

für die erstmalige Implementierung der einheitlichen digitalen Schnittstelle eines bestehenden elektronischen Aufzeichnungssystems i.v.H. als **sofort abzugsfähige Betriebsausgaben** behandelt werden[219].

2. Änderung der Kassensicherungsverordnung

Mit Zustimmung des Bundesrates vom 25.6.2021 wurde eine Änderung der Kassensicherungsverordnung[220] (kurz: KassenSichV) beschlossen.

Eine wesentliche Änderung ist, dass auch **EU-Taxameter und Wegstreckenzähler** über eine zertifizierte technische Sicherheitseinrichtung verfügen müssen[221]. Die Regelung tritt grds. erst **zum 1.1.2024** in Kraft[222] und enthält noch eine weitere Anwendungsregelung. Nach § 10 KassenSichV ist die Neuregelung ab dem Tag anzuwenden, an dem mindestens drei voneinander unabhängige Unternehmen entsprechende Geräte am Markt anbieten. Der Zeitpunkt wird durch das BMF bekanntgegeben. Die Regelung gilt dann für Wegstreckenzähler, die **ab diesem Zeitpunkt neu in den Verkehr** gebracht werden.

Außerdem werden **Kassen- und Parkscheinautomaten** der Parkraumbewirtschaftung sowie **Ladepunkte für Elektro- oder Hybridfahrzeuge** vom Anwendungsbereich der KassenSichV **ausgenommen**. Hierzu hatte bereits das **BMF mit Schreiben vom 3.5.2021**[223] im Vorgriff eine Nichtbeanstandung verfügt, sodass diese Regelung praktisch auch **rückwirkend** gilt.

3. Geringfügige Kassendifferenzen

Hilfreich für die Praxis ist das Urteil des FG Münster vom 9.3.2021[224]. Danach rechtfertigen **geringfügige Mängel in der Kassenführung** eines Imbissbetriebs **keine über die konkreten Auswirkungen dieser Mängel hinausgehenden Hinzuschätzungen**. Lediglich geringe Abweichungen bzw. marginale Differenzen, die nach den Umständen des Einzelfalls für sich keine Verwerfung der Buchführung rechtfertigen, da sie im Rahmen üblicher Unschärfen liegen, geben keinen Anlass, die sachliche Richtigkeit der Kassenaufzeichnungen über die festgestellten Mängel hinaus zu beanstanden.

---

219 BMF-Schr. v. 21.8.2020 – IV A 4 - S 0316-a/19/10006:007 / IV C 6 - S 2134/19/10007:003, BStBl I 2020, 1047
220 Änderung der Kassensicherungsverordnung v. 25.6.2021, BGBl I 2021, 3295
221 §§ 1 Nr. 5 KassenSichV
222 Art. 3 des Änderungsgesetzes zur Kassensicherungsverordnung
223 BMF-Schr. v. 3.5.2021 – IV A 4 - S 0319/21/10001:001, BStBl I 2021, 679
224 FG Münster, Urt. v. 9.3.2021 – 1 K 3085/17 E, G, U, EFG 2021, 904, NZB eingelegt, Az des BFH: V B 26/21

X. Aktuelles zu §§ 16 und 17 EStG

1. Betriebsaufgabe und -veräußerung

a) Allgemeines

Der Gewinn (oder Verlust) aus der Aufgabe oder der Veräußerung eines Gewerbebetriebes gehört ebenfalls zu den Einkünften aus Gewerbebetrieb[225]. Dies gilt auch im Bereich der Einkünfte aus selbstständiger Arbeit[226] sowie den Einkünften aus LuF[227].

Die Ermittlung des Gewinns erfolgt für alle Gewinneinkunftsarten nach Maßgabe des § 16 Abs. 2 EStG. Wird der Betrieb oder einzelne WG des Betriebes nicht veräußert, so ist i.R.d. Ermittlung des Veräußerungs- oder Aufgabegewinns der gemeine Wert der WG anzusetzen[228].

	Veräußerungspreis
+	gemeiner Wert nicht veräußerter WG
./.	Veräußerungskosten
./.	(Buch-)Wert des Betriebsvermögens
	Veräußerungsgewinn/-verlust

Der Veräußerungs- bzw. Aufgabegewinn ist auf Antrag durch den Abzug eines **Freibetrags i.H.v. 45.000 EUR** begünstigt, wenn der Stpfl. im Zeitpunkt der Veräußerung oder Aufgabe das **55. Lj vollendet** hat[229]. Der Freibetrag wird um den Betrag **gekürzt**, um den der Gewinn 136.000 EUR überschreitet[230] und wird **nur einmal im Leben** gewährt[231].

Unabhängig vom Wahlrecht zum Abzug eines Freibetrages kann der Stpfl. auf Antrag einen Veräußerungs- bzw. Aufgabegewinn i.S.d. § 16 EStG bis max. 5 Mio. EUR einmal im Leben nach § 34 Abs. 3 EStG mit einem **ermäßigten Steuersatz i.H.v. 56 % des durchschnittlichen Steuersatzes** für

---

225 § 16 Abs. 1 S. 1 Nr. 1 EStG
226 § 18 Abs. 3 EStG
227 § 14 EStG
228 § 16 Abs. 3 S. 7 EStG
229 § 16 Abs. 4 S. 1 EStG
230 § 16 Abs. 4 S. 3 EStG
231 § 16 Abs. 4 S. 2 EStG

den VZ versteuern, wenn er das 55. Lebensjahr vollendet hat. Die Steuerermäßigung nach § 34 Abs. 1 EStG („Fünftelregelung") ist unabhängig von den persönlichen Voraussetzungen.

In „Die Einkommensteuererklärung 2020"[232] haben wir die Thematik Betriebsaufgabe und -veräußerung ausführlich dargestellt.

b) Nachweis der dauernden Berufsunfähigkeit

Der Freibetrag nach § 16 Abs. 4 EStG sowie die ermäßigte Besteuerung nach § 34 Abs. 3 EStG wird u.a. gewährt, wenn der Stpfl. dauernd berufsunfähig ist.

Nach R 16 Abs. 14 EStR reicht zum **Nachweis der dauernden Berufsunfähigkeit** die Vorlage eines Bescheides des Rentenversicherungsträgers aus, wonach die Berufsunfähigkeit oder **Erwerbsunfähigkeit i.S.d. gesetzlichen Rentenversicherung** vorliegt. Der Nachweis kann auch durch eine **amtsärztliche Bescheinigung** oder durch die **Leistungspflicht einer privaten Versicherungsgesellschaft**, wenn deren Versicherungsbedingungen an einen Grad der Berufsunfähigkeit von mindestens 50 % oder an eine Minderung der Erwerbsfähigkeit wegen Krankheit oder Behinderung auf weniger als sechs Stunden täglich anknüpfen, erbracht werden.

Im Urteil des **FG Mecklenburg-Vorpommern vom 29.4.2021**[233] ging es um die Frage, ob eine dauernde Berufsunfähigkeit im o.g. Sinne vorliegt. Das FA gewährte die Begünstigungen nicht, da die Nachweise gem. R 16 Abs. 14 EStR nicht vorgelegt wurden. Das FG entschied entgegen der Auffassung der FinVerw, dass sich das Tatbestandsmerkmal der „dauernden Berufsunfähigkeit" nach dem Sozialrecht bestimmt und **auch ohne Vorlage der in R 16 Abs. 14 EStR genannten Nachweise** erfüllt sein kann.

Praxishinweise

Das FG äußert sich auch zu der Frage, wann eine dauernde Berufsunfähigkeit vorliegt. Danach ist zunächst der bisherige **Hauptberuf** zu bestimmen. Als Beruf ist jede Tätigkeit einzustufen, welche auf Dauer zur Schaffung und Erhaltung der Lebensgrundlage dienen soll. Die Voraussetzungen einer Berufsunfähigkeit i.S.v. § 240 Abs. 2 S. 1 SGB VI liegen vor, wenn aus einem für die Deutsche Rentenversicherung

232 „Die Einkommensteuererklärung 2020", 80
233 FG Mecklenburg-Vorpommern, Urt. v. 29.4.2021 – 2 K 426/15, EFG 2021, 153, Revision eingelegt, Az des BFH: X R 10/21

erstellten ärztlichen Gutachten zur sozialmedizinischen Leistungsbeurteilung eindeutig hervorgeht, dass die **letzte berufliche Tätigkeit** (selbstständige Friseurin) lediglich **in einem täglichen Zeitraum von drei bis unter sechs Stunden** ausgeübt werden kann und dass die begutachtenden Ärzte aus medizinischer Sicht von einer **Arbeitsunfähigkeit der Friseurin** ausgehen; insoweit ist es **unerheblich**, dass nach dem Gutachten eine **künftige Besserung** des Krankheitsbildes durch bestimmte operative Maßnahmen als möglich erachtet wird. **Maßgeblich** ist einzig, ob der Stpfl. im **Zeitpunkt der Betriebsveräußerung** die (isolierten) Voraussetzungen des § 240 Abs. 1 S. 1 SGB VI erfüllt hat. In der Praxis kann damit auch ein Gutachten ausreichen, das die Anforderungen der EStR nicht erfüllt.

2. Anteile an Kapitalgesellschaften (§ 17 EStG)

a) Allgemeines

Die Veräußerung von Anteilen an KapG, die **kein Betriebsvermögen** darstellen, führt zu Einkünften aus Gewerbebetrieb, wenn der Veräußerer (irgendwann) **innerhalb der letzten fünf Jahre** unmittelbar oder mittelbar zu **mind. 1 % beteiligt** war[234].

Praxishinweis

Die maßgebliche Beteiligungsgrenze des § 17 EStG betrug bis zur Verkündung des StEntlG 1999/2000/2002[235] am 31.3.1999 "*mehr als 25 %*"[236] und wurde mit der Änderung auf „*mindestens als 10 %*"[237] gesenkt. Durch das Steuersenkungsgesetz[238] wurde für Veräußerungen ab 1.1.2001 die 1%-Grenze eingeführt. Zur **Problematik einer evtl. Rückwirkung** siehe b).

§ 17 EStG findet sowohl auf Anteile an **inländischen** als auch auf Anteile an **ausländischen** KapG Anwendung[239].

---

234 § 17 Abs. 1 S. 1 EStG
235 StEntlG 1999/2000/2002 v. 24.3.1999, BGBl I 1999, 402
236 § 17 Abs. 1 S. 4 EStG i.d.F. 1998
237 § 17 Abs. 1 S. 4 i.d.F. 1999
238 Steuersenkungsgesetz v. 23.10.2000, BGBl I 2000, 1433
239 H 17 Abs. 2 „ausländische Kapitalgesellschaft" EStH 2019

Der steuerpflichtige Veräußerungsgewinn (bzw. -verlust) berechnet sich unter Berücksichtigung des **Teileinkünfteverfahrens**[240] wie folgt[241]:

	60 % Veräußerungspreis
./.	60 % Veräußerungskosten
./.	60 % Anschaffungskosten
=	Veräußerungsgewinn vor Freibetrag
./.	Freibetrag
=	**steuerpflichtiger Veräußerungsgewinn**

Die Einkünfte entstehen im Zeitpunkt des Übergangs des wirtschaftlichen Eigentums an den Anteilen.

Die Gewährung des Freibetrages i.H.v. 9.060 EUR ist als **sachliche Steuerbefreiung** nicht von persönlichen Voraussetzungen abhängig, bezieht sich jedoch auf die Veräußerung einer 100 %-Beteiligung und ist bei einer niedrigeren Beteiligungsquote **nur anteilig** zu gewähren.

Soweit der Gewinn 36.100 EUR überschreitet, ist der Freibetrag um den übersteigenden Betrag zu kürzen. Auch diese Begrenzung bezieht sich auf eine 100 %-Beteiligung. Somit entfällt der Freibetrag bei der Veräußerung einer 100 %-Beteiligung ab einem Veräußerungsgewinn nach Anwendung des Teileinkünfteverfahrens i.H.v. 45.160 EUR.

Beispiel

A veräußert mit Übergang Nutzen und Lasten zum 31.12.2021 eine 20 %ige Beteiligung an der X-GmbH, die er im Jahr 2002 für 10.000 EUR Anschaffungskosten erworben hat. Der vereinbarte Veräußerungspreis i.H.v. 25.000 EUR wird am 15.1.2022 bezahlt.

Aufgrund des wirtschaftlichen Übergangs der Beteiligung zum 31.12.2021 erzielt A **im VZ 2021** folgende Einkünfte aus Gewerbebetrieb:

Veräußerungspreis:	60 % v. 25.000 EUR =		15.000 EUR
Anschaffungskosten:	60 % v. 10.000 EUR = -		6.000 EUR
Veräußerungsgewinn:			9.000 EUR
Freibetrag, max. 20 % v. 9.060 =		1.812 EUR	
Kürzung um 9.000 ./. 7.220 (20 % v. 36.100) =		1.780 EUR = -	32 EUR
Steuerpflichtige Einkünfte aus Gewerbebetrieb:			8.968 EUR

§ 17 EStG ist stets **vorrangig** ggü. § 20 Abs. 2 Nr. 1 EStG anzuwenden[242].

---

240 § 3 Nr. 40 Buchst. c EStG, § 3c Abs. 2 S. 1 EStG
241 § 17 Abs. 2 S. 1 EStG, § 17 Abs. 3 EStG
242 § 20 Abs. 8 EStG

Praxishinweis

Für **Veräußerungen nach dem 31.7.2019**[243] wurde durch die Einführung[244] des § 17 Abs. 2a EStG geregelt, dass neben offenen und verdeckten Einlagen auch **Darlehensverluste**, soweit die **Gewährung** des Darlehens oder das Stehenlassen des Darlehens **in der Krise der Gesellschaft** gesellschaftsrechtlich veranlasst war, und **Ausfälle von Bürgschaftsregressforderungen** und vergleichbaren Forderungen, soweit die Hingabe oder das Stehenlassen der betreffenden Sicherheit gesellschaftsrechtlich veranlasst war, als (nachträgliche) Anschaffungskosten für die Beteiligung zu berücksichtigen sind[245]. Zur Rechtsentwicklung bei nachträglichen Anschaffungskosten siehe auch „Die Einkommensteuererklärung 2020“[246].

b) Ermittlung der Beteiligungshöhe und Umfang der Besteuerung

Für die **Bestimmung der Beteiligungshöhe** i.S.d. § 17 EStG ist nach Auffassung der FinVerw[247] vor dem Hintergrund der bisherigen BFH-Rechtsprechung[248] von dem **um die eigenen Anteile der KapG verminderten Nennkapital** auszugehen. Auf dieser Linie liegen auch die Urteile des FG München[249] sowie FG Köln[250]. Hält eine GmbH eigene Geschäftsanteile, so vermitteln diese Anteile einem Gesellschafter nur formal eine Beteiligung. Die eigenen Anteile werden nicht als Beteiligung berücksichtigt und die Beteiligungsquote der übrigen Anteile entsprechend erhöht.

Praxishinweis

Das Urteil des FG Köln, gegen das **Revision**[251] eingelegt wurde, wirft zusätzlich ein Licht auf eine **in der Praxis in Vergessenheit geratene Problematik**, die auf der stetigen **Absenkung der Beteiligungsquoten** des § 17 EStG von mehr als 25 % auf mindestens 10 % und nunmehr mindestens 1 % beruht: Nach dem Urteil des BVerfG vom 7.7.2010[252] verstößt die Absenkung der Wesentlichkeitsgrenze von 25 % auf 10 % gegen die verfassungsrechtlichen Grundsätze des Vertrauensschutzes und ist nichtig, soweit in einem Veräußerungsgewinn **Wertsteigerungen** steuerlich erfasst

243 § 52 Abs. 25a EStG
244 Gesetz zur weiteren Förderung der Elektromobilität und zur Änderung weiterer steuerlicher Vorschriften v. 12.12.2019, BGBl I 2019, 2451
245 § 17 Abs. 2a S.2 EStG
246 „Die Einkommensteuererklärung 2020“, 86
247 H 17 Abs. 2 „eigene Anteile“ EStH 2020
248 BFH-Urt. v. 24.9.1970 – IV R 138/69, BStBl II 1971, 89
249 FG München, Urt. v. 20.10.2020 – 12 K 832/16, EFG 2021, 653
250 FG Köln, Urt. v. 7.10.2020 – 5 K 2290/18, EFG 2021, 641, Revision eingelegt, BFH Az des BFH: IX R 9/20
251 Az des BFH: IX R 9/20
252 BVerfG, Urt. v. 7.7.2010 – 2 BvR 748/05, 753/05, 1738/05, BStBl II 2011, 86

werden, die **bis** zur Verkündung des StEntlG 1999/2000/2002 am **31.3.1999** entstanden sind und die entweder nach der zuvor geltenden Rechtslage steuerfrei realisiert worden sind oder sowohl zum Zeitpunkt der Verkündung als auch zum Zeitpunkt der Veräußerung **nach der früheren Rechtslage hätten steuerfrei realisiert werden können**. Die FinVerw hat zu dieser Problematik (einschl. der Absenkung von 10 % auf 1 %) u.a. mit **BMF-Schreiben vom 20.12.2010**[253] Stellung genommen.

c) Abgrenzung zu § 19 EStG

Handelt es sich bei einer Beteiligung um eine **Mitarbeiterbeteiligung**, stellt sich die Frage, ob ein Gewinn bzw. Verlust aus der Veräußerung einer Beteiligung ggf. vorrangig zu **Einkünften aus nichtselbstständiger Arbeit** i.S.d. § 19 EStG führt. Hierzu hat das FG Düsseldorf mit Urteil vom 22.10.2020[254] entschieden, dass der Veräußerungsgewinn aus i.R.e. Mitarbeiterbeteiligungsprogramms erworbener GmbH-Anteile bei einem leitenden Angestellten zumindest dann nicht zu Einkünften aus nichtselbstständiger Arbeit führt, wenn der ArbN hinsichtlich des Anteilswertes ein rechtliches und tatsächliches **Verlustrisiko** getragen hat und sowohl der Erwerb als auch die Rückübertragung des Geschäftsanteils zu **marktgerechten Preisen** erfolgt sind. Dies gilt auch, wenn der Rücknahmepreis im Aufhebungsvertrag klarstellend vereinbart worden ist.

Praxishinweis

Im Urteilsfall führte die Beurteilung des FG **insg.** dazu, dass aus der Veräußerung **keine Einkünfte** erzielt wurden, da weder die maßgebliche Grenze des § 17 EStG erreicht war noch der Anwendungsbereich des § 20 Abs. 2 Nr. 1 EStG eröffnet war, da die Beteiligung vor dem 1.1.2009[255] erworben wurde und die Jahresfrist des § 23 EStG ebenfalls überschritten war. Zur Abgrenzung zwischen Einkünften i.S.d. § 18 EStG und § 17 EStG siehe auch BFH v. 1.12.2020[256].

---

253 BMF-Schr. v. 20.12.2010 – IV C 6 - S 2244/10/10001, BStBl I 2011, 16
254 FG Düsseldorf, Urt. v. 22.10.2020 – 14 K 2209/17 E, EFG 2021, 206, rkr.
255 § 52 Abs. 28 S. 11 EStG
256 BFH-Urt. v. 1.12.2020 – VIII R 21/17, BStBl II 2021, 609

XI. Weitere aktuelle Entwicklungen (Hinweise)

1. Betriebsausgabenpauschale

Die FinVerw gewährt für bestimmte Berufsgruppen eine Betriebsausgabenpauschale. So wird – vorbehaltlich der Geltendmachung tatsächlicher höherer Betriebsausgaben – bei hauptberuflicher selbstständiger schriftstellerischer oder journalistischer Tätigkeit eine Betriebsausgabenpauschale i.H.v. 30 % der Betriebseinnahmen, max. 2.455 EUR gewährt. Bei wissenschaftlicher, künstlerischer und schriftstellerischer Nebentätigkeit einschl. nebenamtlicher Lehr- und Prüfungstätigkeit kann eine Betriebsausgabenpauschale i.H.v. 25 % der Betriebseinnahmen, max. 614 EUR p.a. für alle Nebentätigkeiten insg. berücksichtigt werden, soweit es sich nicht um eine Tätigkeit i.S.d. § 3 Nr. 26 EStG handelt[257].

Praxishinweis

Das FG Düsseldorf hatte in seiner **Entscheidung v. 2.2.2021**[258] über einen Stpfl. zu entscheiden, der nebenberuflich als Beirat bei einer Bank tätig war und eine Betriebsausgabenpauschale i.H.v. 25 % nach der o.g. Verwaltungsregelung begehrte. Das FG stellt in seiner Entscheidung klar, dass es **aus Gründen der Gleichbehandlung** zwar einen auch durch Gerichte zu beachtenden **Rechtsanspruch** geben kann, nach Maßgabe einer allgemeinen Verwaltungsanweisung, die eine Billigkeitsregelung zum Inhalt hat, besteuert zu werden. Dabei ist eine solche Regelung jedoch **nicht auslegungsfähig**. Da der Stpfl. keine nebenberufliche Lehr- oder Prüfungstätigkeit, sondern die eines Beirates ausgeübt hat, hatte die Klage keinen Erfolg.

2. Sachentnahmen 2021

Mit BMF-Schreiben vom 15.6.2021[259] hat das BMF die Pauschbeträge für Sachentnahmen für Gewerbezweige im Zusammenhang mit Lebensmitteln für den VZ 2021 bekannt gegeben.

---

[257] BMF-Schr. v. 21.1.1994 – IV B 4 - S 2246-5/94, BStBl I 1994, 112; H 18.2. „Betriebsausgabenpauschale" EStH 2020

[258] FG Düsseldorf, Urt. v. 2.2.2021 – 10 K 3253/17 E, EFG 2021, 743, rkr.

[259] BMF-Schr. v. 15.6.2021 – IV A 8 - S 1547/19/10001:002, BStBl I 2021, 811

Praxishinweis

Die durch das sog. Corona-Steuerhilfegesetz[260] bis zum 30.6.2021 befristet eingeführte Anwendung des **ermäßigten USt-Satzes**[261] **für Restaurant- und Verpflegungsdienstleistungen** mit **Ausnahme der Abgabe von Getränken** wurde durch das sog. Dritte Corona-Steuerhilfegesetz[262] bis zum 31.12.2022 verlängert, sodass im Bereich der Restaurant- und Verpflegungsdienstleistungen **jeweils zwei Pauschalen** – ermäßigter Steuersatz sowie Regelsteuersatz – bestimmt werden.

3. Internethandel

Werden Gegenstände über Internetplattformen von ansonsten nicht als Händler tätigen Mandanten mit einer gewissen Regelmäßigkeit zum Verkauf angeboten, ist Frage der **Abgrenzung**, ob es sich um eine **gewerbliche Tätigkeit** i.S.d. § 15 EStG oder um eine **nichtsteuerbare private Vermögensverwaltung** handelt, in der Praxis schwierig.

Der **BFH** hat hierzu in **zwei Urteilen** Stellung genommen. Interessant ist, dass einerseits das **Auftreten wie ein Händler** nicht zwingend zur Annahme einer gewerblichen Tätigkeit führt. Andererseits spricht jedoch auch **händleruntypisches Verhalten** nicht zwingend gegen die Annahme einer gewerblichen Tätigkeit. Nach den beiden Entscheidungen vom 17.6.2020[263] kann die Veräußerung von **privat und ohne Veräußerungsabsicht angeschafften beweglichen WG** auch dann der letzte Akt der privaten Vermögensverwaltung sein, wenn die Veräußerung über einen langen Zeitraum und in zahlreichen Einzelakten ausgeführt wird. Allein die Verwendung einer auch von gewerblichen Händlern genutzten Internetplattform führt zu keinem anderen Ergebnis. Ein gewerblicher (Internet-)Handel wird allerdings auch dann betrieben, wenn planmäßig **Gegenstände in Wiederveräußerungsabsicht angekauft** und wieder verkauft werden. Es ist nicht entscheidend, ob die Tätigkeit ihrem Gesamtbild nach derjenigen eines (in jeglicher Hinsicht) optimierenden Händlers entspricht.

---

260 Corona-Steuerhilfegesetz v. 19.6.2020, BGBl I 2020, 1385
261 § 12 Abs. 2 Nr. 15 UStG
262 Drittes Corona-Steuerhilfegesetz v. 10.3.2021, BGBl I 2021, 330
263 BFH-Urt. v. 17.6.2020 – X R 18/19, BStBl II 2021, 213 sowie BFH-Urt. v. 17.6.2020 – X R 26/18, BFH/NV 2021, 314

Praxishinweis

Es ist davon auszugehen, dass ein „reger“ Handel über einschlägige Internetplattformen auch der FinVerw nicht verborgen bleibt. Sollten Anhaltspunkte für eine solche Tätigkeit eines Mandanten vorliegen, so wäre zu empfehlen, den Sachverhalt aufzuklären und entsprechend anhand der Entscheidungsgrundsätze des BFH zu würdigen und ggf. auch das **FA** über nichtsteuerbare Veräußerungsvorgänge (z.B. bei Auflösung einer privaten Sammlung) **in Kenntnis** zu **setzen**. Hierzu kann z.B. das **Freitextfeld** der Steuererklärung genutzt werden.

4. Jugendhilfe und Kinder in Vollzeitpflege (§ 3 Nr. 11 EStG)

Das BMF hat mit **Schreiben vom 31.8.2021**[264] ausführlich zur einkommensteuerrechtlichen Behandlung der Geldleistungen für Kinder in Vollzeitpflege und anderen Betreuungsverhältnissen nach den §§ 32 - 35 sowie 42 und 42a SGB VIII Stellung genommen. Das Schreiben ersetzt das bisherige BMF-Schreiben vom 22.10.2018.[265] Es ist in allen noch offenen Fällen anzuwenden. Inhaltlich geht es in erster Linie um den Anwendungsbereich der **Steuerbefreiung nach § 3 Nr. 11 EStG außerhalb einer Erwerbstätigkeit**. Unverändert gilt dabei, dass bei einer Betreuung von **bis zu sechs Kindern** ohne weitere Prüfung davon auszugehen ist, dass die Pflege **nicht erwerbsmäßig** betrieben wird.

Praxishinweis

In der Praxis werden dem Grunde nach steuerfreie Beihilfen über **zwischengeschaltete Träger der freien Jugendhilfe** an die Betreuungspersonen nach **Einbehalt eines Eigenanteils** geleistet. Weder die fehlende Unmittelbarkeit der Zahlung noch der Einbehalt durch den Träger steht nach den Ausführungen des BMF der Steuerbefreiung entgegen, wenn die Voraussetzungen im Übrigen erfüllt sind und die Kontrolle der zweckgerichteten Mittelverausgabung anhand ggf. vom freien Träger vorzulegender Unterlagen möglich ist. Hintergrund dafür ist das BFH-Urteil vom 25.3.2021[266].

---

[264] BMF-Schr. v. 31.8.2021 – IV C 3 - S 2342/20/10001:003, BStBl I 2021, 1802
[265] BMF-Schr. v. 22.10.2018 – IV C 3 - S 2342/07/0001:138, BStBl I 2018, 1109
[266] BFH-Urt. v. 25.3.2021 – VIII R 37/19, BStBl II 2021, 685

5. Verträge mit nahen Angehörigen und nahestehenden Personen

a) Ehegattenarbeitsverhältnis

Ehegattenarbeitsverhältnisse sind oft hinsichtlich der tatsächlichen Umstände – insb. auch der **Arbeitszeiten** – mit Arbeitsverträgen mit fremden Dritten nur schwer vergleichbar und stehen daher immer wieder im Fokus von Betriebsprüfungen. Der **BFH** hat mit seiner **Entscheidung vom 18.11.2020**[267] tatsächlich **weniger strenge Anforderungen hinsichtlich der Arbeitszeit** für die Anerkennung angelegt. Im Urteilsfall ging es zwar um die Abzugsfähigkeit von Werbungskosten i.Z.m. Einkünften aus nichtselbstständiger Arbeit des „ArbG"-Ehegatten, die Entscheidungsgrundsätze sind jedoch auf Gewinneinkünfte übertragbar. Der BFH stellt klar, dass die **Erbringung der Arbeitsleistung** als solcher und die **Lohnzahlung** als wesentliche Pflichten **erfüllt sein müssen**. Hinsichtlich der Arbeitszeit bei nicht vollzeitiger Beschäftigung ist es jedoch unschädlich, wenn die konkrete **Arbeitszeit** des Angehörigen **an den beruflichen Erfordernissen** des „ArbG"-Ehegatten ausgerichtet ist. Aufzeichnungen der Arbeitszeit durch **Stundenzettel** sind zwar **nicht zwingend erforderlich**, können jedoch Beweiszwecken dienen.

Praxishinweis

Unabhängig davon, dass der BFH die Aufzeichnung der Arbeitszeit bei Ehegattenarbeitsverhältnissen für die Anerkennung nicht für zwingend hält, wäre für die Praxis das **Führen von einfachen Stundenzetteln** u.E. **empfehlenswert**.

Insb. bei Ehegattenarbeitsverhältnissen ist eine betriebliche Altersvorsorge i.R.d. Dienstverhältnisses steuerlich äußerst interessant, da auch der „ArbG"-Ehegatte ein eigenes Interesse an der Altersvorsorge des „ArbN"-Ehegatten hat. Hierzu hat der BFH mit Urteil vom 28.10.2020[268] zur **Anerkennung von Entgeltumwandlung** entschieden, dass eine **sprunghafte unangemessene Gehaltsanhebung im Vorfeld der Entgeltumwandlung**, eine **„Nur-Pension"** sowie die Inkaufnahme von unangemessenen Risiko- und Kostensteigerungen zu einer Nichtanerkennung führen können. Eine Überversorgung des „ArbN"-Ehegatten ist i.R.e. angemessenen Barlohnumwandlung allerdings nicht zu prüfen.

---

[267] BFH-Urt. v. 18.11.2020 – VI R 28/18, BStBl II 2021, 450

[268] BFH-Urt. v. 28.10.2020 – X R 32/18, BStBl II 2021, 434

b) Darlehensverträge mit Angehörigen

Grds. können auch Darlehensverträge mit nahen Angehörigen nach den allgemeinen Grundsätzen des Fremdvergleichs – insb. bei Vereinbarung von fremdüblichen Bedingungen und der tatsächlichen Durchführung – anerkannt werden. Beim BFH ist derzeit ein Verfahren anhängig[269], bei dem ein Stpfl. als Betreuer seines Bruders im Namen des Bruders ein Darlehen zum Erwerb von Vermietungsobjekten an seine Ehefrau gegeben hat. Das FA will das Darlehensverhältnis mangels Fremdüblichkeit nicht anerkennen.

Praxishinweis

In seinem rechtskräftigen Urteil vom 14.9.2017[270] hat das FG Rheinland-Pfalz einen Darlehensvertrag mit der 93-jährigen Mutter, dessen Tilgung erst nach 15 Jahren beginnen sollte, nicht anerkannt. Da der Sohn Alleinerbe der Mutter war, ist das FG von einer verschleierten Schenkung ausgegangen.

c) Vermietung und GmbH-Gesellschafter-Geschäftsführer

In einem Urteilsfall des FG München[271] hat das FG über einen interessanten Gestaltungsfall entschieden. Im Kern ging es um die Abzugsmöglichkeit von Aufwendungen für ein vermeintliches häusliches Arbeitszimmers eines Gesellschafter-Geschäftsführers einer GmbH in seiner (angemieteten) Wohnung. Das FG stellt klar, dass ein Mietvertrag zwischen einer KapG und ihrem Gesellschafter oder einer den Gesellschaftern nahestehenden Person steuerlich grds. anzuerkennen ist, wenn von Anfang an klare und eindeutige Vereinbarungen vorliegen und die wesentlichen Aspekte wie Mietobjekt, Mietpreis und Beginn des Mietvertrages ausreichend klar schriftlich formuliert sind. Die Untervermietung eines Raumes in der Wohnung des beherrschenden Gesellschafters an die GmbH führt bei Beachtung dieser Grundsätze nicht zu einer vGA, wenn im Übrigen keine Anhaltspunkte gegen die tatsächliche Durchführung des Mietvertrages ersichtlich sind. Die gesetzlichen **Regelungen zum häuslichen Arbeitszimmer** sind auf der Ebene der GmbH **nicht anwendbar**.

---

269 Vorinstanz FG Baden-Württemberg, Urt. v. 21.2.2020 – 11 K 334/19, EFG 2021, 938, Revision eingelegt, Az des BFH: IX R 17/20

270 FG Rheinland-Pfalz, Urt. v. 14.9.2017 – 1 K 1883/16, EFG 2021, 829, rkr.

271 FG München, Urt. v. 19.4.2021 – 7 K 1162/19, EFG 2021, 1118, rkr.

Praxishinweis

Der o.g. Urteilssachverhalt beinhaltet ein Risiko, das nicht unterschätzt werden sollte. Die Überlassung eines Grundstücks – insb., wenn sich dort der Sitz und/oder Ort der Geschäftsleitung einer vom Vermieter beherrschten KapG befindet – kann zur **Annahme einer Betriebsaufspaltung** führen[272].

[272] Vgl. dazu ausführlich H 15.7. Abs. 5 - 8 EStH 2020 m.w.N.

B. Arbeitnehmerbereich

I. Korrektur von Arbeitslohn

Der vom ArbG elektronisch übermittelte Arbeitslohn wird i.d.R. i.R.d. ESt-Veranlagung übernommen. Eine zwingende Bindung an den vom ArbG übermittelten Arbeitslohn besteht jedoch nicht. So kann beispielsweise der ArbN bei seiner Veranlagung den geldwerten Vorteil anders als im LSt-Abzugsverfahren ermitteln.[1] Zu Unrecht steuerfrei ausgezahltes Kurzarbeitergeld (z.B. wenn Antragsfristen nicht eingehalten wurden) kann i.R.d. Veranlagung nachträglich steuerpflichtig erfasst werden. Eine im LSt-Abzugsverfahren unberücksichtigte Steuerfreiheit kann im Veranlagungsverfahren nachträglich beansprucht werden.[2]

---

1 R 8.1 Abs. 9 Nr. 3 S. 4 LStR (z.B. Übergang von der pauschalen Bewertung zur sog. Fahrtenbuchmethode)

2 Z.B., wenn die Steuerfreiheit gem. § 3 Nr. 39 EStG (rückwirkende Erhöhung von 360 EUR auf 1.440 EUR) oder § 8 Abs. 2 S. 12 EStG im LSt-Abzugsverfahren unberücksichtigt blieb.

II. Kurzarbeitergeld in der Einkommensteuer-Veranlagung

Das von ArbN in 2021 bezogene Kurzarbeitergeld bzw. die bis zum 31.12.2021 möglichen steuerfreien Aufstockungsbeträge zum (bislang) Kurzarbeitergeld[3] bleiben weiterhin steuerfrei, unterliegen aber dem Progressionsvorbehalt[4] und lösen i.d.R. einen Pflichtveranlagungstatbestand[5] aus. Ein Rückfall in die Antragsveranlagung ergibt sich nur dann, wenn das Kurzarbeitergeld zusammen mit den weiteren in § 46 Abs. 2 Nr. 1 EStG genannten Einkünften 410 EUR nicht übersteigt.

---

3 § 3 Nr. 28a EStG
4 § 32b Abs. 1 S. 1 Nr. 1 Buchst. a EStG
5 § 46 Abs. 2 Nr. 1 EStG

III. Dienstwagen / Geschäftswagen

Nachfolgend werden die aktuellen Entwicklungen zur Thematik „Dienstwagen/Geschäftswagen“ dargestellt, die für die Erstellung der ESt-Erklärung 2021 nebst Anlage EÜR bedeutsam sind.

1. Grundsätzliches

Der Sachbezug aus der Gestellung eines Dienstwagens für private Zwecke und für Wege zwischen Wohnung und erster Tätigkeitsstätte kann bei einem ArbN entweder nach der

- pauschalen (sog. 1%-Regelung) oder
- individuellen Wertermittlungsmethode (sog. Fahrtenbuchmethode)

bewertet werden.

Die pauschalen Nutzungswerte werden grds. unabhängig von den entstandenen Kosten angesetzt. Der geldwerte Vorteil kann im Einzelfall die insg. für den Dienstwagen entstandenen Kosten übersteigen. Kann dies nachgewiesen werden, sind max. die Gesamtkosten als geldwerter Vorteil anzusetzen **(Kostendeckelung).**[6]

Praxishinweis

Bei Anwendung der Kostendeckelung sollen die tatsächlichen Kosten wirtschaftlich ausgelegt werden, sodass Leasingsonderzahlungen über den Leasingzeitraum – abweichend vom Zu- und Abflussprinzip – verteilt werden.[7] Die abschließende Entscheidung des BFH bleibt abzuwarten.

---

6 H 8.1 (9-10) LStH, Stichwort „Begrenzung des pauschalen Nutzungswerts“ und BMF-Schr. v. 4.4.2018 – IV C 5 - S 2334/18/10001, BStBl I 2018, 592 Rz 4

7 Schleswig-Holsteinisches FG, Urt. v. 26.8.2020 – 5 K 194/18, EFG 2021, 10, Revision eingelegt, Az des BFH: VIII R 26/20

2. Individuelle Wertermittlungsmethode (sog. Fahrtenbuchregelung)

Zur Anwendung der sog. Fahrtenbuchmethode ist neben der Führung eines ordnungsgemäßen Fahrtenbuchs erforderlich, die gesamten Kfz-Kosten durch Beleg nachzuweisen.[8] Die Kfz-Gesamtkosten sind lückenlos im Einzelnen zu belegen.

a) Aktuelles zum „ordnungsgemäß geführten Fahrtenbuch“

Ein Fahrtenbuch ist dann ordnungsgemäß, wenn es eine hinreichende Gewähr für seine Vollständigkeit und Richtigkeit bietet und mit vertretbarem Aufwand auf seine materielle Richtigkeit hin überprüfbar ist.

Dazu sind folgende Angaben nötig:

- Datum
- Art der Fahrt (Wohnung und erste Tätigkeitsstätte, berufliche/betriebliche Fahrten, Privatfahrten)
- Ausgangspunkt und Reiseziel
- Kilometerstand zu Beginn und Ende jeder einzeln zu erfassenden Fahrt
- Reisezweck (jeweils aufgesuchter Kunde/Geschäftspartner oder konkreter Gegenstand der beruflichen/betrieblichen Verrichtung

Daneben muss ein ordnungsgemäßes Fahrtenbuch **zeitnah** und in **geschlossener** Form geführt werden, um so nachträgliche Einfügungen und Änderungen auszuschließen oder als solche erkennbar zu machen.[9]

Aufzeichnungen im Taschenkalender mit Bleistift reichen hierfür nicht aus, zumal eine jederzeitige Änderung möglich ist.[10] Auch müssen die Aufzeichnungen in einem handschriftlich geführten Fahrtenbuch lesbar sein.[11]

---

8 BFH-Urt. v. 3.9.2015 – VI R 27/14, BStBl II 2016, 174
9 BFH-Urt. v. 15.2.2017 – VI R 50/15, BFH/NV 2017, 1155
10 FG Nürnberg, Urt. v. 23.1.2020 – 4 K 1789/18, EFG 2020, 704, rkr.
11 FG München, Urt. v. 9.3.2021 – 6 K 2915/17, EFG 2021, 1092, Revision eingelegt, Az des BFH: VIII R 12/21

Nur kleinere formelle Mängel sind unbeachtlich, wenn die Angaben ansonsten plausibel sind (im Streitfall: Verwendung von Abkürzungen für Kunden und Ortsangaben; fehlende Ortsangaben bei Übernachtung im Hotel; Differenzen aus dem Vergleich zwischen den Kilometerangaben im Fahrtenbuch und laut Routenplaner; keine Aufzeichnung von Tankstopps).[12]

b) Neues zur Gesamtkostenermittlung

Strittig ist gegenwärtig, ob die Kfz-Gesamtkosten eines belegmäßigen Nachweises sämtlicher Fahrzeugaufwendungen bedürfen oder eine Teilschätzung möglich ist. Nach Auffassung des FG München[13] kann ein Belegnachweis durch eine Teilschätzung ergänzt werden, wenn die erforderliche Schätzung nur einen geringfügigen Mangel behebt.

Diese Voraussetzung ist z.B. erfüllt, wenn lediglich der belegmäßige Nachweis für den konkreten Kraftstoffverbrauch der einzelnen Fahrzeuge fehlt, die gesamten Treibstoffkosten des Unternehmens allerdings belegt sind und die Kosten pro Liter durch eine Durchschnittspreisbewertung feststehen. In diesem Fall kann die verbrauchte Treibstoffmenge für das einzelne Fahrzeug unter Heranziehung der Verbrauchsangaben des Herstellers geschätzt werden.

Abzuwarten bleibt, ob sich der BFH in dem Revisionsverfahren dieser praktikablen Auffassung anschließen wird.

3. Private Nutzungsmöglichkeit

a) Grundsätzliches

Die Überlassung eines betrieblichen Pkw durch den ArbG an den ArbN für dessen Privatnutzung führt zu einer Bereicherung des ArbN und damit zum Zufluss von Arbeitslohn. Erfasst wird die private Nutzungsmöglichkeit. Die belastbare Behauptung, das betriebliche Fahrzeug werde nicht für Privatfahrten genutzt oder Privatfahrten werden ausschließlich mit anderen Fahrzeugen durchgeführt, genügt nicht, um die Besteuerung des Nutzungsvorteils auszuschließen.[14] Dies gilt auch während der Corona-Pandemie. Liegt keine

---

12 Nds. FG, Urt. v. 16.6.2021 – 9 K 276/19, BeckRS 2021, 25654
13 FG München, Urt. v. 16.10.2020 – 8 K 611/19, EFG 2021, 541, Revision eingelegt, Az des BFH: VI R 44/20
14 BFH-Beschl. v. 16.10.2020 – VI B 13/20, BFH/NV 2021, 434

private Nutzungsmöglichkeit vor, weil ein privates Nutzungsverbot wirksam vereinbart wurde, vor, unterbleibt die Erfassung eines geldwerten Vorteils.

Eine Entkräftung des Anscheinsbeweises der Privatnutzung durch die Darlegung eines atypischen Sachverhalts (Gegenbeweis), wonach das betreffende Fahrzeug tatsächlich nicht für private Zwecke genutzt wird, ist im Bereich der Überschusseinkünfte hingegen ausgeschlossen.[15]

Praxishinweis

Diese zum ArbN-Bereich ergangene Rechtsauslegung wird nicht auf Gewinneinkünfte übertragen.[16] Nur wenn das Fahrzeug typischerweise nicht zum privaten Gebrauch geeignet ist, ist bei den Überschusseinkünften kein privater Nutzungsvorteil anzusetzen (Werkstattwagen-Regelung). Ist das Fahrzeug aber zum privaten Gebrauch geeignet, wird von einer Privatnutzung ausgegangen. Etwas anderes gilt bei den Gewinneinkünften: Hier kann der erste Anschein der Privatnutzung weiterhin durch einen Gegenbeweis entkräftet oder erschüttert werden.[17] Dieser Gegenbeweis ist durch den Mandanten, nicht durch das FA zu führen. Der Anscheinsbeweis wird allerdings nicht erschüttert, wenn nur behauptet wird, für die privat veranlassten Fahrten stünden andere private Fahrzeuge zur Verfügung.

b) Feuerwehreinsatzfahrzeug

Der BFH hatte sich mit der Frage zu beschäftigen, ob die Überlassung eines Einsatzfahrzeugs an den Leiter der Freiwilligen Feuerwehr während seiner – wenn auch „ständigen" – Bereitschaftszeit zu Arbeitslohn führt. Der BFH hat das Vorliegen von Arbeitslohn verneint.[18] Das Fahrzeug werde funktionsbezogen zur Verfügung gestellt, sodass eine eventuelle private Nutzungsmöglichkeit durch das ganz überwiegend eigenbetriebliche Interesse überlagert werde. Eine Arbeitslohnkorrektur könne demnach i.R.d. Veranlagung beantragt werden.

Praxishinweis

Diese BFH-Rechtsprechung dürfte sich auf ähnliche Fälle auswirken (z.B. Dauerbereitschaftsdienst im Pflegebereich und Fahrzeugabgabe zumindest im Urlaubsfall). Im Handwerk dürfte sich diese Frage regelmäßig nicht stellen, weil beim Werkstattwagen davon ausgegangen wird, dass dieser nicht privat genutzt wird.

---

15 BFH-Urt. v. 21.3.2013 – VI R 31/10, BStBl II 2013, 700; H 8.1 (9-10) LStH, Stichwort „Anscheinsbeweis", erster Spiegelstrich
16 BMF-Schr. v. 18.11.2009 – IV C 6 - S 2177/07/10004, BStBl I 2009, 1326
17 FG Münster, Urt. v. 11.5.2017 – 13 K 1940/15 E,G, EFG 2017, 1083, rkr.
18 BFH-Beschl. v. 19.4.2021 – VI R 43/18, BStBl II 2021, 605

c) Private Nutzungsmöglichkeit und Gesellschafter-/ Geschäftsführer

Die private Nutzungsmöglichkeit eines Dienstwagens löst nach Auffassung des BFH auch bei einem Gesellschafter/Geschäftsführer Arbeitslohn aus, wenn die GmbH einen betrieblichen Pkw aufgrund dienstvertraglicher Vereinbarung auch zur Privatnutzung überlässt.[19]

Lediglich bei Personen, die Gewinneinkünfte erzielen, kann der Anscheinsbeweis der Privatnutzung eines Fahrzeugs entkräftet werden. Entsprechendes gilt auch, wenn eine vGA zu prüfen ist. Der Alleingesellschafter-Geschäftsführer wird – unabhängig von der Einordnung im Sozialversicherungsrecht – einkommensteuerrechtlich i.d.Re. als ArbN gesehen, sodass die Dienstwagengrundsätze („Nutzungsmöglichkeit") auf diesen Personenkreis zur Anwendung kommen.[20] Besteht keine private Nutzungsmöglichkeit aufgrund eines wirksam vereinbarten Nutzungsverbotes, muss aber in einem zweiten Schritt geprüft werden, ob eine vGA vorliegt. Und hierfür wird die Entkräftung des Anscheins der Privatnutzung i.d.R. durch ein ordnungsgemäß geführtes Fahrtenbuch verlangt.

Fazit: Nach bisherige Rechtsauslegung reicht die Vereinbarung eines privaten Nutzungsverbotes nicht zur Verhinderung einer vGA aus.

4. Fahrten zwischen Wohnung und erster Tätigkeitsstätte

a) Wechsel zur 0,002%-Regelung i.R.d. ESt-Veranlagung

Der pauschal ermittelte geldwerte Vorteil aus einer Dienstwagengestellung wird in Bezug auf die Fahrten zwischen Wohnung und erster Tätigkeitsstätte regelmäßig nach der 0,03%-Regelung ermittelt. Diese Bewertung löst sich von der tatsächlichen Anzahl der Fahrten zwischen Wohnung und erster Tätigkeitsstätte. Es wird typisierend von 15 Hin- und Rückfahrten im Monat ausgegangen.[21]

---

19 BFH-Beschl. v. 16.10.2020 – VI B 13/20, BFH/NV 2021, 434

20 *Schmitz-Herscheidt*, jurisPR-SteuerR 28/2021 Anm. 2

21 BFH-Urt. v. 22.9.2010 – VI R 57/09, BStBl II 2011, 359 und BFH-Urt. v. 24.2.2011 – VI R 51/10, BFH/NV 2011, 984

Fährt der Mitarbeiter an weniger Tagen zur ersten Tätigkeitsstätte, kann eine Erfassung und Bewertung der einzelnen Fahrten erfolgen. Die Bewertungswahl ist einheitlich für ein Veranlagungsjahr zu treffen.[22]

Berechnungsmöglichkeiten (auch ohne Fahrtenbuchführung)

0,03 % = 15 Hin- und Rückfahrten monatlich **oder**
0,002 % je einzelnem Arbeitstag (Hin- und Rückfahrt)

> **Praxishinweis**
>
> Nach Auffassung der FinVerw können Fahrten zwischen Wohnung und erster Tätigkeitsstätte begrenzt auf 180 Tage abweichend mit 0,002% des Listenpreises je Entfernungs-km zwischen Wohnung und erster Tätigkeitsstätte bei ArbN berücksichtigt werden (**pauschale Einzelbewertung**).
>
> Dieses Wahlrecht kann im **LSt-Abzugsverfahren** – auch während der Corona-Krise – für das jeweilige Kj nur einheitlich ausgeübt werden. Ein Wechsel zwischen der 0,03%-Monatspauschale und der 0,002%-Einzelpauschale während des Kj ist lohnsteuerlich mittlerweile rückwirkend möglich.[23] Erfolgte ein Bewertungsmethodenwechsel lohnsteuerlich nicht und erweist sich dieser als günstiger, kann der Wechsel zumindest i.R.d. **ESt-Veranlagung durch eine Arbeitslohnkorrektur beantragt werden.**[24]
>
> Gerade wegen der Corona-Krise und der damit verbundenen Homeoffice-Tätigkeit wird die Korrektur des Arbeitslohns i.R.d. ESt-Veranlagung 2021 – wie auch im VZ 2020 – eine große Rolle spielen. Zur Arbeitslohnkorrektur sind dem FA geeignete Belege vorzulegen, wie im LSt-Abzugsverfahren eine Arbeitslohnermittlung und Versteuerung stattfand (z.B. Gehaltsabrechnungen).

b) Lohnsteuerpauschalierung und ESt-Veranlagung

Im LSt-Abzugsverfahren kann bislang für die LSt-Pauschalierung nach § 40 Abs. 2 S. 2 Nr. 1 EStG angenommen werden, dass der ArbN 15 Mal im Monat die erste Tätigkeitsstätte aufsucht. Stellt sich i.R.d. Veranlagung heraus, dass z.B. infolge Homeoffice-Tätigkeit weniger Fahrtage vorliegen, wird der zu viel pauschalierte Betrag dem steuerpflichtigen Arbeitslohn hinzugerechnet. Die Höhe der Pauschalbesteuerung entfaltet keine Bindungswirkung für das Veranlagungsverfahren. Dies gilt in allen noch nicht bestandskräftigen Fällen[25]. Diese Problematik kann auch mit der ESt-Veranlagung 2021 auftreten.

---

22 BMF-Schr. v. 4.4.2018 – IV C 5 - S 2334/18/10001, BStBl I 2018, 592 Rn 10f
23 FinMin SH v. 21.5.2021 – VI 302 - S 2334 - 372, DStR 2021, 2241
24 BMF-Schr. v. 4.4.2018 – IV C 5 - S 2334/18/10001, BStBl I 2018, 592 Rn 10f
25 So Rz. 33 des BMF-Schr. v. 18.11.2021 – IV C 5 - S 2351/20/10001:002

5. Eigenleistungen des Arbeitnehmers zur Dienstwagengestellung

Zahlt der ArbN an den ArbG oder auf dessen Weisung an einen Dritten zur Erfüllung einer Verpflichtung des ArbG (abgekürzter Zahlungsweg) für die außerdienstliche Nutzung eines betrieblichen Kraftfahrzeugs, insb. für die Nutzung zu

- privaten Fahrten,
- Fahrten zwischen Wohnung und erster Tätigkeitsstätte und
- Familienheimfahrten

ein Nutzungsentgelt, mindert dies den Nutzungswert aus der Dienstwagengestellung.

Folgende aktuelle Entwicklungen sind zu beachten:

- **Zuschüsse** des ArbN zu den **Anschaffungskosten** eines Dienstwagens können im Zahlungsjahr angerechnet werden. Ein nach Anrechnung verbleibender Zuschuss kann auf die darauffolgenden Jahre übertragen werden.[26] Entgegen R 8.1 Abs. 9 Nr. 4 S. 2 und 3 LStR und dem BMF-Schreiben vom 4.4.2018 hat der BFH entschieden, dass zeitraumbezogene Zuzahlungen des ArbN zu den Anschaffungskosten eines ihm auch zur Privatnutzung überlassenen betrieblichen Pkw gleichmäßig zu verteilen seien.[27] Die FinVerw wendet diese BFH-Auffassung in gleichgelagerten Fällen, in denen eine Vereinbarung über eine zeitraumbezogene Zuzahlung vorliegt, durch die Veröffentlichung der Rechtsprechung im BStBl an. Mit der Anpassung der bisherigen Verwaltungsanweisung ist in Kürze zu rechnen, wobei abzuwarten bleibt, ab wann die FinVerw die „verschärfte“ Rechtsauslegung anwenden wird.
- Wird ein Dienstwagen **ohne arbeitsrechtliche Verpflichtung** in einer privaten **Garage** des ArbN abgestellt, mindert die auf die Garage entfallende AfA nicht den Vorteil aus der Dienstwagenüberlassung. Die abschließende Entscheidung des BFH bleibt abzuwarten; vergleichbare Fälle sollten offengehalten werden.[28]

---

26 R 8.1 Abs. 9 Nr. 4 S. 2 und 3 LStR
27 BFH-Beschl. v. 16.12.2020 – VI R 19/18, BStBl II 2021, 761
28 Nds. FG, Urt. v. 9.10.2020 – 14 K 21/19, EFG 2021, 191, Revision eingelegt, Az des BFH: VIII R 29/20

- Von einem ArbN getragene, anlässlich der privaten Nutzung eines Dienstwagens entstandene **Mautgebühren**, Fähr- und Parkkosten, sowie die AfA für einen privat erworbenen Fahrradträger mindern nicht den nach der 1%-Methode ermittelten geldwerten Vorteil für die Privatnutzung.[29]
- Bei Elektrodienstwagen oder hybriden Elektrodienstwagen kann der ArbG die vom ArbN selbst getragenen Stromkosten als steuerfreier Auslagenersatz erstatten.[30] Erfolgt die steuerfreie Erstattung nicht, können die selbst getragenen individuellen Kosten des ArbN für Ladestrom auf den Nutzungswert – pauschal oder im Einzelfall ermittelt – gegen den geldwerten Vorteil angerechnet werden.[31]

Übersicht[32] der pauschal ermittelten Stromkosten

Pauschalwerte v. 1.1.2017 - 31.12.2020

Mit zusätzlicher Lademöglichkeit im Betrieb	
Elektrofahrzeuge	20 EUR / mtl.
Hybridelektrofahrzeuge	10 EUR / mtl.

Ohne zusätzliche Lademöglichkeit im Betrieb	
Elektrofahrzeuge	50 EUR / mtl.
Hybridelektrofahrzeuge	25 EUR / mtl.

Pauschalwerte v. 1.1.2021 - 31.12.2030

Mit zusätzlicher Lademöglichkeit im Betrieb	
Elektrofahrzeuge	30 EUR / mtl.
Hybridelektrofahrzeuge	15 EUR / mtl.

Ohne zusätzliche Lademöglichkeit im Betrieb	
Elektrofahrzeuge	70 EUR / mtl.
Hybridelektrofahrzeuge	35 EUR / mtl.

29 Sächsisches FG, Urt. v. 9.11.2020 – 1 K 1869/18, EFG 2021, 463, Revision eingelegt, Az des BFH: VIII R 32/20
30 § 3 Nr. 50 EStG
31 BMF-Schr. v. 29.9.2020 – IV C 5 - S 2334/19/10009:004, BStBl I 2020, 972
32 BMF-Schr. v. 29.9.2020 – IV C 5 - S 2334/19/10009:004, BStBl I 2020, 972

Praxishinweis

Diese Regelung gilt bei Geschäftswagen entsprechend.[33] Dies bedeutet: Wird ein betriebliches Elektro- oder Hybridelektrofahrzeug nicht ausschließlich im Betrieb, sondern auch an einer zur Wohnung des Stpfl. gehörenden Steckdose/Ladevorrichtung aufgeladen, kann der betriebliche Nutzungsanteil an den ansonsten privaten Stromkosten grds. mit Hilfe eines gesonderten Stromzählers (stationär oder mobil) nachgewiesen werden. Zum Nachweis des betrieblichen Nutzungsanteils an den ansonsten privaten Stromkosten werden auch Aufzeichnungen für einen repräsentativen Zeitraum von drei Monaten als ausreichend angesehen. Aus Vereinfachungsgründen kann der betriebliche Nutzungsanteil an den ansonsten privaten Stromkosten auch mit den o. g. lohnsteuerlichen Pauschalen angesetzt werden.

Im Ausweislich im Koalitionsvertrag ist vorgesehen, dass die bestehende Begünstigung von Plug-In-**Hybridfahrzeugen** (insb. Ansatz des inländischen Listenpreises mit 50 %) für neu zugelassene Fahrzeuge stärker auf die rein elektrische Fahrleistung ausgerichtet wird.

Hybridfahrzeuge sollen **zukünftig** nur noch privilegiert werden, wenn das Fahrzeug überwiegend (mehr als 50 %) auch im rein elektrischen Fahrantrieb betrieben wird. Wird die 50 %-Grenze – wie auch immer ermittelt – nicht erreicht, soll der Abschlag vom maßgeblichen Listenpreis entfallen.

Mit dieser Regelung werden Anreize gesetzt, diese Fahrzeuge möglichst emissionsfrei elektrisch angetrieben zu nutzen. Die Mindestreichweite für die Begünstigung soll zudem ab 1.8.2023 auf 80 km betragen.

Zudem sollen **Elektrovollfahrzeuge** ab Anschaffungen 2025 nur noch einen Abschlag vom maßgeblichen Listenpreis von 50 % (bislang 75 %) erhalten. Gesetzgebungsverfahren bleiben abzuwarten.

33 Siehe BMF-Schr. v. 5.11.2021 – IV C 6 - S 2177/19/1004:008 / IV C 5 - S 2334/19/1009:003, DB 2021, 2688, Rz 20

IV. (Häusliches) Arbeitszimmer

1. Gesetzliche Grundlage

§ 4 Abs. 5 S. 1 Nr. 6b EStG bestimmt Folgendes:

> *„Die folgenden Betriebsausgaben dürfen den Gewinn nicht mindern:*
>
> *Nr. 6b.*
>
> *[1]Aufwendungen für ein **häusliches Arbeitszimmer** sowie die Kosten der Ausstattung. [2]**Dies gilt nicht**, wenn für die betriebliche oder berufliche Tätigkeit kein anderer Arbeitsplatz zur Verfügung steht. [3]In diesem Fall wird die Höhe der abziehbaren Aufwendungen auf **1 250 Euro** begrenzt; die **Beschränkung** der Höhe nach **gilt nicht**, wenn das Arbeitszimmer den Mittelpunkt der gesamten betrieblichen und beruflichen Betätigung bildet. [4]Liegt **kein häusliches Arbeitszimmer** vor oder wird auf einen Abzug der Aufwendungen für ein häusliches Arbeitszimmer nach den Sätzen 2 und 3 verzichtet, kann der Steuerpflichtige für jeden Kalendertag, an dem er seine betriebliche oder berufliche Tätigkeit ausschließlich in der häuslichen Wohnung ausübt und keine außerhalb der häuslichen Wohnung belegene Betätigungsstätte aufsucht, für seine gesamte betriebliche und berufliche Betätigung einen Betrag von 5 Euro abziehen, höchstens 600 Euro im Wirtschafts- oder Kalenderjahr; …“*

Praxishinweis

Über § 9 Abs. 5 EStG gelten dieses Abzugsverbot bzw. diese Abzugseinschränkung gleichermaßen für den Werbungskostenabzug und über § 10 Abs. 1 Nr. 7 S. 4 EStG auch bei Geltendmachung von Sonderausgaben für die erstmalige Berufsausbildung.

2. Übersicht

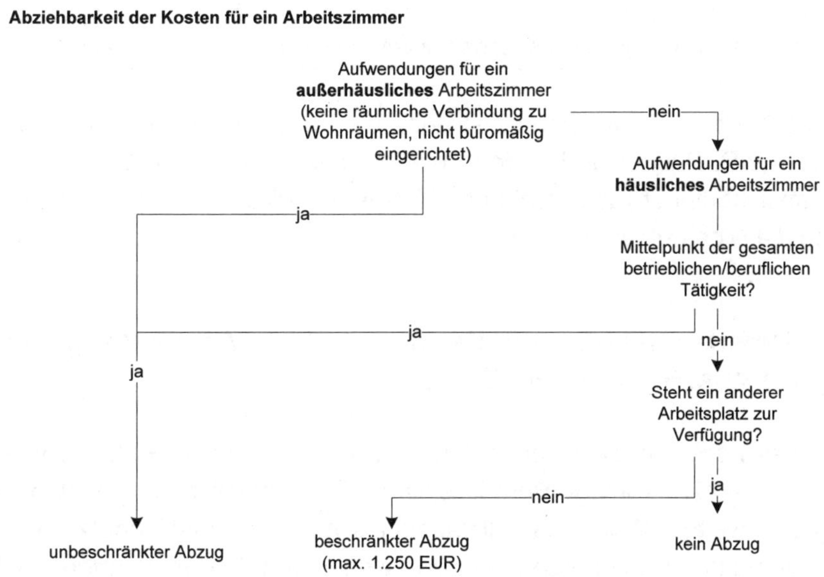

3. Aktuelle Entwicklungen zum „häuslichen Arbeitszimmer“

a) Häusliches Arbeitszimmer und Erforderlichkeit

Der BFH hat betont, dass sich die „Erforderlichkeit“ für den Abzug der Arbeitszimmeraufwendungen nicht aus dem EStG heraus ergebe.[34] Eines zeitlichen Tätigkeitsmindestumfangs im häuslichen Arbeitszimmer bedürfe es nicht. Hohe Nichtnutzungszeiten des häuslichen Arbeitszimmers wirken sich nicht negativ auf den Kostenabzug aus; auch sind die abzugsfähigen Aufwendungen nicht um die Zeiten der Nichtnutzung nicht zu kürzen.[35]

Gleichwohl muss eine (nahezu) ausschließliche Nutzung zur Erzielung von Einkünften erfolgen. Für gemischt genutzte Räume, die sowohl zur Erzielung von Einkünften als auch in mehr als nur untergeordnetem Umfang zu privaten Zwecken genutzt werden, scheidet ein Raumkostenabzug aus; allenfalls kann die Homeoffice-Pauschale in Ansatz gebracht werden.

---

34 BFH-Urt. v. 3.4.2019 – VI R 46/17, BFH/NV 2019, 903
35 FG Berlin-Brandenburg, Urt. v. 7.12.2020 – 7 K 7097/18, Juris, rkr.

Praxishinweis

Es muss im Einzelfall dargelegt werden, in welchem Umfang und in welcher Art das häusliche Arbeitszimmer genutzt wurde. Es reicht nicht aus, wenn der Raum nach seinem äußeren Bild durch seine Einrichtung mit Büromöbeln dem Typus des Arbeitszimmers entspricht. Auch dessen tatsächliche Nutzung ist entscheidend.[36]

Der schädlichen Privatnutzung ist auch die Lagerung von privaten Gegenständen (z.B. Bücher und Ordner, die in keinem Bezug zur Einkunftserzielungsabsicht stehen) zuzurechnen.[37] Keine schädliche Privatnutzung ist dagegen die Nichtnutzungszeit.[38]

b) Außerhäusliches Arbeitszimmer: Keine Anwendung von § 4 Abs. 5 S. 1 Nr. 6b EStG

Ein häusliches Arbeitszimmer liegt nur dann vor, wenn eine Einbindung in die häusliche Sphäre vorliegt. Wird in einem MFH zusätzlich zur privaten Wohnung eine weitere Wohnung vollständig als Arbeitszimmer genutzt, liegt nur dann ein häusliches Arbeitszimmer vor, wenn nach den Umständen des Einzelfalls ein **innerer Zusammenhang** zwischen beiden Wohnungen besteht.[39] Zur Prüfung sind die Umstände des Einzelfalls zu gewichten.

c) Betriebsstättenähnliche Einrichtung ist kein häusliches Arbeitszimmer

Liegt kein außerhäusliches Arbeitszimmer vor, kann auch ein in der Privatwohnung gelegener ausschließlich oder fast ausschließlich betrieblich genutzter Raum als betriebsstättenähnlicher Raum einen vollständigen Kostenabzug auslösen. Von einem betriebsstättenähnlichen Raum ist auszugehen, wenn anhand objektiver Kriterien (z.B. Raumausstattung) eine private Mitnutzung ausgeschlossen werden kann. Die Durchquerung eigener Räumlichkeiten steht dem Kostenabzug nicht entgegen.[40]

Beispiele
- Notarztpraxis
- Häusliches Tonstudio
- Warenlager

---

36 FG Münster, Urt. v. 16.9.2020 – 13 K 94/18 E, EFG 2020, 1839, rkr.
37 FG Münster, Urt. v. 16.9.2020 – 13 K 94/18 E, EFG 2020, 1839, rkr.
38 FG Berlin-Brandenburg, Urt. v. 7.12.2020 – 7 K 7097/18, Juris, rkr.
39 BFH-Beschl. v. 8.10.2020 – VIII B 59/20, BFH/NV 2021, 181
40 BFH-Urt. v. 29.1.2020 – VIII R 11/17, BStBl II 2020, 445 m.w.N. und FG München, Gerichtsbescheid v. 2.3.2021 – 10 K 1251/18, EFG 2021, 1458, rkr.

> **Praxishinweis**
>
> Liegt ein betriebsstättenähnlicher Raum vor, kommt die Kostenabzugseinschränkung zum häuslichen Arbeitszimmer nach § 4 Abs. 5 S. 1 Nr. 6b EStG nicht zur Anwendung. Die Kosten für Zugangswege sind dagegen nicht abzugsfähig.

d) Tätigkeitsmittelpunkt und Abstellen auf sämtliche Tätigkeiten

Der Mittelpunkt der **gesamten betrieblichen und beruflichen Tätigkeit**, der den vollständigen Kostenabzug für ein häusliches Arbeitszimmer eröffnet, ist für sämtliche Tätigkeiten und nicht nur isoliert für die einzelne Tätigkeit zu bestimmen. Unerheblich ist, dass das häusliche Arbeitszimmer der Mittelpunkt derjenigen Tätigkeit ist, die dort ausgeübt wird.[41]

e) Tätigkeitsmittelpunkt und Corona-Pandemie

Für die Zeit der pandemiebedingten Ausübung bestimmter Tätigkeiten in der Wohnung (seit März 2020) geht die FinVerw davon aus, dass zu Hause grds. qualitativ gleichwertige Arbeiten wie am bisherigen Arbeitsplatz ausgeübt werden; somit kann bei quantitativ überwiegender Tätigkeit der Mittelpunkt der beruflichen Tätigkeit in der Wohnung angenommen werden.[42]

Verfügt der ArbN über ein dem Typusbegriff entsprechendes häusliches Arbeitszimmer und erbringt er seine berufliche/betriebliche Betätigung während der Corona-Pandemie ausschließlich oder überwiegend in seinem häuslichen Arbeitszimmer, wird für die qualitative Beurteilung der Betätigung eine mindestens gleichwertige Arbeit angenommen.

Für die Prüfung des zeitanteiligen Überwiegens der Tätigkeit im häuslichen Arbeitszimmer kann dabei auf die wöchentliche Regelarbeitszeit abgestellt werden.[43] Bei zeitlich überwiegender Tätigkeit im häuslichen Arbeitszimmer liegt dann der Mittelpunkt der betrieblichen oder beruflichen Betätigung im häuslichen Arbeitszimmer.

---

[41] BFH-Urt. v. 13.6.2020 – VIII B 166/19, BFH/NV 2020, 1255
[42] BMF-Schr. v. 9.7.2021 – IV C 6-S 2145/19/10006:013, NWB UAAAH-86799
[43] BFH-Urt. v. 23.5.2006 – VI R 21/03, BStBl II 2006, 600

> **Praxishinweis**
>
> Bei der Prüfung sind unverändert alle betrieblichen und beruflichen Betätigungen (Gesamttätigkeit) zusammen zu beurteilen.

Beispiel

Die ArbN A erledigt ihre beruflichen Tätigkeiten als Buchhalterin ausschließlich von ihrem Homeoffice aus. Weitere Einkünfte erzielt A nicht. Die Aufwendungen für das häusliche Arbeitszimmer betragen im VZ 2021 insg. 3.000 EUR.

Diese Aufwendungen kann A in vollem Umfang (3.000 EUR) als Werbungskosten geltend machen. In dem häuslichen Arbeitszimmer liegt der Mittelpunkt der gesamten beruflichen und betrieblichen Tätigkeit.

Abwandlung 1

Wie Bsp. zuvor, allerdings erledigt die ArbN A ihre beruflichen Tätigkeiten als Buchhalterin an drei Arbeitstagen im Homeoffice und an zwei Arbeitstagen in der Kanzlei des ArbG.

Die Aufwendungen für das häusliche Arbeitszimmer kann A in vollem Umfang (Höhe: 3.000 EUR) als Werbungskosten geltend machen. In dem häuslichen Arbeitszimmer liegt der Mittelpunkt der gesamten beruflichen und betrieblichen Tätigkeit. Unerheblich ist, dass im Betrieb ein anderer Arbeitsplatz zur Verfügung steht.

> **Praxishinweis**
>
> Liegt der Tätigkeitsmittelpunkt im häuslichen Arbeitszimmer, wird der unbeschränkte Kostenabzug nicht dadurch eingeschränkt, dass ein anderer Arbeitsplatz, z.B. am Ort der ersten Tätigkeitsstätte, zur Verfügung steht.[44] Dieser günstigen Sichtweise der FinVerw kommt gerade im Hinblick auf die während der Corona-Krise unterhaltenen Homeoffice-Tätigkeiten eine große Bedeutung zu.

Abwandlung 2

Wie Ausgangsbeispiel, allerdings erledigt die ArbN A ihre beruflichen Tätigkeiten als Buchhalterin an zwei Arbeitstagen in dem Homeoffice und an drei Arbeitstagen in der Kanzlei des ArbG.

Die Aufwendungen für das häusliche Arbeitszimmer kann A nicht in vollem Umfang geltend machen, da dort nicht der Tätigkeitsmittelpunkt liegt. I.d.R. dürfte ein Kostenabzug bis zu einer Höhe von 1.250 EUR zulässig sein. Nach

---

[44] BMF-Schr. v. 6.10.2017 – IV C 6 - S 2145/07/10002:019, BStBl I 2017, 1320, Rz 1

Auffassung der FinVerw gilt dies jedoch nur, wenn der ArbG es der Mitarbeiterin A untersagt, an den Homeoffice-Tagen im Büro des ArbG tätig zu werden. Während der Corona-Pandemie (Zeitraum 1.3.2020 - 31.12.2021) gilt die Besonderheit, dass eine ausdrückliche (schriftliche) Anweisung des ArbG nicht nötig ist.[45]

f) Fehlen eines anderen Arbeitsplatzes

Ob ein anderer Arbeitsplatz außerhalb des häuslichen Arbeitszimmers existiert, muss in Bezug auf die jeweilige Tätigkeit geprüft werden. Ein anderer Arbeitsplatz ist beispielsweise zu verneinen, wenn für die Zeiten eines Bereitschaftsdienstes kein Zugang zum Arbeitsplatz besteht (**Bereitschaftsdienst außerhalb der regulären Arbeitszeit**).[46]

Es genügt hingegen nicht, dass nach **Feierabend** oder am **Wochenende** im häuslichen Arbeitszimmer Arbeiten verrichtet werden, die grds. auch an einem anderen Arbeitsplatz verrichtet werden könnten.[47]

g) Häusliches Arbeitszimmer und Betriebsvermögen / Unternehmensvermögen

Ein häusliches Arbeitszimmer kann bei Gewinneinkünften als eigenbetrieblich genutzter Raum **(Sonder-)Betriebsvermögen** auslösen.

Eine **Ausnahme** gilt nur, wenn es sich um einen Gebäudeteil von **untergeordnetem Wert** handelt. Nach Maßgabe von § 8 EStDV brauchen eigenbetrieblich genutzte Grundstücksteile nicht als Betriebsvermögen behandelt zu werden, wenn ihr (gemeiner) Wert nicht mehr als ein Fünftel des gemeinen Werts des gesamten Grundstücks **und** nicht mehr als 20.500 EUR beträgt.

Praxishinweis

Die Einhaltung der Grenzen nach § 8 EStDV ist am Ende des jeweiligen Wj zu prüfen. Bei **Betriebsaufgabe**, **Betriebsveräußerung** und **Umwidmung** des Raums kann sich eine **Aufdeckung erheblicher stiller Reserven** ergeben, und zwar unabhängig davon, ob es sich bei den Räumlichkeiten um ein häusliches Arbeitszimmer oder eine

---

45 BMF-Schr. v. 9.7.2021 – IV C 6 - S 2145/19/10006:013, NWB UAAAH-86799
46 FG Berlin-Brandenburg, Urt. v. 7.12.2020 – 7 K 7097/18, Juris, rkr.
47 Nds. FG, Urt. v. 19.10.2020 – 1 K 292/19, EFG 2021, 735, rkr. Rz 35 m.w.N.

betriebsstättenähnliche Einrichtung handelt. Diese Gefahr sollte den Mandanten verdeutlicht werden. Um spätere Haftungsdiskussionen aufgrund hoher Steuernachforderungen zu verhindern, sollte dies schriftlich dokumentiert werden.

Für die Berechnung des Gewinns aus der Aufgabe einer freiberuflichen Tätigkeit[48] ist im Übrigen der sich nach Abzug der AfA[49] ergebende Buchwert des häuslichen Arbeitszimmers selbst dann maßgeblich, wenn die Abziehbarkeit der Aufwendungen für das häusliche Arbeitszimmer während der Ausübung der freiberuflichen Tätigkeit nach § 4 Abs. 5 S. 1 Nr. 6b EStG der Höhe nach beschränkt war. Eine Gewinnkorrektur im Hinblick auf den nicht abzugsfähigen Teil der AfA komme nicht in Betracht, so der BFH.[50]

Eine bedeutsame Entscheidung zum **häuslichen Arbeitszimmer** im Zusammenhang mit **§ 23 EStG** hat der BFH getroffen.[51] Danach wird der Eigennutzung i.S.d. § 23 Abs. 1 Nr. 1 S. 3 EStG auch die Nutzung eines häuslichen Arbeitszimmers zu Einkunftserzielungszwecken zugerechnet.

Praxishinweis

Wird in 2020 und 2021 bei den Überschusseinkünften eine Homeoffice-Pauschale von 5 EUR (täglich, max. 600 EUR im VZ) geltend gemacht[52], liegt ebenso keine schädliche Fremdnutzung i.S.d. § 23 Abs. 1 S. 1 Nr. 1 S. 3 EStG vor.

Stellt das häusliche Arbeitszimmer **Betriebsvermögen** i.R.v. Gewinneinkünften dar, finden die Urteilsgrundsätze der Rezensionsentscheidung keine Anwendung.[53] Der BFH geht bezüglich des häuslichen Arbeitszimmers von notwendigem Betriebsvermögen aus, sofern kein eigenbetrieblich genutzter Gebäudeteil von untergeordneter Bedeutung vorliegt.[54]

In der BFH-Entscheidung in der Rechtssache IX R 27/19 kam es nicht auf die Frage an, ob das häusliche Arbeitszimmer überhaupt ein WG ist.[55] Die Vorinstanz ging noch davon aus, dass die gesamte ETW und nicht das häusliche Arbeitszimmer das einheitliche WG sei. Die WG-Eigenschaft des häuslichen Arbeitszimmers wurde mangels Einzelveräußerbarkeit abgelehnt. Die zu den

---

48 § 18 Abs. 3 S. 2 i.V.m. § 16 Abs. 2 EStG
49 § 6 Abs. 1 Nr. 1 S. 1 EStG
50 BFH-Urt. v. 16.6.2020 – VIII R 15/17, BStBl II 2020, 841
51 BFH-Urt. v. 1.3.2021 – IX R 27/19, BStBl II 2021, 680
52 § 4 Abs. 5 S. 1 Nr. 6b S. 4 EStG
53 Vgl. *Schießl*, jurisPR-SteuerR 34/2021 Anm. 4
54 BFH-Urt. v. 16.6.2020 – VIII R 15/17, BStBl II 2020, 841
55 BFH-Urt. v. 1.3.2021 – IX R 27/19, BStBl II 2021, 680, Rz 25

Gewinneinkünften ergangene BFH-Rechtsprechung[56] geht auf diese Diskussion[57]– zumindest bislang – nicht näher ein.

4. Homeoffice-Pauschale

a) Grundsätzliches

Mit dem JStG 2020[58] hat der Gesetzgeber u.a. die Möglichkeit geschaffen, einen pauschalen Betrag für jeden Tag, an dem der Stpfl. seine betriebliche oder berufliche Betätigung ausschließlich in der häuslichen Wohnung ausübt, als Werbungskosten steuerlich geltend machen zu können.[59] Der Abzug der Homeoffice-Pauschale kann – unabhängig vom Vorhandensein eines steuerlich berücksichtigungsfähigen häuslichen Arbeitszimmers – erfolgen und ist zeitlich auf die Jahre 2020 und 2021 begrenzt. Die Pauschale beträgt für jeden Kalendertag 5 EUR, höchstens 600 EUR im Wj oder Kj. Da die Homeoffice-Pauschale nur an Tagen abgezogen werden kann, an denen der Stpfl. seine Tätigkeit ausschließlich in der häuslichen Wohnung ausübt und keine außerhalb der häuslichen Wohnung belegene Betätigungsstätte aufsucht, kommt ein Abzug von Fahrkosten (für Fahrten Wohnung – erste Tätigkeitsstätte, Reisekosten) an diesen Tagen nicht in Betracht. Die Homeoffice-Pauschale ist als Werbungskosten, (Sonder-)Betriebsausgabe bzw. bei den Sonderausgaben i.R.d. Erstausbildung ansetzbar.

b) Weitergehende Hinweise

Folgendes ist zudem bedeutsam:

- Die häuslichen Arbeitstage sind zu **dokumentieren**. Schlüssige Angaben will die FinVerw als ausreichend ansehen.
- Die Kosten für **Arbeitsmittel** (z.B. Kosten für einen Schreibtisch oder einen PC) sind neben der Homeoffice-Pauschale ebenso wie die beruflich veranlassten Telefon- bzw. Internetkosten daneben ansetzbar.[60]
- Das **Wahlrecht**, Kosten entweder nach den Grundsätzen des häuslichen Arbeitszimmers oder als Homeoffice-Pauschale in Ansatz zu brin-

---

[56] BFH-Urt. v. 16.6.2020 – VIII R 15/17, BStBl II 2020, 841
[57] *Kanzler*, NWB 2020, 2880
[58] JStG 2020, BGBl I 2020, 3096
[59] § 4 Abs. 5 S. 1 Nr. 6b S. 4 EStG
[60] BMF-Schr. v. 9.7.2021 – IV C 6 - S 2145/19/10006:013, NWB UAAAH-86799

gen, ist **veranlagungszeitraumbezogen** anzuwenden. Eine Aufteilung nach einzelnen Monaten oder gar nach Kalendertagen soll ausscheiden. Etwas anderes soll nur dann gelten, wenn sich die Verhältnisse innerhalb eines Kj ändern.

Nach dem Koalitionsvertrag ist eine Verlängerung dieser Regelung bis Ende 2022 vorgesehen. Gesetzgebungsverfahren bleiben abzuwarten.

V. Reisekosten

Reisekosten sind

- Fahrtkosten,
- Verpflegungsmehraufwendungen,
- Übernachtungskosten und
- Reisenebenkosten,

soweit diese durch eine beruflich veranlasste **Auswärtstätigkeit** des ArbN entstehen.[61] Außerhalb einer Auswärtstätigkeit kommt ein solcher Kostenabzug nicht in Frage. Am Ort der Auswärtstätigkeit darf keine erste Tätigkeitsstätte[62] liegen.

Die FinVerw hat mit ergänztem BMF-Schreiben vom 25.11.2020[63] und in weiteren Verlautbarungen zu Anwendungseinzelfragen zur ab 2014 geltenden Rechtsfrage Stellung genommen.

Praxishinweis

Die FinVerw hat in einem separaten BMF-Schreiben[64] zur Anwendung des steuerlichen Reisekostenrechts bei Gewinneinkünften Stellung bezogen.[65]

1. Erste Tätigkeitsstätte – Update

Ob ein Kostenabzug nach reisekostenrechtlichen Grundsätzen zulässig ist oder nicht, entscheidet sich danach, ob am jeweiligen Einsatzort eine erste Tätigkeitsstätte unterhalten wird. Der Begriff der ersten Tätigkeitsstätte ist seit dem VZ 2014 in § 9 Abs. 4 EStG definiert.

---

61 R 9.4 S. 1 LStR 2015
62 § 9 Abs. 4 EStG
63 BMF-Schr. v. 25.11.2020 – IV C 5 - S 2353/14/10011:006, BStBl I 2020, 1228
64 BMF-Schr. v. 23.12.2014 – IV C 6 - S 2145/10/10005:001-2014/1085209, BStBl I 2015, 26
65 Kritisch hierzu FG Düsseldorf, Urt. v. 11.3.2019 – 9 K 1960/17 E, G, EFG 2019, 873, Rev. eingelegt, Az des BFH: X R 14/19 und FG Rheinland-Pfalz, Urt. v. 26.1.2021 – 3 K 2195/18, EFG 2021, 953 rkr.

§ 9 Abs. 4 S. 1 - 5 und S. 8 EStG

„(4) [1]Erste Tätigkeitsstätte ist die ortsfeste betriebliche Einrichtung des Arbeitgebers, eines verbundenen Unternehmens (§ 15 des Aktiengesetzes) oder eines vom Arbeitgeber bestimmten Dritten, der der Arbeitnehmer dauerhaft zugeordnet ist. [2]Die Zuordnung im Sinne des Satzes 1 wird durch die dienst- oder arbeitsrechtlichen Festlegungen sowie die diese ausfüllenden Absprachen und Weisungen bestimmt. [3]Von einer dauerhaften Zuordnung ist insbesondere auszugehen, wenn der Arbeitnehmer unbefristet, für die Dauer des Dienstverhältnisses oder über einen Zeitraum von 48 Monaten hinaus an einer solchen Tätigkeitsstätte tätig werden soll. [4]Fehlt eine solche dienst- oder arbeitsrechtliche Festlegung auf eine Tätigkeitsstätte oder ist sie nicht eindeutig, ist erste Tätigkeitsstätte die betriebliche Einrichtung, an der der Arbeitnehmer dauerhaft

1. *typischerweise arbeitstäglich tätig werden soll oder*
2. *je Arbeitswoche zwei volle Arbeitstage oder mindestens ein Drittel seiner vereinbarten regelmäßigen Arbeitszeit tätig werden soll.*

[5]Je Dienstverhältnis hat der Arbeitnehmer höchstens eine erste Tätigkeitsstätte. [8]Als erste Tätigkeitsstätte gilt auch eine Bildungseinrichtung, die außerhalb eines Dienstverhältnisses zum Zwecke eines Vollzeitstudiums oder einer vollzeitigen Bildungsmaßnahme aufgesucht wird; die Regelungen für Arbeitnehmer nach Absatz 1 Satz 3 Nummer 4 und 5 sowie Absatz 4a sind entsprechend anzuwenden.“

Das BMF-Schreiben vom 25.11.2020[66] geht näher auf die erste Tätigkeitsstätte ein. Zudem sind folgende aktuelle BFH-Entscheidungen über diese neue Verwaltungsanweisung hinaus bedeutsam:

– Auch eine **großräumige erste Tätigkeitsstätte** ist denkbar (z.B. Flughafengelände). Nach dem BFH-Urteil vom 1.10.2020[67] ist auch das firmeneigene Schienennetz, das ein Lokomotivführer mit der firmeneigenen Eisenbahn (**Werksbahn**) seines ArbG befährt, eine – wenn auch großräumige – erste Tätigkeitsstätte. Der BFH weist – und dies ist über den entschiedenen Einzelfall hinaus bedeutsam – darauf hin, dass der Lokomotivführer einer Werksbahn anders als der Lokomotivführer im

[66] BMF-Schr. v. 25.11.2020 – IV C 5 - S 2353/19/10011:006, BStBl I 2020, 1228
[67] BFH-Urt. v. 1.10.2020 – VI R 36/18, BFH/NV 2021, 309

öffentlichen Eisenbahnverkehr zu behandeln sei. In letztgenanntem Fall ist weiterhin von einer Reisekostentätigkeit auszugehen.[68] Die FinVerw wendet diese Rechtsprechung auf für Inhaber eines landwirtschaftlichen Betriebs analog an. Die Hofstelle bildet daher zusammen mit den bewirtschafteten Flächen grds. eine (großräumige) erste Tätigkeitsstätte.[69] Mit Urteil vom 12.7.2021 hat der BFH[70] darüber hinaus entschieden, dass eine **Forstfläche bei nur gelegentlichem Aufsuchen** keine großräumige Betriebsstätte i.S.d. § 4 Abs. 5 S. 1 Nr. 6 EStG ist. Zwar löst auch eine Forstfläche eine großräumige Betriebsstätte aus; allerdings muss diese auch nachhaltig aufgesucht werden. Da hiervon im Entscheidungsfall nicht ausgegangen wurde, unterlagen die Fahrtkosten nicht der Einschränkung auf die Entfernungspauschale.

- Das **Homeoffice** kann – auch während der Corona-Pandemie – keine erste Tätigkeitsstätte begründen.[71] Dies gilt selbst dann, wenn der ArbG das in der häuslichen Wohnung belegene Arbeitszimmer angemietet hat. Ob die Rechtsprechung dieser Auslegung folgen wird, bleibt abzuwarten. *Geserich* nimmt eine erste Tätigkeitsstätte im Homeoffice an, sofern der ArbG ein Sachherrschaftsverhältnis und damit einen bestimmenden Einfluss auf die Nutzung des Homeoffice hat.[72]

- Für eine **wirksame Zuordnung** i.S.d. § 9 Abs. 4 S. 1 und S. 2 EStG muss am Zuordnungsort eine Tätigkeit ausgeübt werden. Die Tätigkeit muss Teil der Berufstätigkeit sein; ob es sich um eine Haupt- oder Nebentätigkeit handelt, ist unerheblich. Mit BFH-Urteil vom 30.9.2020[73] hat der BFH entschieden, dass der Zustellpunkt (Zustellzentrum), dem ein **Postzusteller** dauerhaft zugeordnet ist und an dem er arbeitstäglich vor- und nachbereitende Tätigkeiten ausübt (z.B. Sortiertätigkeiten, Abschreibpost, Abrechnungen), eine erste Tätigkeitsstätte bildet. Entsprechendes gilt auch für einen **Rettungsassistenten**, der dauerhaft der Rettungswache zugeordnet ist.[74] Für die wirksame Zuordnungsent-

---

68 BFH-Urt. v. 1.10.2020 – VI R 36/18, BFH/NV 2021, 309 Rz 19

69 FinMin SH v. 18.10.2021 – VI 309 - S 2145 - 139, Einkommensteuer-Kurzinformation Nr. 2021/22

70 BFH-Urt. v. 12.7.2021 – VI R 1/19, Juris

71 BMF-Schr. v. 25.11.2020 – IV C 5 - S 2353/19/10011:006, BStBl I 2020, 1228 Rn 4

72 *Geserich*, jurisPR-SteuerR 27/2021 Anm. 2 mit Verweis auf BFH-Urt. v. 16.12.2020 – VI R 35/18, BStBl II 2021, 525 (Erste Tätigkeitsstätte eines Gerichtsvollziehers auch im Geschäftszimmer, welches der Gerichtsvollzieher am Sitz des Amtsgerichts auf eigene Kosten vorzuhalten hat)

73 BFH-Urt. v. 30.9.2020 – VI R 10/19, BStBl II 2021, 306

74 BFH-Urt. v. 30.9.2020 – VI R 11/19, BStBl II 2021, 308

scheidung ist eine Tätigkeit von untergeordneter Bedeutung ausreichend.[75] Im jeweiligen Einzelfall muss geprüft werden, ob bei einer Zuordnung durch den ArbG am Zuordnungsort auch eine Tätigkeit zumindest im geringen Umfang erbracht wird, die dienstrechtlich geschuldet wird und die zum Berufsbild gehört. Hiervon ging der BFH beispielsweise bei einer Mitarbeiterin im allgemeinen **Ordnungsdienstes** aus, die dem Ordnungsamt zugeordnet wurde und dort zumindest geringfügige Tätigkeiten ausübte.[76] In Bezug auf einen **Müllwerker** soll hingegen am Zuordnungsort keine erste Tätigkeitsstätte liegen, wenn er dort lediglich die Ansage der Tourenleitung abhört, das Tourenbuch sowie die Fahrzeugpapiere und -schlüssel abholt und die Fahrzeugbeleuchtung kontrolliert.[77] Die BFH-Entscheidungen verdeutlichen die Einzelfallauslegungsnotwendigkeit. Im Ergebnis ist festzuhalten, dass die Entscheidungen des BFH den gesetzgeberischen Willen auf Vereinfachung des steuerlichen Reisekostenrechts konterkariert. Ziel war mit Einführung des neuen steuerlichen Reisekostenrechts[78], dass ArbG und ArbN durch die Zuordnung wissen, an welchem Ort sich die erste Tätigkeitsstätte befindet. Durch die Rechtsprechungsentwicklung ist dies nicht mehr der Fall. Es bleibt zu hoffen, dass der Gesetzgeber tätig wird.

- Eine erste Tätigkeitsstätte ist bei **grenzüberschreitender ArbN-Entsendung** die ortsfeste betriebliche Einrichtung des aufnehmenden Unternehmens, der der ArbN i.R.e. eigenständigen Arbeitsvertrags mit dem aufnehmenden Unternehmen für die Dauer der Entsendung zugeordnet ist.[79] Dieses Ergebnis kann verhindert werden. Ohne Abschluss eines eigenständigen Arbeitsvertrags mit dem aufnehmenden Unternehmen liegt am Ort des aufnehmenden Unternehmens nur dann eine erste Tätigkeitsstätte, wenn der Mitarbeiter dauerhaft entsandt wird.[80]
- Wird ein **Zeitsoldat** durch eine Versetzungsverfügung anfänglich für seine komplette Dienstzeit an einen bestimmten Bundeswehrstandort versetzt, wo er durchgehend Dienst leistet, so bildet dieser Standort durchgehend seine „erste Tätigkeitsstätte“ i.S.d. § 9 Abs. 4 EStG. Dies gilt auch, wenn er nach seiner ursprünglichen Versetzung formal an

---

[75] BMF-Schr. v. 25.11.2020 – IV C 5 - S 2353/19/10011:006 - 2020/1229128, BStBl I 2020, 1228 Rz 7
[76] BFH-Urt. v. 12.7.2021 - VI R 9/19, BeckRS 2021, 32978
[77] BFH-Urt. v. 2.9.2021 – VI R 25/19, Juris
[78] Gesetz zur Änderung und Vereinfachung der Unternehmensbesteuerung und des steuerlichen Reisekostenrechts v. 20.2.2013, BStBl I 2013, 188
[79] BFH-Urt. v. 17.12.2020 – VI R 21/18, BStBl II 2021, 506
[80] BMF-Schr. v. 25.11.2020 – IV C 5 - S 2353/19/10011:006 - 2020/1229128, BStBl I 2020, 1228 Rz 24; siehe auch *Geserich*, jurisPR 24/2021 Anm. 1

einen anderen Bundeswehrstandort versetzt wird, dort aber ohne eigene Diensttätigkeit nur übernachtet und von dort arbeitstäglich an seinen ursprünglichen Standort fährt.[81]

- Mit Urteil vom 14.5.2020[82] hat sich der BFH zur **ersten Tätigkeitsstätte in Vollzeitstudienfällen**[83] geäußert. Sieht die Studienordnung einer Universität vor, dass Studierende einen Teil des Studiums an einer **anderen (weiteren) Hochschule** absolvieren können bzw. müssen, wandert die erste Tätigkeitsstätte nicht automatisch an den neuen Studienort mit. Es muss differenziert werden, ob der neue Studienort dauerhaft oder nur vorübergehend aufgesucht wird. Wenngleich sich dieses Tatbestandsmerkmal nicht aus § 9 Abs. 4 S. 8 EStG ergibt, wendet der BFH dies als ungeschriebenes Tatbestandsmerkmal an. Die Brisanz liegt in Folgendem: Wird am neuen Studienort eine erste Tätigkeitsstätte verortet, können die zumeist jungen Menschen einen Kostenabzug nur nach den Grundsätzen der doppelten Haushaltsführung vornehmen. Hierbei erweist sich das Unterhalten eines eigenen Hausstandes oftmals als schwierig.[84] Liegt am neuen Studienort keine erste Tätigkeitsstätte, ist der Kostenabzug nach Reisekostenrecht in Ansatz zu bringen. Zusätzliche Unterkunftskosten sind abziehbar. Zwar muss der Studierende auch eine andere Unterkunft/Wohnung haben. Dort muss aber kein eigener Hausstand liegen.[85]
- Der BFH geht zudem von einer vollzeitigen Bildungsmaßnahme i.S.d. § 9 Abs. 4 S. 8 EStG aus, wenn außerhalb eines Dienstverhältnisses eine nur **kurzzeitige Fortbildungsmaßnahme** besucht wird.[86] Die Forderung, kurzzeitige Bildungsmaßnahmen von bis zu 3 Monaten nach Reisekostenrecht abrechnen zu können, hat sich nicht durchsetzen lassen.

---

81 FG Rheinland-Pfalz, Urt. v. 17.12.2020 – 3 K 1145/20, EFG 2021, 1016, NZB eingelegt, Az des BFH: VI B 13/21; siehe auch Hessisches FG, Urt. v. 25.3.2021 – 4 K 1788/19, EFG 2021, 1194, Revision eingelegt, Az des BFH: VI R 6/21

82 BFH-Urt. v. 14.5.2020 – VI R 3/18, BStBl II 2021, 302

83 § 9 Abs. 4 S. 8 EStG

84 Siehe nachfolgende Ausführungen

85 BFH-Urt. v. 14.5.2020 – VI R 3/18, BStBl II 2021, 302 Rz 22

86 BFH-Urt. v. 14.5.2020 – VI R 24/18, BStBl II 2020, 770

2. Fahrtkosten

a) Grundsätzliches

§ 9 Abs. 1 S. 3 Nr. 4a EStG sieht Regelungen zum Fahrtkostenabzug für Fahrten vor, die keine Fahrten zwischen Wohnung und erster Tätigkeitsstätte und keine Familienheimfahrten i.R.e. doppelten Haushaltsführung sind.

Angesetzt werden können die tatsächlichen Kosten oder i.d.R. pauschale Kilometersätze. Die pauschalen km-Sätze betragen – unabhängig von der gestaffelten Entfernungspauschale – auch im VZ 2021:

Bei Benutzung	**je Fahrtkilometer**
eines Kraftfahrzeugs, insb. Pkw	0,30 EUR
jedes anderen motorbetriebenen Fahrzeugs	0,20 EUR[87]

Praxishinweis

Aufgrund der gesetzlichen Festlegung von **pauschalen km-Sätzen** ist die Angemessenheit nicht mehr zu prüfen. Die BFH-Urteile vom 25.10.1985[88] sowie vom 26.7.1991[89] sind seit 2014 überholt.[90]

Der pauschale km-Satz entspricht dabei der für das jeweils benutzte Beförderungsmittel nach dem Bundesreisekostengesetz festgesetzten höchsten Wegstreckenentschädigung. Der Ansatz des pauschalen km-Satzes statt der tatsächlichen Kosten ist jedoch ausgeschlossen, wenn für die Fahrt ein regelmäßig verkehrendes Beförderungsmittel i.S.d. § 4 Abs. 1 BRKG genutzt wird.[91]

Beispiel

Der Mitarbeiter A übernimmt Bahnkosten, die wegen des Besuchseiner beruflich bedingten Fortbildungsveranstaltung anfallen. Die Entfernung zum Fortbildungsort beträgt 200 km. Durch die frühzeitige Buchung der Bahnkarte fallen Kosten von 30 EUR an.

87 U.E. gilt dieser Pauschalsatz auch bei Nutzung eines E-Scooters
88 BFH-Urt. v. 25.10.1985 – VI R 15/81, BStBl II 1986, 200
89 BFH-Urt. v. 26.7.1991 – VI R 114/88, BStBl II 1992, 105
90 BMF-Schr. v. 24.10.2014 – IV C 5 - S 2353/14/10002, BStBl I 2014, 1412 Rz 36
91 BFH-Urt. v. 11.2.2021 – VI R 50/18, BStBl II 2021, 440

km-Pauschale:

200 km x 2 x 0,20 EUR[92] =	80,00 EUR
Tatsächliche Fahrtkosten:	30,00 EUR

Der BFH hat einen zusätzlichen Kostenabzug von (80 EUR - 30 EUR =) 50 EUR bei Nutzung regelmäßig verkehrender Beförderungsmittel i.S.d. § 4 Abs. 1 BRKG abgelehnt.

b) Arbeitgeber-Sammelpunkt

§ 9 Abs. 1 S. 3 Nr. 4a S. 3 EStG bestimmt Folgendes:

> *„[3]Hat ein Arbeitnehmer **keine erste Tätigkeitsstätte** (§ 9 Absatz 4) und hat er nach den dienst- oder arbeitsrechtlichen Festlegungen sowie den diese ausfüllenden Absprachen und Weisungen zur **Aufnahme** seiner beruflichen **Tätigkeit dauerhaft denselben Ort** oder dasselbe weiträumige Tätigkeitsgebiet **typischerweise arbeitstäglich aufzusuchen**, gilt Absatz 1 Satz 3 Nummer 4 und Absatz 2 für die Fahrten von der Wohnung zu diesem Ort oder dem zur Wohnung nächstgelegenen Zugang zum Tätigkeitsgebiet entsprechend. [4]Für die Fahrten innerhalb des weiträumigen Tätigkeitsgebietes gelten die Sätze 1 und 2 entsprechend.“*

Der BFH hatte sich mit der Frage auseinanderzusetzen, wann ein „typischerweise arbeitstägliches“ Aufsuchen vorliegt.[93] Ein „typischerweise arbeitstägliches“ Aufsuchen erfordert kein ausnahmsloses Aufsuchen des vom ArbG festgelegten Orts oder Gebiets an sämtlichen Arbeitstagen des ArbN. Ein nach Weisung „typischerweise fahrtägliches“ Aufsuchen genügt aber nicht.

Die Abgrenzung lässt sich folgendermaßen zusammenfassen:

- Ist von vornherein festgelegt, dass der ArbN den ArbG-Sammelpunkt an jedem seiner vereinbarten Arbeitstage zur Aufnahme seiner beruflichen Tätigkeit dauerhaft aufzusuchen hat, liegt ein ArbG-Sammelpunkt vor.[94] Dies dürfte selbst dann gelten, wenn der Mitarbeiter gelegentlich von zu Hause aus direkt zur auswärtigen Tätigkeitsstätte fährt oder er sich ausnahmsweise auf einer mehrtägigen Auswärtstätigkeit befindet.
- Ist von vornherein festgelegt, dass der ArbN auch mehrtägige Auswärtstätigkeiten zu übernehmen hat, und hat er an diesen Tagen den

---

92 Benutzung eines anderen, motorbetriebenen Fahrzeugs
93 BFH-Urt. v. 19.4.2021 – VI R 6/19, BStBl II 2021, 727
94 *Seifert*, GStB 2018, 75

ArbG-Sammelpunkt nicht aufzusuchen, liegt kein typischerweise arbeitstägliches Aufsuchen i.S.d. § 9 Abs. 1 S. 3 Nr. 4a S. 3 EStG vor. Ein Anfahren des ArbG-Sammelpunktes nur an den Arbeitstagen, an denen der ArbN vor Ort im Einsatz ist, reicht – entgegen der vom Sächsischen FG vertretenen Auffassung[95] – nicht aus.

- Der BFH weist aber darauf hin, dass im jeweiligen Einzelfall vorrangig zu prüfen sei, ob eine (zumindest konkludente) dauerhafte Zuordnung zum Betriebssitz vorliegt[96]. In dieser Aussage sind neue Prüfungsgefahren zu sehen.

Praxishinweis

Die Sonderregelung zum ArbG-Sammelpunkt bezieht sich nur auf die Reisekostenart „Fahrtkosten“. Die weiteren Reisekostenarten (z.B. Verpflegungsmehraufwendungen und Übernachtungskosten) können nach den allgemeinen reisekostenrechtlichen Regelungen geltend gemacht werden.[97] Die Auswärtstätigkeit beginnt mit beruflich begründetem Verlassen der Wohnung und endet auch dort. Die Berechnung der Abwesenheitsdauer beim Mehraufwand für Verpflegung ermittelt sich nach der Abwesenheitsdauer von der Wohnung aus. Bei Anwendung der Dreimonatsfrist muss deren Anwendung auf den jeweiligen Einsatzort hin geprüft werden.

c) Weiträumiges Tätigkeitsgebiet

Liegt keine erste Tätigkeitsstätte vor, sind Fahrten zu dem nächstgelegenen Zugang zum weiträumigen Tätigkeitsgebiet[98] dennoch nur nach den Grundsätzen der Entfernungspauschale absetzbar. Strittig ist gegenwärtig, ob ein Hafenarbeiter, der i.R.d. ArbN-Überlassung seines ArbG bei verschiedenen Hafeneinzelbetrieben auf dem gesamten 7.200 ha großen Gebiet des Hamburger Hafens eingesetzt wird, dort ein weiträumiges Tätigkeitsgebiet unterhält.[99]

---

95 A.A. Sächsisches FG, Urt. v. 14.3.2017 – 8 K 1870/16, Juris, rkr.

96 BFH-Urt. v. 2.9.2021 – VI R 14/19 unter Rz. 35

97 So auch BFH-Urt. v. 19.4.2021 – VI R 6/19, BStBl II 2021, 727, Rz 14; BFH-Urt. v. 2.9.2021 – VI R 14/19, Juris und BMF-Schr. v. 25.11.2020 – IV C 5 - S 2353/19/10011:006-2020/1229128, BStBl I 2020, 1228 Rz 40

98 § 9 Abs. 1 S. 3 Nr. 4a S. 3 EStG

99 Nds. FG, Urt. v. 3.2.2021 – 4 K 11006/17, EFG 2021, 748, Revision eingelegt, Az des BFH: VI R 4/21

3. Mehraufwendungen für Verpflegung

a) Höhe der Mehraufwendungen für Verpflegung

Mehraufwendungen für Verpflegung können nach Maßgabe von § 9 Abs. 4a EStG als Werbungskosten geltend gemacht werden.

I.H.d. Werbungskostenabzugs kann der ArbG einen steuerfreien Reisekostenersatz leisten.[100] Sofern der ArbG eine steuerfreie Erstattung leistet, mindert dies den möglichen Werbungskostenabzug.[101]

Mehraufwendung für Verpflegung (Inland)	**Ab 2020 (auch 2021)**
Auswärtstätigkeit (ohne Übernachtung)	
Abwesenheit 8 Stunden oder weniger	0 EUR
Abwesenheit mehr als 8 Stunden	14 EUR
Auswärtstätigkeit (mit Übernachtung)	
Anreisetag	14 EUR
Abreisetag	14 EUR
Zwischentage	28 EUR

Darüber hinaus hat das BMF neue **Auslandsreisekosten**, die ab 2021 zur Anwendung kommen, bekannt gegeben.[102] Für 2022 gelten die für 2021 festgelegten Werte ebenso.[103]

b) Dreimonatsfrist

Der Abzug der Verpflegungspauschalen ist – weiterhin – auf die **ersten drei Monate** einer längerfristigen beruflichen Tätigkeit an derselben Tätigkeitsstätte beschränkt.[104] Eine Unterbrechung der beruflichen Tätigkeit an derselben Tätigkeitsstätte führt zu einem Neubeginn, wenn sie mindestens vier Wochen dauert.

---

100 § 3 Nr. 13 bzw. Nr. 16 EStG
101 § 3c EStG
102 BMF-Schr. v. 3.12.2020 – IV C 5 - S 2353/19/10010:002, BStBl I 2020, 1256
103 BMF-Mitteilung v. 27.9.2021, DB 2021, 2321
104 § 9 Abs. 4a S. 6 EStG

Praxishinweis

Gerade wegen der Corona-Pandemie sind i.R.d. Veranlagung Unterbrechungszeiten zu ermitteln, die eventuell zu einem Neubeginn der Dreimonatsfrist bei den Mehraufwendungen für Verpflegung führen.

c) Kürzung der Mehraufwendungen für Verpflegung

Wird dem ArbN anlässlich oder während einer Tätigkeit außerhalb seiner ersten Tätigkeitsstätte vom ArbG oder auf dessen Veranlassung von einem Dritten eine Mahlzeit zur Verfügung gestellt, sind die ermittelten Verpflegungspauschalen wie folgt zu kürzen:[105]

- Für das Frühstück um 20 % und/oder
- für das Mittag- und Abendessen um jeweils 40 %

der Verpflegungspauschale für den vollen Kalendertag. Die Kürzung darf die ungekürzte Verpflegungspauschale nicht übersteigen.

Kürzungshöhe	Inland
Frühstück (20 % von 28 EUR =)	5,60 EUR
Mittag- und Abendessen (40 % v. 28 EUR =)	11,20 EUR

Praxishinweis

Eine Kürzung der Verpflegungspauschale hat selbst dann zu erfolgen, wenn der ArbN die Mahlzeiteneinnahmemöglichkeit nicht wahrnimmt.[106] Außerdem wird die Kürzung selbst dann vorgenommen, wenn der ArbN in dem Dienstverhältnis keine erste Tätigkeitsstätte unterhält.[107] Bei Gewinneinkünften findet demgegenüber keine Kürzung der Verpflegungsmehraufwendungen statt. Vielmehr wirken sich die tatsächlichen Verpflegungskosten steuerlich nicht aus; als Ausgleich dafür sind die ungekürzten Verpflegungskosten als Betriebsausgaben absetzbar.[108]

105 § 9 Abs. 4a S. 8 EStG
106 BFH-Urt. v. 7.7.2020 – VI R 16/18, BStBl II 2020, 783
107 BFH-Urt. v. 12.7.2021 – VI R 27/19, BStBl II 2021, 642
108 BMF-Schr. v. 23.12.2014 – IV C 6 - S 2145/10/10005:001, BStBl I 2015, 26 Rz 12

4. Umzugskostenpauschale

Die Umzugskostenpauschalen wurden mit BMF-Schreiben vom 21.7.2021[109] für Umzüge ab dem 1.4.2021 und ab dem 1.4.2022 geändert.

	Ab 1.4.2020	**Ab 1.6.2020**	**Ab 1.4.2021**	**Ab 1.4.2022**
Ledige	820 EUR	860 EUR	870 EUR	886 EUR
Verheiratete	1.639 EUR	1.433 EUR[110]	1.450 EUR	1.476 EUR
Erhöhungsbetrag für weitere Personen (Kinder)	361 EUR	573 EUR	580 EUR	590 EUR

Praxishinweis

Bei beruflich veranlassten Umzügen im Zusammenhang mit einer beruflich begründeten doppelten Haushaltsführung darf die Umzugspauschale unverändert nicht als Werbungskosten geltend gemacht werden.[111] Insoweit bedarf es eines Einzelnachweises.

109 BMF-Schr. v. 21.7.2021 – IV C 5 - S 2353/20/10004:002, BStBl I 2021, 1021
110 860 EUR + 573 EUR = 1.433 EUR
111 R 9.11 Abs. 9 S. 2 LStR

VI. Entfernungspauschale / Mobilitätsprämie

1. Schaubild: Fahrtkostenabzugshöhe

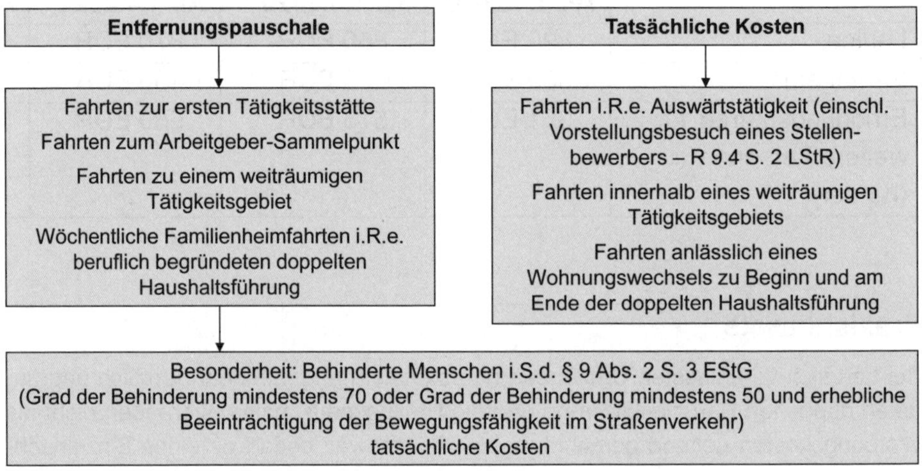

Quelle: AkStR 2020, 333

Im Gegensatz zu den Fahrtkosten, die im Zusammenhang mit

- einer Auswärtstätigkeit,
- Fahrten innerhalb eines weiträumigen Tätigkeitsgebiets[112] und
- Fahrten anlässlich eines Wohnungswechsels zu Beginn und am Ende der doppelten Haushaltsführung

anfallen und i.d.R. in tatsächlicher Höhe absetzbar sind[113], sind die Fahrtkosten

- zur ersten Tätigkeitsstätte[114],
- zu einem ArbG-Sammelpunkt[115] und
- zu einem weiträumigen Tätigkeitsgebiet[116] sowie

---

[112] § 9 Abs. 1 S. 3 Nr. 4a S. 4 EStG
[113] § 9 Abs. 1 S. 3 Nr. 4a S. 1 und 2 EStG
[114] § 9 Abs. 4 EStG; s.a. *Seifert*, AktStR 2019, 583 m.w.N.
[115] § 9 Abs. 1 S. 3 Nr. 4a S. 3 EStG; siehe zur Begriffsbestimmung „ArbG-Sammelpunkt" auch Thüringer FG v. 28.2.2019 – 1 K 498/17, EFG 2019, 883, Revision eingelegt, Az des BFH: VI R 14/19 und Thüringer FG v. 5.12.2018 – 1 K 594/16, EFG 2019, 261, Revision eingelegt, Az des BFH: VI R 6/19
[116] § 9 Abs. 1 S. 3 Nr. 4a S. 3 EStG

– die wöchentlichen Familienheimfahrten i.R.e. beruflich veranlassten doppelten Haushaltsführung[117]

lediglich nach den Grundsätzen der Entfernungspauschale[118] absetzbar.

Über die Überschusseinkünfte hinaus gelten diese Grundsätze auch bei den **Gewinneinkünften.**[119] Aufwendungen für die Wege zwischen Wohnung und Betriebsstätte sind nur insoweit als (Sonder-)Betriebsausgaben steuerlich zu berücksichtigen, als sie die nach den Grundsätzen der Entfernungspauschale abziehbaren Beträge nicht überschreiten.

2. Höhe der Entfernungspauschale

Zur Entlastung der Fernpendler wird die **verkehrsmittelunabhängige Entfernungspauschale** ab 1.1.2021 befristet bis zum 31.12.2026 der Höhe nach **gestaffelt** gewährt.[120] Ab dem 21. Entfernungs-km erhöht sich die Entfernungspauschale; für Fernpendler wird dann – unabhängig vom gewählten Verkehrsmittel[121] – ein erhöhter steuerlicher Abzug gewährt.

Übersicht (Hin- und Rückfahrt an einem Arbeitstag)[122]

Veranlagungszeitraum	2021 - 2023	2024 - 2026
erste 20 Entfernungs-km	0,30 EUR	0,30 EUR
ab dem 21. Entfernungs-km	0,35 EUR	0,38 EUR

Diese ab 2021 eingetretene Änderung in Bezug auf die gestaffelte Entfernungspauschale gilt auch für den Werbungskostenabzug aus Familienheimfahrten i.R.e. beruflich veranlassten doppelten Haushaltsführung.

Unverändert ist die Entfernungspauschale mit **höchstens 4.500 EUR** im Kj anzusetzen. Dieser Höchstbetrag gilt bei abziehbaren Familienheimfahrten i.R.e. doppelten Haushaltsführung nach wie vor nicht.

---

117 § 9 Abs. 1 S. 3 Nr. 5 S. 5 ff EStG; zum Wahlrecht bei mehrfachen wöchentlichen Heimfahrten siehe R 9.11 Abs. 5 S. 2 LStR 2015

118 Siehe hierzu weitergehend § 9 Abs. 1 S. 3 Nr. 4 EStG und R 9.10 LStR 2015 nebst hierzu ergangene LStH 2020; BMF-Schr. v. 18.11.2021 – IV C 5 - S 2351/20/10001:002

119 § 4 Abs. 5 S. 1 Nr. 6 und Nr. 6a EStG; siehe auch BMF-Schr. v. 23.12.2014 – IV C 6 – S 2145/10/10005:001, BStBl I 2015, 26

120 Gesetz zur Umsetzung des Klimaschutzprogramms 2030 im Steuerrecht v. 21.12.2019, BGBl I 2019, 2886

121 *Hörster*, NWB 2019, 3202, 3205

122 § 9 Abs. 1 S. 3 Nr. 4 S. 8 EStG

Ein höherer Betrag als 4.500 EUR ist zudem nur ansetzbar, soweit der ArbN einen eigenen oder ihm zur Nutzung überlassenen Kraftwagen benutzt.[123]

Tatsächliche höhere Aufwendungen für die Benutzung öffentlicher Verkehrsmittel (ohne Fähr- und Flugzeugkosten) können angesetzt werden, soweit sie den im Kj insg. als Entfernungspauschale abziehbaren Betrag übersteigen.[124]

Menschen mit Behinderungen,

- deren Grad der Behinderung mindestens 70 beträgt,
- deren Grad der Behinderung weniger als 70, aber mindestens 50 beträgt und die in ihrer Bewegungsfähigkeit im Straßenverkehr erheblich beeinträchtigt sind,

können anstelle der Entfernungspauschalen die tatsächlichen Aufwendungen für die Wege zwischen Wohnung und erster Tätigkeitsstätte und für Familienheimfahrten ansetzen.[125] Die FinVerw lässt es zu, die tatsächlichen Kosten statt im Wege der Einzelermittlung[126] mit den für das steuerliche Reisekostenrecht geltenden Fahrtkostenpauschalen anzusetzen. Diese Wahlrechtsausübung wird durch die Eintragung in der Anlage N ausgeübt.

Beispiel

Die Entfernung zwischen der Wohnung und der ersten Tätigkeitsstätte beträgt 40 Entfernungs-km. Der ArbN A führt an 220 Arbeitstagen die Fahrten zur ersten Tätigkeitsstätte mit dem privaten Pkw durch.

Entfernungspauschale – VZ 2020

220 Arbeitstage x 0,30 EUR x 40 Entfernungs-km:	2.640,00 EUR

Entfernungspauschale – VZ 2021 - 2023

220 Arbeitstage x 0,30 EUR x 20 Entfernungs-km:	1.320,00 EUR
220 Arbeitstage x 0,35 EUR x 20 Entfernungs-km:	1.540,00 EUR
Summe:	2.860,00 EUR

---

123 § 9 Abs. 1 S. 3 Nr. 4 S. 8 EStG
124 § 9 Abs. 2 S. 2 EStG
125 § 9 Abs. 2 S. 3 EStG
126 R 9.5 Abs. 1 LStR

Entfernungspauschale – VZ 2024 - 2026

220 Arbeitstage x 0,30 EUR x 20 Entfernungs-km:	1.320,00 EUR
220 Arbeitstage x 0,38 EUR x 20 Entfernungs-km:	1.672,00 EUR
Summe:	2.992,00 EUR

Die Begrenzung der Entfernungspauschale auf einen **Höchstbetrag** von 4.500 EUR im Kj würde wegen der Benutzung des eigenen Kfz nicht greifen.

Für jeweils eine wöchentlich tatsächlich durchgeführte Familienheimfahrt gilt die erhöhte gestaffelte Entfernungspauschale ebenso.[127]

Beispiel

Der ArbN A führt mit dem privaten Kfz wöchentliche Familienheimfahrt (600 Entfernungs-km) i.R.e. doppelten Haushaltsführung durch. Je Familienheimfahrt ergibt sich folgender Werbungskostenabzug:

Entfernungspauschale – VZ 2020

600 Entfernungs-km x 0,30 EUR =	180,00 EUR

Entfernungspauschale – VZ 2021 - 2023

20 Entfernungs-km x 0,30 EUR =	6,00 EUR
580 Entfernungs-km x 0,35 EUR =	203,00 EUR
Summe	209,00 EUR

Entfernungspauschale – VZ 2024 - 2026

20 Entfernungs-km x 0,30 EUR =	6,00 EUR
580 Entfernungs-km x 0,38 EUR =	220,40 EUR
Summe	226,40 EUR

3. Besonderheiten

Bei Erstellung der ESt-Erklärung 2021 ist auf Folgendes zu achten:

- Durch die häufigen **Homeoffice-Arbeitstage** sollte die Anzahl der Fahrtage zu ersten Tätigkeitsstätte hinterfragt werden. An Tagen, an denen Fahrten zur ersten Tätigkeitsstätte erfolgten, kann die Homeoffice-Pauschale nicht geltend gemacht werden.

---

127 § 9 Abs. 1 S. 3 Nr. 5 S. 9 EStG

- Eine vom ArbG vorgenommene **LSt-Pauschalierung** für Fahrten zwischen Wohnung und erster Tätigkeitsstätte wird i.d.R. auf Grundlage von 15 Arbeitstagen im Monat (= 180 Arbeitstagen im Jahr) ermittelt.[128] Unterschreiten die tatsächlichen Fahrtage die Anzahl der pauschalierten Fahrten, kann es i.R.d. Veranlagung zu einer Nachversteuerung hinsichtlich des nachträglich als zu hoch festgestellten Pauschalierungsbetrag kommen.

- **Ausgenommen** von der **Entfernungspauschale** sind **Flugstrecken** und Strecken mit steuerfreier Sammelbeförderung nach § 3 Nr. 32 EStG. Für Flugstrecken sind die tatsächlichen Aufwendungen anzusetzen. Bei verbilligter Sammelbeförderung durch den ArbG sind die vom ArbN getragenen Aufwendungen als Werbungskosten absetzbar.

Praxishinweis

Die Entfernungspauschale gilt zwar nicht für Flugstrecken, aber für die **An- und Abfahrten zu und von Flughäfen**. Dies ist insb. für den Ansatz von Aufwendungen für wöchentliche Familienheimfahrten i.R.e. beruflich veranlassten doppelten Haushaltsführung bedeutsam.

- Wenn Monats-/Jahrestickets für zunächst beabsichtigte Fahrten zur ersten Tätigkeitsstätte erworben wurden und die Fahrten aufgrund tatsächlicher Tätigkeit in der häuslichen Wohnung nicht durchgeführt wurden, sind die Aufwendungen für öffentliche Verkehrsmittel als tatsächliche Kosten (Günstigerprüfung gegenüber der Entfernungspauschale[129]) neben der Homeoffice-Pauschale abziehbar. Die tatsächlich geleisteten Aufwendungen für eine Zeitfahrkarte zur Benutzung öffentlicher Verkehrsmittel für die Wege zwischen Wohnung und erster Tätigkeitsstätte können als Werbungskosten geltend gemacht werden, soweit sie die insg. im Kj ermittelte Entfernungspauschale übersteigen. Das gilt auch dann, wenn der ArbN eine Zeitfahrkarte in Erwartung der regelmäßigen Benutzung für den Weg zur ersten Tätigkeitsstätte erworben hat, er die Zeitfahrkarte dann aber aufgrund der Tätigkeit im Homeoffice nicht im geplanten Umfang verwenden kann. Die Aufwendungen sind nicht auf einzelne Arbeitstage aufzuteilen. Zeitfahrkarten i.d.S. sind zum Bsp. Jahres- und Monatsfahrkarten. Die Berücksichtigung der Homeoffice-Pauschale bleibt davon unberührt.[130]

---

[128] BMF-Schr. v. 18.11.2021 – IV C 5 - S 2351/20/10001:002, Rz 33
[129] § 9 Abs. 2 S. 2 EStG
[130] BMF-Schr. v. 9.7.2021 – IV C 6 - S 2145/19/1006:013, NWB UAAAH-86799

4. Mobilitätsprämie

Neben der Anhebung der Entfernungspauschale mit Wirkung ab dem VZ 2021 hat der Gesetzgeber durch das „Gesetz zur Umsetzung des Klimaschutzprogramms 2030 im Steuerrecht“[131] eine Mobilitätsprämie eingeführt.[132] Diese Mobilitätsprämie kann mit Wirkung ab dem **VZ 2021 bis zum VZ 2026** beantragt und beansprucht werden. Die Prämie stellt keinen Abzugsbetrag dar, sondern wird durch die Anbindung an das Veranlagungsverfahren über ebendieses beantragt.

Damit soll Pendlerinnen und Pendlern, die mit ihrem zu versteuernden Einkommen innerhalb des Grundfreibetrags liegen, die Möglichkeit eingeräumt werden, alternativ zu den erhöhten Entfernungspauschalen ab dem 21. Entfernungs-km eine Mobilitätsprämie i.H.v. 14 %[133] dieser erhöhten Pauschalen zu wählen.[134] Dabei entspricht der Prozentsatz von 14 % dem Eingangssteuersatz im ESt-Tarif. Damit soll eine Entlastung derjenigen erreicht werden, bei denen ein höherer Werbungskosten- oder Betriebsausgabenabzug zu keiner entsprechenden steuerlichen Entlastung führt.

Die Mobilitätsprämie wird auf Antrag gewährt. Bei Einführung der Mobilitätsprämie wurde gesetzlich geregelt, dass die Mobilitätsprämie nach Ablauf des Kj in einem Prämienbescheid festzusetzen ist.[135]

Durch das JStG 2020 wurde § 105 EStG dahingehend geändert, dass die Mobilitätsprämie nach Ablauf des Kj i.R.e. ESt-Veranlagung festzusetzen ist. Besteht das Einkommen ganz oder teilweise aus Einkünften aus nichtselbstständiger Arbeit, die dem Steuerabzug unterlegen haben, gilt der Antrag auf Mobilitätsprämie zugleich als ein Antrag auf ESt-Veranlagung. Besteht jedoch keine Pflicht zur Abgabe einer ESt-Erklärung und wird auch keine Veranlagung beantragt, wird die ESt bei der Festsetzung der Mobilitätsprämie mit 0 EUR angesetzt.

Voraussetzung für die Gewährung der Mobilitätsprämie ist, dass das zu **versteuernde Einkommen den Grundfreibetrag unterschreitet** und sich somit **die erhöhte Entfernungspauschale grds. steuerlich nicht auswirkt**.

---

[131] Gesetz zur Umsetzung des Klimaschutzprogramms 2030 im Steuerrecht v. 21.12.2019, BGBl I 2019, 2886
[132] §§ 101 - 109 EStG
[133] § 101 S. 4 EStG
[134] § 101 S. 1 EStG
[135] § 105 EStG

Die Mobilitätsprämie beträgt **14 %** der Bemessungsgrundlage. Die Festsetzung erfolgt nur, wenn die Mobilitätsprämie mindestens 10 EUR beträgt.[136]

Bemessungsgrundlage der Mobilitätsprämie sind die berücksichtigten Entfernungspauschalen nach § 101 S. 1 EStG, begrenzt auf den Betrag, um den das zu versteuernde Einkommen den Grundfreibetrag i.S.d. § 32a Abs. 1 S. 2 Nr. 1 EStG unterschreitet; bei Ehegatten, die nach den §§ 26, 26b EStG zusammen zur ESt veranlagt werden, sind das gemeinsame zu versteuernde Einkommen und der doppelte Grundfreibetrag maßgebend.

Bei Stpfl. mit Einkünften aus nichtselbstständiger Arbeit gilt dies nur, soweit die Entfernungspauschalen zusammen mit den übrigen zu berücksichtigenden Werbungskosten im Zusammenhang mit den Einnahmen aus nichtselbstständiger Arbeit den ArbN-Pauschbetrag nach § 9a S. 1 Nr. 1 Buchst. a EStG übersteigen.

Beispiel

Die einfache Entfernung zwischen Wohnung und erster Tätigkeitsstätte beträgt 35 km. Der ledige ArbN sucht die erste Tätigkeitsstätte im Jahr 2021 an insg. 220 Arbeitstagen auf. Außer der Entfernungspauschale fallen keine weiteren Werbungkosten an.

Das zu versteuernde Einkommen des ArbN beträgt – wegen eines hohen VuV Verlustes – nur 5.000 EUR.

Lösung

Die Mobilitätsprämie ermittelt sich wie folgt:

Entfernungspauschale ab dem 21 km: 220 Tage x 15 km 0,35 EUR = Bemessungsgrundlage (kurz: BMG) von 1.155 EUR

Begrenzung der Bemessungsgrundlage

1. Begrenzung

Grundfreibetrag	9.744 EUR
abzgl. zu versteuerndes Einkommen	- 5.000 EUR
= 1. Begrenzung (wird hier von BMG nicht überschritten)	4.744 EUR

136 § 105 Abs. 2 S. 2 EStG

2. Begrenzung

sämtliche Werbungskosten (hier Entfernungspauschale)

220 Tage x (20 km x 0,30 EUR + 15 km x 0,35 EUR)	2.475 EUR
abzgl. Arbeitnehmerpauschbetrag	- 1.000 EUR
= 2. Begrenzung (wird hier von BMG nicht überschritten)	1.475 EUR

Endgültige Bemessungsgrundlage

Bemessungsgrundlage 1.155 EUR x 14 % = 161,70 EUR

Die Mobilitätsprämie von 161,70 EUR wird gewährt.

Weitergehende Hinweise

- Die Mobilitätsprämie gehört nicht zu den steuerpflichtigen Einnahmen i.S.d. EStG. Die als Betriebsausgabe oder Werbungskosten angesetzte Entfernungspauschale ist nicht um die steuerfreie Mobilitätsprämie – auch nicht über § 3c EStG – zu kürzen.[137] Es dürfte aber ein Bezug i.S.d. § 33a Abs. 1 S. 5 EStG vorliegen.[138]
- Die Mobilitätsprämie ist praxisrelevant in **Verlustjahren**, die z.B. durch die Corona-Krise ausgelöst sind. Sie ist auch in Verlustvortrags- oder Verlustrücktragsjahren bedeutsam.
- Die Mobilitätsprämie gilt nur für Werbungskosten oder Betriebsausgaben. Sofern **Ausbildungskosten** als (vorweggenommene) Werbungskosten ansetzbar sind und sich wegen dem Grundfreibetrag nicht auswirken (z.B. Auszubildende), kann daher die Mobilitätsprämie beantragt werden.[139] Bei Erstausbildungskosten, für die nur ein Sonderausgabenabzug möglich ist, scheidet die Mobilitätsprämie aus.[140]
- Die Mobilitätsprämie ist nach Ablauf des Kj i.R.e. ESt-Veranlagung festzusetzen, sofern die Mobilitätsprämie mindestens 10 EUR beträgt.[141] Die festgesetzte Mobilitätsprämie mindert die festgesetzte Einkommensteuer im Wege der Anrechnung.[142] Es wird zu einer Erstattung i.H.d. Mobilitätsprämie kommen, weil die veranlagte ESt aufgrund der Nichtüberschreitung des Grundfreibetrags 0 EUR beträgt.

---

137 *KKB/Hechtner*, § 106 EStG Rz 4
138 R 33a Abs. 3 EStR; *Seifert*, AktStR Special 2020, 103
139 § 9 Abs. 6 EStG
140 § 10 Abs. 1 Nr. 7 EStG
141 § 105 Abs. 1 S. 1 und 2 EStG
142 § 105 Abs. 1 S. 3 EStG

– Besteht das Einkommen ganz oder teilweise aus Einkünften aus nichtselbstständiger Arbeit, die dem Steuerabzug unterlegen haben, gilt der Antrag auf Mobilitätsprämie zugleich als ein Antrag auf ESt-Veranlagung. Besteht nach § 46 EStG jedoch keine Pflicht zur Durchführung einer Veranlagung und wird keine Veranlagung, insb. zur Anrechnung von LSt auf die ESt nach § 46 Abs. 2 Nr. 8 EStG beantragt, ist für die Festsetzung der Mobilitätsprämie die i.R.d. ESt-Veranlagung festgesetzte ESt, die sich auf Grund des Antrags auf Mobilitätsprämie ergibt, mit 0 EUR anzusetzen.

VII. Doppelte Haushaltsführung – Aktuelle Entwicklungen

1. Grundsätzliches

Notwendige Mehraufwendungen aufgrund einer beruflich veranlassten doppelten Haushaltsführung können nach Maßgabe von **§ 9 Abs. 1 S. 3 Nr. 5 EStG** steuerlich geltend gemacht werden.

Eine doppelte Haushaltsführung liegt nur dann vor, wenn der ArbN außerhalb des Ortes seiner ersten Tätigkeitsstätte einen eigenen Hausstand unterhält und auch am Ort der ersten Tätigkeitsstätte wohnt.

Das Vorliegen eines eigenen Hausstandes setzt das Innehaben einer Wohnung sowie eine finanzielle Beteiligung an den Kosten der Lebensführung voraus.

2. Innehaben einer Wohnung

Umstritten ist das **Innehaben einer Wohnung** regelmäßig bei ledigen (jüngeren) Personen, die im Haushalt der Eltern wohnen. Ob der Begriff „Innehaben einer Wohnung“ auch einen sog. Mehrgenerationenhaushalt umfasst, ist strittig.

Es genügt nach der Verwaltungsauffassung nicht, wenn der ArbN z.B. im Haushalt der Eltern lediglich ein oder mehrere Zimmer unentgeltlich bewohnt oder wenn dem ArbN eine Wohnung im Haus der Eltern unentgeltlich zur Nutzung überlassen wird.[143]

Was aber ist, wenn ein Zimmer angemietet ist? Nach Auffassung des Nds. FG[144] kann ein eigener Hausstand auch dann erfüllt sein, wenn ein auswärtig tätiger Sohn in einem Zimmer im Dachgeschoss wohnt. Die Abgrenzung zwischen „Einbindung in einen fremden Haushalt“ und „Innehaben einer (eigenen) Wohnung“ wird der BFH zu klären haben.[145] Vergleichbare Verfahren sollten bis zur abschließenden Entscheidung des BFH offengehalten werden.

---

143 BMF-Schr. v. 25.11.2020 – IV C 5 - S 2353/19/10011:006, BStBl I 2020, 1228 Rz 101

144 Nds. FG, Urt. v. 18.9.2019 – 9 K 209/18, EFG 2020, 262, Revision eingelegt, Az des BFH: VI R 39/19

145 Siehe hierzu auch FG Münster, Urt. v. 7.10.2020 – 13 K 1756/18 E, EFG 2021, 29, rkr.

3. Finanzielle Beteiligung

Zudem ist umstritten, wie die finanzielle Beteiligung an den Kosten der Lebensführung zu erfolgen hat. Nach der Verwaltungsauffassung gilt Folgendes:[146]

> Eine finanzielle Beteiligung an den Kosten der Lebensführung mit Bagatellbeträgen ist nicht ausreichend. Betragen die Barleistungen des ArbN mehr als 10 % der **monatlich regelmäßig** anfallenden laufenden Kosten der Lebensführung (z.B. Miete, Mietnebenkosten, Kosten für Lebensmittel und andere Dinge des täglichen Bedarfs), ist von einer finanziellen Beteiligung oberhalb der Bagatellgrenze auszugehen. Liegen die Barleistungen darunter, kann der ArbN eine hinreichende finanzielle Beteiligung auch auf andere Art und Weise darlegen. Bei Ehegatten oder Lebenspartnern mit den Steuerklassen III, IV oder V kann eine finanzielle Beteiligung an den Kosten der Lebensführung ohne entsprechenden Nachweis unterstellt werden.

Ob die laufenden Kosten der Lebensführung tatsächlich monatlich regelmäßig zu erbringen sind, beschäftigt gegenwärtig die Rechtsprechung. Der BFH wird diese Frage in einem anhängigen Verfahren zu beantworten haben.[147] Der Praxis ist zur Vermeidung von Diskussionen eine regelmäßige monatliche (nachweisliche) Zahlung – aus Dokumentationsgründen unbar – anzuraten.

4. Eigener Hausstand außerhalb des Ortes der ersten Tätigkeitsstätte und Zweitwohnung am Ort der ersten Tätigkeitsstätte

Eine doppelte Haushaltsführung liegt nach § 9 Abs. 1 S. 3 Nr. 5 S. 2 EStG nur dann vor, wenn der ArbN **außerhalb** des Ortes seiner **ersten Tätigkeitsstätte** einen **eigenen Hausstand** unterhält **und** auch am Ort der **ersten Tätigkeitsstätte wohnt**.

---

146 BMF-Schr. v. 25.11.2020 – IV C 5 - S 2353/19/10011:006, BStBl I 2020, 1228 Rz 101

147 Nds. FG, Urt. v. 18.9.2019 – 9 K 209/18, EFG 2020, 262, Revision eingelegt, Az des BFH: VI R 39/19

Die FinVerw prüft diese Tatbestände nunmehr detaillierter als vor Ergehen des BMF-Schreibens vom 25.11.2020.[148] Nach Auffassung der FinVerw ist **neben der beruflichen Veranlassung** Folgendes zu prüfen:

> Eine **Hauptwohnung** i.S.d. § 9 Abs. 1 S. 3 Nr. 5 S. 2 EStG ist am Ort der ersten Tätigkeitsstätte belegen, wenn der Stpfl. von dieser Wohnung seine erste Tätigkeitsstätte in zumutbarer Weise täglich erreichen kann. Eine Fahrzeit von bis zu einer Stunde je Wegstrecke unter Zugrundelegung individueller Verkehrsverbindungen und Wegezeiten kann in der Regel als zumutbar angesehen werden.[149] Aus Vereinfachungsgründen kann für die Frage, ob die Hauptwohnung am Ort der ersten Tätigkeitsstätte belegen ist oder nicht, z.B. wenn sie innerhalb derselben politischen Gemeinde, Stadt oder in deren unmittelbaren Umkreis liegen, die Entfernung der kürzesten Straßenverbindung[150] zwischen Hauptwohnung und erster Tätigkeitsstätte herangezogen werden. Beträgt die Entfernung zwischen Hauptwohnung und erster Tätigkeitsstätte mehr als 50 km, ist davon auszugehen, dass sich die Hauptwohnung außerhalb des Ortes der ersten Tätigkeitsstätte befindet.

> Eine **Zweitwohnung** oder -unterkunft in der **Nähe des Ortes der ersten Tätigkeitsstätte** steht einer Zweitwohnung am Ort der ersten Tätigkeitsstätte gleich. Aus Vereinfachungsgründen kann davon ausgegangen werden, dass die Zweitwohnung noch am Ort der ersten Tätigkeitstätte belegen ist, wenn die Entfernung der kürzesten Straßenverbindung[151] zwischen Zweitwohnung oder -unterkunft und erster Tätigkeitsstätte nicht mehr als 50 km beträgt. Liegt die Zweitwohnung mehr als 50 km von dem Ort der ersten Tätigkeitsstätte entfernt, ist zu prüfen, ob die erste Tätigkeitsstätte von der Zweitwohnung oder -unterkunft noch in zumutbarer Weise täglich erreicht werden kann. Eine Fahrzeit von bis zu einer Stunde je Wegstrecke unter Zugrundelegung individueller Verkehrsverbindungen und Wegezeiten ist dabei als zumutbar anzusehen.[152]

---

[148] BMF-Schr. v. 25.11.2020 – IV C 5 - S 2353/19/10011:006, BStBl I 2020, 1228 Rz 102 und 103
[149] BFH-Urt. v. 16.11.2017 – VI R 31/16, BStBl II 2018, 404
[150] § 9 Abs. 1 S. 3 Nr. 4 S. 4 EStG
[151] § 9 Abs. 1 S. 3 Nr. 4 S. 4 EStG
[152] BFH-Urt. v. 19.4.2021 – VI R 59/11, BStBl II 2021, 833

5. Mehraufwendungen für Verpflegung

Wird die berufliche Tätigkeit am Ort der ersten Tätigkeitsstätte für mindestens 4 Wochen unterbrochen (z.B. coronabedingt), beginnt u.E. auch insoweit eine neue 3-Monatsfrist beim Mehraufwand für Verpflegung zu laufen.[153] Die Beibehaltung der Zweitwohnung während der Unterbrechungszeit ist unerheblich.

Beispiel

Der ArbN A unterhält eine Zweitwohnung am Ort der ersten Tätigkeitsstätte in Nürnberg. A wohnt mit seiner Familie in Hannover (Erstwohnsitz). Infolge der Corona-Pandemie ist er in den Monaten Januar bis Mai 2021 ausschließlich von seinem Erstwohnsitz aus beruflich tätig (Homeoffice). Ab Juni 2021 ist er wieder im Büro in Nürnberg tätig und übernachtet innerhalb der Woche in der Zweitwohnung.

Mehraufwendungen für Verpflegung können ab Juni 2021 erneut für drei Monate als Werbungskosten in Ansatz gebracht werden, weil die doppelte Haushaltsführung um mindestens einen Monat unterbrochen wurde. Als Unterbrechungszeit gilt auch der Zeitraum, in dem A aufgrund der Corona-Pandemie nicht an der ersten Tätigkeitsstätte tätig wird.

6. Unterbringungskosten

Als Unterkunftskosten für eine doppelte Haushaltsführung können im **Inland** die tatsächlichen Aufwendungen für die Nutzung der Unterkunft angesetzt werden, **höchstens 1.000 EUR im Monat**. Diese Rechtslage gilt unverändert.

Der Höchstbetrag deckt nur Unterkunftskosten ab, nicht jedoch Aufwendungen für Hausrat, Einrichtungsgegenstände oder Arbeitsmittel.

Aufwendungen für die erforderliche Einrichtung und Ausstattung der Zweitwohnung, soweit sie nicht überhöht sind, können als sonstige notwendige Mehraufwendungen der doppelten Haushaltsführung berücksichtigt werden.[154] Übersteigen die Anschaffungskosten des ArbN für Einrichtung und Ausstattung der Zweitwohnung (ohne Arbeitsmittel) einschließlich Umsatzsteuer insg. nicht den Betrag von 5.000 EUR, geht die FinVerw aus Verein-

---

153 § 9 Abs. 4a S. 12 EStG
154 BFH-Urt. v. 4.4.2019 – VI R 18/17, BStBl II 2019, 449

fachungsgründen davon aus, dass es sich um notwendige Mehraufwendungen der doppelten Haushaltsführung handelt.[155] Wird die Zweitwohnung oder -unterkunft möbliert angemietet, überschreitet die Miete den Höchstbetrag, und enthält der Mietvertrag keine Aufteilung der Miete für die Überlassung der Wohnung und der Einrichtung und Ausstattung, ist die Miete im Schätzungswege aufzuteilen.[156]

Auch die Homeoffice-Pauschale kann neben den Unterbringungskosten der Zweitwohnung angesetzt werden, und zwar unabhängig davon, ob die die Homeoffice-Pauschale begründende Tätigkeit am Ort des Familienhausstandes oder in der Zweitwohnung erbracht wird.[157]

155 BMF-Schr. v. 25.11.2020 – IV C 5 - S 2353/19/10011:006, BStBl I 2020, 1228 Rz 108
156 BFH-Urt. v. 4.4.2019 – VI R 18/17, BStBl II 2019, 449
157 *Seifert*, StuB 2021, 804, 807

VIII. Sonstiges

Abschließend wird auf weitere aktuelle Entwicklungen bei der Ermittlung der Einkünfte aus nichtselbstständiger Arbeit hingewiesen.

– Ein **Darlehenserlass**, den die KfW gem. § 13b Abs. 1 des Aufstiegsfortbildungsförderungsgesetzes (AFBG) für das Bestehen einer Fortbildungsprüfung gewährt (sog. Bestehenserlass), ist nach Auffassung des Nds. FG[158] nicht als Einnahme bei der Einkunftsart anzusetzen, bei der vorher die geförderten Aufwendungen für die berufliche Aufstiegsfortbildung geltend gemacht wurden. Solche KfW-Darlehenserlasse gem. § 13b Abs. 1 AFBG unterliegen auch nicht als sonstige Einkünfte nach § 22 Nr. 3 EStG der ESt. Abzuwarten bleibt die Entscheidung des BFH.

– Aufwendungen für **Corona-Masken**, die ausschließlich beruflich genutzt werden, sind als Werbungskosten abziehbar.[159] Für die Nutzung für Fahrten zur ersten Tätigkeitsstätte scheidet i.d.R. der Kostenabzug aus, weil die Entfernungspauschale auch diese Kosten abdeckt. Ob und in welchem Umfang ein beruflicher Zusammenhang besteht, muss der ArbN im jeweiligen Einzelfall glaubhaft machen. Es bleibt zu hoffen, dass die FinVerw pauschale Abzugsbeträge zulassen wird, um zeitaufwändige Einzelfalldiskussionen ohne gravierende steuerliche Auswirkungen zu verhindern. Für privat genutzte Corona-Masken scheidet ein Kostenabzug aus; eine geforderte Abzugsmöglichkeit als Sonderausgaben hat sich nicht durchgesetzt. Auch scheidet ein Abzug als agB mangels „Außergewöhnlichkeit“ aus.

– Aufwendungen für den **Bezug der Frankfurter Allgemeinen Zeitung** sind auch bei leitenden Mitarbeitern eines Kreditinstituts nicht als Werbungskosten abziehbar.[160]

– Aufwendungen für einen sog. **Schulhund** können bis zu 50 % als Werbungskosten bei den Einkünften aus nichtselbstständiger Arbeit einer Lehrerin abgezogen werden. Der BFH hat gegen einen 50 %igen Kostenabzug keine Bedenken, wenn der Hund innerhalb einer fünftägigen Unterrichtswoche arbeitstäglich in der Schule eingesetzt wird. Die Aufwendungen für die Ausbildung des Schulhundes zum **Therapiehund**

---

158 Nds. FG, Urt. v. 31.3.2021 – 14 K 47/20, EFG 2021, 1366, Revision eingelegt, Az des BFH: VI R 9/21

159 *Seifert*, GStB 7/2021, 247 ff.

160 FG Düsseldorf, Urt. v. 2.2.2021 – 10 K 3253/17 E, EFG 2021, 743, rkr.

sind regelmäßig i.v.H. als Werbungskosten abziehbar.[161] Auch die Aufwendungen für einen **Blindenführerhund** können beruflich oder betrieblich veranlasst sein; es kommt auf die Umstände des Einzelfalls an.[162]

- Anwaltskosten wegen strafbarem **Facebook-Kommentar** können Werbungskosten bei den Einkünften aus nichtselbstständiger Arbeit sein. Im Entscheidungsfall ließ das FG Köln den Werbungskostenabzug für die Rechtsanwaltskosten zu, die für die Vertretung in dem gegen den Soldaten geführten Wehrdisziplinarverfahren anfielen.[163]

- Nach Auffassung des FG Düsseldorf stellen die Beiträge zu einer **Sportunfähigkeitsversicherung** i.d.R. keine Werbungskosten, sondern Sonderausgaben dar. Dies gilt selbst dann, wenn der Berufssportler ein erhöhtes Risiko trägt. Ein Werbungskostenabzug kommt aber in Frage, wenn die Versicherung ausnahmsweise auf berufsspezifische Unfälle/Erkrankungen beschränkt ist.[164]

- Das nach beamtenrechtlichen Grundsätzen gezahlte pauschale **Sterbegeld** ist nicht nach § 3 Nr. 11 EStG steuerfrei. Der bezugsbegünstigte Rechtsnachfolger erzielt selbst Einkünfte aus nichtselbstständiger Arbeit aus dem früheren Dienstverhältnis des Rechtsvorgängers.[165]

- Bei einer Zusammenballung von Einkünften wird der für **mehrere Jahre gezahlte Arbeitslohn** nach der Fünftelungsregelung ermäßigt besteuert. Dabei kann von der erforderlichen Zusammenballung regelmäßig ausgegangen werden, wenn der mehrjährige Arbeitslohn innerhalb eines Kj zufließt.

  Der BFH wendet die ermäßigte Besteuerung nach der Fünftelungsregelung an, wenn i.R.d. **betrieblichen Altersversorgung** in Form einer Direktzusage eine Kapitalauszahlung des in einem sog. Aufbaukonto über mehrere Jahre durch Gehaltsumwandlung angesammelten Versorgungsguthabens vorgenommen wird. Dies gilt auch dann, wenn das angesparte Versorgungsguthaben in dem daneben bestehenden arbeitgeberfinanzierten Basiskonto noch nicht ausgezahlt wird.[166]

---

161 BFH-Urt. v. 14.1.2021 – VI R 15/19, BStBl II 2021, 453
162 BFH-Urt. v. 8.4.2021 – VIII B 86/20, BFH/NV 2021, 1068 (Blindenführerhund einer in einer Kanzlei des Ehemanns mitarbeitenden Rechtsanwältin)
163 FG Köln, Urt. v. 17.6.2021 – 14 K 997/20, Juris
164 FG Düsseldorf, Urt. v. 12.1.2021 – 10 K 2192/17 E, EFG 2021, 446, rkr.
165 BFH-Urt. v. 19.4.2021 – VI R 8/19, BFH/NV 2021, 1253
166 BFH-Urt. v. 23.4.2021 – IX R 3/20, BFH/NV 2021, 1271

Eine schädliche Teilauszahlung eines einheitlichen Versorgungsanspruchs verneinte der BFH, da die Vertragskonstruktion auf die Trennung zwischen dem (arbeitgeberfinanzierten) Basiskonto und dem (arbeitnehmerfinanzierten) Aufbaukonto angelegt war. Während das Aufbaukonto für den Fall des Ausscheidens des ArbN aus dem Unternehmen erhalten blieb, galt dies für das Basiskonto nur dann, sofern die Unverfallbarkeitsfristen erfüllt waren. Außerdem konnte die Wahl der Auszahlungsoption (grds. Einmalkapital, auf Verlangen des ArbN Ratenzahlung, Rentenzahlung oder Mischform) für die beiden Versorgungskonten unterschiedlich ausgeübt werden.

C. Einkünfte aus Kapitalvermögen

I. Aktuelle Entwicklungen

1. Negativzinsen

Ausweislich des Koalitionsvertrages ist eine Anhebung des **Sparerpauschbetrags** zum 1.1.2023 auf 1.000 EUR bzw. 2.000 EUR (Einzelveranlagung / Zusammenveranlagung) vorgesehen. Aufgrund der andauernden Niedrigzinsphase werden gegenwärtig allerdings nur geringe Zinserträge erzielt. Außerdem behalten in zahlreichen Fällen die Kreditinstitute sog. negative Einlagezinsen für die Überlassung von Kapital ein. Nach Auffassung der FinVerw[1] stellen diese sog. **negativen Einlagezinsen keine Zinsen** i.S.d. § 20 Abs. 1 Nr. 7 EStG dar, da sie nicht vom Kapitalnehmer an den Kapitalgeber als Entgelt für die Überlassung von Kapital gezahlt werden. Wirtschaftlich handelt es sich danach um eine Art **Verwahr- und Einlagegebühr**, die bei den Einkünften aus KapV als Werbungskosten vom Sparer-Pauschbetrag[2] erfasst sind.

Der BMF lässt jedoch bei Anlageprodukten mit **gestaffelten Zinskomponenten** („Staffelzinsen") die Betrachtung der Gesamtverzinsung im Zeitpunkt des Zuflusses zu. Ist die **Gesamtverzinsung** positiv (eine Verrechnung mit Negativzinsen ist insoweit möglich), handelt es sich insgesamt um Einnahmen aus KapV nach § 20 Abs. 1 Nr. 7 EStG. Eine negative Gesamtverzinsung ist hingegen als Verwahr- oder Einlagegebühr zu behandeln.

Praxishinweis

Handelt es sich um betriebliche Gelder, die i.R.e. Gewinnermittlung erfasst werden, führen „Negativzinsen" bei den Gewinneinkünften zu Betriebsausgaben.

---

1 BMF-Schr. v. 19.2.2021 – IV C 1 - S 2252/19/10003:007, BStBl I 2021, 296, Rz 129a

2 § 20 Abs. 9 S. 1 EStG

2. Update zur Abgeltungswirkung einbehaltener KapESt bei Scheinrenditen aus Schneeballsystemen

Das FG Nürnberg hatte zu der Frage, ob bei einem **betrügerischen Schneeballsystem** die Abgeltungswirkung des § 43 Abs. 5 S. 1 EStG auch dann eintritt, wenn die KapESt nicht angemeldet und an das FA abgeführt wurde, sondern lediglich dem Anleger gegenüber in einer Abrechnung nachgewiesen wurde, mit Urteil vom 11.12.2019[3] entschieden, dass die Abgeltungswirkung der KapESt auch in diesem Fall eintritt[4]. Gegen das Urteil war Revision zugelassen und eingelegt worden.

Mit Urteil vom 27.10.2020[5] hat der **BFH** die Revision als **unbegründet** zurückgewiesen und ausgeführt:

> Die Abgeltungswirkung nach § 43 Abs. 5 S. 1 HS 1 EStG tritt auch dann ein, wenn die bei der Auszahlung der Kapitalerträge einbehaltene KapESt nicht beim FA angemeldet und abgeführt wird und keiner der Ausschlussgründe des § 43 Abs. 5 S. 1 HS 2, S. 2 oder S. 3 EStG vorliegt.
>
> Dies **gilt auch dann**, wenn der Stpfl. Kapitaleinkünfte in Form von Scheinrenditen aus einem betrügerischen Schneeballsystem erzielt hat, für die **aus seiner Sicht** KapESt nach § 43 Abs. 5 S. 1 EStG einbehalten worden ist.

In einem **gleich gelagerten** Fall führte der BFH mit Urteil vom 20.9.2020[6] aus:

> Konnte der Anleger davon ausgehen, dass die Scheinrenditen dem Steuerabzug unterlegen haben, **ist die Einkommensteuer abgegolten**.
>
> Das gilt auch dann, wenn die KapESt von dem Betrüger nicht beim FA angemeldet und abgeführt wurde und dieser keine Genehmigung nach § 32 des Kreditwesengesetzes hatte.

---

3 FG Nürnberg Urt. v. 11.12.2019 – 5 K 1283/18, EFG 2020, 840
4 Ausführlich hierzu: „Die Einkommensteuererklärung 2020", 176 - 178
5 BFH-Urt. v. 27.10.2020 – VIII R 3/20, BStBl II 2021, 472
6 BFH-Urt. v. 29.9.2020 – VIII R 17/17, BStBl II 2021, 468

Dies hat zur **Folge**, dass **Kapitaleinkünfte** aus einem **betrügerischen Schneeballsystem** in diesem Fall grds. **nicht mehr der ESt-Festsetzung** zugrunde zu legen sind. Die Scheinrenditen sind dem Anleger allerdings **in voller Höhe**, also auch unter Berücksichtigung der einbehaltenen KapESt zugeflossen, da der Einbehalt für Rechnung des Stpfl. als Gläubiger der Kapitalerträge erfolgte.

Praxishinweis

Erfolgt in Corona-Zeiten die Zahlung von KapESt durch den Schuldner nicht mehr wegen Insolvenz, könnte demnach trotzdem Abgeltung eintreten.

3. Zuflusszeitpunkt bei Bonuszinsen eines Bausparvertrages

Bonuszinsen sind eine **Extraleistung**, die Bausparer erhalten, wenn sie das Bauspardarlehen nach Zuteilungsreife nicht in Anspruch nehmen. Es erfolgt in diesem Fall rückwirkend eine höhere Verzinsung des Bausparvertrages.

Im Falle der Auszahlung des Guthabens an den Bausparer erhält er u.a. den Sparzins und Schlussbonus.

Das FG Nds. hatte die Frage zu klären, ob auch der in einer gesamten Summe ausgezahlte Schlussbonus als Einkünfte aus KapV zu versteuern ist, obwohl die Bonuszahlungen im vorliegenden Fall von der Bausparkasse dem Bausparer auf einem zu Informationszwecken geführten Bonuskonto jährlich nachrichtlich mitgeteilt worden waren.

Mit Urteil vom 3.6.2020 entschied das **FG Nds.**[7]:

1. Zinsen aus einem Bausparvertrag sind zugeflossen, wenn sie dem Bausparguthaben zugeschlagen worden sind.

2. Der Ausweis der Zinsen auf einem (im Streitfall zu Informationszwecken geführten) Bonuskonto stellt keinen Zuschlag der Zinsen zu einem Bausparkonto dar.

---

7 Nds. FG, Urt. v. 3.6.2020 – 4 K 242/18, EFG 2021, 941, Revision eingelegt, Az des BFH: VIII R 18/20

In seiner Begründung verwies das FG auf den Umstand, dass die Bausparkasse aufgrund der vertraglichen Gestaltung die Bonuszinsen zwar jährlich auf einem Bonuskonto vermerkt hat, die entsprechenden Beträge aber nicht dem Bausparer bereits zur Verfügung stehen sollten. Somit war der Kläger nicht in der Lage, vor der tatsächlich erfolgten Auszahlung der Bonuszinsen den Leistungserfolg des Schuldners herbeizuführen.

Die **Revision**[8] wurde zur Sicherung einer einheitlichen Rechtsprechung zugelassen und eingelegt.

Praxishinweis

Das FG Nds. hatte mit Urteil vom 17.7.2003[9] entschieden, dass der von einer Bausparkasse jährlich einem besonderen Bonuskonto zugeschriebene Zinsbonus dem Bausparer bereits in dem Kj. zufließt, für das der Zinsbonus gewährt wurde.

Die Rechtslage ist somit hinsichtlich des Zuflusszeitpunkts der Bonuszinsen nach Vertragszuteilung nicht abschließend geklärt. Mandanten, denen der volle Schlussbonus der Besteuerung unterworfen wurde, sollten bis zur abschließenden Klärung Einspruch einlegen, da die ratierliche Berücksichtigung ggf. vom Sparer-Pauschbetrag. „geschluckt“ wird.

4. Steuerliche Behandlung von Bankentschädigungen nach Widerruf eines Darlehensvertrages

Die Rückabwicklung von Darlehensverträgen begründet u.a. einen Anspruch des Darlehensnehmers auf **Nutzungsersatz** für vom Darlehensgeber vereinnahmten Zins- und Tilgungsleistungen.

Streitig ist die Steuerpflicht einer Vergleichszahlung der Bank an den Stpfl., nachdem dieser das Darlehensverhältnis gekündigt und zudem die Willenserklärung zum Abschluss des Darlehensverhältnisses widerrufen hatte, da die Widerrufsbelehrung seitens der Bank nicht den gesetzlichen Anforderungen entsprach. Der von der Bank zu leistende Nutzungsersatz wurde in einem zivilrechtlichen Verfahren eingeklagt.

Das **FA** unterwarf die Vergleichssumme der besonderen Besteuerung nach § 32d Abs. 1 EStG.

8 Az des BFH: VIII R 18/20
9 FG Nds., Urt. v. 17.7.2003 – 10 K 305/98, EFG 2003, 1772, rkr.

Im Einspruchsverfahren verwahrte sich der Stpfl. gegen die Steuerpflicht des Vergleichsbetrages und die deshalb nach seiner Ansicht rechtsfehlerhaft einbehaltene KapESt. Der Einspruch blieb ohne Erfolg.

Der Kläger beantragte im Klageverfahren, den Vergleichsbetrag nicht der ESt zu unterwerfen.

Das **FG Köln**[10] hielt die Klage für unbegründet und entschied:

> Ein Vergleichsbetrag, welcher von der Bank nach Widerruf der dem Kreditverhältnis zugrunde liegenden Willenserklärung des Darlehensnehmers als Ersatz für Nutzungsvorteile geleistet wird, die die Bank aus laufenden Zins- und Tilgungszahlungen gezogen hat (Nutzungsersatz), führt zu Kapitaleinkünften gem. § 20 Abs. 1 Nr. 7 EStG.
>
> Die Aufteilung der Vergleichssumme in einen steuerpflichtigen Nutzungsersatz und eine nicht steuerbare Rückzahlung überhöhter Zinsen scheidet aus, sofern in dem Zivilrechtsstreit ausschließlich Nutzungsersatz eingeklagt wurde und nicht auch die Rückgewähr von Zinszahlungen.

In seiner **Begründung** verwies das FG darauf, dass es sich bei der Vergleichssumme ausschließlich um von der Bank an den Kläger entrichteten steuerpflichtigen Nutzungsersatz handelte. Ansprüche auf Rückerstattung überhöhter Zinsen konnten in dem Vergleichsbetrag nicht nachgewiesen werden.

Somit war auch eine – ggf. schätzungsweise – Aufteilung des Betrages entsprechend den Ausführungen des FG Köln in dem Urteil vom 14.8.2019[11] vorliegend nicht geboten.

Revision wurde im Hinblick auf eine einheitliche Rechtsprechung zugelassen und ist anhängig[12].

---

10 FG Köln, Urt. v. 15.12.2020 – 5 K 2552/19, EFG 2021, 759, Revision eingelegt, Az des BFH: VIII R 7/21
11 Hierzu ausführlich „Die Einkommensteuererklärung 2020“, 173 - 174
12 Az des BFH: VIII R 7/21

Praxishinweis

Das FG Rheinland-Pfalz hat ebenfalls – mit Urteil vom 27.01.2021[13] – zu Ausgleichszahlungen im Zusammenhang mit der Rückabwicklung eines Darlehensvertrages Stellung bezogen und sie als Einkünfte aus KapV behandelt.

Revision wurde auch hier im Hinblick auf die Abweichung vom Urteil des FG Baden-Württemberg[14] wegen grds. Bedeutung der Rechtssache zugelassen.

5. Aufteilung der Finanzierungskosten bei einer Sicherheits-Kompakt-Rente

Bei einer Sicherheits-Kompakt-Rente (SKR) handelt es sich um **Sofortrentenversicherungen,** die gegen Leistung von Einmalzahlungen abgeschlossen werden.

Sachverhalt (abgekürzt)

Die Kläger hatten Verträge über SKR abgeschlossen. Gleichzeitig wurden vier Tilgungsversicherungen gegen Einmalzahlung abgeschlossen, deren Ablaufleistungen bei Fälligkeit zur Rückzahlung der Darlehen verwendet werden sollten. Bei den Tilgungsversicherungen handelte es sich um Lebensversicherungen, die als Versicherungsfall den Tod der Kläger bestimmten. Die Einmalzahlungen wurden zum Teil über Darlehen der Kläger finanziert.

Die Kläger erklärten die gesamten Zinsaufwendungen für die Finanzierung der SKR als Werbungskosten bei den sonstigen Einkünften i.S.d. § 22 EStG.

Das **FA** folge dem nicht und erkannte die geltend gemachten Finanzierungskosten lediglich anteilig als Werbungskosten zu § 22 EStG an. Die steuerliche Berücksichtigung der Aufwendungen, die auf die Finanzierung der Lebensversicherung entfielen, seien gem. § 20 Abs. 9 EStG ausgeschlossen.

Das **FG Berlin-Brandenburg** ist nach Auffassung des BFH zu Unrecht davon ausgegangen, dass die Zinsaufwendungen der Kläger für die SKR **vollständig** als Werbungskosten gem. § 9 Abs. 1 S. 2 EStG bei den sonstigen Einkünften i.S.d. § 22 EStG zu berücksichtigen seien.

---

13 FG Rheinland-Pfalz, Urt. v. 27.1.2021 – 2 K 1590/19, EFG 2021, 1025

14 FG Baden Württemberg, Urt. v. 8.12.2020 – 8 K 1516/18, EFG 2021, 1656, Revision eingelegt, Az des BFH: VIII R 5/12

Mit **Urteil vom 27.10.2020** entschied der **BFH**[15], dass die **Finanzierungskosten** für den Erwerb einer SKR, die den Abschluss einer Rentenversicherung als Versorgungskomponente und einer Lebensversicherung als Tilgungskomponente zum Gegenstand hat, auch nach der Einführung des Werbungskostenabzugsverbots nach § 20 Abs. 9 EStG **aufzuteilen** seien in Werbungskosten, die **anteilig** den Einkünften aus KapV i.S.d. § 20 EStG und den sonstigen Einkünften i.S.d. § 22 EStG zuzuordnen seien.

6. Teilentgeltliche Vermögensübertragung (Hausgrundstück) gegen eine Veräußerungszeitrente

a) Vorbemerkung

Wiederkehrende Bezüge, die nicht an die Lebenszeit einer Person gebunden sind, sondern für einen festgelegten Zeitraum gezahlt werden, stellen, wenn es sich nicht um Kaufpreisraten handelt, **Zeitrenten** dar. Zeitrenten enden grds. mit Fristablauf. Sie sind auch nach dem Tod des Rentenberechtigten bis zum Ablauf der Frist **an die Erben weiterzuzahlen**. Ihnen fehlt im Gegensatz zu Leibrenten der Wagnischarakter, weil ihre Dauer und damit ihre Höhe feststehen. Die empfangenen **Rentenzahlungen** aus einer Veräußerungszeitrente sind beim Berechtigten vom Bezug an in einen Tilgungsanteil und einen **gem. § 20 Abs. 1 Nr. 7 EStG steuerpflichtigen Zinsanteil** aufzuteilen. Die Tilgungsanteile in den Rentenzahlungen sind gem. § 13 Abs. 1 BewG nach finanzmathematischen Grundsätzen unter Verwendung eines Zinsfußes von 5,5 % in Gestalt der Barwerte zu Beginn und zum Ende des VZ zu ermitteln[16].

b) Dem BFH lag folgender Sachverhalt zur Entscheidung vor

Die Eltern hatten einem ihrer Kinder ein Grundstück mit Gebäude (Verkehrswert lt. Gutachten rd. 390.000 EUR) gegen eine monatliche Rente i.H.v. 1.000 EUR übertragen. Die Rente hatte insgesamt eine Laufzeit von 30 Jahren und war bis zum Tod des Längstlebenden und danach bis zum Ende der Laufzeit an deren Erben zu zahlen. Grund für die bewusst niedrigen Rentenzahlungen mit langer Laufzeit unterhalb eines marktgerechten Veräußerungspreises waren die finanziellen Möglichkeiten des Sohnes.

---

15 BFH-Urt. v. 27.10.2020 – VIII R 30/17, BFH/NV 2021, 816
16 BMF-Schr. v. 11.3.2010 – IV C 3 - S 2221/09/10004, BStBl I 2010, 227, Rz 78, 79

Während die **Kläger** die Auffassung vertraten, dass in den Rentenzahlungen von 12.000 EUR keine Zinseinkünfte enthalten seien, ermittelte das **FA** aufgrund der Übertragung des Grundbesitzes nach § 13 Abs. 1 BewG einen Zinsanteil von 9.420 EUR, der nach § 20 Abs. 1 Nr. 7 EStG als Einnahmen aus KapV angesetzt wurde.

Der Argumentation der Kläger, die Rentenzahlungen könnten keinen einkommensteuerbaren Zinsertrag enthalten, da sie bewusst auf Einnahmen verzichtet hätten, folgte der BFH nicht.

Mit **Urteil** vom 14.7.2020 entschied der **BFH**[17]:

> Auch bei der teilentgeltlichen Übertragung eines Grundstücks und Gebäudes des Privatvermögens gegen eine Veräußerungszeitrente fließen dem Veräußerer von Beginn an steuerpflichtige Zinseinkünfte gem. **§ 20 Abs. 1 Nr. 7 EStG** zu, soweit die Rentenzahlungen nicht auf den Unterschiedsbetrag zwischen dem Barwert der Rentenforderung zu Beginn und Ende des Streitjahres (Tilgungsanteil) entfallen.

In seiner Begründung hob der BFH hervor, dass es sich nicht um eine unentgeltliche Übertragung handele. Trotz der Übertragung zu einem Preis unterhalb des Verkehrswerts läge ein **steuerbares Veräußerungsgeschäft** vor.

Die Rentenzahlungen aus einer **Veräußerungszeitrente** seien beim Veräußerer und Erwerber gem. § 13 Abs. 1 BewG in einen Tilgungs- und Zinsanteil aufzuteilen. Der Tilgungsanteil entspreche dem Barwert des Rentenstammrechts, der sich aus der Abzinsung aller noch ausstehenden Teilbeträge ergebe. In Höhe der Differenz des Barwerts der Rentenforderung zur jeweiligen Rentenzahlung erziele der Veräußerer einen steuerpflichtigen Zinsertrag[18].

Praxishinweis

Das Problem könnte durch eine **geringe Zinsvereinbarung** gelöst bzw. reduziert werden.

Da die Kläger die Voraussetzungen des § 32d Abs. 6 EStG (Günstigerprüfung) erfüllten, konnten aufgrund ihres entsprechenden Antrages die Zinseinkünfte dem niedrigeren tariflichen Regelsteuersatz nach § 32a EStG unterworfen werden.

---

17 BFH-Urt. v. 14.7.2020 – VIII R 3/17, BStBl II 2020, 813

18 S.a. BFH-Pressemeldungen v. 15.10.2020

7. Sachzuwendungen eines Kreditinstitutes an Privatkunden

a) Vorbemerkung[19]

Zu den Einnahmen aus KapV gehören auch **besondere Entgelte** oder Vorteile, die neben § 20 Abs. 1, Abs. 2 EStG bezeichneten Einnahmen oder an deren Stelle gewährt werden[20]. Dabei kommt es weder auf die Bezeichnung der Erträge noch darauf an, ob sie in offener oder verschleierter Form zufließen. Zu den Einkünften aus KapV zählen vielmehr **alle Vermögensmehrungen**, die bei wirtschaftlicher Betrachtung Entgelt für die Kapitalnutzung darstellen. Zinsen sind der Grundfall der Erträge. Aber auch **Sachleistungen** sind geeignet, Vorteile i.S.d. § 20 Abs. 3 EStG zu begründen. Voraussetzung ist aber stets, dass die **Vorteilsgewährung durch die Einkünfteerzielung** im Rahmen des § 20 EStG, z.B. Kapitalüberlassung gem. § 20 Abs. 1 Nr. 7 EStG veranlasst ist[21].

b) Sachzuwendungen eines Kreditinstituts

Von einem Kreditinstitut wurden Privatkunden zu Weinproben und einem Golfturnier eingeladen. Mit allen Kunden – gehobene und vom Vorstand betreute Kundschaft – wurden Geschäftsbeziehungen gepflegt. Diese betrafen z.B. Giro- oder Sparkonten, Festgelder, Wertpapierdepots und Darlehen. Die Einladungen enthielten keine Hinweise auf bestimmte Geldanlagen oder Beratungsgespräche noch die Übernahme der pauschalen ESt (§ 37b EStG).

Das **FA** unterwarf die Sachzuwendungen als Entgelt für die Kapitalüberlassung gem. § 20 Abs. 1 Nr. 7, Abs. 3 EStG der Pauschalbesteuerung nach § 37b EStG. Das **Kreditinstitut** machte dagegen geltend, dass für reine Werbemaßnahmen ohne konkrete Produktwerbung an Privatkunden **keine Steuer** abzuführen sei. Die Sachzuwendungen hätten keinen Entgeltcharakter für eine Kapitalüberlassung i.S.d. § 20 Abs. 1 Nr. 7 EStG. Sie würden sich weder nach der Laufzeit noch nach der Höhe des überlassenen Kapitals bemessen.

---

19 S.a. BMF-Schr. v. 28.6.2018 – IV C 6 - S 2297-b/14/10001, BStBl I 2018, 814 und BMF-Schr. v. 19.5.2015, BStBl I 2015, 468

20 § 20 Abs. 3 EStG

21 *Schmidt/Levedag*, § 20 Rn 190

Das **FG Baden-Württemberg** gab der Klage des Kreditinstituts statt und entschied mit Urteil vom 19.4.2021[22]:

> Lädt ein Kreditinstitut zu Werbezwecken gehobene Privatkunden zu Veranstaltungen ein und hängen diese Werbemaßnahmen nach dem Gesamtbild der Umstände nicht mit einer konkreten Kapitalanlage der Privatkunden zusammen, sondern sollen lediglich die Möglichkeit schaffen, diese Privatkunden näher kennenzulernen und dadurch später besser in eine Anlageberatung einzutreten, so führen die **Sachzuwendungen** bei den Privatkunden **nicht** zu steuerpflichtigen Kapitalerträgen und unterliegen bei dem Kreditinstitut **nicht der Pauschalbesteuerung** nach § 37b Abs. 1 S. 1 Nr. 1 EStG und § 37b Abs. 1 S. 2 EStG.

§ 37b EStG beschränke sich nach ständiger Rechtsprechung des BFH auf Zuwendungen, die bei den Zuwendungsempfängern **zu einkommensteuerpflichtigen Einkünften** führten. § 37 b EStG stelle lediglich eine besondere pauschalierende Erhebungsform der ESt zur Wahl. Weiter setze § 37b Abs. 1 S. 1 Nr. 1 EStG die betriebliche Veranlassung der Zuwendungen voraus und fordere darüber hinaus, dass diese Zuwendungen **zusätzlich zur ohnehin vereinbarten Leistung** oder Gegenleistung des Stpfl. erbracht würden. Die gewährten Sachzuwendungen in Form eines Golfturniers und einer Weinprobe seien **nicht durch die Einkünfteerzielung** (§ 20 EStG) veranlasst.

Revision wurde zugelassen und ist beim BFH anhängig[23].

8. Verfassungsmäßigkeit des Werbungskostenabzugsverbots nach § 20 Abs. 9 S. 1 EStG

Streitig ist, ob das Verbot des Abzugs der tatsächlichen Werbungskosten nach § 20 Abs. 9 S. 1 HS 2 EStG in der ab 2009 geltenden Fassung materiell verfassungsgemäß ist.

---

22 FG Baden-Württemberg, Urt. v. 19.4.2021 – 10 K 577/21, EFG 2021, 1505, Revision eingelegt, Az des BFH: VI R 10/21

23 Az des BFH: VI R 10/21

§ 20 Abs. 9 S. 1 EStG

„Bei der Ermittlung der Einkünfte aus Kapitalvermögen ist als Werbungskosten ein Betrag von 800 Euro abzuziehen (Sparer-Pauschbetrag); der Abzug der tatsächlichen Werbungskosten ist ausgeschlossen."

Obwohl die Verfassungsmäßigkeit des Werbungskostenabzugsverbots höchstrichterlich mehrfach bestätigt ist[24], hatte das **FG Köln** erneut über die Verfassungsmäßigkeit des § 20 Abs. 9 EStG zu entscheiden.

Die **Besonderheit** des **Sachverhalts** lag darin, dass der Erblasser durch Abschluss von Darlehensverträgen in 2003 für die Dauer von zehn Jahren „Sachverhalte ins Werk gesetzt" hatte, durch die die Erben (Kläger) keine Möglichkeit hatten, die auf sie übergegangenen Darlehensverträge im Jahr 2009 wegen der Einführung der Abgeltungsteuer zu kündigen. Sie waren somit an die Darlehensverträge **bis 2013** gebunden.

Während das **FA** den Abzug der tatsächlichen Finanzierungskosten aufgrund der Darlehensverträge ab 2009 durch Verweis auf § 20 Abs. 9 EStG **ablehnte**, beantragten die **Kläger** die volle Berücksichtigung der **Darlehenszinsen** für die Jahre **2009 bis 2013 als Werbungskosten** bei den Einkünften aus KapV. Sie brachten vor, dass die Nichtberücksichtigung tatsächlicher Werbungskosten eine **Ungleichbehandlung** sei, die **gegen den Gleichheitsgrundsatz** (Art. 3 Abs. 1 GG) und das **Gebot der Folgerichtigkeit** verstoße. Es komme in ihrem Fall zu einer Übermaßbesteuerung, der kein Zuwachs an wirtschaftlicher Leistungsfähigkeit zugrunde liege. Die Ursache der Besteuerung liege im vorliegenden Fall ausschließlich in gesetzgeberischen Maßnahmen durch die Einführung der Abgeltungsteuer ab 1.1.2009. Sie hätten diesem Zustand nicht entgehen können, da die vom Erblasser geschlossenen Darlehensverträge bindend gewesen seien.

Das **FG Köln** entschied mit Urteil vom 5.8.2020[25], dass das **Werbungskostenabzugsverbot** nach § 20 Abs. 9 S. 1 EStG auch bei bereits bei Inkrafttreten der Abgeltungsteuer verbindlich fremdfinanzierten Kapitalerträgen **verfassungsgemäß** sei.

---

[24] U.a. BFH-Urt. v. 28.2.2018 – VIII R 41/15, BStBl II 2018, 478

[25] FG Köln, Urt. v. 5.8.2020 – 3 K 3319/17, EFG 2021, 839

Seine umfangreiche Begründung stützte der Senat u.a. auf die Rechtsprechung des BFH[26], mit der der BFH erstmals die **Zulässigkeit der Typisierung** der Werbungskosten gem. § 20 Abs. 9 EStG bejaht habe. Außerdem zitierte der Senat das Urteil des BFH vom 9.6.2015[27], wonach der BFH den Gestaltungsspielraum des Gesetzgebers bei Stichtagsregelungen (hier: 1.1.2009) hervorgehoben habe.

Die **Revision** wurde wegen grundsätzlicher Bedeutung der Rechtssache zugelassen.

In den bisherigen Entscheidungen des BFH zur Verfassungsmäßigkeit der Abgeltungsteuer sei **nicht auf die Rückwirkungsproblematik** eingegangen. Eine Konstellation wie die vorliegende, dass die **Kapitalerträge** bereits bei Inkrafttreten der Abgeltungsteuer **verbindlich vereinbart fremdfinanziert** waren, habe der BFH **bisher nicht entschieden**.

Praxishinweis

In vergleichbaren Fällen sollten bis zur höchstrichterlichen Klärung dieser Rechtsfrage die Schuldzinsen weiterhin als Werbungskosten bei den Einkünften aus KapV geltend gemacht und bei Ablehnung durch das FA Einspruch eingelegt werden.

9. Rentenzahlungen mit Kapitalwahlrecht aus einem Alt-Vertrag

Streitig ist, ob wiederkehrende Bezüge aus einem privaten Rentenversicherungsvertrag mit Kapitalwahlrecht – abgeschlossen vor dem 1.1.2005 – als **Einkünfte aus KapV** oder als **sonstige Einkünfte** zu versteuern sind.

a) Sachverhalt

Der Kläger (Kl.) schloss im Jahr 1998 einen privaten Rentenversicherungsvertrag mit Kapitalwahlrecht gegen laufende Beitragsleistungen ab. Als Rentenzahlungsbeginn war der 1.8.2010 mit einer garantierten **mtl. Mindestüberschussrente** vereinbart. Statt der Rentenzahlungen konnte der Kl. eine **einmalige Ablaufleistung** verlangen. Die während der Ansparphase erzielten Überschüsse wurden dem Kl. jeweils am Ende des Versicherungsjahres

---

26 BFH-Urt. v. 1.7.2014 – VIII R 53/12, BStBl II 2014, 975
27 BFH-Urt. v. 9.6.2015 – VIII R 12/14, BStBl II 2016, 199

zugeteilt und **verzinslich gutgeschrieben.** Bei Ausübung des Kapitalwahlrechts sollten sie zur Erhöhung der Ablaufleistung bzw. bei Bezug von Rentenleistungen zur Finanzierung der Mindestüberschussrente und einer garantierten Bonusrente verwendet werden.

Der Kl. machte von seinem **Rentenwahlrecht** Gebrauch und erhielt ab 2010 eine monatliche Rente zuzüglich Überschussanteilen ausbezahlt.

b) Entscheidungen

Das **FA** besteuerte die Rentenzahlungen nach § 22 Nr. 1 S. 3 Buchst. a Doppelbuchst. bb EStG mit dem Ertragsanteil als sonstige Einkünfte.

Nach erfolglosem Einspruchsverfahren hatte das **FG Baden-Württemberg** entschieden, dass die gesamten zugeflossenen Rentenbezüge einheitlich unter § 20 Abs. 1 Nr. 6 EStG 2004 fallen.

Die **Revision** des FA wies der **BFH** mit Urteil vom 1.7.2021[28] als unbegründet zurück und entschied:

> Rentenzahlungen, die auf einem begünstigten Versicherungsvertrag i.S.d. § 10 Abs. 1 Nr. 2 Buchst. b EStG 2004 beruhen, sind insgesamt den Einkünften aus KapV i.S.d. § 20 Abs. 1 Nr. 6 EStG 2004 zuzuordnen und unter den Voraussetzungen des § 20 Abs. 1 Nr. 6 S. 2 EStG 2004 steuerfrei, soweit die Summe der ausgezahlten Rentenbeträge das in der Ansparzeit angesammelte Kapitalguthaben einschließlich der Überschussanteile nicht übersteigt.

Der BFH führte aus, dass § 20 Abs. 1 Nr. 6 EStG 2004 **weiterhin** auf Kapitalerträge aus Versicherungsverträgen, die vor dem 1.1.2005 abgeschlossen wurden, **Anwendung** finde[29].

Die **Rentenbezüge** seien **nicht** in einen der Ertragsanteilbesteuerung nach § 22 Nr. 1 S. 3 EStG unterliegenden Leibrentenanteil aus der Auszahlungsphase und einen nach Maßgabe des § 20 Abs. 1 Nr. 6 EStG 2004 zu erfassenden Zinsanteil aus der Ansparphase **aufzuteilen**. Für eine einheitliche steuerrechtliche Zuordnung der gesamten Rentenbezüge zu einer der beiden Einkunftsarten spreche die Einheitlichkeit des den Rentenzahlungen zugrundeliegenden vertraglichen Anspruchs. Der Umstand, dass die Rentenbezüge

28 BFH-Urt. v. 1.7.2021 – VIII R 4/18, DStR 2021, 2341
29 § 52 Abs. 28 S. 5 EStG

aus verschiedenen Bestandteilen (Garantierente, Überschussbeteiligung aus der Ansparphase) ändere hieran nichts.

Die durch Ausübung des Rentenwahlrechts **zufließenden Gesamtbezüge** seien somit **nicht der Besteuerung zu unterwerfen**, soweit die Summe der ausgezahlten Rentenbeträge das in der Ansparzeit angesammelte Kapitalguthaben einschließlich der Überschussanteile nicht übersteige.

Praxishinweis

Da § 20 Abs. 1 Nr. 6 EStG 2004 auch weiterhin auf Kapitalerträge aus Versicherungsverträgen, die vor dem 1.1.2005 abgeschlossen wurden, Anwendung findet, dürfte die Entscheidung sicherlich für viele noch laufende private Rentenversicherungsverträge mit Kapitalwahlrecht bedeutsam sein.

II. Termingeschäfte (Überblick)

Der Begriff des **Termingeschäfts**[30] umfasst sämtliche als Options- oder Festgeschäft ausgestalteten **Finanzinstrumente** sowie Kombinationen zwischen Options- und Festgeschäften, die zeitlich verzögert zu erfüllen sind und deren Preis unmittelbar oder mittelbar abhängt von

- dem Börsen- oder Marktpreis von Wertpapieren, Geldmarktinstrumenten, Waren oder Edelmetallen,
- dem Kurs von Devisen oder Rechnungseinheiten.

Zu den Termingeschäften gehören **insb. Optionen und Glattstellungsgeschäfte**.

Veräußert der Inhaber **Kaufoptionen**, erzielt er Kapitaleinkünfte i.S.d. § 20 Abs. 2 S. 1 Nr. 3 Buchst. b EStG.

Nach **§ 20 Abs. 6 S. 5 EStG** können **Verluste aus Termingeschäften**, insb. aus dem Verfall von Optionen und Glattstellungsgeschäften, nur mit Gewinnen aus Termingeschäften und mit Einkünften aus Stillhalterprämien ausgeglichen werden, soweit die **Verluste nach dem 31.12.2020**[31] entstanden sind. Die Verlustverrechnung ist **beschränkt auf 20.000 EUR**. Nicht verrechenbare Verluste können auf Folgejahre vorgetragen werden und jeweils i.H.v. 20.000 EUR mit Gewinnen aus Termingeschäften oder mit Einkünften aus Stillhalterprämien[32] verrechnet werden, wenn nach der unterjährigen Verlustverrechnung ein verrechenbarer Gewinn verbleibt.

Der Verlustausgleich nach § 20 Abs. 6 S. 5 EStG findet nur **i.R.d. Veranlagung** statt[33].

---

30 BMF-Schr. v. 3.6.2021 – IV C 1 - S 2252/19/10003:002, BStBl I 2021, 723, Rn 9, 31
31 § 52 Abs. 28 S. 25 EStG
32 § 20 Abs. 1 Nr. 11 EStG
33 BMF-Schr. v. 3.6.2021 – IV C 1 - S 2252/19/10003:002, BStBl I 2021, 723, Rn 118

III. Veräußerung von Anteilen an Kapitalgesellschaften

1. Vorbemerkungen

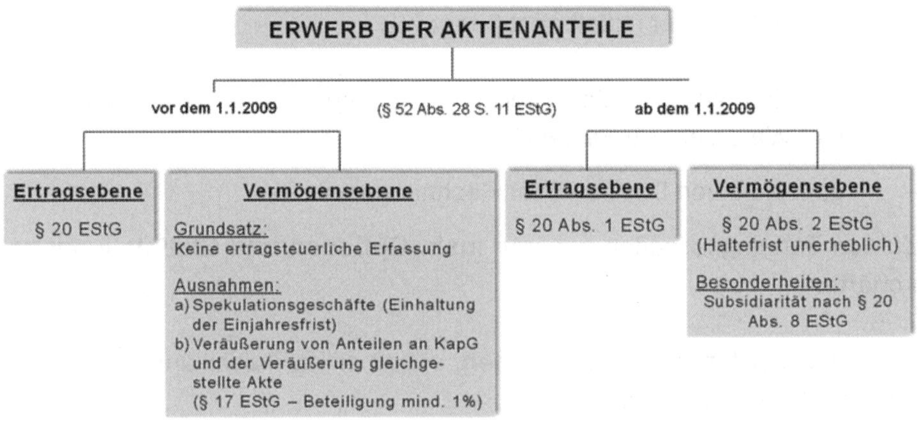

Quelle: AktStR 2021, 365

Die Besteuerung der Veräußerung von **im Privatvermögen** gehaltenen Anteilen an Kapitalgesellschaften (KapG) erfolgt nach § 20 Abs. 2 EStG, sofern sie nicht die Voraussetzungen einer **wesentlichen Beteiligung** i.S.d. § 17 EStG erfüllen. Durch die Einführung dieses Grundtatbestandes werden für Aktien, die nach dem 31.12.2008 angeschafft werden, **alle Wertveränderungen** besteuert.

Nach § 20 Abs. 2 S. 1 EStG gehören zu den Einkünften aus KapV der Gewinn aus der **Veräußerung von Aktien**. „Veräußerung" ist die entgeltliche Übertragung des – zumindest wirtschaftlichen – Eigentums auf einen Dritten. Werden Aktien nach § 20 Abs. 2 S. 1 Nr. 1 EStG veräußert oder gem. § 20 Abs. 2 S. 2 **veräußerungsgleich** (sog. **Ersatztatbestände** der Abtretung, Rückzahlung, Einlösung und verdeckte Einlage in eine KapG) übertragen, ist gem. § 20 Abs. 4 EStG ein **Gewinn oder Verlust** zu ermitteln, indem das erhaltene Entgelt nach Abzug der Aufwendungen, die in unmittelbarem Zusammenhang mit dem Veräußerungsgeschäft stehen, den Anschaffungskosten gegenübergestellt wird.

Ergeben sich hiernach **Verluste aus KapV**, dürfen sie nicht mit anderen Einkunftsarten ausgeglichen und auch nicht nach § 10d EStG abgezogen werden, mindern jedoch die Einkünfte aus KapV, die der Stpfl. in den folgenden VZ erzielt.

Exkurs: Vor 2009 erworbene Anteile

Für bis 2008 erworbene Anteile gilt das **Trennungsprinzip** zwischen Ertrags- und Vermögensebene für Gewinne aus der Veräußerung von Anteilen im Privatvermögen. Ihre Veräußerung könnte damit nur zu den **sonstigen Einkünften** i.S.d. § 22 Nr. 2 EStG i.V.m. § 23 Abs. 1 S. 1 Nr. 2 und 4 EStG a.F. führen, wenn der Zeitraum zwischen Anschaffung und Veräußerung **nicht mehr als ein Jahr** beträgt[34]. Folglich sind Veräußerungen solcher Anteile somit im VZ 2021 nicht steuerbar.

2. Verluste aus Aktienverkäufen

Verluste aus der Veräußerung von Aktien dürfen nur mit **Gewinnen** aus der Veräußerung von Aktien ausgeglichen werden[35] (Gesetzesbegründung: Verhinderung von Risiken für den Staatshaushalt); eine entsprechende Verlustbescheinigung müsste beantragt werden.

Hinsichtlich dieser Einschränkung des Verlustausgleichs war ein **Verfahren** zu **§ 20 Abs. 6 S. 5 EStG a.F.**[36] beim BFH anhängig[37].

> Der Kläger hatte aus der Veräußerung von Aktien ausschließlich Verluste erzielt. Er beantragte, diese Verluste mit seinen **sonstigen Einkünften aus KapV**, die nicht aus Aktienveräußerungsgewinnen bestanden, zu verrechnen.

Das Verfahren wurde mit Beschluss vom 17.11.2020 insoweit erledigt, als eine **Vorlage an das BVerfG**[38] erfolgt ist.

> Nach **Auffassung des BFH** bewirkt § 20 Abs. 6 S. 5 EStG a.F. eine **verfassungswidrige Ungleichbehandlung**. Denn sie behandele Stpfl. ohne rechtfertigenden Grund unterschiedlich, je nachdem, ob sie Verluste aus der Veräußerung von Aktien oder aus der Veräußerung anderer Kapitalanlagen erzielt haben. Eine **Rechtfertigung** für diese **nicht folgerichtige Ausgestaltung** der Verlustausgleichsregelung für Aktienveräußerungsverluste **ergebe sich weder** aus der Gefahr der Entstehung erheblicher Steuermindereinnahmen **noch**

---

[34] § 52 Abs. 31 S. 2 EStG
[35] § 20 Abs. 6 S. 4 EStG 2020
[36] UntStRefG v. 14.8.2007, BGBl I 2007, 1912
[37] Az des BFH: VIII R 11/18 (erledigt)
[38] Az des BVerfG: 2 BvL 3/21

aus dem Gesichtspunkt der Verhinderung missbräuchlicher Gestaltungen oder aus anderen außerfiskalischen Förderungs- und Lenkungszielen.

Praxishinweis

Durch die erheblichen **Bedenken** gegen die Verfassungsmäßigkeit der Beschränkung der Verrechnung von Verlusten aus Aktienverkäufen sollten in der Veranlagungspraxis **vergleichbare Sachverhalte** verfahrensrechtlich **offengehalten** werden. Es sollten grds. Verlustbescheinigungen bei der Bank beantragt werden.

3. Aktuelle Rechtsprechung

a) Veräußerung wertloser Aktien

Mit Urteil vom 29.9.2020 hat der **BFH**[39] entschieden:

> 1. Eine Veräußerung i.S.d. § 20 Abs. 2 S. 1 Nr. 1 EStG ist weder von der Höhe der Gegenleistung noch von der Höhe der anfallenden Veräußerungskosten abhängig (Anschluss an BFH-Urt. v. 12.6.2019 – VIII R 32/16, BStBl II 2019, 221).
>
> 2. Die Veräußerung wertloser Aktien stellt grds. keinen Gestaltungsmißbrauch i.S.d. § 42 AO dar, selbst wenn sich der Verkäufer verpflichtet, vom Käufer wertlose Aktien zu kaufen.

Der **Kläger** (Kl.) hatte im **Jahr 2011** ausländische Aktien erworben, die in der Folgezeit durch Insolvenz der Gesellschaft zu erheblichen Wertverlusten führten. Im **Jahr 2013** veräußerte der Kl. seine Aktien mit schriftlichem Vertrag zu einem Veräußerungspreis von 0,01 EUR pro Aktie an eine zuvor fremde Käuferin. Zugleich erwarb er von der Käuferin ebenso wertlos gewordene Aktien.

Das **FA** erkannte den aus dem **Überkreuzaktiengeschäft** geltend gemachten Verlust **nicht** an, während das **FG München** eine Verlustrealisierung zuließ.

---

39 BFH-Urt. v. 29.9.2020 – VIII R 9/17, BStBl II 2021, 385

Der **BFH begründete** seine Entscheidung

> mit dem Hinweis, dass selbst ein **symbolischer Kaufpreis** nichts an der Entgeltlichkeit ändere, und der Veräußerungstatbestand unabhängig von der Höhe der Gegenleistung sei.
>
> Das Vorliegen einer Veräußerung i.S.d. § 20 Abs. 2 S. 1 Nr. 1 EStG sei nicht von der Höhe der Veräußerungskosten (Transaktionskosten) abhängig (Die FinVerw folgt dieser Rechtsauslegung[40]).
>
> Außerdem sei auch von einer Veräußerung auszugehen, wenn – wie hier – ein **Tauschvertrag** vorliege. Die **Verknüpfung** des gleichzeitigen Erwerbs von Aktien führe **nicht zum Gestaltungsmißbrauch**, selbst dann nicht, wenn sich der Verkäufer verpflichte, vom Käufer wertlose Aktien zu kaufen, zumal Kurssteigerungen der vom Kl. erworbenen Aktien steuerverstrickt seien.

Praxishinweis

Erfolgt die Veräußerung wertloser Wirtschaftsgüter **nach dem 31.12.2019** ist die Verlustverrechnungsbeschränkung nach § 20 Abs. 6 S. 6 EStG anzuwenden. Hiernach dürfen sie nur **bis zur Höhe von 20.000 EUR** mit Einkünften aus KapV verrechnet werden (siehe hierzu auch unter C.V. 2).

So auch das **BMF** in seinem Schreiben vom 3.6.2021[41]:

> Bei der Veräußerung von wertlosen Wirtschaftsgütern i.S.d. § 20 Abs. 1 EStG ist die **Verlustverrechnungsbeschränkung** nach **§ 20 Abs. 6 Satz 6 EStG** zu berücksichtigen.

b) Berücksichtigungszeitpunkt des steuerlichen Wertverlustes von Aktien infolge der Eröffnung des Insolvenzverfahrens

Der Kl. hatte im Jahr **2009** Aktien an einer börsennotierten inländischen AG erworben, die in einem Depot verwahrt wurden. Er war an der AG zu **weniger** als 1 % beteiligt. Die Aktien waren Bestandteil seines steuerlichen Privatvermögens.

---

40 BMF-Schr. v. 3.6.2021 – IV C 1 - S 2252/19/10003:002, BStBl I 2021, 723

41 BMF-Schr. v. 3.6.2021 – IV C 1 - S 2252/19/10003:002, BStBl I 2021, 723, Rn 59 - 63

2012: Eröffnung des Insolvenzverfahrens über das Vermögen der AG

31.12.2013: Die Aktien wurden noch mit Stückpreis ausgewiesen.

Für **2013** beantragte der Kl. die Verrechnung des Totalverlustes mit seinen Aktienveräußerungsgewinnen.

FA und FG lehnten die Verrechnung ab.

Der **BFH**[42] wies die **Revision** des Kl. mit Urteil vom 17.11.2020 **als unbegründet** zurück. Er verwies in seiner Begründung auf die Regelungslücke in § 20 Abs. 2 S. 1 Nr. 1 EStG und § 20 Abs. 2 S. 2 EStG, da insoweit der Entzug von Aktien aufgrund der Auflösung und Abwicklung einer (inländischen) AG durch ein Insolvenzverfahren mit anschließender Registerlöschung nicht angesprochen sei. Diese Lücke schloss er mit dem Hinweis, dass auf diese Vorgänge der Veräußerungstatbestand gem. § 20 Abs. 2 S. 1 Nr. 1 EStG anzuwenden sei und führte weiter aus:

> **Erlischt das Mitgliedschaftsrecht** des Aktionärs einer inländischen AG, weil diese infolge einer **Insolvenz aufgelöst**, **abgewickelt** und **im Register gelöscht** wird, entsteht dem Aktionär ein **steuerbarer Verlust**, wenn er seine Einlage ganz oder teilweise nicht zurückerhält.
>
> Werden solche Aktien **schon vor der Löschung** der AG im Register durch die depotführende Bank aus dem Depot des Aktionärs **ausgebucht**, entstehe der **Verlust bereits im Zeitpunkt der Ausbuchung**.
>
> Von einer Verlustentstehung könne **aber nicht bereits** zu einem Zeitpunkt ausgegangen werden, zu dem mit einer Auskehrung von Vermögen i.R.d. Schlussverteilung des Vermögens der AG objektiv nicht mehr zu rechnen ist oder die Notierung der Aktien an der Börse eingestellt oder deren Börsenzulassung widerrufen wird.

Entscheidung

Im **Streitjahr 2013** habe der Kläger zwar einen Wertverlust hinnehmen müssen; dieser habe aber weder den Bestand seines Mitgliedschaftsrechts berührt, noch seien Aktien aus dem Depot des Kl. ausgebucht worden. Insoweit ist der Streitfall für den Kl. negativ beschieden worden.

---

42 BFH-Urt. v. 17.11.2020 – VIII R 20/18, DStR 2021, 599

Praxishinweis

Für Veranlagungszeiträume ab 2020 hat der Gesetzgeber in § 20 Abs. 6 S. 6 EStG geregelt, dass Verluste aufgrund einer Ausbuchung wertloser Aktien und eines sonstigen Ausfalls von Aktien steuerbar sind und einer eigenen Verlustverrechnungsbeschränkung unterliegen; sie dürfen nur i.H.v. 20.000 EUR mit Einkünften aus KapV i.R.d. Veranlagung ausgeglichen werden[43]. Hierdurch ist die vorherige gesetzliche Lücke ab 2020 geschlossen worden. Somit bedarf es ab VZ 2020 für die Anerkennung des o.g. Verlustes einer entsprechenden Anwendung des Veräußerungstatbestandes aufgrund des rechtlichen Untergangs des Mitgliedschaftsrechts und bei einer Depotausbuchung nicht mehr.

c) Entschädigungsloser Entzug von Aktien

Der BFH hatte bereits mit Urteil vom 3.12.2019[44] im Falle eines entschädigungslosen Entzugs von Aktien auf die **planwidrige Regelungslücke** in § 20 Abs. 2 S. 1 EStG und § 20 Abs. 2 S. 2 EStG verwiesen: Der Untergang der Aktie stelle keine Veräußerung dar und werde auch sonst vom Steuergesetz nicht erfasst. Die Lücke sei daher im Wege der Analogie zu schließen.

Er hatte daher – **gegen die Auffassung des BMF** – entschieden:

> Werden (nach dem 31.12.2008 erworbene) Aktien einem Aktionär ohne Zahlung einer Entschädigung entzogen, indem ein Insolvenzplan das Grundkapital einer AG auf null herabgesetzt und das Bezugsrecht für eine anschließende Kapitalerhöhung ausgeschlossen wird, erleidet der Aktionär einen **Verlust, der in entsprechender Anwendung von § 20 Abs. 2 S. 1 Nr. 1 i.V.m. § 20 Abs. 4 S. 1 EStG** steuerlich geltend gemacht werden kann[45].

---

43 S.a. BMF-Schr. v. 3.6.2021 – IV C 1 - S 2252/19/10003:002, BStBl I 2021, 723, Rn 118

44 BFH-Urt. v. 3.12.2019 – VIII R 34/16, BFH/NV 2020, 640 Nr. 7

45 S.a. „Die Einkommensteuererklärung 2020", 186 -188

d) Verlustrealisierungszeitpunkt

Quelle: AktStR 2021, 374

IV. Ausfall privater Darlehensforderungen

1. Vorbemerkungen

Durch die Einführung der Abgeltungsteuer wurde die Besteuerung von Kapitalerträgen, privaten Veräußerungsgeschäften und sonstigen Einkünften, soweit Geldgeschäfte betroffen sind, neu geregelt. Die traditionelle quellentheoretische Trennung von Vermögens- und Ertragsebene für Einkünfte aus KapV wurde aufgegeben.

2. Hinweise zur Einkünfteerzielungsabsicht

Das Vorliegen einer **Einkünfteerzielungsabsicht** ist im Grundsatz auch bei Einkünften aus KapV i.S.d. § 20 EStG – für jede einzelne Kapitalanlage getrennt – zu prüfen. Die durch das UntStRefG mit den als Abgeltungsteuer eingeführten **Besonderheiten** der Einkünfte aus KapV bedingen eine **tatsächliche (widerlegbare) Vermutung** der Einkünfteerzielungsabsicht. Sie umfasst alle in Betracht kommenden Kapitalanlagen, insb. auch realisierte Wertsteigerungen des Kapitalstamms (§ 20 Abs. 2 EStG) und enthält vor allem die **Einschränkungen des Nettoprinzips** durch das Werbungskostenabzugsverbot[46] und die Verlustabzugsbeschränkungen[47].

Die Vermutung der Einkünfteerzielungsabsicht ist **widerlegt**, wenn ein positives Ergebnis einer Kapitalanlage in laufenden Erträgen oder Gewinnen i.S.d. § 20 Abs. 2 EStG auf Dauer von vornherein ausgeschlossen erscheint. Für jede Kapitalanlage ist ihr Vorliegen gesondert zu überprüfen[48].

Keine Vermutung der Einkünfteerzielungsabsicht liegt vor, soweit Kapitalanlagen **nicht der Abgeltungsteuer** unterliegen und auch nicht dem beschränkten und pauschalierten Werbungskostenabzug unterliegen. Hierzu zählen Kapitalanlagen, die unter § 32d Abs. 2 Nr. 1 und 3 EStG fallen. Insoweit muss die Einkünfteerzielungsabsicht anhand objektiver Umstände nachgewiesen werden. Somit können **Verluste aus Gesellschafterdarlehen** nicht berücksichtigt werden, wenn z.B. **keine Zinsvereinbarung** vorlag oder

---

46 § 20 Abs. 9 EStG
47 § 20 Abs. 6 EStG
48 BFH-Urt. v.14.3.2017 – VIII R 38/15, BStBl II 2017, 1040

die Darlehenshingabe zu einem Zeitpunkt erfolgte, zu dem sich die Gesellschaft bereits in einer Krise befand und mit einer vollständigen Rückzahlung nicht mehr zu rechnen war[49].

3. Aktuelle Rechtsprechung

a) Ausfall eines Darlehens an die GmbH

Streitig war die steuerliche Berücksichtigung von Darlehen, die der Kläger einer GmbH gewährt hatte, soweit sie von der GmbH nicht zurückgezahlt wurden.

> Der Kläger ist seit 1996 **alleiniger Gesellschafter** und Geschäftsführer der A-GmbH. Er und seine Ehefrau gewährten der GmbH mehrere **verzinsliche** Darlehen. Durch Gesellschafterbeschluss wurde die GmbH zum **31.12.2014 aufgelöst**; die Auflösung wurde im Jahr 2015 im Handelsregister eingetragen. Die **Löschung** erfolgte im Jahr **2016**. Eine Rückzahlung eines der Darlehen blieb aus. Für 2014 machten die Kläger einen Verlust aus der Auflösung der GmbH nach § 17 Abs. 1, 4 EStG geltend und beantragten dann im Klageverfahren für einen weiteren Teilbetrag die Anwendung des § 20 Abs. 2 S. 1 Nr. 7, Abs. 6 EStG.

Der **BFH** entschied mit Urteil vom 27.10.2020[50]:

> Der endgültige Ausfall einer Kapitalforderung i.S.d. § 20 Abs. 1 Nr. 7 EStG in der privaten Vermögenssphäre führt nach Einführung der Abgeltungsteuer zu einem steuerlich anzuerkennenden Verlust nach § 20 Abs. 2 S. 1 Nr. 7, S. 2, Abs. 4 EStG (Anschluss an BFH-Urteil vom 24.10. 2017[51]).
>
> Für die Berücksichtigung des Verlusts aus dem Ausfall einer privaten Kapitalforderung muss endgültig feststehen, dass der Schuldner keine (weiteren) Zahlungen mehr leisten wird. Bei insolventer Auflösung einer Kapitalgesellschaft als Forderungsschuldnerin kann davon regelmäßig erst bei Abschluss der Liquidation ausgegangen werden, sofern

---

49 S.a. *Becker/Zitzewitz*, NWB 2021, 1583,1584
50 BFH-Urt. v. 27.10.2020 – IX R 5/20, BStBl II 2021, 600
51 BFH-Urt. v. 24.10.2017 – VIII R 313/15, BStBl II 2020, 831

sich **nicht aus besonderen Umständen** ausnahmsweise etwas anderes ergibt.

Es fehle zwar bei einem Forderungsausfall an dem eine Veräußerung i.S.d. § 20 Abs. 2 S. 1 Nr. 7 EStG kennzeichnenden **Rechtsträgerwechsel**. Aus der **Gleichstellung** der Rückzahlung mit dem Tatbestand der Veräußerung einer Kapitalforderung in § 20 Abs. 2 S. 2 EStG folgt jedoch, dass auch eine endgültig ausbleibende Rückzahlung zu einem Verlust i.S.d. § 20 Abs. 4 S. 1 EStG führen kann[52]. Wirtschaftlich mache es keinen Unterschied, ob der Stpfl. die Forderung noch kurz vor dem Ausfall zu Null veräußere, oder ob er sie – weil er keinen Käufer finde oder auf eine Quote hoffe – behält. In beiden Fällen erleide der Stpfl. eine **Einbuße seiner wirtschaftlichen Leistungsfähigkeit**, die die gleiche steuerliche Berücksichtigung finden müsse. Außerdem sei im vorliegenden Fall die erforderliche **Einkünfteerzielungsabsicht** zu bejahen.

Es habe **bereits Ende 2014** endgültig festgestanden, dass die GmbH nicht mehr in der Lage sein werde, über die bis dahin geleisteten Darlehensrückzahlungen weitere Tilgungsleistungen zu erbringen. Die Eröffnung eines Insolvenzverfahrens über das Vermögen des Schuldners reiche hierfür in der Regel nicht aus[53]. Ausnahmsweise könne der **Verlust** schon zu einem **früheren Zeitpunkt** entstanden sein, wenn bei objektiver Betrachtung bereits zu diesem Zeitpunkt nicht mehr mit Rückzahlungen zu rechnen sei, oder, wenn die Eröffnung des Insolvenzverfahrens **mangels Masse abgelehnt** worden sei[54].

Die Frage der Konkurrenz zwischen § 20 EStG und § 17 EStG stelle sich im vorliegenden Fall nicht; die Klägerin war nicht Gesellschafterin der GmbH.

b) Insolvenzbedingter Ausfall einer privaten Darlehensforderung

In einem weiteren Verfahren hat sich der **BFH** erneut zur Frage des **Zeitpunkts des Verlustabzugs** im Falle einer Insolvenz geäußert.

Der Kläger (Kl.) hatte einem Dritten im Jahr **2010** ein zu verzinsendes Darlehen gewährt. Seit August 2011 erfolgten keine Rückzahlungen

[52] BFH-Urt. v. 27.10.2020 – IX R 5/20, BStBl II 2021, 600
[53] BFH-Urt. v. 25.1.2000 – VIII R 63/98, BStBl II 2000, 343
[54] BFH-Urt. v. 27.11.2001 – VIII R 36/00, BStBl II 2002, 731

> mehr. Nachdem über das Vermögen des Darlehensnehmers das Insolvenzverfahren eröffnet wurde, meldete der Kl. die noch offene Darlehensforderung zur Insolvenztabelle an. Im Jahr **2012** zeigte der Insolvenzverwalter gegenüber dem Insolvenzgericht die **Masseunzulänglichkeit** nach § 208 Abs. 1 S. 1 InsO an, die während des Insolvenzverfahrens fortdauerte. Im Jahr **2016** wurde das Insolvenzverfahren **mangels Masse** eingestellt.

Den vom Kl. für das **Streitjahr 2012** geltend gemachten Verlust aus dem Ausfall der Kapitalforderung bei seinen Einkünften aus KapV erkannte das **FA** nicht an. In einem zweiten Rechtszug entschied das FG Düsseldorf, dass der Verlust **im Streitjahr** nach § 20 Abs. 2 S. 1 Nr. 7, Abs. 2 S. 2, Abs. 4 EStG a.F. zu berücksichtigen sei.

Die hiergegen gerichtete **Revision** des FA wies der **BFH** mit Urteil vom 1.7.2021[55] zurück:

> Von einem endgültigen Ausfall einer privaten Kapitalforderung i.S.d. § 20 Abs. 1 Nr. 7 EStG ist jedenfalls dann auszugehen, wenn über das Vermögen des Schuldners das Insolvenzverfahren eröffnet wurde und der Insolvenzverwalter gegenüber dem Insolvenzgericht die Masseunzulänglichkeit gem. § 208 Abs. 1 S. 1 InsO angezeigt hat.

Auch **vor Abschluss** des Insolvenzverfahrens sei der endgültige Forderungsausfall anzuerkennen. Im Zeitpunkt der **Anzeige der Masseunzulänglichkeit** durch den Insolvenzverwalter stehe **mit der erforderlichen Sicherheit** fest, dass auf die Forderungen der Insolvenzgläubiger keine Zahlungen mehr erfolgten, da die Insolvenzmasse objektiv nicht ausreichend sei, um alle Massegläubiger voll zu befriedigen. Reiche die Masse schon zur Befriedigung sämtlicher Masseverbindlichkeiten nicht aus, können die Insolvenzgläubiger grds. nicht mehr mit auch einer nur anteiligen Befriedigung ihrer Forderungen rechnen.

Praxishinweis

Verluste sollten immer zum frühestmöglichen Zeitpunkt geltend gemacht werden, um die Chance auf ggf. widerstreitende Festsetzungen und damit eine Änderungsmöglichkeit nach § 174 AO zu bewahren.

---

[55] BFH-Urt. v. 1.7.2021 – VIII R 28/18, DStR 2021, 2338

c) Forderungsverzicht eines Gesellschafters einer Kapitalgesellschaft

Mit Urteil vom 6.8.2019 hatte der **BFH**[56] entschieden, dass der Forderungsverzicht gegenüber seiner KapG einer **Abtretung** gleiche und somit zu einem nach § 20 Abs. 2 S. 2 EStG **(Ersatztatbestand)** steuerlich zu berücksichtigenden Veräußerungsvorgang führe. Der Anerkennung des Verlusts steht die Freiwilligkeit des Verzichts nicht entgegen. Das gelte allerdings nur dann, wenn der Kläger für den **nicht werthaltigen Teil** der Forderung Anschaffungskosten getragen habe.[57]

Allgemeiner Hinweis

Die abgehandelten Entscheidungen haben hinsichtlich der Ermittlung der jeweiligen **Verlustrealisierungszeitpunkte auch weiter ab VZ 2020** (Verlustverrechnung nach § 20 Abs. 6 EStG, **siehe hierzu auch unter C.V.**) Bedeutung.

So wäre z.B. in 2020 – bezogen auf den **nicht werthaltigen Teil der Forderung** (s.o.) – die Verlustverrechnungsbeschränkung gem. § 20 Abs. 6 S. 6 EStG zu berücksichtigen[58].

56 BFH-Urt. v. 6.8.2019 – VIII R 18/16, BStBl II 2020, 833
57 Ausführlich hierzu „Die Einkommensteuererklärung 2020“, 189 - 191
58 BMF-Schr. v. 3.6.2021 – IV C 1 - S 2252/19/10003:002, BStBl I 2021, 723, Tz 61

V. Verlustverrechnung ab VZ 2020

1. Vorbemerkung[59]

Mit dem „Gesetz zur Einführung einer Pflicht zur Mitteilung grenzüberschreitender Steuergestaltungen“[60] regelt **§ 20 Abs. 6 EStG** die Verrechnung von Verlusten aus KapV. Nach **Satz 1** dürfen diese Verluste grds. nicht mit Einkünften aus anderen Einkunftsarten ausgeglichen werden (sog. Schedulenbesteuerung = getrennt besteuerter Teil); sie dürfen auch nicht nach § 10d EStG abgezogen werden. Sie mindern jedoch die Einkünfte, die der Stpfl. in den folgenden VZ aus KapV erzielt. § 10d Abs. 4 EStG ist sinngemäß anzuwenden. Für die Veranlagung ist eine Verlustbescheinigung notwendig.

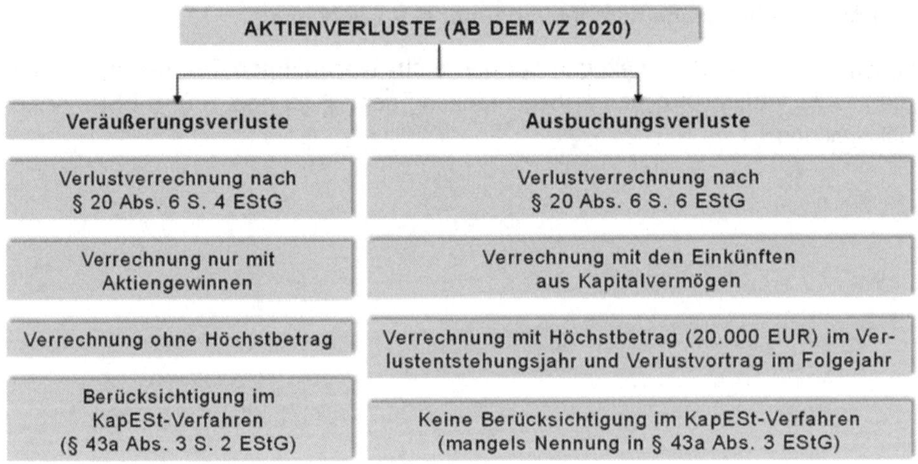

Quelle: AktStR 2021, 378

a) Für die Verlustverrechnung sind die folgenden Verrechnungskreise zu unterscheiden:

- Verluste aus der Veräußerung von Aktien (§ 20 Abs. 6 S. 4 EStG),
- Verluste i.S.d. § 20 Abs. 6 S. 5 EStG (Termingeschäfte),
- **Verluste i.S.d. § 20 Abs. 6 S. 6 EStG** und
- sonstige Verluste.

---

[59] S.a. *Seifert,* AktStR 2021, 365 - 380

[60] Gesetz zur Einführung einer Pflicht zu Mitteilung grenzüberschreitender Steuergestaltungen v. 21.12.2019, BGBl I 2019, 2875

Das **BMF hat mit Schreiben vom 3.6.2021**[61] die i.R.d. Veranlagung zu berücksichtigende Reihenfolge der Verlustverrechnungskreise festgelegt:

1. **Aktienveräußerungsverluste** (§ 20 Abs. 6 S. 4 EStG) aus dem aktuellen Jahr dürfen **nur mit Aktienveräußerungsgewinnen** verrechnet werden (Hinweis auf das o.g. Verfahren vor dem BVerfG).
2. Verluste aus Termingeschäften (§ 20 Abs. 6 S. 5 EStG) – nach dem **31.12.2020** entstanden – dürfen **bis zur Höhe von 20.000 EUR** nur mit Gewinnen aus Termingeschäften/Stillhalterprämien verrechnet werden.
3. Verluste i.S.d. § 20 Abs. 6 S. 6 EStG aus dem aktuellen Jahr (nach dem 31.12.2019 entstanden) dürfen **bis zur Höhe von 20.000 EUR** mit **Einkünften aus KapV** verrechnet werden.
4. Sonstige negative Einkünfte aus dem aktuellen Jahr i.S.d. § 20 EStG dürfen mit positiven Einkünften i.S.d. § 20 EStG verrechnet werden.

b) Hinweis zu § 20 Abs. 6 S. 4 EStG (Verluste aus der Veräußerung von Aktien)

Es besteht die Möglichkeit, einen nicht ausgeglichenen Verlust nach § 20 Abs. 6 S. 4 EStG auf der Ebene des KapESt-Abzugs vorzutragen oder im Veranlagungsverfahren nach § 32d Abs. 4 EStG geltend zu machen.

Nach § 43a Abs. 3 S. 2 EStG hat die auszahlende Stelle unter Berücksichtigung des § 20 Abs. 6 S. 4 EStG im Kj negative Kapitalerträge bis zur Höhe der positiven Kapitalerträge auszugleichen. Diese institutsbezogene unterjährige Verlustverrechnung ist **nur zeitlich** vorrangig. Auf Antrag des Stpfl. ist i.R.d. Veranlagung gem. § 32d Abs. 4 EStG eine institutsübergreifende Verlustverrechnung (zwischen mehreren Depots bei unterschiedlichen auszahlenden Stellen) durchzuführen.

c) Verfassungsrechtliche Bedenken

In der Literatur werden verfassungsrechtliche Bedenken gegen die Beschränkung der Verlustverrechnung in § 20 Abs. 6 S. 4, 5 und 6 EStG erhoben. Kritisiert wird dabei u.a. die asymmetrische Besteuerung von Gewinnen und Verlusten[62]. Verwiesen wird insoweit auf die Vorlage an das BVerfG zur

[61] BMF-Schr. v. 3.6.2021 – IV C 1 - S 2252/19/10003:002, BStBl I 2021, 723, Rn 118
[62] S.a. *Drüen*, FR 2020, 663; *Jachmann-Michel*, BB 2020, 727

Frage der Verfassungsmäßigkeit bei Verlusten aus der Veräußerung von Aktien gem. § 20 Abs. 6 S. 5 EStG a.F. (aktuell Satz 4) unter III. 2.

Eventuelle Einsprüche sind i.R.d. **Veranlagungsverfahrens** einzulegen.

2. Verlustverrechnung nach § 20 Abs. 6 S. 6 EStG

§ 20 Abs. 6 EStG

„[6] Verluste aus Kapitalvermögen aus der ganzen oder teilweisen Uneinbringlichkeit einer Kapitalforderung, aus der Ausbuchung wertloser Wirtschaftsgüter im Sinne des Absatzes 1, aus der Übertragung wertloser Wirtschaftsgüter im Sinne des Absatzes 1 auf einen Dritten oder aus einem sonstigen Ausfall von Wirtschaftsgütern im Sinne des Absatzes 1 dürfen nur in Höhe von 20 000 Euro mit Einkünften aus Kapitalvermögen ausgeglichen werden; ...“

Diese Regelung stellt eine Reaktion des Gesetzgebers auf die mittlerweile amtlich veröffentlichte BFH-Rechtsprechung vom 24.10.2017[63] zur Verlustberücksichtigung beim Ausfall von Privatdarlehen dar, mit dem die Auffassung der FinVerw, der Forderungsausfall sei steuerlich unbeachtlich, zurückgewiesen wurde.

3. Grundsätze

- **§ 20 Abs. 6 S. 6 EStG** ist auf die folgenden im Gesetz aufgeführten Verluste anzuwenden, die **nach dem 31.12.2019** entstehen[64]:

  - **Uneinbringlichkeit einer Kapitalforderung,**
  - **Ausbuchung wertloser Wirtschaftsgüter** (i.S.d. Abs. 1),
  - **Übertragung wertloser Wirtschaftsgüter auf einen Dritten** (i.S.d. Abs. 1),
  - **sonstiger Ausfall von Wirtschaftsgütern** (i.S.d. Abs. 1).

  Sie können nur mit **Einkünften aus KapV** bis zur Höhe von **20.000 EUR** ausgeglichen werden.

---

63 BFH-Urt. v. 24.10.2017 – VIII R 13/15, BStBl II 2020, 831
64 § 52 Abs. 28 S. 26 EStG

Nicht verrechnete Verluste können auf Folgejahre vorgetragen werden und jeweils **i.H.v. 20.000 EUR** mit Einkünften aus KapV verrechnet werden.

Streitig war, ob § 20 Abs. 6 S. 6 EStG auch bei **Ausbuchung wertloser Aktien** anzuwenden ist oder ob hierfür die Verlustverrechnungsregelung nach **§ 20 Abs. 6 S. 4 EStG** vorrangig ist.

Nach Auffassung der FinVerw gilt § 20 Abs. 6 S. 6 EStG auch für die **Ausbuchung wertloser Aktien. § 20 Abs. 6 S. 4 EStG** findet **insoweit keine Anwendung**[65].

- Der Verlustausgleich findet nur **i.R.d. Veranlagung** statt[66].

4. Gesetzesänderung nach § 32d Abs. 2 Nr. 1b EStG

Der Gesetzgeber hat im Zusammenhang mit dem **Ausfall privater Forderungen** nicht nur durch **Einfügung von § 20 Abs. 6 S. 6 EStG**, sondern auch durch Änderung des **§ 32d Abs. 2 Nr. 1 Buchst. b EStG** reagiert. Diese Ausnahmeregelung findet nur noch Anwendung, soweit die den Kapitalerträgen entsprechenden Aufwendungen beim Schuldner Betriebsausgaben oder Werbungskosten im Zusammenhang mit Einkünften sind, die der inländischen Besteuerung unterliegen und § 20 Abs. 9 S. 1 HS 2 EStG keine Anwendung findet. Die Neuregelung wird sich in bestimmten Fällen auf den **Verlust von Finanzierungshilfen** des Gesellschafters einer KapG auswirken, soweit etwaige Darlehensverluste nicht vorrangig nach § 20 Abs. 8 EStG i.V.m. § 17 Abs. 2a EStG als nachträgliche Anschaffungskosten der Beteiligung zu berücksichtigen sind.

Diese Voraussetzungen sind beim Ausfall privater Forderungen nicht erfüllt, sodass Verluste aus dem **Ausfall von Darlehen nicht mehr** unter die Regelung des § 32d Abs. 2 Nr. 1 Buchst. b EStG fallen können. Ein Ausschluss aus der Abgeltungsteuer kommt nicht mehr in Betracht. Somit können **diese Verluste nicht mehr mit Einkünften anderer Einkunftsarten** verrechnet werden und fallen daher **stets unter** die zeitliche gestreckte Verlustverrechnung nach **§ 20 Abs. 6 S. 6 EStG.**

---

65 BMF-Schr. v. 3.6.2021 – IV C 1 - S 2252/19/10003:002, BStBl I 2021, 723, Rn 118
66 § 43a Abs. 3 EStG sieht keinen Verweis auf § 20 Abs. 6 S. 6 EStG vor

Diese **Neuregelung** ist auf Kapitalerträge anzuwenden, die **nach dem 31.12.2020** erzielt werden[67].

> **Praxishinweis**
>
> Da die Neuregelung des § 32d Abs. 2 Nr. 1b EStG zu Nachteilen führt, sieht das JStG 2020 eine **Übergangsregelung** vor. Nach der Übergangsregelung ist auf Kapitalerträge aus **Darlehen an die KapG**, deren rechtliche Grundlage **vor dem 1.1.2021** begründet wurde, erst **ab dem VZ 2024** anzuwenden[68]. Somit kann ein Darlehensverlust durch Veräußerung oder Ausfall der Darlehensforderung noch bis **zum VZ 2023** einschließlich **nach § 20 Abs. 2, Abs. 4 EStG** berücksichtigt werden und unterliegt der **Verlustverrechnungsbeschränkung** nach § 20 Abs. 6 S. 6 EStG **erst ab dem VZ 2024**.

Beispiel

Der Alleingesellschafter Alt der X-GmbH hatte seiner Gesellschaft im Jahre 2016 ein verzinsliches Darlehen über 100.000 EUR gewährt. Nach Abschluss des Insolvenzverfahrens über die GmbH fällt seine Darlehensforderung

a) im Jahre 2020

b) im Jahre 2024

endgültig aus.

Zu a) Da Alt zu mindestens 10 % an der X-GmbH beteiligt ist, kann der Darlehensverlust von 100.000 EUR – nach der bisherigen Fassung des § 32d Abs. 2 Nr. 1b EStG – nach **§ 20 Abs. 2 EStG zu 100 %** berücksichtigt und **mit anderen Einkunftsarten** verrechnet werden.

Andererseits könnte Alt bei Vorliegen der Voraussetzungen den Darlehnsverlust als nachträgliche Anschaffungskosten nach § 17 Abs. 2a S. 1 Nr. 2 EStG i.R.d. Teileinkünfteverfahrens geltend machen.

Zu b) Durch den Ausfall der Darlehensforderung **im Jahre 2024** entfällt im vorliegenden Fall wegen fehlender Voraussetzungen die Anwendung des § 32d Abs. 2 Nr. 1b EStG[69]. Somit kann der Verlust nicht mehr mit Einkünften aus anderen Einkunftsarten verrechnet werden. Die Verlustverrechnung erfolgt nach der stark eingeschränkten Verlustberücksichtigung **nach § 20 Abs. 6 S. 6 EStG.** Danach kann Alt lediglich einen **Verlust i.H.v. 20.000 EUR**

---

67 § 52 Abs. 33b S. 1 EStG
68 § 52 Abs. 33b S. 2 EStG
69 § 52 Abs. 33b S. 3 EStG

bei seinen Einkünften aus KapV geltend machen, die **mit Einkünften aus KapV** verrechenbar sind.

Die nicht verrechneten Verluste können auf die Folgejahre vorgetragen werden und jeweils i.H.v. 20.000 EUR mit Einkünften aus KapV verrechnet wreden.

VI. Verfahrensrecht

1. Günstigerprüfung

Der **Antrag auf Günstigerprüfung** gem. § 32d Abs. 6 EStG kann **zeitlich unbefristet** gestellt werden. Die Möglichkeit, aufgrund der Antragstellung eine Herabsetzung der festzusetzenden Einkommensteuer zu erreichen, wird aber durch das allgemeine verfahrensrechtliche Institut der Bestandskraft und die Regelung des § 351 Abs. 1 AO begrenzt[70].

a) Antragsfrist für eine Günstigerprüfung nach § 32d Abs. 6 EStG

Dem BFH lag die Frage vor, ob ein Antrag auf Günstigerprüfung nach § 32d Abs. 6 S. 1 EStG auch dann wirksam – nachträglich – gestellt werden kann, wenn die Voraussetzungen erst durch einen Änderungsbescheid erstmals geschaffen werden, und ob insoweit die Voraussetzungen einer Änderungsvorschrift erfüllt sein müssen.

> Die Kläger (Kl.) hatten in der Anlage Kap keinen Antrag nach § 32d Abs. 6 EStG gestellt, da dieser wegen der übrigen Einkünfte nicht zu einer niedrigeren Steuer geführt hätte. Nachdem die **Steuerfestsetzung bestandskräftig** geworden war, wurden später die Beteiligungseinkünfte durch einen nach § 175 Abs. 1 Nr. 1 AO **geänderten Steuerbescheid** herabgesetzt. Mit dem hiergegen gerichteten Einspruch beantragten die Kl. die Günstigerprüfung nach § 32d Abs. 6 EStG, da durch die Herabsetzung der Beteiligungseinkünfte es nunmehr zu einer niedrigeren Steuerfestsetzung kommen würde.

Nach **erfolglosem Einspruch** bejahte das **FG** eine Änderungsmöglichkeit nach § 175 Abs. 1 Nr. 2 AO und § 351 Abs. 1 HS 2 AO.

Mit **Urteil vom 14.7.2020**[71] schloss sich der **BFH** der Entscheidung des FG an und entschied:

> Die Festsetzung der Steuer in einem Änderungsbescheid nach Eintritt der Bestandskraft, die aufgrund der im Änderungsbescheid berücksich-

---

70 BFH-Urt. v. 12.5.2015 – VIII R 14/13, BStBl II 2015, 806

71 BFH-Urt. v. 14.7.2020 – VIII R 6/17, BStBl II 2021, 92

tigten Besteuerungsgrundlagen erstmals eine erfolgreiche Antragstellung gem. § 32d Abs. 6 EStG ermöglicht, ist ein **rückwirkendes Ereignis i.S.d. § 175 Abs. 1 S. 1 Nr. 2 AO**, das einen korrekturbedürftigen Zustand auslöst.

Praxishinweis

Nach Änderungen von Steuerbescheiden sollte eine „Günstigerprüfung" gerechnet und ggf. ein entsprechender Antrag gestellt werden.

b) Hinweis

Mit dem noch nicht rechtskräftigen **Urteil des FG Düsseldorf**[72] wurde entschieden, dass der Antrag auf Günstigerprüfung nach § 32d Abs. 6 EStG jedenfalls dann **kein rückwirkendes Ereignis** nach § 175 Abs. 1 S. 1 Nr. 2 AO ist, wenn er in Reaktion auf einen Änderungsbescheid erfolgt, der **weder zu einer Änderung des Steuerbetrages geführt** noch erstmals die Voraussetzungen einer Günstigerprüfung eröffnet hat.

c) Berücksichtigung nacherklärter Einkünfte aus KapV gem. § 173 Abs. 1 AO i.R.e. Günstigerprüfung gem. § 32d Abs. 6 EStG

Die zu klärende Rechtsfrage, die dem BFH vorlag, war, ob zwischen Kapitalerträgen mit und ohne inländischen Steuerabzug unter Berücksichtigung der Günstigerprüfung des § 32d Abs. 6 EStG ein **unmittelbarer oder mittelbarer wirtschaftlicher Zusammenhang** i.S.d. § 173 Abs. 1 Nr. 2 S. 2 AO besteht.

Der Stpfl. hatte **nach formeller Bestandskraft** der ESt-Festsetzung weitere Steuerbescheinigungen vorgelegt, mit denen zusätzliche Kapitalerträge sowie Steuerabzugsbeträge und der Quellensteuer unterliegende **ausländische Kapitalerträge nacherklärt** wurden.

---

[72] FG Düsseldorf, Urt. v.16.7.2020 – 15 K 279/19 E, EFG 2021, 1552, Az des BFH: VIII R 10/21

Das **Nds. FG** hatte mit Urteil vom 17.5.2017[73] die Ansicht vertreten, dass die Einbeziehung der Kapitalerträge mit abgeltender und ohne abgeltende KapESt den von § 173 Abs. 1 S. 2 AO normierten unmittelbaren oder mittelbaren Zusammenhang begründen könne und hielt die begehrte Änderung der bestandskräftigen Bescheide für zulässig.

Der **BFH** hob mit Urteil vom 25.3.2021[74] die Entscheidung des FG auf und **wies die Klage ab**.

> Es sei zwar zutreffend, dass mit der Erklärung des Klägers nachträglich neue Tatsachen bekannt geworden seien, die zu einer niedrigeren Steuer führen[75]. Das FG habe jedoch **zu Unrecht** angenommen, die vom Kl. begehrte Änderung des ESt-Bescheides sei wegen der **Unbeachtlichkeit des Verschuldens** des Kl. zulässig[76]. Den Kl. treffe am nachträglichen Bekanntwerden ein **grobes Verschulden**. Unbeachtlich wäre das Verschulden nur dann, wenn die dem Steuerabzug unterliegenden (nacherklärten) Kapitaleinkünfte in einem unmittelbaren oder mittelbaren Zusammenhang mit steuererhöhenden Tatsachen stünden. Hieran fehle es jedoch; denn im Streitfall seien keine steuererhöhenden, sondern **ausschließlich steuermindernde Tatsachen** nachträglich bekannt geworden.

Auch **§ 175 Abs. 1 S. 1 Nr. 2 AO** könne nicht angewendet werden; denn allein die Vorlage der Steuerbescheinigungen sei kein rückwirkendes Ereignis.

---

73 Nds. FG, Urt. v. 17.5.2017 – 3 K 268/15, EFG 2018, 1333
74 BFH-Urt. v. 25.3.2021 – VIII R 7/18, BFH/NV 2021, 1113
75 § 173 Abs. 1 Nr. 2 AO
76 § 173 Abs. 1 Nr. 2 S. 2 AO

D. Rund ums Haus

Nachfolgend wird auf die aktuellen Entwicklungen „Rund ums Haus“ eingegangen, sofern diese für die ESt-Veranlagung 2021 relevant sind.

I. Blick in den Erklärungsvordruck

Blick in die Anlage V (2021)

8	Gesamt-wohn-fläche 54 m²	davon eigengenutzter oder unentgeltlich an Dritte überlassener Wohnraum 55 m²		davon als Ferienwohnung genutzter Wohnraum 56		m²
		Erdgeschoss	1. Obergeschoss	2. Obergeschoss	weitere Geschosse	EUR
9	Mieteinnahmen für Wohnungen (ohne Umlagen)	€	€	€	€	01 ,—
10	für andere Räume (ohne Umlagen / Umsatzsteuer)	Anzahl / Wohnfläche m²	Anzahl / Wohnfläche m²	Anzahl / Wohnfläche m²	Anzahl / Wohnfläche m²	
11		€	€	€	€	02 ,—
12	Einnahmen für an Angehörige zu Wohnzwecken vermietete Wohnungen (ohne Umlagen)				Anzahl / Wohnfläche m²	03 ,—

Rückblick in die Anlage V (2020)

8	Gesamt-wohn-fläche 54 m²	davon eigengenutzter oder unentgeltlich an Dritte überlassener Wohnraum 55 m²		davon als Ferienwohnung genutzter Wohnraum 56		m²
		Erdgeschoss	1. Obergeschoss	2. Obergeschoss	weitere Geschosse	EUR
9	Mieteinnahmen für Wohnungen (ohne Umlagen)	€	€	€	€	01 ,—
10	für andere Räume (ohne Umlagen / Umsatzsteuer)	Anzahl / Wohnfläche m²	Anzahl / Wohnfläche m²	Anzahl / Wohnfläche m²	Anzahl / Wohnfläche m²	
11		€	€	€	€	02 ,—
12	Einnahmen für an Angehörige vermietete Wohnungen (ohne Umlagen)				Anzahl / Wohnfläche m²	03 ,—

Zeile 12 der Anlage V wurde um den Zusatz *„zu Wohnzwecken“* ergänzt. Hiermit wird verdeutlicht, dass in dieser Zeile keine Einnahmen aus gewerblichen Vermietungen an Angehörige einzutragen sind.

In die Erläuterungen zur Anlage V wurde ein Hinweis darauf aufgenommen, dass in der Zeile 11 auch Einnahmen aus nicht zu Wohnzwecken vermieteten Räumen einzutragen sind, selbst wenn die Räume an Angehörige vermietet werden.

Praxishinweis

Hintergrund für die formelle Änderung ist, dass § 21 Abs. 2 EStG nur für die Überlassung einer Wohnung zu Wohnzwecken und nicht für die Vermietung von Gewerbeflächen zur Anwendung kommt. Liegt eine solche Vermietung vor, sind die auf den unentgeltlichen Teil entfallenden Werbungskosten nicht abziehbar.[1]

---

1 *Schiffers*, DStZ 2019, 212; OFD Rheinland, Kurzinformation Nr. 63/2009, DStR 2010, 651; s.a. *Kulosa,* in: Schmidt, EStG-Komm., § 21 Rz 159

II. Zurechnung von Einkünften

1. Einkünfte aus VuV sind im Falle der Vereinbarung eines Nutzungsrechts zwischen nahen Angehörigen nur dann dem Nutzungsberechtigten steuerlich zuzurechnen, wenn es hierfür eine klare und eindeutige vertragliche Vereinbarung gibt.

2. Dies gilt auch dann, wenn ein dingliches Nutzungsrecht bestellt und in das Grundbuch eingetragen ist.

Nds. FG, Urt. v. 19.6.2020 – 2 K 181/17, EFG 2021, 1374 Revision eingelegt, Az des BFH: IX R 2/21

Das Nds. FG hat sich mit der Frage der Zurechnung von Einkünften bei einem „Nutzungsrecht" auseinandergesetzt.

Sachverhalt

- Im Entscheidungsfall wurde ein „Nutzungsrecht" an einem Teileigentum zu Gunsten des Klägers in das Grundbuch eingetragen. Bei Bestellung des Nutzungsrechts wurde vereinbart, dass dieses weder übertragbar noch pfändbar sein sollte und auch nicht durch Dritte ausgeübt werden kann.
- Die Eigentümerin und vormalige Ehefrau des Klägers übertrug das mit dem Nutzungsrecht belastete Teileigentum später im Wege der Schenkung auf die gemeinsamen drei minderjährigen Kinder. Dem Kläger oblag zumindest die Objektverwaltung bis zur Volljährigkeit der Kinder.
- Im Streitjahr machte der nutzungsberechtigte Kläger im Rahmen seiner eigenen Einkommensteuer-Erklärung erhebliche Verluste aus VuV geltend. An dem nutzungsberechtigten Objekt wurden umfangreiche und kostenintensive Reparaturaufwendungen durchgeführt.

Das FA versagte ebenso wie das Nds. FG die Verlustberücksichtigung, weil die Einkünfte den Kindern zuzurechnen seien.

Entscheidung des Nds. FG

Die negativen Einkünfte hat das Nds. FG nicht dem Kläger zugerechnet.

Das vereinbarte höchstpersönliche und nicht auf Dritte übertragbare Nutzungsrecht stelle – anders als ein Nießbrauchsrecht[2] – kein umfassendes und uneingeschränktes Nutzungsrecht dar. Der Kläger war nur berechtigt, das Teileigentum für eigene Zwecke zu benutzen, nicht aber dieses Dritten zur Nutzung zu überlassen.

Welche offenen Fragen hat der BFH zu klären?

Das Nds. FG nimmt eine Differenzierung nach einem (einfachen) Nutzungsrecht und einem Nießbrauchrecht vor. Der BFH wird in dem anhängigen Revisionsverfahren folgende Fragen zu klären haben:

1.
Schließt ein höchstpersönliches lebenslängliches Nutzungsrecht die Zurechnung der Vermietungseinkünfte beim Nutzungsberechtigten aus?

2.
Welche Bedeutung erlangt in diesem Zusammenhang ein Schenkungsvertrag, der eine Verwaltungsbefugnis bis zur Volljährigkeit des jüngsten Kindes beinhaltet und im Kontext mit dem Nutzungsrecht so gelebt wurde, dass der Kläger als Verwalter und zugleich Nutzungsberechtigter die Mieteinnahmen vereinnahmt und die betreffenden Ausgaben getragen hat? Kann eine die Zurechnung der Vermietungseinkünfte beim Nutzungsberechtigten voraussetzende Berechtigung zur Vermietung auch nach Auslaufen der Befristung durch tatsächliche Ausübung konkludent fortbestehen?

Praxishinweis

Der Entscheidungsfall zeigt, dass Diskussionen über die Zurechnung von Einkünften gerade bei hohen Verlusten aufkommen. Eine Bindungswirkung an die Zurechnung von Einkünften in früheren Veranlagungsjahren besteht nicht. Die Entscheidung verdeutlicht auch, dass vertragliche Regelungen klar und eindeutig zu formulieren sind und je Veranlagungsjahr erneut zu Diskussionen mit der FinVerw führen können.

---

2 § 1030 BGB

III. Gesonderte und einheitliche Feststellung von Ehegatteneinkünften

Erfüllen mehrere Personen den Tatbestand der Einkunftserzielung in einer Gesellschaft oder Gemeinschaft, ist für jede Gesellschaft/Gemeinschaft grds. ein selbstständiges gesondertes und einheitliches Feststellungsverfahren durchzuführen.

Besondere Bedeutung kommt der gesonderten und einheitlichen Feststellung von Einkünften aus VuV bei Erbengemeinschaften oder vermögensverwaltenden PersG zu. Für die Gesellschaft ist ein selbstständiger Feststellungsbescheid zu erlassen, und zwar unabhängig davon, ob es sich um eine Bruchteils- oder Gesamthandsgemeinschaft handelt.[3]

Praxishinweis

Von der Notwendigkeit, für jede Gesellschaft einen selbstständigen Feststellungsbescheid zu erlassen, ist die Frage zu unterscheiden, ob dann, wenn eine Gesellschaft oder Gemeinschaft über mehrere Grundstücke und damit über mehrere Einkunftsquellen verfügt, die Einkünfte aus diesen Grundstücken in nur einem Bescheid einheitlich und gesondert festgestellt werden können.[4] Eine Zusammenschau auf der Ebene der Gewinnfeststellung kommt nur in Betracht, wenn die in die Gesamtschau einzubeziehenden Personenmehrheiten sowohl nur vermögensverwaltend tätig als auch personenidentisch sind.[5] Diese Grundsätze dürften bei Vermietungseinkünften entsprechend zur Anwendung kommen.[6] Bei Ermittlung der Einkünfte sind die (Sonder-)Einnahmen und (Sonder-) Werbungskosten zu berücksichtigen.

Aufgrund des BFH-Urteil vom 6.2.2020[7] entfällt die Notwendigkeit einer gesonderten und einheitlichen Feststellung von Besteuerungsgrundlagen in Fällen von bestimmten BGB-Gesellschaften, an denen nur die Ehegatten/Lebenspartner beteiligt sind. Es handelt sich nunmehr um Fälle von geringer Bedeutung i.S.d. § 180 Abs. 3 S. 1 Nr. 2 AO.

---

3 *Mellinghoff,* in: Kirchhoff/Seer, EStG-Komm., § 21 Rn. 30 m.w.N.
4 BFH-Urt. v. 19.4.2005 – VIII R 6/04, BFH/NV 2005, 1737
5 BFH-Beschl. v. 10.6.2008 – IV B 52/07, BFH/NV 2008, 1443
6 FG München, Urt. v. 18.5.2021 – 12 K 1506/20, Juris
7 BFH-Urt. v. 6.2.2020 – IV R 6/17, BStBl II 2021, 17

Von der BFH-Entscheidung sind insb. Fälle

- mit gewerblichen Einkünften aus einer Photovoltaikanlage,[8] die sich auf dem zu Wohnzwecken genutzten Gebäude befindet, und
- mit Einkünften aus VuV mit umsatzsteuerpflichtiger Vermietung (mit / ohne Kleinunternehmerregelung des § 19 Abs. 1 UStG)

betroffen.

Diese Fälle werden von der FinVerw nicht mehr zur Abgabe von Erklärungen zur gesonderten und einheitlichen Feststellung der Besteuerungsgrundlagen aufgefordert.

Die bisher gesondert und einheitlich festgestellten Besteuerungsgrundlagen sind zukünftig ohne einen Grundlagenbescheid unmittelbar in der ESt-Veranlagung der Ehegatten / Lebenspartner zu berücksichtigen.

Es entfällt die Bindungswirkung nach § 182 AO hinsichtlich der Höhe der anzusetzenden Einkünfte aus der BGB-Gesellschaft für die ESt-Festsetzung.

Das Ergebnis der Einkünfteermittlung ist daher ertragsteuerlich direkt in die Veranlagung der ESt einzubeziehen.

---

[8] Sofern eine Einkunftserzielung vorliegt – BMF-Schr. v. 29.10.2021 – IV C 6 - S 2240/19/10006:006, DStR 2021, 2590; *Gragert*, NWB 2021, 3294

IV. Verbilligte Vermietung von Wohnraum

1. Blick in das Gesetz (§ 21 Abs. 2 EStG)

§ 21 Abs. 2 EStG bestimmt Folgendes:

> *„[1]Beträgt das Entgelt für die Überlassung einer Wohnung zu* ***Wohnzwecken*** *weniger als* ***50 Prozent*** [9] *der ortsüblichen Marktmiete, so ist die Nutzungsüberlassung in einen entgeltlichen und einen unentgeltlichen Teil aufzuteilen. [2]Beträgt das Entgelt bei auf Dauer angelegter Wohnungsvermietung mindestens* ***66 Prozent*** *der ortsüblichen Miete, gilt die Wohnungsvermietung als entgeltlich."*

Praxishinweis

Der Gesetzgeber hat durch das JStG 2020 den Prozentsatz in § 21 Abs. 2 S. 1 EStG – nicht aber in § 21 Abs. 2 S. 2 EStG – auf 50 % reduziert. Diese Änderung gilt erstmals ab dem VZ 2021. Bei Anwendung der neuen Rechtslage darf nicht verkannt werden, dass eine **Totalüberschussprognose** bei Wohnungsvermietungen weiterhin nur dann kraft Gesetzes angenommen wird, wenn die ortsübliche Miete mindestens 66 % beträgt. Um Einzelfalldiskussionen gerade bei Vermietungen unter nahen Angehörigen zu vermeiden, ist es u.E. zu empfehlen, sich weiterhin an der 66 %-Grenze zu orientieren.

Der Gesetzgeber will mit der Reduzierung auf 50 % dem Umstand der vielerorts steigenden Mieten und des hohen Mietniveaus in Deutschland Rechnung tragen. Dadurch können insb. Vermieter, die im Interesse des Fortbestands ihrer oft langjährigen Mietverhältnisse davon Abstand nehmen, regelmäßig (zulässige) Mieterhöhungen vorzunehmen, ihre Werbungskosten auch bei verbilligter Wohnraumüberlassung mit Einkünfteerzielungsabsicht vollumfänglich abziehen, wenn das Entgelt mindestens 50 % der ortsüblichen Miete beträgt.

Praxishinweis

Grds. bleibt aber festzuhalten, dass Vermieter, die auf regelmäßige – nach Maßgabe von § 558 Abs. 3 BGB mögliche (Kappungsgrenze)[10] – Mietanpassungen verzichten, in die Kostenaufteilung hineinwachsen können.[11] Mandanten sollten auf die Gefahr

---

9 VZ 2020: 66 Prozent

10 Zur Nichtigkeit des Berliner Mietdeckels siehe BVerfG, Beschl. v. 25.3.2021 – 2 BvF 1/20, 2 BvF 4/202 und 2 BvF 5/20; *Hofele*, NWB 2021, 1220

11 *Pfirrmann*, in: HHR, EStG-Komm., § 21 Anm. 206

der Werbungskostenkürzung bei fehlender Mietanpassung bei Erstellung der jeweiligen ESt-Erklärung hingewiesen werden.[12]

2. Begriffsbestimmung „ortsübliche (Markt-)Miete"

a) Grundsätzliches

Was unter „ortsüblicher Miete" zu verstehen ist, wird im EStG nicht näher bestimmt. Bei der Begriffsauslegung kommt dem BFH-Urteil vom 22.2.2021[13] eine besondere Bedeutung zu.

Für die Ermittlung der maßgeblichen Miete ist von ortsüblichen Marktmieten für Wohnungen vergleichbarer Art, Lage und Ausstattung auszugehen. Die ortsübliche Marktmiete umfasst die ortsübliche Kaltmiete zuzüglich der nach der Betriebskostenverordnung umlagefähigen Kosten.[14]

Praxishinweis

Berücksichtigung finden die umlagefähigen Kosten. Werden diese unmittelbar vom Mieter bzw. der Mieterin im Wege des abgekürzten Zahlungsweges getragen, werden diese gleichwohl bei Anwendung von § 21 Abs. 2 S. 1 EStG berücksichtigt.[15]

b) Übersicht

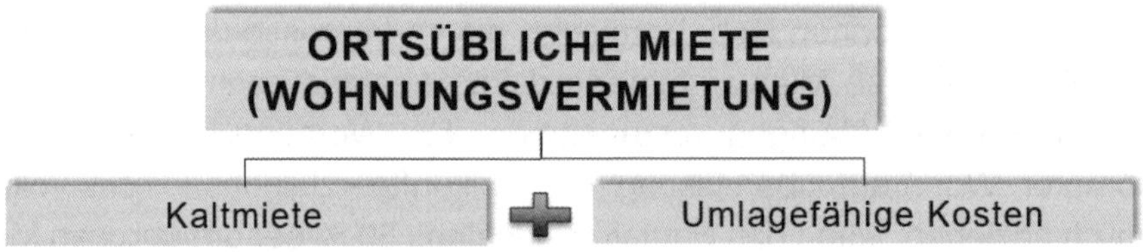

12 *Seifert*, NWB 2021, 495, 503
13 BFH-Urt. v. 22.2.2021 – IX R 7/20, BStBl II 2021, 479
14 R 21.3 S. 2 EStR; BFH-Urt. v. 22.2.2021 – IX R 7/20, BStBl II 2021, 479 Rz 12
15 BFH-Urt. v. 22.2.2021 – IX R 7/20, BStBl II 2021, 479 Rz 21

c) Beispiel

Der Stpfl. A vermietet eine zuvor fremdvermietete Wohnung nunmehr an seine studierende Tochter. Das Mietverhältnis ist zivilrechtlich wirksam und wird auch wie vereinbart durchgeführt.[16] Die ortsübliche Miete beträgt 700 EUR zzgl. 200 EUR Umlagen. Nach den getroffenen Vereinbarungen übernimmt die Tochter sämtliche Umlagen. Sie zahlt ferner eine monatliche Miete von 340 EUR. Von einer Totalüberschussprognose ist auszugehen, da die Tochter angekündigt hat – nach dem Studium – den Studienort zu verlassen.

Das Entgelt für die Überlassung der Wohnung zu Wohnzwecken beträgt nicht weniger als 50 %, sodass ein voller Werbungskostenabzug ab dem VZ 2021 möglich ist. Im VZ 2020 scheidet demgegenüber der vollständige Werbungskostenabzug aus, weil die ortsübliche Miete nicht 66 % erreicht.

Berechnung

	Ortsübliche Miete	**Vereinbarte Miete**
Kaltmiete	700,00 EUR	340,00 EUR
Umlagen	200,00 EUR	200,00 EUR
Summe	900,00 EUR	540,00 EUR
in %	100,00 %	60,00 %

Würde man auf den Vergleich der Kaltmieten abstellen, ergäbe sich ein anderes Ergebnis.

	Ortsübliche Miete	**Vereinbarte Miete**
Kaltmiete	700,00 EUR	340,00 EUR
in %	100,00 %	48,57 %

Praxishinweis

Die ortsübliche Marktmiete (oder Marktpacht) versteht sich nur außerhalb der Wohnraumvermietungen (z.B. bei der Verpachtung von Gewerbeflächen) als Nettokaltmiete bzw. Nettokaltpacht.[17]

Der Ansatz der Warmmiete, der auf den Besonderheiten des Wohnraummietrechts beruht, eröffnet insoweit einen größeren Spielraum, da sich bei der verbilligten Überlassung die eingeräumte Ermäßigung häufig nur auf die Nettokaltmiete bezieht.[18]

---

16 Zum Fremdvergleich siehe BFH-Urt. v. 4.10.2016 – IX R 8/16, BStBl II 2017, 273
17 BFH-Urt. v. 10.10.2018 – IX R 30/17, BStBl II 2019, 200 Rz 15
18 *Trossen*, NWB 2019, 776

d) Bestimmung der ortsüblichen Kaltmiete

Die Ermittlung der ortsüblichen Kaltmiete erfolgt in einem abgestuften Verfahren.[19]

Danach ist die ortsübliche Miete vorrangig auf der Basis des Mietspiegels zu bestimmen.

Praxishinweis

Nach Auffassung der FinVerw bestehen keine Bedenken, wenn der untere Rahmenwert des Mietspiegels als ortsübliche Miete zugrunde gelegt wird.[20]

Der Gesetzgeber hat im Übrigen ein Mietspiegelreformgesetz beschlossen.[21] Es tritt zum 1.7.2022 in Kraft. In Städten mit mehr als 50.000 Einwohnern wird die Erstellung eines Mietspiegels verpflichtend. Für Mieter und Vermieter wird es künftig Pflicht, für die Erstellung der örtlichen Mietspiegel Auskünfte zu erteilen. Anders als zunächst geplant, soll der Mietspiegel nach zwei Jahren an die Marktentwicklung angepasst werden (qualifizierte Mietspiegel nach vier Jahren[22]).

Kann ein Mietspiegel nicht zugrunde gelegt werden[23] oder ist er nicht vorhanden, kann die ortsübliche Marktmiete z. B.

- mit Hilfe eines mit Gründen versehenen Gutachtens eines öffentlich bestellten und vereidigten Sachverständigen[24],
- durch die Auskunft aus einer Mietdatenbank[25] oder
- unter Zugrundelegung der Entgelte für zumindest drei vergleichbare Wohnungen[26]

ermittelt werden. Jeder dieser Ermittlungswege ist grds. gleichrangig.

---

19 BFH-Urt. v. 22.2.2021 – IX R 7/20, BStBl II 2021, 479
20 OFD Ffm. v. 1.10.2021 – S 2253 A – 85 - St 214, Juris mit Verweis auf BFH-Urt. v. 17.8.2005 – IX R 10/05, BStBl II 2006, 71
21 Mietspiegelreformgesetz v. 10.8.2021, BGBl I 2021, 3515
22 Siehe hierzu auch Mietspiegelverordnung (MsV)
23 Siehe nachfolgende Ausführungen
24 § 558a Abs. 2 Nr. 3 BGB; die FinVerw führt die Ermittlung auch mit Hilfe des Bausachverständigen durch: OFD Ffm. v. 1.10.2021 – S 2253 A – 85 - St 214, Juris Rz 2.4
25 § 558a Abs. 2 Nr. 2 BGB i.V.m. § 558e BGB
26 § 558a Abs. 2 Nr. 4 BGB

Praxishinweis

Eine Schätzung der ortsüblichen Kaltmiete nur mittels der Miete einer einzelnen Wohnung, die im Vermietungsobjekt zu einem höheren Mietzins vermietet wird, scheidet nach der neueren BFH-Rechtsprechung aus.[27] Es muss ein breites Spektrum von Vergleichsmieten herangezogen werden. Existiert kein Mietspiegel, können als Überblick für die Vergleichsmieten auch Internetangebote herangezogen werden (z.B. Mietangebote über www.immoscout24.de[28]). Es empfiehlt sich, entsprechende Ausdrucke zu den (elektronischen) Akten zu nehmen, damit die Ermittlung der Vergleichsmiete auch im Nachhinein nachvollziehbar ist.

Der örtliche Mietspiegel kann nach Auffassung des BFH nur ausnahmsweise nicht zugrunde gelegt werden, wenn er

- nicht regelmäßig an die Marktentwicklung angepasst wird oder
- an substanziellen Defiziten in der Datenerhebung leidet oder
- aus sonstigen substantiierten Gründen einen mangelhaften Erkenntniswert hat und daher im Einzelfall kein realitäts- und sachgerechtes Bild über die ortsübliche Marktmiete vergleichbarer Wohnungen wiedergibt.

Entsprechendes gilt bei Sonderobjekten, die nicht dem im Mietspiegel definierten Anwendungsbereich unterfallen.

Gibt ein Mietspiegel nur Richtwerte für das Mietniveau von Wohnungen in MFH an, weist das zu beurteilende vermietete EFH aber im Hinblick auf Größe und Ausstattung im Vergleich zu einer Mietwohnung keine Besonderheiten auf, so kann der Vergleichswert des Mietspiegels gleichwohl einen Anhaltspunkt für den Mietwert eines vergleichbaren EFH geben, der durch einen Zuschlag für die gesteigerte Wohnqualität beim Bewohnen eines EFH anzupassen ist (Zuschlag von 10 % auf den Mittelwert des einschlägigen Mietspiegelfeldes).[29]

Praxishinweis

Im Entscheidungsfall wollte das FA die Vergleichsmiete nicht anhand des örtlichen Mietspiegels, sondern unter Heranziehung der Miete für eine an einen Fremdmieter

---

[27] BFH-Urt. v. 22.2.2021 – IX R 7/20, BStBl II 2021, 479 Rz 20 (anders noch BFH-Beschl. v. 19.9.2008 – IX B 102/08, BFH/NV 2009, 146)

[28] OFD Ffm. v. 1.10.2021 – S 2253 A – 85 - St 214, Juris unter 2.3

[29] FG Berlin-Brandenburg, Urt. v. 18.2.2016 – 5 K 4220/12, EFG 2016, 1858, m.w.N.: Zuschlag von 10 % auf den Mittelwert des einschlägigen Mietspiegelfeldes und nachfolgend BFH-Urt. v. 9.3.2017 – VI R 33/16, BFH/NV 2017, 1042

im selben Haus vermietete Wohnung gleicher Art, Größe und Ausstattung ermitteln. Dem ist der BFH entgegengetreten.

Der BFH weist im Übrigen darauf hin, dass die Regelung des § 21 Abs. 2 EStG nicht auf die Vermietung von Gewerbeflächen anzuwenden sei.

e) Ermittlung der umlagefähigen Kosten

Die ortsübliche Marktmiete umfasst die ortsübliche Kaltmiete zuzüglich der nach der Betriebskostenverordnung (BetrKV) umlagefähigen Kosten.[30]

Zu den umlagefähigen Kosten gehören nach § 2 BetrKV insb. die Grundsteuer, die Kosten für die Wasserversorgung, Entwässerung, Heizung, Straßenreinigung und Müllbeseitigung, die Beleuchtung, Gartenpflege, Schornsteinreinigung, Sach- und Haftpflichtversicherung und für den Hauswart. Kosten für die Instandhaltung und Instandsetzung gehören nach § 1 BetrKV nicht dazu.

Da die Prüfung, ob eine verbilligte Vermietung an nahe Angehörige vorliegt, in der Regel nach Ablauf des betreffenden VZ erfolgt, kann die tatsächliche Höhe der für das Objekt zu leistenden Umlagen ermittelt werden.

Sind keine getrennten Zähler vorhanden, teilt die FinVerw die Umlagen anhand der tatsächlichen Kosten und einer Aufteilung dieser nach der Anzahl der Bewohner bzw. nach den Flächen auf.

30 R 21.3 S. 2 EStR

V. Mietausfall: Corona-Pandemie und § 21 Abs. 2 S. 1 EStG

Bedingt durch die Corona-Pandemie wird oftmals die tatsächlich vereinbarte Miete nicht gezahlt oder vom Vermieter aufgrund einer finanziellen Notsituation des Mieters zeitlich befristet ganz oder teilweise erlassen.

Grds. gilt zur Erfassung von Mieteinnahmen Folgendes:

- **Verzichtet** der Vermieter auf den Zahlungsanspruch (vorübergehend), liegt mangels Zuflusses keine Einnahme vor.[31] Bei einer Stundung wird die Fälligkeit des Zahlungsanspruchs hinausgeschoben und damit auch der Zuflusszeitpunkt.[32]
- Vereinbaren die Mietparteien dagegen ein **Darlehen** über die ausstehende Mietzahlung, wird von einer Novation[33] und damit von einem Zufluss im Zeitpunkt der Novation ausgegangen. Nur ausnahmsweise kann von einem späteren Zufluss ausgegangen werden, wenn die Schuldumwandlung nur aus Gründen der Zahlungsunfähigkeit des Mieters (Schuldners) erfolgte.[34]

§ 21 Abs. 2 S. 1 EStG stellt auf die „Entgelte“ ab, so dass sich die Frage stellte, ob die vereinnahmten oder die vereinbarten Entgelte für die Vergleichsmietenberechnung heranzuziehen sind.

Nach aktueller Verwaltungsauffassung ist auf die tatsächlich vereinbarten Mieten abzustellen.[35] Eine vertragswidrige Nichtzahlung bleibt außer Betracht, es sei denn, die Nichtzahlung wird vom Vermieter aus privaten Gründen hingenommen.[36]

Praxishinweis

Dieser Rechtsauslegung folgend können die nach § 21 Abs. 2 S. 1 EStG heranzuziehenden Entgelte nicht aus der Anlage V selbst, sondern nur aus einer Schattenberechnung zur Anlage V ermittelt werden.

---

31 *Schallmoser,* in: Brandis/Heuermann, EStG-Komm., § 21 Rz. 240 unter „Verzicht auf Miet- oder Pachtzahlungen; so auch *Nacke*, NWB 2021, 907

32 BFH-Urt. v. 20.10.2015 – VIII R 40/13, BStBl II 2016, 342; *Nacke*, NWB 2021, 907, 909

33 § 311 BGB

34 BFH-Urt. v. 21.7.1987 – VIII R 211/82, BFH/NV 1988, 224; *Nacke*, NWB 2021, 907, 909

35 BFH-Urt. v. 28.1.1997 – IX R 88/94, BStBl II 1997, 605 und OFD NRW v. 2.12.2020, DB 2020, 2722

36 *Pfirrmann,* in: H/H/R, EStG-Komm., § 21 Anm. 206

Aus der Anlage V sind nur die tatsächlich zugeflossenen Einnahmen, nicht aber die vereinbarten Mieten ersichtlich. Einen Hinweis auf diese Rechtsauslegung beinhaltet der aktuelle Erklärungsvordruck nicht.

Erlässt der Vermieter einer im Privatvermögen gehaltenen und nicht Wohnzwecken dienenden Immobilie aufgrund einer finanziellen Notsituation des Mieters die Mietzahlung zeitlich befristet ganz oder teilweise, führt dies nicht automatisch zum Wegfall der Einkunftserzielungsabsicht des Vermieters.[37]

[37] OFD NRW v. 2.12.2020 – DB 2020, 2722

VI. Blick in die Umsatzsteuer

Mit Erstellung der Einkommensteuer-Erklärung gilt es, bei der Bearbeitung auch aktuelle Entwicklungen anderer Steuerarten zu berücksichtigen. Bedeutung kommt dabei dem Zusammenspiel zwischen der ESt und der USt bei Ermittlung der Einkünfte aus VuV zu.

1. Stellplatzvermietung und Umsatzsteuer

Strittig war, ob die Stellplatzvermietung an Wohnungsmieter Nebenleistung zur steuerfreien Wohnraumvermietung ist.

Nach Auffassung des BFH[38] ist die Vermietung von Plätzen für das Abstellen von Fahrzeugen wie die Vermietung von Grundstücken für Wohnzwecke steuerfrei, wenn sie i.R.e. einheitlichen wirtschaftlichen Vorgangs mit dieser eng verbunden ist, da die Mietflächen Teil eines Gebäudekomplexes sind und von ein und demselben Vermieter an ein und denselben Mieter vermietet werden.

Dabei ist es ohne Bedeutung, ob andere (externe) Mieter von Stellplätzen Zugang zu diesen hatten, ohne das Mietwohngebäude betreten zu müssen.

2. Energielieferungen und Umsatzsteuer

Offen ist, ob der Vorsteuerabzug aus dem Neubau einer Heizungsanlage und Warmwasseranlage möglich ist, wenn der Vermieter an den Mieter Energielieferungen erbringt.

Nach Auffassung des FG Münster handelt es sich bei der Energielieferung nicht um eine Nebenleistung zur steuerfreien Wohnungsvermietung. Eine umsatzsteuerpflichtige Leistung, die zum Vorsteuerabzug führt, kann vorliegen, sofern keine Kleinunternehmereigenschaft vorliegt.

---

38 BFH-Urt. v. 10.12.2020 – V R 41/19, BFH/NV 2021, 949

Praxishinweis

Abzuwarten bleibt die Entscheidung des BFH in dem anhängigen Musterverfahren. Es sollten auch die Einkommensteuerbescheide offengehalten werden. Ertragsteuerlich wird die nicht abziehbare Vorsteuer den Anschaffungskosten der Anlage hinzugerechnet.[39] Sollte (nachträglich) der Vorsteuerabzug gewährt werden, liegen sofort abziehbare Kosten vor, die nur dann in einem geänderten ESt-Bescheid berücksichtigt werden können, wenn der jeweilige ESt-Bescheid verfahrensrechtlich noch änderbar ist.[40]

39 § 9b EStG
40 *Seifert*, NWB 2021, 861

VII. Neues zur Kaufpreisaufteilung bei Grundstücksanschaffungen

1. Grundsätzliches

Haben Vertragsparteien für ein bebautes Grundstück ein Gesamtkaufpreis gezahlt, ohne dass die Vertragsparteien eine Aufteilung des Kaufpreises im Kaufvertrag vorgenommen haben, ist der Kaufpreis zur Ermittlung der Bemessungsgrundlage für die AfA im Schätzungswege aufzuteilen.

Hierfür sind zunächst die Verkehrswerte für Grund und Boden einerseits und das Gebäude andererseits gesondert zu ermitteln.

Sodann sind die Gesamtanschaffungskosten nach dem Verhältnis der beiden Wertanteile aufzuteilen in Anschaffungskosten für den Grund- und Bodenanteil sowie den Gebäudeanteil.[41]

Für die Schätzung des Werts des Grund- und Boden- sowie des Gebäudeanteils kann die Immobilienwertermittlungsverordnung herangezogen werden.

Praxishinweis

Nach der höchstrichterlichen Rechtsprechung ist ein Gesamtkaufpreis für ein bebautes Grundstück nicht nach der Restwertmethode, sondern nach dem Verhältnis der Verkehrswerte oder Teilwerte auf den Grund und Boden einerseits sowie das Gebäude andererseits aufzuteilen.[42]

Übersicht

Kaufpreisaufteilung	ermittelte Einzelwerte	Übertragung des Verhältnisses der ermittelten Einzelwerte auf den Kaufpreis	Kaufpreisanteile
Grund und Boden:	77.713 € (≈ 54 %)		63.721 € (≈ 54 %)
Wertanteil der baulichen Anlagen/Gebäude:	66.190 € (≈ 46 %)		54.281 € (≈ 46 %)
Summe:	143.903 € (100 %)		118.002 € (100 %)

41 BFH-Besch. v. 27.11.2017 – IX B 144/16, BFH/NV 2018, 218
42 BFH-Urt. v. 10.10.2000 – IX R 86/97, BStBl II 2001, 183

Rund ums Haus – Neues zur Kaufpreisaufteilung bei Grundstücksanschaffungen

Das BMF hat im Mai 2021 eine **geänderte Arbeitshilfe** zur Aufteilung eines Gesamtkaufpreises für ein bebautes Grundstück in einen Anteil Grund und Boden sowie Gebäude (Kaufpreisaufteilung) nebst Anleitung veröffentlicht.

Hiermit soll eine (vereinfachte) Aufteilungsschätzung „vom Schreibtisch aus“[43] erfolgen; eine Widerlegung z.B. durch ein Gutachten durch einen öffentlich bestellten und vereidigten Sachverständigen ist zulässig.

Übersicht

Anleitung für die Berechnung zur Aufteilung eines Grundstückskaufpreises	Arbeitshilfe zur Aufteilung eines Gesamtkaufpreises für ein bebautes Grundstück (Kaufpreisaufteilung)	Arbeitshilfe zur Aufteilung eines Gesamtkaufpreises für ein bebautes Grundstück (Kaufpreisaufteilung) (.zip-Datei)
PDF|793KB ↓	XLSM|149KB ↓	ZIP|780KB ↓

Die FinVerw reagiert mit der neuen Arbeitshilfe auf das **zur amtlichen Veröffentlichung vorgesehene** BFH-Urteil vom 21.7.2020[44], wonach die bisherige Kaufpreisaufteilung die realen Wertverhältnisse insb. wegen der Nichtberücksichtigung von Orts- und Regionalfaktoren (regional unterschiedliche Baukosten) in grundsätzlicher Weise verfehlt.

Praxishinweis

In der Beratungspraxis sollte darauf geachtet werden, dass sich die Kaufpreisaufteilung nur auf die Verteilung des Kaufpreises auf den Grund und Bodenanteil sowie den Gebäudeanteil bezieht. Was dem Gebäude zuzurechnen ist, bestimmt sich nach dem BGB.[45] Nicht dem Gebäude zuzurechnen sind Scheinbestandteile[46], das Zubehör[47] und die Betriebsvorrichtungen[48]. Betriebsvorrichtungen sind selbstständige Wirtschaftsgüter, weil sie nicht in einem einheitlichen Nutzungs- und Funktionszusammenhang mit dem Gebäude stehen. Bevor die BMF-Kaufpreisaufteilung anzuwenden ist, müssen die nicht dem Gebäude zuzurechnenden Kosten – bedarfsweise im Wege

---

43 *Ronig*, NWB 2021, 2059
44 BFH-Urt. v. 21.7.2020 – IX R 26/19, BStBl II 2021, 372
45 BFH-Urt. v. 3.8.2016 – IX R 14/15, BStBl II 2017, 437
46 § 95 Abs. 2 BGB wie z.B. Einbauküche (BMF-Schr. v. 16.5.2017 – IV C 1 - S 2211/07/10005:001, BStBl I 2017, 775)
47 § 97 BGB
48 R 7.1 Abs. 3 S. 1 EStR wie z.B. Photovoltaikanlagen (Aufdach- und dachintegrierte Anlagen – OFD NRW v. 13.1.2016 – S 2130 - 2011/0003 - St 146, Juris – zuletzt aktualisiert am 19.4.2021)

der sachgerechten Schätzung – aus dem Gesamtkaufpreis herausgerechnet werden. Zu empfehlen ist eine Kaufpreisaufteilung im Kaufvertrag. Dieser hat die FinVerw zu folgen, sofern der Wert nicht nur zum Schein getroffen wurde oder die Kaufpreisaufteilung einen Gestaltungsmissbrauch darstellt.[49]

Entsprechend der ImmoWertV sind zur Ermittlung des Verkehrswertes folgende Ermittlungen im Schätzungswege möglich, die der BFH gleichwertig ansieht.

- Vergleichswertverfahren
- Ertragswertverfahren
- Sachwertverfahren
- oder mehrere dieser Verfahren

Praxishinweis

Die neue BMF-Arbeitshilfe sieht demgegenüber eine Methodenreihenfolge vor. Ob diese Einschränkung vor der Rechtsprechung haltbar sein wird, dürfte mehr als fraglich sein.[50]

2. Vergleichswertverfahren

Das Vergleichswertverfahren ist ein Verfahren zur Wertermittlung von Immobilien. Steuerrechtlich erfolgt die Ermittlung in Anlehnung an § 15 ImmoWertV. Nach diesem Verfahren wird der Marktwert eines Grundstücks aus tatsächlich realisierten Kaufpreisen von anderen Grundstücken abgeleitet, die in Lage, Nutzung, Bodenbeschaffenheit, Zuschnitt und sonstiger Beschaffenheit hinreichend mit dem zu vergleichenden Grundstück übereinstimmen.

Praxishinweis

I.R.d. Arbeitshilfe zur typisierten Kaufpreisaufteilung weist die FinVerw darauf hin, dass bei Wohnungseigentum oder bei EFH/MFH das Vergleichswertverfahren herangezogen werden kann, wenn vom örtlich zuständigen Gutachterausschuss für diese Grundstücks- bzw. Gebäudearten Vergleichsfaktoren vorliegen.[51]

---

49 Nds. FG, Urt. v. 24.2.2021 – 9 K 116/19, Juris, Rz 60 m.w.N.
50 Kritisch hierzu: *Geiling/Jacoby*, DStR 2021, 1855
51 Kritisch hierzu: *Geiling/Jacoby*, DStR 2021, 1855

3. Ertragswertverfahren

Beim Ertragswertverfahren steht nicht der Sachwert der Immobilie im Vordergrund, sondern wie viel Ertrag und Rendite sich durch eine Immobilie erzielen lassen. Es kann deswegen nur bei Gebäuden angewandt werden, die in Zukunft Erträge abwerfen, also zumeist Mietimmobilien.

Praxishinweis

Für Mietwohngrundstücke, gemischt genutzte Grundstücke und Geschäftsgrundstücke wird von der FinVerw vorrangig das Ertragswertverfahren angewandt. Auch findet das Ertragswertverfahren bei Wohnungseigentum und EFH/ZFH Anwendung, sofern hier mangels Vergleichsfaktoren das Vergleichswertverfahren nicht angewandt werden kann. Voraussetzung für die Anwendung des Ertragswertverfahrens ist die Kenntnis der tatsächlichen oder üblichen Miete.

Die Ertragswertermittlung erfolgt in Anlehnung an das allgemeine Ertragswertverfahren nach § 17 Abs. 2 S. 1 Nr. 1 ImmoWertV. Nach Auffassung von *Geilinger/Jacoby* wird durch die Arbeitshilfe eine Bewertung im vereinfachten Ertragswertverfahren nach § 184 ff. BewG und nicht nach §§ 17 - 20 ImmoWertV durchgeführt. Die Bewertung der neuen Arbeitshilfe entspreche daher nicht der BFH-Rechtsprechung. Neuer Rechtsstreit ist vorprogrammiert.[52]

Praxishinweis

Bei einer ausschließlich an **Feriengäste** vermieteten ETW ist gegenwärtig offen, ob das Sachwertverfahren vorrangig vor dem Ertragswertverfahren ist.[53] Nachdem der BFH alle Bewertungsverfahren als gleichrangig angesehen hat,[54] dürfte eine optionale Bewertung im Ertragswertverfahren zulässig sein. Vergleichbare Verfahren sollten bis zu einer abschließenden Entscheidung des BFH in dieser Rechtsfrage offengehalten werden.

4. Sachwertverfahren

Sofern keine Daten für die Anwendung des Vergleichs- oder Ertragswertverfahrens vorliegen, wird das Sachwertverfahren herangezogen. Damit wird deutlich, dass das Sachwertverfahren nunmehr als nachrangige Bewertungsmethode angesehen wird, wenngleich die FinVerw in der Anleitung für die

---

52 *Geiling/Jacoby*, DStR 2021, 1855

53 FG Hamburg, Urt. v. 30.9.2020 – 3 K 233/18, NWB BAAAH-81519, Revision eingelegt, Az des BFH: IX R 12/21

54 BFH-Urt. v. 21.7.2020 – IX R 26/19, BStBl II 2021, 372

Berechnung zur Kaufpreisaufteilung darauf hinweist, dass die Wertermittlungsverfahren einander gleichwertig gegenüber stehen. In der Beratungspraxis sollten alle Wertermittlungsverfahren durchgeführt und der steueroptimalste Wert angesetzt werden.

Die dem Sachwertverfahren zugrunde liegenden Normalherstellungskosten 2010 sind im Regelfall nicht mittels eines Regionalfaktors an die Verhältnisse am örtlichen Grundstücksmarkt einschließlich der regionalen Baupreisverhältnisse anzupassen. Daher wird grds. ein Regionalfaktor von 1,0 unterstellt. Insbesondere der örtlich zuständige Gutachterausschuss kann jedoch aus besonderem Grund eine Anpassung durch Festlegung eines von 1,0 abweichenden Regionalfaktors vorgeben. Sofern ein solcher Regionalfaktor vorliegt bzw. bekannt ist, wird dieser berücksichtigt.

Praxishinweis

Der Regionalfaktor sollte im Einzelfall geprüft werden. Gerade in Großstädten liegt der Regionalfaktor[55] über 1,0. Vor diesem Hintergrund ergibt sich ein erhöhter Gebäudewert.

5. Kaufpreisaufteilung im Kaufvertrag / Einholung eines Sachverständigengutachtens

Sofern eine Kaufpreisaufteilung im Kaufvertrag vorgenommen wird, soll diese nicht generell, sondern nur grds. statt der Kaufpreisaufteilung des BMF zu übernehmen sein.[56]

Jedoch hat das FA die Möglichkeit, die Kaufpreisaufteilung zu erschüttern.

Wird die vertragliche Vereinbarung nur zum Schein getroffen oder liegt ein Gestaltungsmissbrauch i.S.d. § 42 AO vor, wird die vertragliche Kaufpreisaufteilung weder von der FinVerw noch von der Rechtsprechung übernommen. Die FinVerw geht regelmäßig von einer Scheinvereinbarung aus, wenn die vertragliche Kaufpreisaufteilung nicht ungefähr der Kaufpreisaufteilung nach der BMF-Kaufpreisaufteilung entspricht. Dieser Auffassung ist nicht uneingeschränkt zu folgen, weil die Umstände des jeweiligen Einzelfalls zu berücksichtigen sind.

---

55 www.bki.de

56 BFH-Urt. v. 21.7.2020 – IX R 26/19, BStBl II 2021, 372

Bedarfsweise muss ein zumeist kostenintensives Gutachten eines öffentlich bestellten und vereidigten Sachverständigen eingeholt werden.

Praxishinweis

Die neue Arbeitshilfe zur Kaufpreisaufteilung führt oftmals zu einem höheren Gebäudekostenanteil. Mit der neuen Arbeitshilfe kann eine Scheinvereinbarung bzw. ein Gestaltungsmissbrauch ggf. entkräftet werden. Ob die neue Arbeitshilfe den Anforderungen der BFH-Rechtsprechung genügt, bleibt abzuwarten.

6. Folgewirkungen

Durch die neue Kaufpreisaufteilung ergibt sich oftmals ein höherer Gebäudewert, der diverse steuerliche Folgewirkungen auslöst:

- Erfolgte in der Vergangenheit eine andere Kostenaufteilung in Grund und Boden und Gebäudeanteil und sind die betreffenden Veranlagungen bestandskräftig, kann gleichwohl auf Grundlage der neuen Kaufpreisaufteilung eine Kostenaufteilung erfolgen. Die Ermittlung der AfA-Bemessungsgrundlage hat als unselbstständige Besteuerungsgrundlage keine Bindungswirkung für andere Veranlagungsjahre.[57] Die Kaufpreisaufteilung wird nicht gesondert und einheitlich festgestellt, so dass in offenen Veranlagungsjahren eine günstigere Kostenaufteilung möglich ist und mit Wirkung auf künftige Veranlagungen neues AfA-Potenzial geschaffen werden kann.
- Die Sonderabschreibung nach § 7b EStG wird dann gewährt, wenn die Gebäudekosten je qm max. 3.000 EUR betragen.[58] Durch die geänderte Kostenaufteilung können sich nunmehr die Voraussetzungen für die Gewährung von § 7b EStG ändern.
- Anschaffungsnahe Herstellungskosten liegen bei Überschreitung von 15 % der Anschaffungskosten des Gebäudes vor.[59] Kommt es zu einer Erhöhung des Gebäudewertes infolge der neuen Kaufpreisaufteilung, hat dies auch eine Folgewirkung auf die Ermittlung der anschaffungsnahen Herstellungskosten. Eventuell wird nunmehr die 15 %-Grenze nicht mehr überschritten.

---

[57] BFH-Beschl. v. 30.10.2008 – I B 219/07, Juris

[58] § 7b Abs. 2 Nr. 2 EStG

[59] § 6 Abs. 1 Nr. 1a EStG

VIII. Anschaffungsnahe Herstellungskosten – Update

1. Blick in das Gesetz

§ 6 Abs. 1 Nr. 1a EStG bestimmt Folgendes:

> *„[1]Zu den Herstellungskosten eines Gebäudes gehören auch Aufwendungen für Instandsetzungs- und Modernisierungsmaßnahmen, die innerhalb von drei Jahren nach der Anschaffung des Gebäudes durchgeführt werden, wenn die Aufwendungen ohne die Umsatzsteuer 15 Prozent der Anschaffungskosten des Gebäudes übersteigen (anschaffungsnahe Herstellungskosten). [2]Zu diesen Aufwendungen gehören nicht die Aufwendungen für Erweiterungen im Sinne des § 255 Absatz 2 Satz 1 des Handelsgesetzbuchs sowie Aufwendungen für Erhaltungsarbeiten, die jährlich üblicherweise anfallen."*

2. Nachholung von Verteilungsbeträgen und geänderte Kaufpreisaufteilung

Die FinVerw hat im Mai 2021 eine neue Kaufpreisaufteilung zur Aufteilung eines Gesamtkaufpreises für ein bebautes Grundstück auf den Grund und Boden einerseits sowie das Gebäude andererseits veröffentlicht. Sie reagiert damit auf die jüngere BFH-Rechtsprechung, wonach die Anwendung der bisherigen Arbeitshilfe die realen Wertverhältnisse in grundsätzlicher Weise verfehlt.[60]

Die neue Kaufpreisaufteilung gilt in allen noch offenen Fällen. Darüber hinaus kann der Gesamtkaufpreis auf dieser neuen Grundlage aufgeteilt und im günstigeren Falle steuerlich für die noch nicht bestandskräftigen Veranlagungen als neue AfA-Bemessungsgrundlage herangezogen werden. In Bestandskraft erwächst die Einkommensteuer, nicht aber die Gesamtkaufpreisaufteilung; die Gesamtkaufpreisaufteilung im Erstjahr stellt keine Grundlagenfeststellung für die Folgejahre dar.

Mittelbar hat die Kaufpreisaufteilung auch Auswirkung auf § 82b EStDV. Ging man zunächst vom Vorliegen von anschaffungsnahem Herstellungsaufwand wegen Erreichung der 15 %-Grenze des § 6 Abs. 1 Nr. 1a EStG aus, und wird die 15 %-Grenze infolge neuer Gesamtkaufpreisaufteilung nicht mehr

---

60 BFH-Urt. v. 21.7.2020 – IX R 26/19, BStBl II 2021, 372

überschritten, kann „nachträglich" die Verteilungsregelung des § 82b EStDV gewählt werden.[61]

Beispiel

Im VZ 2018 wird der Gesamtkaufpreis für eine vermietete ETW (Anschaffungskosten: 250.000 EUR) auf 150.000 EUR Grund und Boden und 100.000 EUR Gebäude aufgeteilt. Im VZ 2019 fiel Erhaltungsaufwand von 20.000 EUR (netto + 19 % USt) an. Weitere Erhaltungsaufwendungen fallen bis 2022 nicht an.

Lösung

Der im VZ 2019 getragene Erhaltungsaufwand löst anschaffungsnahe Herstellungskosten aus; § 6 Abs. 1 Nr. 1a EStG. Die Nettoerhaltungsaufwendungen übersteigen 15 % der Gebäudeanschaffungskosten. Die für die AfA maßgeblichen Gebäudeanschaffungskosten betragen damit (100.000 EUR + 23.800 EUR (20.000 EUR + 19 % USt) =) 123.800 EUR.

Fortführung des Beispiels

Wie Bsp. zuvor. Die Veranlagungen 2018 und 2019 sind bestandskräftig. Nunmehr stellt sich heraus, dass sich nach der im Mai 2021 veröffentlichten Kaufpreisaufteilung ein Wert für den Grund und Boden von 100.000 EUR und für das Gebäude von 150.000 EUR ergibt.

Lösung

Nachträglich ist der größere Erhaltungsaufwand, der im VZ 2019 anfiel, nunmehr nicht mehr als anschaffungsnaher Herstellungsaufwand zu werten.[62]

Rückblickend wird die 15 %-Grenze mit den vorliegenden Erhaltungsaufwendungen nicht mehr überschritten.

Zwar kann der VZ 2019 verfahrensrechtlich nicht mehr geändert werden. Im VZ 2020 kann die bessere Aufteilungserkenntnis aber durch die nachträgliche Verteilung des größeren Erhaltungsaufwands 2019 auf die noch nicht bestandskräftigen Jahre 2020 bis 2023 i.H.v. jeweils (20.000 EUR + 19 % USt = 23.800 EUR : 5 Jahre=) 4.760 EUR bei gleichzeitiger Anpassung der AfA-Bemessungsgrundlage beantragt werden. Die ab 2020 neu ermittelte AfA-Bemessungsgrundlage erhöht sich wegen der geänderten Kaufpreisaufteilung auf 150.000 EUR. Fraglich ist, ob in die AfA-Bemessungsgrundlage zumindest der sich nicht als sofortige Werbungskosten ausgewirkte Vertei-

---

[61] H 21.1 EStH „Verteilung des Erhaltungsaufwands nach § 82b EStDV – 3. Spiegelstrich" mit Verweis auf BFH-Urt. v. 24.11.1992 – IX R 99/89, BStBl II 1993, 593; s.a. *Schmidt/Kulosa*, 40. Aufl. EStG-Komm., § 21 Rz 126

[62] § 6 Abs. 1 Nr. 1a EStG

lungsbetrag 2019 nach § 82b EStDV i.H.v. 4.760 EUR einzubeziehen ist. Dafür spricht, dass die AfA darauf im Jahr 2019 bereits berücksichtigt wurde. Andernfalls ginge das restliche Volumen verloren.

3. 15 %-Grenze und Umsatzsteuersatzveränderung

Nach § 6 Abs. 1 Nr. 1a EStG sind für die Prüfung der anschaffungsnahen Herstellungskosten die Netto-Instandsetzungs- und Modernisierungskosten heranzuziehen.

Praxishinweis

Die zeitlich befristete USt-Satzsenkung wirkt sich folglich nicht auf die 15 %ige Prüfgrenze aus. Dies gilt es auch bei Erstellung der Einkommensteuer-Erklärungen 2021 zu beachten.

Beispiel
(ohne Option zur USt-Pflicht / Wohnraumvermietung)

Gebäudeanschaffungskosten 2019 (Übergang von Nutzungen und Lasten erfolgte zum 1.1.2019)	300.000 EUR
x 15 % =	45.000 EUR
Renovierungskosten	
2021: 30.000 EUR zzgl. 19 % USt	35.700 EUR
2020: 4.000 EUR zzgl. 19 % USt	4.760 EUR
10.000 EUR zzgl. 16 % USt	11.600 EUR

In den Folgejahren und in 2019 fallen keine weiteren Renovierungskosten an.

Lösung

Die Brutto-Renovierungskosten sind im Abflussjahr als Werbungskosten abziehbar und auf Antrag nach § 82b EStDV auf 2 bis 5 Jahre gleichmäßig verteilbar.

Werbungskostenabzug 2021	35.700 EUR
Werbungskostenabzug 2020	16.360 EUR

Die **Netto**renovierungskosten von 44.000 EUR übersteigen die 15 %-Grenze nicht.

4. Entnahme eines Wirtschaftsgutes als anschaffungsähnlicher Vorgang

1. Die Entnahme eines Wirtschaftsguts wird als anschaffungsähnlicher Vorgang vom Anwendungsbereich des Tatbestandsmerkmals der „Anschaffung“ in § 6 Abs. 1 Nr. 1a S. 1 EStG erfasst (Anschluss an das weite Begriffsverständnis des BFH im Zusammenhang mit anderen Rechtsnormen).

2. Auch die Entnahme einer Wohnung aus einem landwirtschaftlichen Betriebsvermögen in das Privatvermögen ist als anschaffungsähnlicher Vorgang anzusehen, mit der Folge, dass Aufwendungen des Steuerpflichtigen für die Instandhaltung und Modernisierung der entnommenen Wohnung nicht als sofort abziehbare Erhaltungsaufwendungen zu qualifizieren, sondern als sog. anschaffungsnahe Herstellungskosten lediglich im Wege der AfA (§ 7 EStG) als vorweggenommene Werbungskosten bei den Einkünften aus VuV zu berücksichtigen sein können.

3. Die anschaffungsnahen Herstellungskosten i.S.d. § 6 Abs. 1 Nr. 1a EStG und der Entnahmewert (= Teilwert) der Wohnung bilden dann zusammen die neue AfA-Bemessungsgrundlage für den Werbungskostenabzug bei den Vermietungseinkünften.

FG Köln, Urt. v. 25.2.2021 – 11 K 2686/18, EFG 2021, 1902, Revision eingelegt, Az des BFH: IX R 7/21

Nach dem Gesetzeswortlaut des § 6 Abs. 1 Nr. 1a EStG kann es nur im Falle einer Anschaffung zu anschaffungsnahen Herstellungskosten kommen. Über den Gesetzeswortlaut hinaus wertet das FG Köln auch die Entnahme eines Wirtschaftsgutes als anschaffungsähnlichen Vorgang und wendet hierauf ebenso die 15 %-Regelung an.

Praxishinweis

Wenngleich gegen diese Entscheidung ein Revisionsverfahren beim BFH anhängig ist, sollten die sich hieraus ergebenden (latenten) Besteuerungsgefahren bereits jetzt in der Gestaltungsberatung beachtet werden.

IX. § 82b EStDV – Update

Hat der Steuerpflichtige größere Erhaltungsaufwendungen nach § 82b EStDV auf mehrere Jahre verteilt und verstirbt er innerhalb des Verteilungszeitraums, ist der noch nicht berücksichtigte Teil der Erhaltungsaufwendungen im Veranlagungsjahr des Versterbens als Werbungskosten im Rahmen seiner Einkünfte aus VuV abzusetzen (entgegen R 21.1 Abs. 6 S. 2 und 3 EStR 2012).

BFH-Urt. v. 10.11.2020 – IX R 31/19, BStBl II 2021, 474

1. Grundsätzliches

Bei Ermittlung der Einkünfte aus VuV stellen Erhaltungsaufwendungen Werbungskosten i.S.d. § 9 Abs. 1 S. 1 EStG dar und sind grds. in dem Kj abzusetzen, in dem sie geleistet werden.[63]

Die Anwendung des Abflussprinzips wird durch § 51 Abs. 1 Nr. 2 Buchst. r Doppelbuchst. aa EStG i.V.m. § 82b EStDV durchbrochen. § 82b EStDV gewährt ein **antragsgebundenes Wahlrecht**, wonach

- **größere** Aufwendungen
- für die Erhaltung von Gebäuden, die im Zeitpunkt der Leistung des Erhaltungsaufwands **nicht** zu einem **Betriebsvermögen** gehören und **überwiegend Wohnzwecken** dienen,
- abweichend von § 11 Abs. 2 EStG auf **zwei bis fünf** Jahre
- **gleichmäßig** verteilt werden können.

Praxishinweis

Die Verteilung von größeren Erhaltungsaufwendungen nach Maßgabe von § 82b EStDV erweist sich als eine interessante und **praxisbedeutsame Wahlrechtsmöglichkeit**, die mit der ESt-Erklärung beantragt wird.

Die Aufwandsverteilung über mehrere Jahre wirkt sich auf die **Steuerprogression** aus. Durch eine gezielte Verteilung wird auch eine steuerliche **Nichtauswirkung** von größerem Erhaltungsaufwand aufgrund der Anwendung des **Grundfreibetrags ver-**

---

63 § 11 Abs. 2 S. 1 EStG

hindert. Dies kann trotz Zinsverlustes, sofern von einem solchen in der gegenwärtigen Niedrigzinsphase überhaupt noch zu sprechen ist, zu einer günstigen steuerlichen Gesamtauswirkung führen.[64]

Die Anwendung des Verteilungsverfahrens sollte unter Berücksichtigung des voraussichtlichen zu versteuernden Einkommens in dem nachfolgenden Jahr oder den folgenden Jahren getroffen werden.

2. Begriffsbestimmung: Größerer Erhaltungsaufwand

a) Erhaltungsaufwand für das Gebäude

Für die Anwendung von § 82b EStDV müssen zunächst **Erhaltungsaufwendungen** für das **Gebäude** und keine Herstellungskosten[65] oder Anschaffungskosten vorliegen. Anschaffungskosten und (anschaffungsnahe[66]) Herstellungskosten sind nur über die AfA anzusetzen.

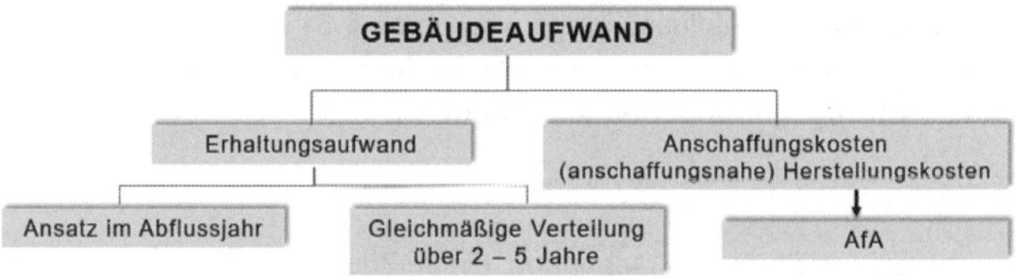

Praxishinweis

Die Verteilungsregelung bezieht sich ausschließlich auf **Erhaltungsaufwendungen für** das **Gebäude**. Scheinbestandteile[67] sowie Zubehör[68] sind steuerlich eigenständige Wirtschaftsgüter, so dass hierauf entfallender Erhaltungsaufwand nicht nach § 82b EStDV zu verteilen ist (z.B. Erhaltungsaufwendungen einer Einbauküche[69]). Fraglich ist, ob diese feinsinnige Unterscheidung in der Praxis immer Beachtung findet.

---

64 *Pfirrmann,* in: H/H/R, EStG-Komm., § 21 Rz 99 (Stand 10/2018)
65 § 255 Abs. 2 HGB, welcher auch steuerlich zur Anwendung kommt: BFH-Beschluss v. 11.11.2020 – IX B 40/20, BFH/NV 2021, 349
66 § 6 Abs. 1 Nr. 1a EStG
67 § 95 BGB
68 § 97 BGB
69 BMF-Schr. v. 16.5.2017 – IV C 1 - S 2211/07/10005:001, BStBl I 2017, 775

b) Größerer Erhaltungsaufwand für das Gebäude

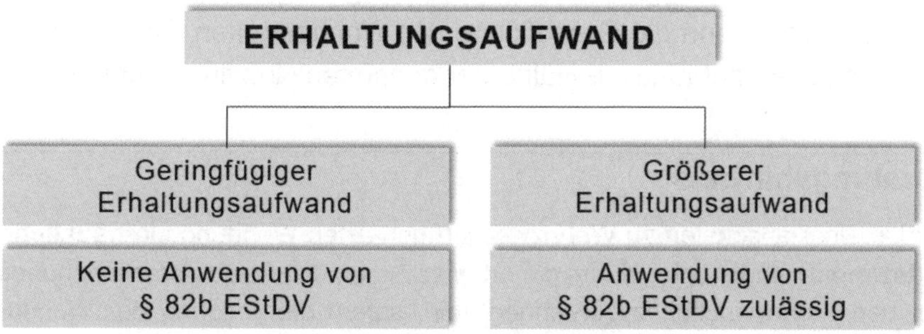

§ 82b EStDV definiert den Begriff „größerer" Erhaltungsaufwand nicht. Die BFH-Rechtsprechung ist großzügig und hat dieses Merkmal schon bei Einbau von zwei Fenstern für insg. 1.440 DM bejaht.[70] Durch die amtliche Veröffentlichung der BFH-Rechtsprechung im BStBl macht sich die FinVerw diese Einzelfallentscheidung zu eigen.

Beratungshinweis

In Anlehnung an die GWG-Grenze von 800 EUR[71] dürfte es sich anbieten, diese auch für die Abgrenzung zwischen geringfügigen und größeren Erhaltungsaufwendungen heranzuziehen.

c) Nutzungs- und Zuordnungsvoraussetzungen

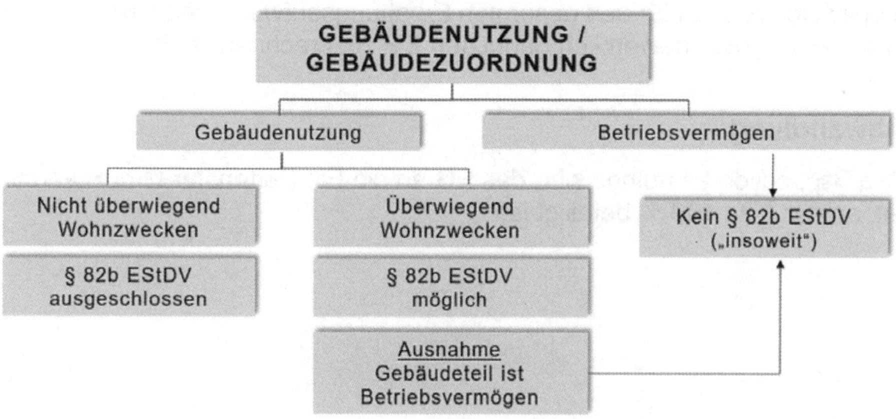

70 BFH-Urt. v. 27.10.1992 – IX R 66/91, BStBl II 1993, 591
71 § 6 Abs. 2 EStG

Das Gebäude muss überwiegend Wohnzwecken dienen. Eine Nutzung zu **Wohnzwecken** ist eine dauerhafte Wohnnutzung, nicht aber die kurzfristige Vermietung an Feriengäste.[72] Eine **überwiegende Nutzung zu Wohnzwecken** liegt vor, wenn die Grundfläche der Wohnzwecken dienenden Räume des Gebäudes mehr als die Hälfte der gesamten Nutzfläche beträgt.[73]

Beratungshinweis

Wird in einer ansonsten zu Wohnzwecken genutzten Wohnung ein **häusliches Arbeitszimmer** eingerichtet, dürfte die Arbeitszimmernutzung aus Vereinfachungsgründen den Wohnzwecken zuzurechnen sein, sofern die Nutzung der Wohnung zu Wohnzwecken überwiegt. Die zu § 7b EStG ergangene Verwaltungsauffassung dürfte analog anzuwenden sein.[74] Eine ausdrückliche Anweisung der FinVerw fehlt jedoch.

Beispiel

Aus dem im Eigentum von A stehenden und im Privatvermögen gehaltenen Objekt erzielt dieser Einkünfte aus VuV. Das EG wird an ein Bettenstudio vermietet (100 qm). Das 1. und 2. OG (jeweils 100 qm) werden zu Wohnzwecken vermietet. Im VZ 2021 entsteht größerer Erhaltungsaufwand von 30.000 EUR infolge einer Dachsanierung. Auf die USt soll an dieser Stelle nicht näher eingegangen werden.

Lösung

Das Objekt ist dem Privatvermögen zuzurechnen und wird überwiegend zu Wohnzwecken genutzt. Der Erhaltungsaufwand von 30.000 EUR kann über 2 bis 5 Jahre verteilt werden. Die Nutzungsbedingungen sind eingehalten, weil das Objekt überwiegend zu Wohnzwecken genutzt wird. Die Verteilungsmöglichkeit besteht für den gesamten Erhaltungsaufwand und damit auch für den Teil, der dem gewerblich genutzten EG zuzurechnen ist.[75]

Abwandlung

Wie Bsp. zuvor, allerdings wird das EG an die Fa. Bettenstar GmbH vermietet, an der A zu 100 % beteiligt ist.

---

72 BFH-Urt. v. 4.9.2000 – IX R 75/99, BFH/NV 2001, 429

73 § 82b Abs. 1 S. 2 EStDV – zur Zuordnung von Garagen zu den Wohnzwecken siehe § 82b Abs. 1 S. 3 und 4 EStDV

74 BMF-Schr. v. 7.7.2020 – IV C 3 - S 2197/19/10009:008, BStBl I 2020, 623 Rz 38

75 *Kister,* in: H/H/R, § 11 EStG, EStG-Komm., Rz. 152 (Stand: 4/2021)

Lösung

Der Gebäudeteil „Erdgeschoss" nebst zugehörigem Grund und Boden ist aufgrund des Vorliegens einer Betriebsaufspaltung dem Betriebsvermögen zuzurechnen.

In Bezug auf den Teil der Erhaltungsaufwendungen, der auf das EG entfällt, scheidet die Anwendung von § 82b EStDV aus. Die Erhaltungsaufwendungen sind „insoweit" zwingend im Abflussjahr anzusetzen.

Die auf die zu Wohnzwecken genutzten Wohnungen entfallenden Erhaltungsaufwendungen können nach § 82b EStDV verteilt werden. Das Verteilungswahlrecht ist nicht zu verwehren, nur weil die auf das EG entfallenden Erhaltungsaufwendungen sofort geltend zu machen sind. Denn für diese besteht dem Grunde nach kein Verteilungswahlrecht.

Maßgebend für die Verteilung des Erhaltungsaufwands und der Beurteilung, ob die Nutzungs- und Zuordnungsbedingungen eingehalten sind, ist das Jahr, in dem die Aufwendungen geleistet wurden (**Leistungsjahr**).[76] Anders als bei der AfA kommt es nicht auf das Jahr des Leistungsbezugs an. Im Zeitpunkt der Leistung der Aufwendungen müssen die Nutzungs- und Zuordnungsvoraussetzungen erfüllt sein. Spätere Änderungen der tatsächlichen Verhältnisse sind für die Verteilung irrelevant.

d) Veräußerung, Einbringung und Aufgabe der Einkunftserzielung

Wird das Gebäude während des Verteilungszeitraums veräußert, ist der noch nicht berücksichtigte Teil des Erhaltungsaufwands im Jahr der Veräußerung als Werbungskosten abzusetzen.[77] Dies gilt auch, wenn ein Gebäude in ein Betriebsvermögen eingebracht oder nicht mehr zur Einkunftserzielung genutzt wird.[78]

Beratungshinweis

§ 82b Abs. 2 S. 1 EStDV gilt unabhängig davon, ob das Veräußerungsergebnis nach § 23 EStG erfasst wird oder nicht.

---

76 *Schallmoser,* in: Brandis/Heuermann, EStG § 21 Rn 337
77 § 82b Abs. 2 S. 1 EStDV
78 § 82b Abs. 2 S. 2 EStDV

3. BFH-Urteil vom 10.11.2020 – IX R 31/19, BStBl II 2021, 474

a) Sachverhalt

Der Ehemann der Klägerin verstarb am 12.1.2016. Im Streitjahr wurde die Klägerin mit ihrem verstorbenen Ehemann zusammen zur ESt veranlagt.

Der verstorbene Ehemann der Klägerin war Eigentümer eines mit einem ZFH bebauten Grundstücks. Aus diesem erzielte er Einkünfte aus VuV.

Der verstorbene Ehemann trug in den Jahren 2012, 2014 und 2015 höheren Erhaltungsaufwand, den er nach Maßgabe von § 82b EStDV verteilte.

Der im Zeitpunkt des Todes noch nicht berücksichtigte Teil des Erhaltungsaufwandes betrug rund 30.000 EUR.

Durch Erbfall ging das Gebäude auf eine Erbengemeinschaft über. Die Einkünfte der Erbengemeinschaft, die aus der Klägerin und drei Kindern bestand, wurden gesondert und einheitlich festgestellt. Die Erbengemeinschaft setzte keinen vom Erblasser übernommenen Abzugsbetrag nach § 82b EStDV an.

Die Klägerin begehrte mit der ESt-Erklärung 2016, bei den Einkünften aus VuV des verstorbenen Ehemanns auch seinen noch nicht berücksichtigten Teil des in den Vorjahren entstandenen und sodann verteilten Erhaltungsaufwands von rund 30.000 EUR zu berücksichtigen.

Dem folgte das FA nicht. Die hiergegen erhobene Klage war erfolgreich.[79]

---

[79] FG Münster, Urt. v. 11.10.2019 – 10 K 3350/18 E, EFG 2020, 112

b) Entscheidung und Begründung des BFH

Der BFH schloss sich der Entscheidung der Vorinstanz[80] an und wies die Revision als unbegründet zurück.

- Wird größerer Erhaltungsaufwand nach § 82b EStDV auf mehrere Jahre verteilt, ist bei Tod der noch nicht berücksichtigte Teil der Erhaltungsaufwendungen beim Erblasser bei seinen Einkünften aus VuV anzusetzen.
- Der bis zum Tod noch nicht verteilte Erhaltungsaufwand geht nicht auf die Erbengemeinschaft über.
- Es existiert keine Rechtsgrundlage für einen interpersonellen Übergang des verbleibenden Teils der von dem verstorbenen Vermieter getragenen Erhaltungsaufwendungen auf den/die Erben.
- Eine Anwendung von § 11d EStDV scheidet schon deshalb aus, weil diese Rechtsvorschrift sich mit der AfA-Bemessungsgrundlage bei unentgeltlichem Erwerb befasst.
- Der BFH bezieht sich auf seine Rechtsprechung zur Vererblichkeit von Verlusten.[81] Danach kann der Erbe einen vom Erblasser nicht ausgenutzten Verlustabzug nach § 10d EStG nicht fortführen. Der BFH wendet diese Rechtsgrundsätze auch auf § 82b EStDV an und führt seine Rechtsprechung konsequent fort.

4. Praxishinweise

a) Verteilter Erhaltungsaufwand und Einzel- bzw. Gesamtrechtsnachfolge

(1) Neue Haftungsgefahren für den Berater

Der Berater hat im Falle des Todes auch ein besonderes Augenmerk auf die noch nicht berücksichtigten Teile der in früheren Veranlagungsjahren verteilten Erhaltungsaufwendungen zu legen. Ein Ansatz in der „falschen" Steuererklärung führt i.d.R. zum endgültigen Untergang des noch nicht verbrauchten Verteilungsaufwands.[82] Verfahrensrechtlich lässt sich dies nur dann retten, wenn der Ansatz in der „richtigen" Steuererklärung verfahrensrechtlich

---

[80] FG Münster, Urt. v. 11.10.2019 – 10 K 3350/18 E, EFG 2020, 112
[81] BFH-Beschl. v. 17.12.2007 – GrS 2/04, BStBl II 2008, 608
[82] *Kaminski*, Stbg 2020, 13, 14

noch zulässig ist (z.B. weil der Steuerbescheid unter VdN[83] ergangen ist oder die Veranlagung noch nicht unanfechtbar geworden ist). Eine Berichtigung wegen widerstreitender Steuerfestsetzung[84] scheidet aber aus.

(2) Beendigung eines Vorbehaltsnießbrauchrechts infolge Todes

Der BFH hat bereits in der Vergangenheit geklärt, dass bei **Beendigung eines Nießbrauchrechts** infolge Todes der Verteilungszeitraum nach § 82b EStDV endet. In der Steuererklärung des Nießbrauchers ist der noch nicht berücksichtigte Teil des verteilten Erhaltungsaufwands zu berücksichtigen.[85]

Beratungshinweis

Wenngleich diese BFH-Entscheidung bislang nicht im BStBl veröffentlicht ist, entspricht diese Auffassung auch der Verwaltungsauffassung.[86]

(3) Beendigung der Einkunftserzielung infolge Todes (Gesamtrechtsnachfolge)

Der BFH führt seine Rechtsprechung konsequent fort. Auch im Fall des Versterbens innerhalb des Verteilungszeitraums ist der noch nicht berücksichtigte Teil der Erhaltungsaufwendungen im Veranlagungsjahr des Versterbens beim Erblasser als Werbungskosten anzusetzen. Der BFH räumt keinen wahlweisen Ansatz entweder beim Erblasser oder beim Erben ein. Auch besteht keine Möglichkeit der Anwendung einer Günstigerprüfung. Im Ergebnis kann diese Rechtsauslegung zum Verlust der Steuerwirksamkeit des verbleibenden Verlustabzugs führen, zumal Verluste im Erbfall untergehen.[87] Im Erbfall droht ungeahnt ein Verlust des Progressionseffekts aus der Erhaltungsaufwandsverteilung.

Beratungshinweis

In **R 21.1 Abs. 6 S. 2 EStR 2012** vertritt die FinVerw bislang eine abweichende Auffassung.

---

83 § 164 AO

84 § 174 AO

85 BFH-Urt. v. 25.9.2017 – IX S 17/17, BFH/NV 2017, 1603 und BFH-Urt. v. 13.3.2018 – IX R 22/17, BFH/NV 2018, 824; s.a. *Bolz*, AktStR 2018, 545; *Jachmann-Michel*, jurisPR-SteuerR 39/2018 Anm. 1; *Kaminski*, Stbg 2020, 13; *Schießl*, jurisPR-SteuerR 50/2017 Anm. 3

86 BMF-Schr. v. 30.9.2013 – IV C 1 - S 2253/07/10004, BStBl I 2013, 1184

87 BFH-Beschl. v. 17.12.2007 – GrS 2/04, BStBl II 2008, 608, s.a. *Perschon*, AktStR 2020, 529 (535) m.w.N.

Wird das Eigentum an einem Gebäude unentgeltlich auf einen anderen übertragen, kann der Rechtsnachfolger Erhaltungsaufwand noch in dem von seinem Rechtsvorgänger gewählten restlichen Verteilungszeitraum geltend machen.

Durch die amtliche Veröffentlichung des BFH-Urteil vom 10.11.2020[88] wird dieser **Verwaltungsauffassung** der **Boden entzogen**.

Die FinVerw hat sich bislang nicht zu einer Anwendung der bisherigen Richtlinienregelung aus **Vertrauensschutz**gründen geäußert. Die FinVerw hat am 11.6.2021 im Internet bekanntgegeben, die BFH-Entscheidung vom 10.11.2020 allgemein anzuwenden.[89] Versteckt wird zum 11.6.2021 die bisherige in R 21.1 Abs. 6 S. 2 EStR 2012 vertretene Verwaltungsauffassung aufgehoben. U.E. dürfte es aus Vertrauensschutzgründen[90] geboten sein, die bisherige Richtlinienregelung bei übernommenen Verteilungsbeträgen, die vor dem 11.6.2021 beantragt wurden und deren Verteilungszeitraum gegenwärtig noch läuft, weiterhin zuzulassen.

(4) Einzelrechtsnachfolge (Schenkung unter Lebenden)

Durch die persönliche Verhaftung auch der verteilten Erhaltungsaufwendungen dürfte auch bei Einzelrechtsnachfolge ein verbleibender zu verteilender Erhaltungsaufwand in der Einkommensteuer-Erklärung des Übertragenden insg. anzusetzen sein. Die Rechtsgrundsätze des § 82b EStDV gelten entsprechend.

Beratungshinweis

Auch bei Einzelrechtsnachfolge ist der bisherigen Richtlinienregelung der Boden entzogen. Auch insoweit ist die Anwendung einer Vertrauensschutzregelung wie bei einer Gesamtrechtsnachfolge geboten.

b) Nachholung von Verteilungsbeträgen

Wird größerer Erhaltungsaufwand im Veranlagungsjahr des Abflusses (versehentlich) nicht geltend gemacht, lässt es die BFH-Rechtsprechung zu, einen anteiligen Abzug in Folgejahren über die Verteilungsregelung des § 82b EStDV noch in Anspruch zu nehmen.[91] Verkannt wird in der Beratungspraxis oftmals, dass ein anteiliger Kostenabzug selbst dann noch als Rettungsanker herangezogen werden kann, wenn das Veranlagungsjahr des

---

88 BFH-Urt. v. 10.11.2020 – IX R 31/19, BStBl II 2021, 474

89 www.bundesfinanzministerium.de/Web/DE/Service/Publikationen/BFH_Entscheidungen/bfh_entscheidungen.html

90 § 176 AO

91 BFH-Urt. v. 27.10.1992 – IX R 152/89, BStBl II 1993, 589

Entstehens des erhöhten Erhaltungsaufwandes bereits bestandskräftig und ggfls. festsetzungsverjährt ist.[92]

Beispiel

Im VZ 2020 wurde in der ESt-Erklärung ein größerer Erhaltungsaufwand von 5.000 EUR nicht bei der Ermittlung der Einkünfte aus VuV angesetzt. Der Fehler in der Bearbeitung fällt mit der Erstellung der ESt-Erklärung 2021 auf. Der ESt-Bescheid für 2020 ist bestandskräftig.

Lösung

Zwar scheidet eine Berichtigung des ESt-Bescheides 2020 aus. Dennoch kann im VZ 2021 bis 2024 der unterbliebene Ansatz des größeren Erhaltungsaufwandes durch eine nachträgliche Verteilung nach § 82b EStDV nachgeholt werden.

Größerer Erhaltungsaufwand (VZ 2020):	5.000 EUR
Verteilung auf die Veranlagungsjahre:	2020 bis 2024

Der (nachträglich) verteilte größere Erhaltungsaufwand wirkt sich in den Veranlagungen 2021 bis 2024 i.H.v. jeweils 1.000 EUR aus.

Beratungshinweis

Der größere Erhaltungsaufwand kann auf 2 bis 5 Jahre nur gleichmäßig verteilt werden. Unzulässig ist es, den größeren Erhaltungsaufwand aus dem VZ 2020 nur auf die Veranlagungsjahre 2021 bis 2024 gleichmäßig zu verteilen.[93] Im Ergebnis verfällt hier 1/5 des Abzugsbetrags.

c) Nachholung von Verteilungsbeträgen und geänderte Kaufpreisaufteilung

Die FinVerw hat im Mai 2021 eine neue Kaufpreisaufteilung zur Aufteilung eines Gesamtkaufpreises für ein bebautes Grundstück auf den Grund und Boden einerseits sowie das Gebäude andererseits veröffentlicht. Sie reagiert damit auf die jüngere BFH-Rechtsprechung, wonach die Anwendung der bisherigen Arbeitshilfe die realen Wertverhältnisse in grundsätzlicher Weise verfehlt.[94]

---

92 BFH-Urt. v. 4.11.2019 – IX B 64/19, BFH/NV 2020, 224
93 BFH-Beschl. v. 4.11.2019 – IX B 64/19, BFH/NV 2020, 224
94 BFH-Urt. v. 21.7.2020 – IX R 26/19, BStBl II 2021, 372; eingehend hierzu *Perschon*, AktStR 2021, 297

Die neue Kaufpreisaufteilung gilt in allen noch offenen Fällen. Darüber hinaus kann der Gesamtkaufpreis auf dieser neuen Grundlage aufgeteilt und im günstigeren Falle steuerlich für die noch nicht bestandskräftigen Veranlagungen als neue AfA-Bemessungsgrundlage herangezogen werden. In Bestandskraft erwächst die ESt, nicht aber die Gesamtkaufpreisaufteilung; die Gesamtkaufpreisaufteilung im Erstjahr stellt keine Grundlagenfeststellung für die Folgejahre dar.[95]

Mittelbar hat die Kaufpreisaufteilung auch Auswirkung auf § 82b EStDV. Ging man zunächst vom Vorliegen von anschaffungsnahem Herstellungsaufwand wegen Erreichung der 15 %-Grenze des § 6 Abs. 1 Nr. 1a EStG aus, und wird die 15 %-Grenze infolge neuer Gesamtkaufpreisaufteilung nicht mehr überschritten, kann „nachträglich" die Verteilungsregelung des § 82b EStDV gewählt werden.[96]

Beispiel

Im VZ 2018 wird der Gesamtkaufpreis für eine vermietete ETW (Anschaffungskosten: 250.000 EUR) auf 150.000 EUR Grund und Boden und 100.000 EUR Gebäude aufgeteilt. Im VZ 2019 fiel Erhaltungsaufwand von 20.000 EUR (netto + 19 % USt) an. Weitere Erhaltungsaufwendungen fallen bis 2022 nicht an.

Lösung

Der im VZ 2019 getragene Erhaltungsaufwand löst anschaffungsnahe Herstellungskosten aus; § 6 Abs. 1 Nr. 1a EStG. Die Nettoerhaltungsaufwendungen übersteigen 15 % der Gebäudeanschaffungskosten. Die für die AfA maßgeblichen Gebäudeanschaffungskosten betragen damit (100.000 EUR + 23.800 EUR (20.000 EUR + 19 % USt) =) 123.800 EUR.

Fortführung des Beispiels

Wie Bsp. zuvor. Die Veranlagungen 2018 und 2019 sind bestandskräftig. Nunmehr stellt sich heraus, dass sich nach der im Mai 2021 veröffentlichten Kaufpreisaufteilung ein Wert für den Grund und Boden von 100.000 EUR und für das Gebäude von 150.000 EUR ergibt.

---

95 BFH-Beschl. v. 30.10.2008 – I B 219/07, Juris

96 H 21.1 EStH 2020 „Verteilung des Erhaltungsaufwands nach § 82b EStDV – 3. Spiegelstrich" mit Verweis auf BFH-Urt. v. 24.11.1992 – IX R 99/89, BStBl II 1993, 593; s.a. *Schmidt/Kulosa*, 40. Aufl. EStG-Komm., § 21 Rz 126

Lösung

Nachträglich ist der größere Erhaltungsaufwand, der im VZ 2019 anfiel, nunmehr nicht mehr als anschaffungsnaher Herstellungsaufwand zu werten.[97] Rückblickend wird die 15 %-Grenze mit den vorliegenden Erhaltungsaufwendungen nicht mehr überschritten. Zwar kann der VZ 2019 verfahrensrechtlich nicht mehr geändert werden. Im VZ 2020 kann die bessere Aufteilungserkenntnis aber durch die nachträgliche Verteilung des größeren Erhaltungsaufwands 2019 auf die noch nicht bestandskräftigen Jahre 2020 bis 2023 i.H.v. jeweils (20.000 EUR + 19 % USt = 23.800 EUR : 5 Jahre=) 4.760 EUR bei gleichzeitiger Anpassung der AfA-Bemessungsgrundlage beantragt werden. Die ab 2020 neu ermittelte AfA-Bemessungsgrundlage erhöht sich wegen der geänderten Kaufpreisaufteilung auf 150.000 EUR.[98] In die AfA-Bemessungsgrundlage fließen jetzt aber nicht mehr die in 2019 noch erfassten nachträglichen Herstellungsaufwendungenein, sofern sie nunmehr nach § 82b EStG in den Jahren 2020 – 2023 verteilt werden.

d) § 82b EStDV und Reduzierung der 66 %-Grenze (§ 21 Abs. 2 S. 1 EStG)

Durch das JStG 2020 hat der Gesetzgeber die bisherige 66 %-Grenze gem. § 21 Abs. 2 Satz 1 EStG auf 50 % reduziert. Der Gesetzgeber will mit dieser Änderung dem Umstand der vielerorts steigenden Mieten und des hohen Mietniveaus in Deutschland Rechnung tragen. Dadurch können insb. Vermieter, die im Interesse des Fortbestands ihrer oft langjährigen Mietverhältnisse davon Abstand nehmen, regelmäßig (zulässige) Mieterhöhungen vorzunehmen, ihre Werbungskosten auch bei verbilligter Wohnraumüberlassung mit Einkünfteerzielungsabsicht vollumfänglich abziehen, wenn das Entgelt mindestens 50 % der ortsüblichen Miete beträgt.

Beratungshinweis

Diese Änderung kommt erstmals ab dem VZ 2021 zur Anwendung. Grundsätzlich bleibt aber festzuhalten, dass Vermieter, die auf regelmäßige Mietanpassungen verzichten, in die Kostenaufteilung hineinwachsen können.[99] Mandanten sollten auf die Gefahr der Werbungskostenkürzung bei fehlender Mietanpassung hingewiesen werden.

Da die Gesetzesänderung erst ab dem VZ 2021 gilt, ergeben sich insb. bis zum VZ 2020 erhöhte Kostenaufteilungsgefahren. Gestalterisch könnte daran gedacht werden, durch eine Verteilung größeren Erhaltungsaufwands nach § 82b EStDV die Werbungskosten durch die Verteilung auf Jahre, für

---

97 § 6 Abs. 1 Nr. 1a EStG
98 So auch *Perschon*, AktStR 2021, 297, 310
99 *Pfirrmann,* in H/H/R, EStG-Komm., § 21 Anm. 206

die die Kostenaufteilung nicht gilt, zu erhöhen. Die Kostenaufteilung dürfte der Kostenverteilung nach § 82b EStDV allerdings vorgehen[100]; eine abgestimmte Verwaltungsauffassung bleibt abzuwarten.

Beispiel

Es liegt eine entgeltliche Vermietung zu 60 % der ortsüblichen Miete sowohl in 2020 als auch in 2021 vor. Größerer Erhaltungsaufwand 2020 i.H.v. 10.000 EUR wird auf zwei Jahre verteilt.

Lösung

Im Entstehungsjahr des Erhaltungsaufwands erfolgt eine entgeltliche Vermietung zu 60 %. Der Erhaltungsaufwand ist im Aufwandsentstehungsjahr nur i.H.v. (10.000 EUR x 60 % =) 6.000 EUR abziehbar.

Nur der abziehbare Aufwand ist auf die Jahre 2020 und 2021 verteilbar. Die Änderung von § 21 Abs. 2 S. 1 EStG mit Wirkung ab dem VZ 2021 dürfte sich auf den verteilten Erhaltungsaufwand nach § 82b EStDV aus Vorjahren nicht auswirken.

---

100 *Seifert*, NWB 2021, 495, 503

X. Weitere aktuelle Entwicklungen – kurz und bündig

1. Abschreibung

a) Ermittlung der Anschaffungskosten

Die Entstehung und Höhe von Anschaffungs- und Herstellungskosten als AfA-Bemessungsgrundlage ist nachzuweisen.

In einem vom FG Düsseldorf[101] entschiedenen Fall begehrte der Kläger mit seinen ESt-Erklärungen 2016 und 2017 eine höhere Gebäudeabschreibung bei den Werbungskosten aus § 21 EStG als in den Vorjahren. Die Kläger trugen vor, sie hätten 1973/1974 das Dach, den Außen- und Innenputz, Türen, Fenster, Böden, Decken, die Heizung sowie Sanitär- und Elektroinstallationen erneuert. Die Rechnungen lägen ihnen nicht mehr vor. Die Herstellungskosten schätzten sie auf ca. 150.000 EUR und den auf die Restbausubstanz nach Entkernung des Hauses entfallenden Kaufpreisanteil auf 25.000 EUR.

Das FA berücksichtigte hingegen nur die bislang geltend gemachte Abschreibung von 1.831 EUR.

Das FG Düsseldorf sah die Klage als unbegründet an. Eine Kostenschätzung haben die Richter abgelehnt, das nicht belegt werden konnte, ob die vorgebrachten Kosten tatsächlich angefallen sind. Alleine Fotos, die den Ausbau dokumentieren, reichen nicht aus, weil nicht klar ist, ob die Bauleistungen eventuell „in Eigenleistung“ erbracht wurden.

Praxishinweis

Die Problematik der Ermittlung der AfA-Bemessungsgrundlage stellt sich oftmals gerade nach Erbfall, weil ein langjährig eigengenutztes Gebäude dann erstmals zu Zwecken der Erzielung von Einkünften aus VuV eingesetzt wird.

---

[101] FG Düsseldorf, Urt. v. 6.5.2021 – 11 K 1486/18 E, Juris

b) Vermächtnisnießbrauch

Werden Einkünfte aus VuV aufgrund eines unentgeltlich im Wege eines Vermächtnisses erworbenen Nießbrauchsrechts erzielt, fehlt es an der Berechtigung für die AfA, sofern der entsprechende Aufwand nicht vom Nießbrauchsberechtigten, sondern vom Erblasser getragen wurde.

Dass der Nießbrauchsberechtigte alternativ einen Anspruch auf Zugewinnausgleich und einen Pflichtteil gehabt hätte, ändert an der Unentgeltlichkeit der Zuwendung des Nießbrauchs nichts, wenn es an einer konkreten Regelung über eine Entgeltlichkeit der Nießbrauchsrechtsbestellung fehlt.[102]

c) §§ 7h - 7i EStG

Erhöhte Absetzungen ergeben sich aus

- § 7h EStG bei Gebäuden in Sanierungsgebieten und städtebaulichen Entwicklungsbereichen sowie
- § 7i EStG bei Baudenkmalen.

§ 7h EStG bestimmt eine erhöhte Absetzung bei Gebäuden in Sanierungsgebieten und städtebaulichen Entwicklungsbereichen. Anstelle der Abschreibung nach § 7 Abs. 4 bzw. 5 EStG kann der Stpfl. im Jahr der Herstellung und in den folgenden 7 Jahren jeweils bis zu 9 % und in den folgenden 4 Jahren jeweils bis zu 7 % der Herstellungskosten für Modernisierungs- und Instandsetzungsmaßnahmen i.S.d. § 177 BauGB absetzen.[103]

Praxishinweis

Bei entsprechenden Baumaßnahmen an zu eigenen Wohnzwecken genutzten Gebäuden kann der Stpfl. im Jahr des Abschlusses der Baumaßnahme und in den folgenden neun Kj jeweils bis zu 9 % wie Sonderausgaben abziehen.[104]

§ 7i EStG und § 10g EStG ermöglichen bei einem im Inland belegenen Gebäude, das nach den jeweiligen landesrechtlichen Vorschriften ein Baudenkmal ist, ebenfalls eine entsprechende erhöhte Absetzung der Herstellungskosten.

---

102 FG Hamburg, Urt. v. 17.3.2021 – 2 K 2/19, Juris
103 § 7h Abs. 1 S. 1 EStG
104 § 10f Abs. 1 S. 1 EStG

In der Vergangenheit unterlag die Bescheinigung der zuständigen Gemeindebehörde als Grundlagenbescheid weder in rechtlicher noch in tatsächlicher Hinsicht der Nachprüfung durch die FinVerw Dies galt selbst dann, wenn offensichtlich war, dass die Bescheinigung für Maßnahmen erteilt worden war, bei denen die Voraussetzungen nicht vorlagen. Dies hat sich durch das JStG 2020 geändert.

Der Wortlaut von § 7h EStG bestimmt nunmehr, dass eine **offensichtlich rechtswidrige Bescheinigung** der Gemeindebehörde nicht als Nachweis i.S.d. § 7h Abs. 2 S. 1 EStG anzuerkennen ist und damit keine Bindungswirkung im Besteuerungsverfahren entfaltet.[105]

Eine offensichtliche Rechtswidrigkeit ist anzunehmen, wenn an dem Verstoß der streitigen Maßnahme/Bescheinigung gegen formelles oder materielles Recht vernünftigerweise kein Zweifel besteht und sich deshalb die Rechtswidrigkeit aufdrängt. Das soll insb. dann der Fall sein, wenn

- offensichtlich eine Rechtsgrundlage für die Erteilung der Bescheinigung fehlt,
- der Begünstigte die Bescheinigung durch Angaben erwirkt hat, die in wesentlicher Beziehung unrichtig oder unvollständig waren.

Diese Gesetzesänderung gilt erstmals auf offensichtlich rechtswidrige Bescheinigungen der zuständigen Gemeindebehörde, die nach dem 31.12.2020 erteilt werden.[106] Gefordert wurde vom Bundesrat[107], dass diese Änderung in allen noch offenen Fällen zur Anwendung kommen sollte. Dies hat sich im Gesetzgebungsverfahren allerdings nicht durchgesetzt.

Praxishinweis

Entsprechendes gilt auch für die nach § 7i EStG geforderten Bescheinigungen der Denkmalbehörden.[108]

Nachweiserleichterungen ergeben sich für Schäden an historischen Bausubstanzen in Flutkatastrophengebieten.[109]

105 S.a. § 7h Abs. 2 S. 1 EStG
106 § 52 Abs. 16a S. 4 EStG
107 BR-Drucks. 503/20 (Beschluss) v. 9.10.2020
108 § 7i Abs. 2 EStG
109 BMF-Schr. v. 14.10.2021 – IV C 1 - S 2253/21/10002:009, BStBl I 2021, 1806

d) § 7b EStG – Sonderabschreibung für den Mietwohnungsneubau

§ 7b EStG sieht eine Sonderabschreibung für den Mietwohnungsneubau vor.

Die Sonderabschreibung nach § 7b EStG kann nur in Anspruch genommen werden, wenn der Bauantrag oder – wenn eine Baugenehmigung nicht erforderlich ist – die Bauanzeige nach dem 31.8.2018 und vor dem 1.1.2022 gestellt bzw. getätigt worden ist.

Praxishinweis

Für Mietwohnungen, die nach den baurechtlichen Vorschriften ohne Bauantrag bzw. Bauanzeige errichtet werden können, kann hinsichtlich des genannten Zeitraums auf den Zeitpunkt des Beginns der Bauausführung abgestellt werden.[110] Diese Aussage des BMF ist zu begrüßen. Der Beginn der Maßnahme sollte zeitnah dokumentiert werden. Findet der Beginn bis zum 31.12.2021 statt, ist damit die Sonderabschreibung nach Maßgabe von § 7b EStG möglich.

Zu beachten ist, dass die Sonderabschreibung grds. erst ab dem Zeitpunkt der Fertigstellung der Wohnung in Anspruch genommen werden kann. Eine Inanspruchnahme kann aufgrund von § 52 Abs. 15a EStG nur bis zum Ablauf des Jahres 2026 erfolgen. Sofern aufgrund einer späteren Fertigstellung der 4-Jahres-Begünstigungszeitraum bis zum 31.12.2026 noch nicht vollständig abgelaufen ist, kann für die Zeit danach die Sonderabschreibung nicht gewährt werden.[111]

Dennoch ist für Zwecke des § 7a Abs. 9 EStG der Ablauf des Begünstigungszeitraums abzuwarten, bevor eine Verteilung des Restwerts auf die Restnutzungsdauer erfolgt.[112] Dies gilt auch, wenn der Stpfl. nicht die gesamte Sonderabschreibung während des Begünstigungszeitraums in Anspruch nimmt.[113]

Beispiel

Ein Mehrfamilienhaus wird im Jahr 2024 aufgrund eines im Jahr 2021 gestellten Bauantrags fertiggestellt. Zum 1.12.2024 geht das Eigentum auf einen Erwerber über, der die Wohnungen ab diesem Zeitpunkt vermietet.

---

110 BMF-Schr. v. 21.9.2021 – IV C 3 - S 2197/19/10009:009, BStBl I 2021, 1805
111 BMF-Schr. v. 7.7.2020 – IV C 3 - S 2197/19/10009:008, BStBl I 2020, 623 Rz 16
112 BMF-Schr. v. 7.7.2020 – IV C 3 - S 2197/19/10009:008, BStBl I 2020, 623 Rz 70
113 BMF-Schr. v. 7.7.2020 – IV C 3 - S 2197/19/10009:008, BStBl I 2020, 623 Rz 68

Der Erwerber kann für die Jahre 2024, 2025 und 2026 jährlich bis zu 5 % der förderfähigen Anschaffungskosten geltend machen. Das vierte Jahr des Begünstigungszeitraums für die Inanspruchnahme der Sonderabschreibung nach § 7b EStG entfällt aufgrund der Begrenzung des Förderzeitraums auf den VZ 2026.[114]

Die lineare AfA wird im Jahr 2027 gegenüber den Vorjahren unverändert berücksichtigt. Erst ab dem 5. Jahr, dem Jahr 2028, erfolgt die AfA-Berechnung nach Maßgabe von § 7a Abs. 9 EStG.[115]

e) Afa-Bemessungsgrundlage nach zwischenzeitlicher gewerblicher Prägung

Werden WG einer gewerblich geprägten PersG – im Entscheidungsfall Gebäude – wegen des Wegfalls der gewerblichen Prägung in das Privatvermögen überführt und von der nunmehr vermögensverwaltenden Gesellschaft weiterhin zur Erzielung von Einkünften aus VuV genutzt, sind als Bemessungsgrundlage für die AfA die gemeinen Werte der WG als fiktive Anschaffungskosten anzusetzen.[116]

f) Koalitionsvertrag: Anhebung der linearen Abschreibung

Nach dem Koalitionsvertrag soll die lineare Abschreibung beim Neubau von Wohnungen von bislang 2 % auf 3 % angehoben werden. Gesetzgebungsverfahren bleiben gegenwärtig abzuwarten.

2. Abfärbung

a) Abgrenzung „Vermögensverwaltung“ oder „Gewerbliche Einkünfte“ – Boardinghouse / Hausboot

Das FG Köln[117] hat sich mit der Frage auseinandergesetzt, ob Einkünfte aus dem Betrieb eines sog. Boardinghouses den Einkünften aus Gewerbebetrieb[118] oder den Einkünften aus § 21 EStG zuzuordnen sind.

---

114 § 52 Abs. 15a EStG
115 BMF-Schr. v. 7.7.2020 – IV C 3 - S 2197/19/10009:008, BStBl I 2020, 623 Rz 70 ff.
116 BFH-Urt. v. 22.2.2021 – IX R 13/19, BFH/NV 2021, 1169
117 FG Köln, Urt. v. 12.11.2020 – 15 K 2394/19, EFG 2021, 633, rkr.
118 § 15 EStG

Von gewerblichen Einkünften ist immer dann auszugehen, wenn die Betätigung über den Rahmen der privaten Vermögensverwaltung hinausgeht.[119]

Praxishinweis

Nach der Definition des Deutschen Hotel- und Gaststättenverbands (DeHoGa) handelt es sich um einen „Beherbergungsbetrieb, der sich meist an Langzeitnutzer in städtischer Umgebung wendet. Die Zimmer sind von ihrer Ausstattung her an privaten Wohnungen ausgerichtet. Der Service reicht von sehr geringem Angebot bis hin zu einem hotelmäßigen Roomservice.[120]

Das FG Köln[121] weist darauf hin, dass die Vermietung einer klassischen Ferienwohnung zu Einkünften aus VuV führt. Demgegenüber stellen Einkünfte aus einem klassischen Hotelbetrieb gewerbliche Einkünfte dar.

Bei Mischformen sind die Umstände des jeweiligen Einzelfalls zu werten.

Von einer Gewerblichkeit ist auszugehen, wenn sich die Vermietungen „tatsächlich i.R.e. derartigen hotelähnlichen Organisationseinrichtung vollziehen".[122]

Entscheidend ist, inwieweit die Vermietung der (Ferien-)Wohnungen bzw. im Boardinghouse im Hinblick auf die Art des vermieteten Objekts und die Art der Vermietung einem gewerblichen Beherbergungsbetrieb vergleichbar ist.

Praxishinweis

Dies ist der Fall, wenn die Wohnungen wie Hotel- oder Pensionsräume ausgestattet sind, für ihre kurzfristige Vermietung an wechselnde Mieter geworben wird und sie hotelmäßig angeboten, d.h. auch ohne Voranmeldung jederzeit zur Vermietung bereitgehalten werden und sich zudem in einem Zustand befinden, der die sofortige Vermietung zulässt.[123]

Ein Gewerbebetrieb wird zudem bejaht, wenn Sonderleistungen in erheblichem Umfang erbracht werden. Hierbei wird verlangt, dass die Sonderleistungen ins Gewicht fallen und über den üblichen Rahmen einer Vermögensnutzung durch Vermietung hinausgehen.[124]

---

119 H 15.7 Abs. 2 EStH Stichwort „Ferienwohnung"
120 www.dehoga-bundesverband.de/zahlen-fakten/betriebsarten
121 FG Köln, Urt. v. 12.11.2020 – 15 K 2394/19, EFG 2021, 633, rkr.
122 BFH-Urt. v. 28.5.2020 – IV R 10/18, BFH/NV 2020, 1055 m.w.N.
123 BFH-Urt. v. 13.11.1996 – XI R 31/95, BStBl II 1997, 247
124 BFH-Urt. v. 21.8.1990 – VIII R 271/84, BStBl II 1991, 126

Die gewerbliche Einkünfte auslösenden Zusatzleistungen müssen im Einzelfall gewürdigt werden. Runden die Zusatzleistungen die Vermögensnutzung (Vermietung) ab, werden weiterhin Einkünfte aus VuV erzielt.

Im Entscheidungsfall hatten die Kläger ein Boardinghouse an wechselnde Gäste überlassen. Das Apartment war vollständig möbliert und mit einem Fernseher ausgestattet. Über Buchungsplattformen (z.B. booking.com) werden die Apartments angeboten.

Die entgeltliche Beherbergung von Gästen in einem Boardinghouse führt zu Einkünften aus VuV, wenn nur geringfügige Zusatzleistungen angeboten werden und keine unternehmerische/hotelmäßige Organisation vorhanden ist.

Eine hotelmäßige Organisation lag im Entscheidungsfall nicht vor, weil keine Rezeption mit dauerhaft anwesendem Personal vorgehalten wurde und eine sofortige Buchung und Nutzung eines Apartments nicht möglich war. Allein die Nutzung von gewerblichen Vermittlungsportalen (z.B. booking.com) indiziert keine Gewerblichkeit.

Praxishinweis

Bei Vermietern von Ferienwohnungen, die lediglich Einkünfte aus VuV erzielen, bestand kein Anspruch auf Soforthilfe. Erst bei Überschreitung der Grenzen zur Gewerblichkeit liegen Einkünfte aus Gewerbebetrieb vor, die die Anspruchsberechtigung auf Auszahlung der Soforthilfe begründen. Verstärkt stellte die FinVerw den Bezug einer Corona-Soforthilfe trotz Erzielung von Einkünften aus VuV fest. Die FinVerw will die Bewilligungsbehörden der Soforthilfe hierüber „automatisch" informieren. Mandanten sollten hierauf vorab hingewiesen werden. U.E. ist auch eine zu Unrecht ausgezahlte Corona-Soforthilfe im Zuflusszeitpunkt als Einnahme und bei Rückzahlung als Werbungskosten bei den Einkünften aus VuV zu berücksichtigen.

Das FG Düsseldorf entschied zudem, dass die Vermietung eines Hausboots an Feriengäste nicht über den Rahmen einer privaten Vermögensverwaltung hinausgeht, wenn sie aufgrund der regelmäßig im Voraus erfolgten Buchungen für mehrtägige Zeiträume keine mit einem gewerblichen Beherbergungsbetrieb vergleichbare unternehmerische Organisation erfordert und keine für die Vermietung von Ferienwohnungen unübliche Sonderleistungen erbracht werden.[125]

---

125 FG Düsseldorf, Urt. v 25.3.2021 – 11 K 3321/17 F, EFG 2021, 1188, rkr.

> **Praxishinweis**
> Mangels gewerblicher Einkünfte wurde im Entscheidungsfall die Bildung eines Investitionsabzugsbetrags und einer Sonderabschreibung nach § 7g EStG verneint. Die betriebsgewöhnliche Nutzungsdauer eines nicht motorisierten, auf Pontons ruhenden Hausboots hat das Gericht mit 30 Jahren angesetzt.

b) Gewerbliche Infizierung

Gefahr: Vermögensverwaltende Gesellschaft und Erzielung von gewerblichen Einkünften

Im Falle einer PersG von Freiberuflern kann die Tätigkeit eines Rechtsanwalts, der auch als Datenschutzbeauftragter tätig wird, zu einer gewerblichen Infizierung führen.[126] Hierin liegt eine für die Beratungspraxis nicht zu unterschätzende Gefahr. In der Gestaltungsberatung ist die Auslagerung dieser Tätigkeit zu empfehlen.[127]

Eine entsprechende Rechtsfolge kann sich im Übrigen ergeben, wenn eine ansonsten vermögensverwaltende GbR auch gewerbliche Einkünfte aus dem Betreiben einer Photovoltaikanlage erzielt.[128] Die Abfärbewirkung wird nur dann verhindert, wenn die gewerblichen Einkünfte 3 % der Gesamtnettoumsätze und den Betrag von 24.500 EUR nicht überschreiten **(Bagatellgrenze)**.[129]

> **Praxishinweis**
> Alternativ kann durch die Wahlrechtsausübung zur fehlenden Gewinnerzielungsabsicht nach dem BMF-Schreiben vom 29.10.2021[130] eine Erfassung als Einkünfte und damit eine gewerbliche Infizierung verhindert werden. Durch die Vereinfachungsregelung nach dem BMF-Schreiben vom 29.10.2021[131] wird die kleinere Photovoltaikanlage von Anfang an nicht mit Gewinnerzielungsabsicht betrieben.

Die Bagatellgrenze hat die FinVerw zumindest bislang übernommen.[132] Durch das Gesetz zur weiteren steuerlichen Förderung der Elektromobilität

---

[126] § 15 Abs. 3 Nr. 2 EStG und BFH-Urt. v. 14.1.2020 – VIII R 27/17, BStBl II 2020, 222

[127] *Messner*, AktStR 2020, 117, 125

[128] FG München, Urt. v. 26.6.2018 – 2 K 2245/16, Juris, Revision eingelegt, Az des BFH: IV R 42/19

[129] BFH-Urt. v. 27.8.2014 – VIII R 6/12, BStBl II 2015, 1002

[130] BMF-Schr. v. 29.10.2021 – IV C 6 - S 2240/19/10006:006

[131] BMF-Schr. v. 29.10.2021 – IV C 6 - S 2240/19/10006:006

[132] H 15.8 Abs. 5 EStH „Bagatellgrenze"; siehe dazu auch *Messner*, AktStR 2019, 611 ff.

und zur Änderung weiterer steuerlicher Vorschriften[133] wurde allerdings die Regelung des § 15 Abs. 3 Nr. 1 EStG durch einen neuen Satz 2 wie folgt ergänzt:

> *„Als Gewerbebetrieb gilt stets und in vollem Umfang die mit Einkünfteerzielungsabsicht unternommene Tätigkeit*
>
> *1. einer offenen Handelsgesellschaft,*
>
> *2. einer Kommanditgesellschaft oder*
>
> *3. einer anderen Personengesellschaft,*
>
> *wenn die Gesellschaft auch eine Tätigkeit im Sinne des Absatzes 1 Satz 1 Nummer 1 ausübt* ***oder*** *gewerbliche Einkünfte im Sinne des Absatzes 1 Satz 1 Nummer 1 bezieht.* ***[2]Dies gilt unabhängig davon, ob aus der Tätigkeit im Sinne des Absatzes 1 Satz 1 Nummer 1 ein Gewinn oder Verlust erzielt wird und ob die gewerblichen Einkünfte im Sinne des Absatzes 1 Satz 1 Nummer 2 positiv oder negativ sind;*** *…"*

Nach der Übergangsvorschrift in § 52 Abs. 23 S. 1 EStG ist die Fassung auch für VZ vor 2019 anzuwenden.

Fraglich ist, ob die Neuregelung die Anwendung der Bagatellgrenze in Fällen der Seitwärtsinfektion nach § 15 Abs. 3 Nr. 1 Alt. 1 EStG in Frage stellt. Dies dürfte u.E. nicht zwingend der Fall[134] sein. Eine Klarstellung der FinVerw dürfte aber geboten sein.

Gefahr: Vermögensverwaltende Gesellschaft und gewerbliche Beteiligungseinkünfte

Durch gewerbliche Beteiligungseinkünfte bezieht eine vermögensverwaltende Gesellschaft insg. gewerbliche Einkünfte. § 15 Abs. 3 Nr. 1 S. 1 EStG bestimmt Folgendes:

> *„(3) Als Gewerbebetrieb gilt in vollem Umfang die mit Einkünfteerzielungsabsicht unternommene Tätigkeit*

---

133 Gesetz zur weiteren steuerlichen Förderung der Elektromobilität und zur Änderung weiterer steuerlicher Vorschriften v. 12.12.2019, BGBl I 2019, 2451

134 S.a. *Messner*, AktStR 2020, 117 m.w.N.

1. einer offenen Handelsgesellschaft, einer Kommanditgesellschaft oder einer anderen Personengesellschaft, wenn die Gesellschaft auch eine Tätigkeit im Sinne des (§ 15) Absatzes 1 Satz 1 Nummer 1 (EStG) ausübt ***oder gewerbliche Einkünfte im Sinne des (§ 15) Absatzes 1 Satz 1 Nummer 2 (EStG)*** *bezieht."*

Durch gewerbliche Beteiligungseinkünfte tritt eine Umqualifizierung aller weiteren Einkünfte der Gesellschaft ein.[135]

Praxishinweis

Eine Geringfügigkeitsgrenze, bis zu deren Erreichen die gewerblichen Beteiligungseinkünfte nicht auf die übrigen Einkünfte der Gesellschaft abfärben, existiert nicht.[136] Eine Geringfügigkeitsgrenze existiert nur, wenn die Gesellschaft auch einer gewerblichen Tätigkeit (Alternative 1) nachgeht (3 % der Gesamtnettoumsatzerlöse der Gesellschaft und Nichtübersteigung eines Betrags von 24.500 EUR im VZ).[137]

Strittig ist gegenwärtig, ob in diesen Fällen eine Gewerbesteuerpflicht eintritt. Entgegen der Auffassung der FinVerw[138] hat das FG Hamburg[139] eine Gewerbesteuerpflicht verneint.

In dem Entscheidungsfall erzielte eine PersG neben den Einkünften aus selbstständiger Arbeit auch geringfügige gewerbliche Beteiligungseinkünfte (0,2 % des Gesamtumsatzes).

Nach Auffassung des FG Hamburg liegt zwar ein Gewerbebetrieb i.S.d. § 2 Abs. 1 S. 2 GewStG i.V.m. § 15 EStG vor. Allerdings wird der Gewerbebetrieb i.S.d. GewSt verfassungskonform einschränkend dahingehend ausgelegt, dass ein gewerbliches Unternehmen nach § 15 Abs. 3 Nr. 1 Alt. 2 EStG nicht als Gewerbebetrieb i.S.d. Gewerbesteuer gilt.

Das FG Hamburg begründet dies damit, dass § 15 Abs. 3 Nr. 1 Alt. 2 EStG andernfalls eine nicht gerechtfertigte Schlechterstellung der PersG gegenüber einem Einzelunternehmer bewirkt, der gleichzeitig mehrere verschiedene Einkunftsarten verwirklichen kann mit der Folge, dass bei ihm nur die

---

135 Siehe hierzu auch BFH-Urt. v. 6.6.2019 – IV R 30/16, BStBl II 2020, 649; *Messner*, AktStR 2019, 611

136 BFH-Urt. v. 6.6.2019 – IV R 30/16, BStBl II 2020, 649

137 BFH-Urt. v. 27.8.2014 – VIII R 16/11, BStBl II 2015, 996; BFH-Urt. v. 27.8.2014 – VIII R 41/11, BStBl II 2015, 999; BFH-Urt. v. 27.8.2014 – VIII R 6/12, BStBl II 2015, 1002

138 Gleich lautende Erlasse der Länder v. 1.10.2020 – 3-G 140.0/31, BStBl I 2020, 1032

139 FG Hamburg, Urt. v. 25.2.2021 – 3 K 139/20, EFG 2021, 1564, NZB eingelegt, Az des BFH: VIII B 38/21

originär gewerbliche Tätigkeit der GewSt unterfällt. Dies gelte nicht nur für ansonsten vermögensverwaltende Gesellschaften, sondern auch für Personengesellschaften, die ansonsten Einkünfte aus selbstständiger Arbeit erzielen.

Zudem ist auf eine Entscheidung des FG Köln hinzuweisen, bei der eine originär vermögensverwaltende PersG auch gewerbliche Beteiligungseinkünfte erzielte. Das FG Köln geht ebenso davon aus, dass diese Gesellschaft nicht der GewSt unterliegt.[140]

Praxishinweis

Diese Entscheidungen sind für die Abwehrberatung von großer Bedeutung, zumal die FinVerw bislang eine andere Auffassung vertritt.[141] Vergleichbare Verfahren sollten verfahrensrechtlich offengehalten werden und das Ruhen des Verfahrens kraft Gesetz mit Hinweis auf das anhängige Revisionsverfahren beantragt werden.[142]

3. Ortsübliche Vermietungszeit (Ferienwohnungen)

Nach § 21 Abs. 1 S. 1 Nr. 1 i.V.m. § 2 Abs. 1 S. 1 Nr. 6 EStG ist bei einer auf Dauer angelegten Vermietungstätigkeit grds. und typisierend von der Absicht des Spfl. auszugehen, einen Einnahmeüberschuss zu erwirtschaften.

Dies gilt bei ausschließlich an Feriengäste vermieteten und in der übrigen Zeit hierfür bereitgehaltenen Ferienwohnungen aber nur, wenn das Vermieten die ortsübliche Vermietungszeit von Ferienwohnungen nicht erheblich (d.h. um mindestens 25 %[143]) unterschreitet.[144]

Hierzu sind die individuellen Vermietungszeiten des Vermietungsobjekts mit denen zu vergleichen, die bezogen auf den gesamten Ferienort im Durchschnitt erzielt werden.

---

140 FG Köln, Urt. v. 26.6.2020 – 4 K 3437/11, EFG 2021, 857, Revision eingelegt, Az des BFH: IV R 24/20

141 Gleich lautende Erlasse der Länder v. 1.10.2020 – BStBl I 2020, 1032

142 § 363 Abs. 2 S. 1 AO

143 Es handelt sich nicht um eine starre Grenze, so dass dessen (minimale) Unterschreitung nicht stets zur Versagung der Einkunftserzielungsabsicht führt: *Graw*, jurisPR-SteuerR 41/2020 Anm. 2

144 BFH-Urt. v. 31.1.2017 – IX R 23/16, BFH/NV 2017, 897

Können die ortsüblichen Vermietungszeiten nicht festgestellt werden, ist die Vermietung an Feriengäste mit einer auf Dauer ausgerichteten Vermietungstätigkeit nicht vergleichbar. Die Einkünfteerzielungsabsicht muss dann durch eine Prognose überprüft werden.[145]

Die Feststellungslast für die Voraussetzungen der Typisierung obliegt dem Stpfl.[146]

Das Nds. FG setzt sich mit der Ermittlung der durchschnittlichen Vermietungszeiten näher auseinander. Unter Fortentwicklung des BFH-Urteils vom 26.5.2020[147], wonach auf die betreffende Unterkunftskategorie (Ferienwohnung) in Bezug auf die Auslastung abzustellen ist, zog das FG die Beherbergungsstatistik nach dem BeherbStatG für den Auslastungsvergleich heran.

Nach der Entscheidung des FG stehe der Heranziehung der Statistik nicht entgegen, dass nur die Daten von solchen Ferienwohnungsinhabern erhoben würden, deren Ferienobjekt mindestens zehn Betten vorhalte. Denn zumindest in den Streitjahren habe das zuständige Landesstatistikamt seine Daten auch von Vermietungsagenturen erhoben, so dass die Daten hinreichend repräsentativ seien.

4. Schrottimmobilien: Beilegung eines Rechtsstreits über die Finanzierung von Schrottimmobilien

Erklärt die finanzierende Bank, einen Teil des ausstehenden Darlehens, welches der Steuerpflichtige zur Finanzierung der Anschaffungskosten einer der Erzielung von Einkünften aus VuV dienenden Eigentumswohnung aufgenommen hat, nicht mehr zurückzufordern, liegt keine Erstattung von Schuldzinsen und damit kein Rückfluss von Werbungskosten vor, wenn nicht festgestellt werden kann, dass die Bank mit dem „Verzicht“ auf die weitere Geltendmachung der Forderung behauptete Schadensersatzansprüche des Steuerpflichtigen im Wege der Aufrechnung abgegolten hat.

Ein derartiger „Verzicht“, den die Bank i.R.e. Vergleichsvereinbarung zur einvernehmlichen Beendigung eines Zivilrechtsstreits ausspricht, führt auf Seiten des Steuerpflichtigen auch nicht zu sonstigen Einkünften nach § 22 Nr. 3 EStG.

---

145 BFH-Urt. v. 6.11.2001 – IX R 97/00, BStBl II 2002, 726
146 BFH-Urt. v. 31.1.2017 – IX R 23/16, BFH/NV 2017, 897
147 BFH-Urt. v. 26.5.2020 – IX R 33/19, BStBl II 2020, 548

Rund ums Haus – Weitere aktuelle Entwicklungen – kurz und bündig

BFH-Urt. v. 10.11.2020 – IX R 32/19, DStR 2021, 527[148]

Der Kläger hatte im Entscheidungsfall im Jahr 1995 eine mit zwei Bankdarlehen finanzierte ETW erworben, die er anschließend vermietete.

Im Dezember 2010 stellte der Kläger seine Zins- und Tilgungszahlungen ein.

Die Bank betrieb daraufhin die Zwangsvollstreckung i.H.d. Restschuld von rund 150.000 EUR.

Der Kläger erhob Vollstreckungsgegenklage und machte geltend, die Bank habe sich ihre Darlehensansprüche im Zusammenhang mit einer „drückervermittelten Schrottimmobilienfinanzierung" durch arglistige Täuschung verschafft.

Der Kaufpreis für die 46,83 qm große Wohnung habe 284.000 DM (145.206 EUR) betragen, die nach einem späteren Wertgutachten lediglich 68.100 EUR wert gewesen sei.

I.R.e. im Dezember 2012 geschlossenen Vergleichs leistete der Kläger eine Einmalzahlung von 88.000 EUR und die Bank verpflichtete sich, die Darlehen gegen den Kläger nicht weiter geltend zu machen.

Das FA erhöhte die Einnahmen des Klägers aus VuV, weil ihm durch den Vergleich seine Bankschulden zum Teil erlassen worden seien.

Die „Erlasssumme" sei im Streitjahr 2012 teilweise als Rückzahlung von Schuldzinsen zu behandeln und erhöhe daher die Vermietungseinkünfte des Klägers.

Die hiergegen gerichtete Klage hatte in erster Instanz Erfolg.[149]

Die Richter des BFH wiesen die hiergegen gerichtete Revision des FA zurück.

Praxishinweis

In dem Verzicht auf die Restforderung seitens der Bank liege kein Ersatz von Schuldzinsen und damit kein Rückfluss von Werbungskosten. Ansonsten träte auch das aus steuerlicher wie wirtschaftlicher Sicht kaum nachvollziehbare Ergebnis ein, dass die

148 Siehe auch *Fink*, NWB 2017, 643 m.w.N.

149 FG Baden-Württemberg, Urt. v. 26.7.2019 – 13 K 1991/17, EFG 2020, 646; Nachgehend: BFH-Urt. v. 10.11.2020 – IX R32/19, BFH/NV 2021, 563

Steuerpflichtigen, die noch Geld aufgewandt hätten, trotz Verringerung ihrer wirtschaftlichen Leistungsfähigkeit mit einem der Besteuerung unterfallenden Zufluss belastet wären.[150]

5. Objektfahrten

Nach Auffassung des FG Münster sind Objektfahrten zur Instandhaltung und Pflege eines Mietobjekts nicht abziehbar, wenn die Fahrt zugleich der Kontaktpflege innerhalb der Familie dient (hier: Kinderbetreuung).[151]

6. Zwangsverwalter

Das Hessische FG hat sich mit der Einkommensteuer-Entrichtungspflicht des Zwangsverwalters auseinandergesetzt.

- Der Zwangsverwalter hat die ESt des Vollstreckungsschuldners zu entrichten, soweit sie aus der Vermietung der im Zwangsverwaltungsverfahren beschlagnahmten Grundstücke herrührt.
- Der Verwalter übt die den Besteuerungstatbestand erfüllende Tätigkeit (entgeltliche Überlassung der Grundstücksbenutzung gemäß § 21 EStG) im eigenen Namen, aber für fremde Rechnung aus. Durch seine verwaltende Tätigkeit entsteht die Steuer; nur er kann die steuerpflichtige Tätigkeit beenden und die Entstehung des Steueranspruchs verhindern.
- Das Hessische FG folgt der neuen Rechtsprechung des BFH[152] nicht nur aus Gründen der Rechtssicherheit und Rechtseinheitlichkeit innerhalb der finanzgerichtlichen Rechtsprechung, sondern auch, weil die Richter selbst von der Richtigkeit dieser Rechtsprechung überzeugt sind. Auch die höchstrichterliche Zivilrechtsprechung folgt dem BFH.[153]

Praxishinweis

Der BFH hat die NZB als unbegründet zurückgewiesen.[154]

---

150 *Trossen*, NWB MAAAH-72371
151 FG Münster, Urt. v. 1.3.2021 – 9 K 1651/18 E, Juris, NZB eingelegt, Az des BFH: IX B 21/21
152 BFH-Urt. v. 10.2.2015 – IX R 23/14, BStBl II 2017, 367 und BFH-Beschl. v. 7.1.2019 – IX B 79/18, BFH/NV 2019, 257; s.a. BMF-Schr. v. 3.5.2017 – IV A 3 - S 0550/15/10028, BStBl I 2017, 718
153 BGH-Urt. v. 19.10.2017 – IX ZR 289/14, Juris
154 BFH-Beschl. v. 29.9.2021 – IX B 70/20

7. Kurzer Blick in das Grunderwerbsteuergesetz

Der Gesetzgeber hat das Gesetz zur Änderung des Grunderwerbsteuergesetzes kurz vor der BT-Wahl 2021 beschlossen.[155] Hierdurch werden Rechtsverschärfungen bei den grunderwerbsteuerlichen Ersatztatbeständen geschaffen.[156]

Folgende Neuregelungen ergeben sich:

- Absenkung der 95 %-Grenze in den Ergänzungstatbeständen (§ 1 Abs. 2a, 3 und 3a GrEStG) auf 90 %
- Verlängerung des in § 1 Abs. 2a S. 1 GrEStG genannten Zeitraums von fünf auf zehn Jahre
- Einführung eines neuen Ergänzungstatbestands (§ 1 Abs. 2b GrEStG) zur Besteuerung eines Anteilseignerwechsels i.H.v. mind. 90 % im Gesellschafterbestand einer grundbesitzenden KapG innerhalb von zehn Jahren
- Einfügung einer Börsenklausel (§ 1 Abs. 2c GrEStG)
- Anwendung der Ersatz-BMG auf Grundstücksverkäufe im Rückwirkungszeitraum bei Umwandlungsfällen und Einbringungen
- Verlängerung des Zeitraums von fünf auf zehn Jahre in § 5 Abs. 3, § 6 Abs. 3 S. 2, § 6 Abs. 4 Nr. 1 und 2 sowie § 7 Abs. 3 GrEStG
- Verlängerung der Vorbehaltensfrist in § 6 Abs. 4 Nr. 3 GrEStG von fünf auf fünfzehn Jahre

Die neuen Vorschriften finden grds. auf Erwerbsvorgänge Anwendung, die nach dem 30.6.2021 verwirklicht werden.[157]

Nach dem vorliegenden Koalitionsvertrag sollen weitere Einschränkungen zur Vermeidung von Steuergestaltungen verabschiedet werden.

Gleichzeitig soll eine flexiblere Gestaltung der GrESt durch die Länder beim selbstgenutzten Eigenheim erfolgen.

Gesetzgebungsverfahren bleiben abzuwarten.

---

155 Gesetz zur Änderung des Grunderwerbsteuergesetzes, BGBl I 2021, 986

156 Siehe ausführlich *Krohn*, AktStR 2021, 493 ff.

157 Zu Übergangsregelungen: Gleichlautende Erlasse der obersten Finanzbehörden der Länder v. 28.6.2021 – VI 35 - S 4445 - 005, BStBl I 2021, 1006

E. Sonstige Einkünfte

I. Rentenbesteuerung

1. Doppelte Besteuerung von Altersbezügen

a) Vorbemerkung

Ausgelöst von der Entscheidung des Bundesverfassungsgerichts (BVerfG)[1] wurde mit Einführung des **Alterseinkünftegesetzes**[2] **(AltEinkG)** die Besteuerung der Alterseinkünfte ab dem **VZ 2005** neu geregelt.

Ab **2005** änderte sich durch das AltEinkG die einkommensteuerliche Behandlung von **Altersvorsorgeaufwendungen einerseits** und die **Besteuerung der Renten andererseits.**

(1) Übergangsregelung – Rentenbesteuerung (2005 - 2039)

Durch das AltEinkG erfolgte die Umstellung der Rentenbesteuerung[3] zu einer **nachgelagerten Besteuerung**. Danach unterliegen die Renteneinnahmen grds. in vollem Umfang der Besteuerung. Das Gesetz sieht allerdings einen **stufenweisen Übergang ab 2005** vor, beginnend mit einem Besteuerungsanteil von 50 % bis zum Jahr **2040**, in dem die **Vollversteuerung** erreicht wird. Der steuerbare Anteil erhöht sich für jeden neu hinzukommenden Rentenjahrgang (Kohorte) um 2 Prozentpunkte bis zum Jahr 2020 auf 80 % und anschließend in 1%-Schritten bis 2040 auf 100 % Maßgebend für den jeweiligen Besteuerungsanteil ist das **Jahr des Erstbezugs.**

Die aus dem Unterschiedsbetrag zwischen dem Jahresbetrag der Rente **im Folgejahr des Rentenbeginns** und dem der Besteuerung unterliegenden prozentualen Anteil ergibt den steuerfreien Teil der Rente, der für die gesamte Laufzeit des Rentenbezugs zu berücksichtigen ist. **Regelmäßige Anpassungen** der Rente führen nicht zu einer Neuberechnung des steuerfreien Betrages und unterliegen somit der vollen Besteuerung.

---

1 BVerfG, Urt. v. 6.3.2002 – 2 BvL 17/99, BStBl II 2002, 618
2 Alterseinkünftegesetz v. 5.7.2004, BGBl I 2004, 1427
3 § 22 Nr. 1 S. 3 Buchst. a Doppelbuchst. aa EStG

(2) Übergangsregelung – Sonderausgabenabzug (2005 - 2024)

Gds. sollen die **Beiträge** zur gesetzlichen Rentenversicherung, berufsständischen Versorgungseinrichtungen sowie zur landwirtschaftlichen Alterskasse i.R.e. **eigenständigen Abzugstatbestandes**[4] **i.v.H.** als Sonderausgaben berücksichtigt werden[5]. Allerdings wurde auch hier neben einer **allgemeinen Höchstbetragsbegrenzung** eine **Übergangsregelung** wegen ansonsten untragbarer Haushaltsrisiken[6] eingeführt.

Mandanten, deren Beiträge i.S.d. § 10 Abs. 1 Nr. 2 EStG die Höchstbeträge nach § 10 Abs. 3 EStG nicht überschreiten, konnten im **VZ 2005 60 %** als Sonderausgaben geltend machen. Der Prozentsatz steigt seitdem **linear um 2%-Punkte p.a.** an, sodass erst ab dem **VZ 2025** i.R.d. Höchstbeträge ein **voller Abzug der Beiträge** möglich ist[7].

b) Verfassungsmäßigkeit des Übergangs zur nachgelagerten Besteuerung

Schon mit Urteil vom 6.3.2002 hat das BVerfG[8] klargestellt, der Gesetzgeber habe die steuerliche Behandlung von Vorsorgeaufwendungen für die Alterssicherung und die Besteuerung von Bezügen so aufeinander abzustimmen, dass eine **doppelte Besteuerung vermieden** werde.

Es wird **seit Jahren bezweifelt**, dass durch die Einführung des AltEinkG diese Vorgaben erfüllt worden seien.

Der **BFH** hat die Besteuerung der Alterseinkünfte mit dem Besteuerungsanteil nach § 22 Nr. 1 S. 3 Buchst. a Doppelbuchst. aa EStG mehrfach als **verfassungsgemäß** beurteilt (zuletzt BFH vom 6.4.2016[9]).

Nach mehreren Nichtannahmebeschlüssen hat auch das **BVerfG** u.a. in seinem Beschluss vom 30.9.2015[10] entschieden, dass der Gesetzgeber mit dem Systemwechsel bei der Besteuerung von Alterseinkünften hin zur nachgelagerten Besteuerung, soweit sie in der endgültigen Ausgestaltung zu einer die gesamtem Renteneinnehmen umfassenden Besteuerung führt, grds. eine

---

4 § 10 Abs. 3 EStG
5 § 10 Abs. 1 Nr. 2, Abs. 3 EStG
6 BT-Drucks. 15/2150 v. 9.12.2003 – Allgemeiner Teil der Begründung
7 § 10 Abs. 3 S. 4, 6 EStG
8 BVerfG, Urt. v. 6.3.2002 – 2 BvL 17/99, BStBl II 2002, 618
9 BFH-Urt. v. 6.4.2016 – X R 2/15, BStBl II 2016, 733
10 BVerfG, Beschl. v. 30.9.2015 – 2 BvR 1066/10, BVerfG PM Nr. 88/2015 v. 1.12.2015

folgerichtige und den Gleichheitsgrundsatz **nicht verletzende Regelung** geschaffen habe, wobei jedoch das **Verbot der doppelten Besteuerung** im **jeweiligen Einzelfall** zu prüfen sei.

c) Aktuelle Rechtsprechung des BFH

Abweichend von der bisherigen Rechtsprechung hat der BFH bereits mit Urteil vom 21.6.2016[11] grds. eingeräumt, dass eine **doppelte Besteuerung** anzunehmen sei, wenn die einem Stpfl. voraussichtlich steuerunbelastet zufließenden **Rententeilbeiträge** geringer sind als die von ihm aus versteuertem Einkommen bezahlten **Altersvorsorgeaufwendungen**. Obwohl die Übergangsregelung für die Besteuerung von Leibrenten aus der **Basisversorgung**[12] verfassungsgemäß sei, dürfe es in **keinem Fall** zu einer doppelten Besteuerung der Altersvorsorgeaufwendungen und Altersbezüge kommen.

Aus dieser Rechtsprechung ergibt sich, dass die **nachgelagerte Besteuerung** der Renten zwar nicht im Allgemeinen, jedoch **im Einzelfall verfassungswidrig** sein kann und mit steigenden Besteuerungsanteilen vermehrt Fälle auftreten können. Was bisher **fehlte**, war die Antwort auf die Frage, wie eine evtl. **Doppelbesteuerung konkret zu berechnen** ist.

Nunmehr hat sich der **BFH in zwei Urteilen[13] erstmals** zur **rechnerischen Ermittlung** der doppelten Besteuerung der Rente geäußert und wie dieser Betrag auf die einzelnen Veranlagungszeiträume zu verteilen sind.

(1) BFH-Urt. v. 19.5.2021 – X R 33/19, DStR 2021,1291

Mit **Urteil vom 19.5.2021**[14] nimmt der **BFH** Stellung zur Ermittlung der Höhe des Betrags einer etwaigen doppelten Besteuerung von **Altersvorsorgeaufwendungen** und **Altersbezügen**. Er zeigt Berechnungsgrundlagen auf und geht damit auf die drohende doppelte Besteuerung künftiger Rentnergenerationen ein.

---

11 BFH-Urt. v. 21.6.2016 – X R 44/14, BFH/NV 2016, 1791 Nr. 12
12 § 22 Nr. 1 S. 3 Buchst. a Doppelbuchst. aa EStG
13 BFH-Urt. v 19.5.2021 – X R 33/19, DStR 2021, 1291 und BFH Urt. v. 19.5.2021 – X R 20/19, DB 2021, 1244
14 BFH-Urt. v. 19.5.2021 – X R 33/19, DStR 2021,1291

Sonstige Einkünfte – Rentenbesteuerung

Leitsätze

1. Der Senat hält daran fest, dass sowohl der zum 1.1.2005 eingeleitete Systemwechsel zur grds. vollen Einkommensteuerpflicht von Leibrenten und anderen Leistungen der Basisversorgung als auch die Grundsystematik der gesetzlichen Übergangsregelung verfassungsgemäß ist.
2. Einem Stpfl., der nachweisen kann, dass es in seinem konkreten Einzelfall zu einer doppelten Besteuerung von Altersvorsorgeaufwendungen und Altersbezügen kommt, kann allerdings aus verfassungsrechtlichen Gründen ein Anspruch auf eine Milderung des Steuerzugriffs in der Rentenbezugsphase zustehen. Eine solche doppelte Besteuerung ist nicht gegeben, wenn die Summe der voraussichtlichen steuerfrei bleibenden Rentenzuflüsse mindestens ebenso hoch ist wie die Summe der aus versteuertem Einkommen aufgebrachten Altersvorsorgeaufwendungen. Die erforderliche Vergleichs- und Prognoserechnung ist auf der Grundlage des Nominalwertprinzips vorzunehmen.
3. Als steuerfrei bleibende Rentenzuflüsse sind in der Vergleichs- und Prognoserechnung die infolge der gesetzlichen Übergangsregelung zu beanspruchenden Rentenfreibeträge (§ 22 Nr. 1 S. 3 Buchst. a Doppelbuchst. aa S. 4 EStG) für die Rente des Stpfl. sowie für eine etwaige Hinterbliebenenrente seines statistisch voraussichtlich länger lebenden Ehegatten anzusetzen. Weitere Beträge, die i.R.d. Ermittlung des zu versteuernden Einkommens des Rentners abziehbar sind oder steuerfrei gestellt werden, sind nicht einzubeziehen (z.B. Grundfreibetrag, Sonderausgabenabzug für die Beiträge zur Kranken- und Pflegeversicherung, Beitragsanteile des Rentenversicherungsträgers zur Krankenversicherung der Rentner, Werbungskosten-Pauschbetrag, Sonderausgabenpauschbetrag).
4. Für die Ermittlung der in VZ bis 2004 aus versteuertem Einkommen geleisteten Teile der Altersvorsorgeaufwendungen sind die Beiträge zu den verschiedenen Sparten der gesetzlichen Sozialversicherung (einschließlich der ihnen gleichgestellten Teile der Vorsorgeaufwendungen nicht gesetzlich Versicherter) gleichrangig zu berücksichtigen. Alle anderen nach damaliger Rechtslage dem Grunde nach abziehbaren Vorsorgeaufwendungen werden i.R.d. retrospektiv vorzunehmenden Prüfung, in welchem Umfang Altersvorsorgeaufwendungen in früheren Veranlagungszeiträumen als aus versteuertem Einkommen geleistet gelten, lediglich nachrangig berücksichtigt. In Fällen der Zusammenveranlagung von Ehegatten, die jeweils eigene Vorsorgeaufwendungen getragen haben, werden die gemeinsamen Sonderausgaben-Höchstbeträge im Verhältnis der vorrangig zu berücksichtigenden Vorsorgeaufwendungen beider Eheleute aufgeteilt. Eine Kürzung um Beitragsanteile, die nach der Finanzierungs- und Ausgabenstruktur der

Träger der gesetzlichen Rentenversicherung kalkulatorisch nicht auf die Leistung von Alters- oder Hinterbliebenenrenten entfallen, ist nicht vorzunehmen.

Obwohl der **BFH** die Revision als unbegründet zurückgewiesen hat, zeigt er in der Begründung seiner Entscheidung die Grundsätze auf, wie eine doppelte Besteuerung der Rente konkret zu berechnen ist:

- Eine doppelte Besteuerung ist **nicht gegeben**, wenn der Nominalwert der **voraussichtlich steuerfrei bleibenden Rentenzuflüsse mindestens** ebenso hoch ist, wie der Nominalwert der aus versteuertem Einkommen **aufgebrachten Altersvorsorgeaufwendungen.**
- Die voraussichtlich steuerfrei bleibenden Rentenzuflüsse sind unter Berücksichtigung der **Lebenserwartung des Stpfl.** – bei einer etwaigen **Hinterbliebenenrente** des länger lebenden **Ehegatten** – im Zeitpunkt des Rentenbeginns und des steuerfreien Jahresbetrags der Rente zu ermitteln. Hierbei ist auf den steuerfreien Anteil der Rente im Zeitpunkt des Rentenbeginns abzustellen.

  Dabei sind **zukünftige regelmäßige Rentenanpassungen**[15] – auch in der für Renteneintrittsjahrgänge bis einschl. 2039 geltenden Übergangsphase – in **voller Höhe** zu besteuern[16].

  Der **Nominalwert** der **steuerfreien Renteneinnahmen** ermittelt sich aus der **statistischen Lebenserwartung** im Zeitpunkt des Renteneintritts. Anzuwenden ist die **letztverfügbare Sterbetafel** des Statistischen Bundesamts.

Hinweis

Bei den gem. § 22 Nr. 1 S. 3 Buchst. a **Doppelbuchst. bb** EStG nur mit dem Ertragsanteil zu besteuernden **Renten aus privaten Versicherungsverträgen** außerhalb der Basisversorgung kann gegen das Verbot der doppelten Besteuerung von Altersvorsorgeaufwendungen und späteren Alterseinkünften bereits aus systematischen Erwägungen **nicht verstoßen werden**[17]. Entsprechende Renten bleiben somit außer Betracht.

---

15 § 22 Nr. 1 S. 3 Buchst. a Doppelbuchst. aa S. 7 EStG
16 BFH-Urt. v. 19.5.2021 – X R 20/19, DB 2021, 1244, Lts. 3
17 BFH-Urt. v. 19.5.2021 – X R 20/19, DB 2021, 1244

- **Grundfreibetrag, Sonderausgaben und steuerfreie Beitragsanteile** zur Kranken- und Pflegeversicherung sowie der Sonderausgaben-Pauschbetrag bleiben bei der Berechnung der voraussichtlichen **steuerfreien** Rentenzuflüsse **unberücksichtigt.**
- Es hat eine genaue Ermittlung des **Nominalwerts** der aus **versteuertem Einkommen geleisteten Altersvorsorgeaufwendungen** zu erfolgen. Wegen der sich in der Praxis insoweit abzeichnenden Probleme, stellt der BFH klar, dass gewisse Darlegungserleichterungen und **ergänzende Schätzungen** – insb. in den Fällen des Sonderausgabenabzugs bis einschl. VZ 2004 – nicht ausgeschlossen sind.
- Bei der Ermittlung der aus versteuertem Einkommen geleisteten Beiträge bis **einschließlich VZ 2004** (Höchstbetragsberechnung) sind die bis zu den verschiedenen **Sparten der gesetzlichen Sozialversicherung** geleisteten und bei nicht gesetzlich versicherten gleichgestellten Beiträge **gleichrangig** zu berücksichtigen. Sonstige Versicherungsbeiträge sind nicht zu berücksichtigen.
- Beiträge von Ehegatten sind im **Verhältnis der geleisteten Beträge** aufzuteilen.
- Der wahrscheinliche **Gesamtbetrag** der doppelten Besteuerung ist **prozentual** im Verhältnis der im jeweiligen Jahr zufließenden wahrscheinlichen **Renteneinnahmen** (einschl. der wahrscheinlichen Hinterbliebenenrente) zu verteilen.

(2) BFH-Urt. v. 19.5.2021 – X R 20/19, DB 2021, 1244

Der **BFH** hat in einer **zweiten Entscheidung** mit **Urteil vom 19.5.2019**[18] zahlreiche **weitere Streitfragen** zum Problem der doppelten Rentenbesteuerung geklärt:

- Er hat über die Behandlung von Leistungen aus der **freiwilligen Höherversicherung** zur gesetzlichen Altersrente ausgeführt, dass Steigerungsbeträge als akzessorische Zusatzleistungen einer gesetzlichen Altersrente der Basisversorgung anzusehen sind und daher der **nachgelagerten Besteuerung** gem. § 22 Nr. 1 S. 3 Buchst. a Doppelbuchst. aa EStG unterliegen. Sie sind als **Teil der Rente** einheitlich mit den regulären Rentenbezügen zu versteuern. Dass jene Leistungen sozialversicherungsrechtlich zu einer überdurchschnittlichen Versor-

---

18 BFH-Urt. v. 19.5.2021 – X R 20/19, DB 2021, 1244

gung aus der gesetzlichen Rentenversicherung führen und ausschließlich aus eigenen Beiträgen des Versicherten finanziert wurden, erachtet der BFH als unerheblich.

- Aufgrund des Gesetzeswortlauts ist die **Öffnungsklausel** gem. § 22 Nr. 1 S. 3 Buchst. a Doppelbuchst. bb S. 2 EStG, die die Ertragsanteilsbesteuerung auch für unter Doppelbuchst. aa der Vorschrift fallende Leibrenten und andere Leistungen ermöglicht, soweit diese auf bis zum 31.12.2004 geleisteten Beiträgen beruhen, **nur auf Antrag** zu gewähren. Sind die Beiträge oberhalb der Beitragsbemessungsgrenze mindestens zehn Jahre gezahlt worden, sei in diesem Fall davon auszugehen, dass eine doppelte Besteuerung vorliege, soweit die Altersrente auf diesen Beiträgen beruhe.
- Der BFH hat auch klargestellt, dass es bei **Renten aus privaten Kapitalanlageprodukten** außerhalb der Basisversorgung (private Renten)[19], – die, anders als gesetzliche Altersrenten – lediglich mit dem Ertragsanteil besteuert werden, systembedingt **keine doppelte Besteuerung** geben kann (s.o.).
- Zudem hat er entschieden, dass zum steuerfreien Rentenbezug nicht nur die jährlichen Rentenfreibeträge des Rentenbeziehers gehören, sondern auch die eines etwaig **länger lebenden Ehegatten** aus dessen **Hinterbliebenenrente.** Maßgebend sind dabei die Verhältnisse im Zeitpunkt des Renteneintritts, sodass eine evtl. Scheidung unbeachtlich ist und die **statistische Lebenserwartung des Hinterbliebenen** maßgeblich ist, soweit diese über die Lebenserwartung des Rentenempfängers hinausgeht.

  Problem: Ermittlung der voraussichtlichen Höhe der **Hinterbliebenenversorgung**, da sie unter evtl. Anrechnung eigener Bezüge (z.B. eigener Altersrente) zu ermitteln ist. Der zur Ermittlung des steuerfreien Teils der Rente maßgebliche Prozentsatz ergibt sich nach dem Jahr des Beginns der Hinterbliebenenversorgung abzüglich der Laufzeit der vorhergehenden Altersrente und ist damit i.d.R. identisch mit dem für diese geltenden Prozentsatz[20].

Beide Revisionen wurden als unbegründet zurückgewiesen.

Gegen beide Urteile wurde **Verfassungsbeschwerde** eingelegt[21].

---

19 § 22 Nr. 1 S. 3 Buchst. a Doppelbuchst. bb EStG
20 § 22 Nr. 1 S. 3 Buchst. a Doppelbuchst. aa S. 8 EStG
21 Az des BVerfG: 2 BvR 1143/21 (Vorinstanz BFH-Urt. v. 19.5.2021 – X R 20/19); Az des BVerfG: 2 BvR 1140/21 (Vorinstanz BFH-Urt. v. 19.5.2021 – X R 33/19)

d) Geplante Gesetzesänderung

Die Rezensionsentscheidung ist **für die Praxis** von herausragender Bedeutung und setzt den Gesetzgeber unter Zugzwang, da die doppelte Besteuerung von Altersvorsorgebeiträgen und Altersbezügen mit ansteigendem Besteuerungsanteil nach den vom BFH aufgestellten Grundsätzen und der geltenden Rechtslage vom Ausnahmefall zur Regel würde. Dies liegt **bei Rentenbeginn im Jahr 2040** deutlich auf der Hand, da die Renten dann einer vollen Besteuerung unterliegen und **bis einschließlich 2024** geleistete Beiträge **nicht dem vollen Steuerabzug** unterlegen haben. Nach dem Koalitionsvertrag soll ein voller Sonderausgabenabzug bereits ab 2023 zugelassen werden. Zudem soll der steuerpflichtige Rentenanteil ab 2023 nur noch um einen halben Prozentpunkt steigen. Eine Vollbesteuerung der Renten wird damit erst ab 2060 erreicht. Gesetzgebungsverfahren bleiben abzuwarten. Außerdem wird von der Gerichtsbarkeit anschließend zu klären sein, ob die vorgesehenen Gesetzesänderungen für eine Verfassungsmäßigkeit der Rentenbesteuerung ausreichen.

e) Vorläufige Steuerfestsetzung wegen der Verfassungsmäßigkeit der Besteuerung von Renten

Das **BMF** hat mit Schreiben vom **30.8.2021**[22] ausgeführt:

> Der **Vorläufigkeitsvermerk** zur Besteuerung von Leibrenten und anderen Leistungen aus der Basisversorgung nach § 22 Nr. 1 S. 3 Buchst. a Doppelbuchst. aa EStG ist sämtlichen ESt-Festsetzungen für **VZ ab 2005** beizufügen, in denen eine Leibrente oder andere Leistung aus der Basisversorgung nach § § 22 Nr. 1 S. 3 Buchst. a Doppelbuchst. aa EStG erfasst wird. Eine **mögliche Zuvielbelastung** von Alterseinkünften muss nach der Rechtsprechung des BFH **vom Stpfl. belegt werden** (ständige Rechtsprechung des BFH, s. BFH-Urteil vom 21.6.2016 – X R 44/14, BFH/NV 2016, 1791 und BFH-Urteil vom 19.5.2021 – X R 20/19). Eine **Überprüfung von Amts wegen** durch die Finanzämter **ohne Mitwirkung** der betroffenen Stpfl. **ist nicht möglich**. Daher ist in Steuerbescheiden, die den Vorläufigkeitsvermerk enthalten, **zusätzlich folgender Hinweis aufzunehmen:**

---

22 BMF-Schr. v. 30.8.2021 – IV A 3 - S 0338/19/10006:001, BStBl II 2021, 1042

„Wichtiger Hinweis:

Sollte nach einer künftigen Entscheidung des BVerfG oder des BFH dieser Steuerbescheid Ihrer Auffassung nach hinsichtlich der Besteuerung von Leibrenten und anderen Leistungen aus der Basisversorgung nach § 22 Nr. 1 S. 3 Buchst. a Doppelbuchst. aa EStG zu Ihren Gunsten zu ändern sein, benötige ich weitere Unterlagen von Ihnen. Von Amts wegen kann ich Ihren Steuerbescheid nicht ändern, weil mir nicht alle erforderlichen Informationen vorliegen."

Praxishinweis zur Nachweispflicht

Zum **Nachweis** für das Vorliegen einer doppelten Besteuerung ist der Stpfl. gehalten, dem FA seine Erwerbsbiographie und seinen Rentenversicherungsverlauf zu unterbreiten; die frühere einkommensteuerrechtliche Behandlung der Altersvorsorgeaufwendungen hat durch Vorlage der ESt-Bescheide zu erfolgen (BFH-Urteil vom 19.5.2021[23]).

Im Fall der **fehlenden Möglichkeit** oder bei Unzumutbarkeit der Darlegung einzelfallbezogener Angaben des Anteils der aus zu versteuerndem Einkommen geleisteten **Altersvorsorgeaufwendungen** hat das FA bzw. FG nach **sachgerechten Maßstäben zu schätzen.** Das **FA** hat die **Berechnungspflicht**[24]. Neurentnern ist zu empfehlen, einen Beitragsverlauf anzufordern und an das FA zu senden.

2. Rentenbeginn i.S.d. § 22 EStG

Der Unterschiedsbetrag zwischen dem Jahresbetrag der Rente und dem der Besteuerung unterliegenden Anteil der Rente ist der steuerfreie Teil der Rente. Dieser gilt ab dem Jahr, das dem Jahr des Rentenbeginns folgt, für die gesamte Laufzeit des Rentenbezugs[25].

Streitig war der **Zeitpunkt des Rentenbeginns** im Falle einer **aufgeschobenen Rente.** Der Kläger hatte Anspruch auf eine Rente aus dem Versorgungswerk für Rechtsanwälte mit Beginn des 65. Lj. Kurz vor Erreichen der Altersgrenze beantragte er, die Rentenzahlung über die Altersgrenze für drei Jahre hinauszuschieben. Es wurde entsprechend verfahren.

---

23 BFH-Urt. v. 19.5.2021 – X R 20/19, DB 2021, 1244 Rz 51
24 *Nöcker*, NWB 2021, 2340 ff.
25 § 22 Nr. 1 S. 3 Buchst. a Doppelbuchst. aa S. 3 EStG

Das FA ermittelte den steuerfreien Anteil nach dem **tatsächlichen Rentenbeginn**. Der Kläger beantragte die Ermittlung des steuerfreien Anteils nach dem **regulären Rentenbeginn**, da ab diesem Zeitpunkt der Anspruch auf die Altersrente bestanden habe.

Das FG Schleswig-Holstein wies die Klage als **unbegründet** zurück und entschied mit Urteil vom 2.9.2020[26]:

> Rentenbeginn i.S.d. § 22 EStG ist auch dann das Jahr der **tatsächlichen Bewilligung,** wenn der bereits früher bestehende Rentenanspruch satzungsgemäß auf Antrag des Rentenberechtigten hinausgeschoben wird.

In seiner Begründung verwies das FG u.a. auf das Urteil des BFH vom 9.12.2015.[27] Danach liegt der Rentenbeginn in dem Jahr, in dem der Kläger die Leistungen – unabhängig von ihrem Rechtsgrund – tatsächlich erhalten und sich seine wirtschaftliche Leistungsfähigkeit erhöht hat.

Das FG hat wegen grundsätzlicher Bedeutung **Revision** zugelassen, die inzwischen anhängig ist[28].

---

[26] FG Schleswig- Holstein, Urt. v. 2.9.2020 – 2 K 159/19, EFG 2021, 41, Az des BFH: X R 29/20

[27] BFH v. 9.12.2015 – X R 30/14, BStBl II 2016, 624

[28] Az des BFH: X R 29/20

II. Private Veräußerungsgeschäfte von Grundstücken

1. Vorbemerkung

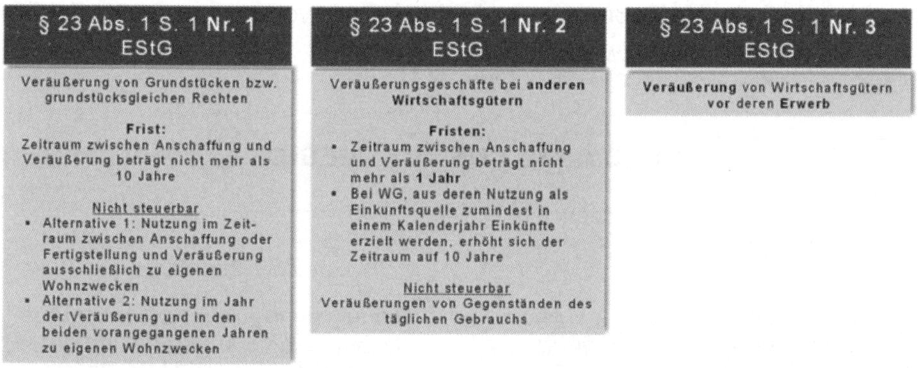

Quelle: AktStR 2021, 741

Wird eine private Immobilie erworben und **innerhalb von 10 Jahren** veräußert, ist ein dabei entstehender Veräußerungsgewinn regelmäßig einkommensteuerpflichtig. Entsteht durch die Veräußerung ein Verlust, darf er nur mit gleichartigen Gewinnen im selben Jahr bzw. mit Gewinnen im vorangegangenen oder in den folgenden Jahren verrechnet werden[29]. Bei Erwerb und Veräußerung eines Grundstücks ist zur Berechnung der **Zehnjahresfrist** der Tag des **Abschlusses des notariellen Kaufvertrages** maßgebend. Die **Besteuerung erfolgt bei Zufluss** des Veräußerungserlöses. Unerheblich ist, wann der Eigentumserwerb im Grundbuch eingetragen wird oder wann das wirtschaftliche Eigentum übergeht. In einem speziellen Fall zur Frage der Berechnung der Zehn-Jahres-Frist i.S.d. § 23 Abs. 1 S. 1 Nr. 1 EStG bei einer erforderlichen **Erteilung einer sanierungsrechtlichen Genehmigung** hat der BFH mit Urteil vom 25.3.2021[30] sinngemäß entschieden, dass der Anschaffungs- und Veräußerungszeitpunkt sich nach dem beiderseits bindenden **obligatorischen Vertragsabschluss** bestimmt. Auf den Zeitpunkt des Übergangs des wirtschaftlichen Eigentums kommt es nicht an. Erfolgt die Erteilung der sanierungsrechtlichen Genehmigung **außerhalb** der Veräußerungsfrist, verschiebt sie den Veräußerungszeitpunkt nicht[31].

---

29 § 23 Abs. 1 Nr. 1, Abs. 3 S. 7 u. 8 EStG
30 BFH-Urt. v. 25.3.2021 – IX R 10/20, BStBl II 2021, 758
31 S.a. *Seifert*, AktStR 2021, 756, 746, 749

Ausgenommen von der Veräußerungsgewinnbesteuerung sind Immobilien, die

- im Zeitraum zwischen Anschaffung und Veräußerung **ausschließlich** zu eigenen Wohnzwecken **oder**
- im Jahr der Veräußerung und in den beiden vorangegangenen Jahren zu eigenen Wohnzwecken genutzt wurden[32].

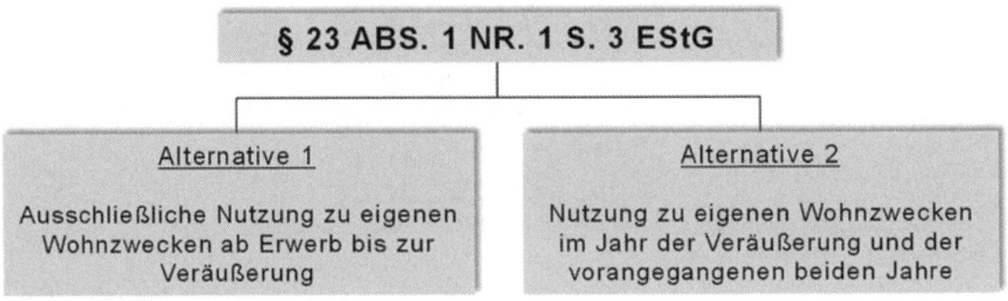

Quelle: AktStR 2021, 742

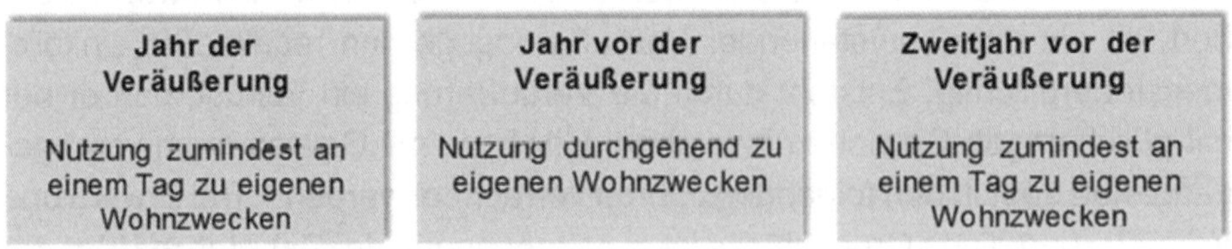

Quelle, AktStR 2020, 153

Praxishinweis

Ein Mitverkauf von Inventar unterliegt nicht der Besteuerung nach § 23 Abs. 1 EStG[33], da es sich um Gegenstände des täglichen Gebrauchs handelt.

---

32 § 23 Abs. 1 S. 1 Nr. 1 S. 3 EStG
33 FG Münster, Urt. v. 3.8.2020 – 5 K 2493/18 E, DStRE 2021, 594 rkr.

2. Verkauf einer selbstgenutzten Wohnung einschließlich eines häuslichen Arbeitszimmers

Streitig war, ob ein Gewinn aus der Veräußerung einer zu eigenen Wohnzwecken genutzten ETW innerhalb der zehnjährigen Haltefrist als sonstige Einkünfte i.S.d. § 22 Nr. 2 EStG i.V.m. § 23 Abs. 1 S. 1 Nr. 1 EStG zu berücksichtigen ist, soweit er auf den Bereich des **häuslichen Arbeitszimmers** entfällt.

Das FA hatte den auf das Arbeitszimmer entfallenden anteiligen Veräußerungsgewinn der ESt mit der Begründung unterworfen, dass das häusliche Arbeitszimmer nahezu ausschließlich beruflich und insoweit **nicht zu eigenen Wohnzwecken** genutzt werde.

Mit Urteil vom 23.7.2019 entschied das **FG Baden-Württemberg**[34], dass es sich bei dem häuslichen Arbeitszimmer um kein selbstständiges WG handele, da es nicht marktgängig bzw. verkehrsfähig sei. Das Arbeitszimmer könne nicht unabhängig von anderen Teilen der Wohnung veräußert werden. Die Ausnahmeregelung des § 23 Abs. 1 S. 1 Nr. 1 S. 3 EStG gelte somit für die gesamte Wohnung[35]

Im **Revisionsverfahren** urteilte der BFH[36]:

> Wird eine zu eigenen Wohnzwecken genutzte Eigentumswohnung innerhalb der zehnjährigen Haltefrist veräußert, ist der Veräußerungsgewinn auch insoweit gemäß § 23 Abs. 1 S. 1 Nr. 1 S. 3 EStG von der **Besteuerung ausgenommen**, als er auf ein zur Erzielung von Überschusseinkünften genutztes **häusliches Arbeitszimmer** entfällt (entgegen BMF-Schreiben vom 5.10.2020, BStBl I 2000, 1383, Rz 21).

Der Senat begründete seine Entscheidung u.a. mit dem Hinweis, dass weder der Wortlaut des § 23 Abs. 1 S. 1 Nr. 1 S. 3 EStG noch die Gesetzesbegründung und der Gesetzeszweck einen Anhaltspunkt dafür bieten, dass der Gesetzgeber ein häusliches Arbeitszimmer von der Begünstigung ausnehmen wollte. Anders als das FG meint, bedarf es **keiner Entscheidung**, ob das häusliche Arbeitszimmer **ein WG** i.S.d. § 23 Abs. 1 S. 1 Nr. 1 S. 3 EStG ist.

---

34 FG Baden-Württemberg Urt. v. 23.7.2019 – 5 K 338/19, EFG 2020, 46
35 Ausführlich hierzu „Die Einkommensteuererklärung 2020", 280
36 BFH-Urt. v. 1.3.2021 – IX R 27/19, DStR 2021, 1692

3. Privates Veräußerungsgeschäft nach unentgeltlicher Übertragung

Sachverhalt

Die Mandantin A erwarb im Jahr 2011 ein Grundstück. Sie übertrug das Eigentum an ihrem Grundstück **unentgeltlich** jeweils zum hälftigen Miteigentum auf ihre beiden volljährigen Kinder. **Diese verkauften** das Grundstück mit notariell beurkundetem Vertrag vom **selben Tag**. Der Kaufpreis wurde je zur Hälfte an die beiden Kinder ausgezahlt. Die **Verkaufsverhandlungen** wurden allein **von der Mandantin** A geführt worden. In ihrer ESt-Erklärung erklärte sie **keinen Gewinn** aus einem privaten Veräußerungsgeschäft.

Entscheidungen

Das **FA** sah in der Schenkung an die Kinder einen Missbrauch von rechtlichen Gestaltungsmöglichkeiten i.S.v. § 42 AO und rechnete daher den **Veräußerungsgewinn** als sonstige Einkünfte aus einem privaten Veräußerungsgeschäft[37] der **Mandantin A** zu.

Nach erfolglosem Einspruch wies das **FG Nürnberg** die Klage der Mandantin A als **unbegründet** ab:

> Die Erfassung des privaten Veräußerungsgeschäfts bei der Klägerin (Mandantin A) entspreche der Besteuerung einer den wirtschaftlichen Vorgängen angemessenen Gestaltung. Es habe ein Missbrauch von rechtlichen Gestaltungsmöglichkeiten i.S.d. § 42 AO vorgelegen. Die Klägerin habe durch die unentgeltliche Übertragung an ihre Kinder die Besteuerung eines Veräußerungsgewinns bei sich vermieden, was zu einem gesetzlich nicht vorgesehenen Steuervorteil geführt habe.

Der BFH hat die **Revision** als **begründet** angesehen und das FG-Urteil aufgehoben.

Mit Urteil vom 23.4.2021[38] entschied der **BFH:**

> § 23 Abs. 1 S. 3 EStG ist eine Missbrauchsverhinderungsvorschrift i.S.v. § 42 Abs. 1 S. 2 AO; damit ist die Annahme eines Missbrauchs rechtlicher Gestaltungsmöglichkeiten gem. § 42 Abs. 1 S. 1, Abs. 2 AO

---

37 § 23 Abs. 1 S. 1 Nr. 1 EStG

38 BFH-Urt. v. 23.4.2021 – IX R 8/20, DStR 2021, 2003

für den Fall einer Veräußerung nach unentgeltlicher Übertragung grds. ausgeschlossen.

Hat der Stpfl. die Veräußerung eines Grundstücks angebahnt, liegt ein Missbrauch rechtlicher Gestaltungsmöglichkeiten grds. nicht vor, wenn er das Grundstück unentgeltlich auf seine Kinder überträgt und diese das Grundstück an den Erwerber veräußern; der Veräußerungsgewinn ist dann bei den Kindern nach deren steuerlichen Verhältnissen zu erfassen.

Die unentgeltliche Übertragung des Grundstücks an einen Dritten, der das Grundstück sodann innerhalb der Spekulationsfrist des § 23 Abs. 1 S. 1 Nr. 1 S. 1 EStG veräußert, unterfällt dem Anwendungsbereich des § 23 Abs. 1 S. 3 EStG und stellt daher ungeachtet der zeitlichen Nähe zwischen Übertragung und **Weiterveräußerung** grds. **keinen Gestaltungsmissbrauch** i.S.d. § 42 Abs. 1 S. 1, Abs. 2 AO dar. § 23 Abs. 1 S. 3 EStG regelt die Entstehung des Veräußerungsgewinns bei vorangegangenem unentgeltlichem Erwerb. Vom Rechtsvorgänger verwirklichte Besteuerungsmerkmale werden dem unentgeltlichen Rechtsnachfolger aufgrund des Gesetzes persönlich zugerechnet. Damit ist das private Veräußerungsgeschäft bei demjenigen zu besteuern, der die Veräußerung vorgenommen und den **Veräußerungserlös tatsächlich erhalten** hat. Da die Klägerin das Grundstück nicht veräußert hat, ist ihr auch kein Veräußerungsgewinn i.S.d. § 23 Abs. 1 S.1 Nr. 1 EStG zuzurechnen.

4. Zwangsversteigerung von Grundstücken

Der BFH hatte bereits mit Urteil vom 23.7.2019[39] entschieden, dass die **Zwangsversteigerung** eines Grundstücks zu einem Anschaffungs- und Veräußerungsgeschäft i.S.d. **§ 23 Abs. 1 S. 1 Nr. 1 EStG** führt. Dabei führte er u.a. aus, dass für die Anwendung des § 23 EStG die Beweggründe für die Veräußerung ohne Bedeutung seien, da das Gesetz keine Veräußerungsabsicht voraussetze.

Das **FG Düsseldorf** hatte zu entscheiden, ob der Kläger im Streitjahr 2019 hinsichtlich zweier Grundstücke den Tatbestand privater Veräußerungsgeschäfte i.S.d. § 22 Nr. 2 EStG i.V.m. § 23 Abs. S.1 Nr.1 EStG erfüllt hat.

39 BFH-Urt. v. 23.7.2019 – IX R 28/18, BStBl II 2019, 701; Hinweis: „Die Einkommensteuererklärung 2020", 283 - 284

Dem FG lag – abgekürzt – folgender Sachverhalt vor:

In 2019 wurden zwei Grundstücke des Klägers zwangsversteigert. Beide Grundstücke hatte er in 2009 im Wege der Zwangsversteigerung erworben.

Der Kläger hatte mit **Zuschlagbeschlüssen** das erste Objekt am 26.3.2009 erworben und am 29.3.2019 veräußert bzw. das zweite Objekt am 17.3.2009 erworben und am 21.3.2019 veräußert.

Nach den vorliegenden Unterlagen waren die **Meistgebote** für das erste Objekt am 18.3.2009 und am 31.1.2019 und für das zweite Objekt am 17.3.2009 und am 23.1.2019 abgegeben worden.

Das **FA** erfasste beide Fälle als **sonstige Einkünfte** aus privaten Veräußerungsgeschäften, da die Anschaffungs- und Veräußerungsgeschäfte aufgrund der Zeitpunkte der Abgabe der Meistgebote innerhalb von zehn Jahren erfolgt seien. Nach Auffassung des **Klägers** fehle es an einem steuerpflichtigen Veräußerungsvorgang, da die entgeltliche Übertragung vom Willen des Stpfl. getragen sein müsse, was im Falle der Zwangsversteigerung nicht erfüllt sei.

Das **FG Düsseldorf** entschied mit rechtskräftigem Beschluss vom 26.11.2020[40]:

> 1. Die Einkünfte aus privaten Veräußerungsgeschäften i.S.d. § 23 EStG vorauszusetzende willentliche wirtschaftliche Betätigung erfolgt im Falle einer Zwangsversteigerung eines Grundstücks durch in ihrer Wirkung dem Abschluss eines schuldrechtlichen Kaufvertrags zwischen Eigentümer und Meistbietenden entsprechende Abgabe des Meistgebots.
>
> 2. Für die Berechnung der **Veräußerungsfrist** sind bei der Anschaffung durch Ersteigerung und der nachfolgenden Wiederversteigerung die Zeitpunkte der **Abgabe der Meistgebote** maßgeblich.

Hinsichtlich der **Fristberechnung** führte das FG aus, dass bei Zwangsversteigerungen der für die Fristberechnung maßgebliche „obligatorische“ Vorgang bereits mit der **Abgabe der Meistgebote** abgeschlossen sei. Im vorliegenden Fall hätten die Zeiträume zwischen der Anschaffung und der Veräußerung somit jeweils **nicht mehr als zehn Jahre** betragen.

---

40 FG Düsseldorf Urt. v. 26.11.2020 – 2 V 2664/20 A (E), DStRE 2021, 592

5. Veräußerung eines Miteigentumsanteils an den geschiedenen Ehegatten

Streitig war, ob der Gewinn aus der Veräußerung eines Miteigentumsanteils an einem EFH als privates Veräußerungsgeschäft (§ 23 Abs. 1 S.1 Nr. 1 EStG) zu versteuern ist.

Die Eheleute A/B hatten in 2008 ein EFH zu jeweils hälftigem Miteigentum erworben. 2017 wurde die Ehe rechtskräftig geschieden. Nachdem die geschiedene Frau (A) mit der Zwangsversteigerung des gemeinsamen EFH`s drohte, falls B – er war 2015 aus dem gemeinsamen Haus ausgezogen – seinen hälftigen Miteigentumsanteil nicht an sie veräußern würde, wurde mit notariell beurkundeter **Scheidungsfolgevereinbarung** der hälftige Miteigentumsanteil an dem Familienheim, in dem auch das gemeinsame minderjährige Kind wohnte, in 2017 an die Ex-Ehefrau veräußert.

B erklärte in seiner ESt-Erklärung **keinen Veräußerungsgewinn** nach § 23 EStG. Das **FA** berücksichtigte im ESt-Bescheid 2017 einen **Veräußerungsgewinn** nach § 23 Abs. 1 S. 1 Nr.1 EStG. Den hiergegen eingelegten Einspruch begründete B mit dem Hinweis, dass die Überlassung des Miteigentumsanteils an das minderjährige Kind eine **Selbstnutzung** des Anteils nach **§ 23 Abs. 1 Nr. 1 S. 3 EStG** sei. Außerdem sei er durch die **Androhung der Zwangsversteigerung** gezwungen gewesen, seinen Miteigentumsanteil vor Ablauf der Zehnjahresfrist zu veräußern. Auch insoweit handele es sich nicht um ein Spekulationsgeschäft.

Das FA wies den Einspruch als unbegründet zurück.

Auch die Klage des B wurde mit **Urteil des FG München** vom 11.3.2021[41] als unbegründet zurückgewiesen.

Nach Auffassung des FG liegt eine „Nutzung zu eigenen Wohnzwecken" nicht vor, wenn der Stpfl. die Wohnung entgeltlich oder unentgeltlich an einen Dritten überlässt, ohne sie zugleich selbst zu bewohnen. Eine „Nutzung zu eigenen Wohnzwecken" liegt auch dann nicht vor, wenn die Wohnung nach dem Auszug des Stpfl. aus dem gemeinsamen Familienheim nicht einem i.S.d. § 32 EStG zu berücksichtigen Kind **zur alleinigen Nutzung**, sondern auch der ehemaligen Lebensgefährtin und Kindesmutter zur gemeinsamen Nutzung mit dem Kind überlassen wird.

[41] FG München, Urt. v. 11.3.2021 – 11 K 2405/19, EFG 2021, 1625, Revision eingelegt, Az des BFH: IX R 11/21

Damit liegt im Streitfall eine **Nutzung** des Einfamilienheims durch den Kläger zu eigenen Wohnzwecken mit **Auszug** des Klägers aus dem gemeinsamen Familienheim **ab 2015 nicht mehr vor**. Der **Ausnahmetatbestand** des § 23 Abs. 1 S. 1 Nr. 1 S. 3 EStG gilt als **nicht erfüllt**.

An einer **willentlichen Übertragung**, mithin einer Veräußerung i.S.d. § 23 EStG fehlt es nur dann, wenn der Verlust des Eigentums ohne maßgeblichen Einfluss des Stpfl. stattfindet. Dies ist etwa im Falle einer Enteignung oder einer Umlegung gegeben. Der Kläger befand sich in **keiner Zwangslage**, die einen Veräußerungstatbestand ausschließen könnte. Die Veräußerung des hälftigen Miteigentumsanteils des Klägers an die geschiedene Ehefrau beruht auf einer Scheidungsfolgevereinbarung, die der Kläger selbst mit abgeschlossen hat. Er hatte sich aus wirtschaftlichen Gründen (Erzielung eines angemessenen Preises) **vor Ablauf der Spekulationsfrist** für die sofortige Veräußerung entschieden. Eine „wirtschaftliche Betätigung" des Klägers liegt damit vor.

Eine eventuell fehlende Spekulationsabsicht des Klägers steht der Besteuerung des Veräußerungsgeschäfts nicht entgegen, da sie nicht Tatbestandsvoraussetzung eines privaten Veräußerungsgeschäfts ist.

Revision ist zur Fortbildung des Rechts zugelassen[42] und ein BFH-Verfahren ist mittlerweile anhängig.

Exkurs: Hinweis zum BGH-Beschluss zur Überlassung der Ehewohnung nach der Scheidung

Eine geschiedene Ehefrau kann die Überlassung der Ehewohnung **nur innerhalb eines Jahres** nach Rechtskraft der Scheidung von ihrem Ex-Mann verlangen, wenn die Wohnung in seinem Alleineigentum steht. Soweit die Ehefrau nicht aus anderen Gründen (z.B. Vereinbarung zwischen den Eheleuten) ein **Recht zum Besitz** an der Wohnung hat, kann der Eigentümer nach allgemeinen Regeln die Räumung durch den früheren Partner verlangen[43].

---

[42] Az des BFH: IX R 11/21
[43] BGH-Beschl. v. 10.3.2021 – XII ZB 243/20

6. Steuerpflichtiges privates Veräußerungsgeschäft eines baurechtlich nicht dauerhaft bewohnbaren Gartenhauses

Der Kläger erwarb in 2009 von einem Kleingartenverein einen Miteigentumsanteil an zwei Parzellen auf dem sich ein **Gartenhaus** befand, das lt. Landratsamtsbescheid **nicht zum dauernden Aufenthalt** von Personen genutzt werden durfte. Bis zur Veräußerung in 2014 hatte der Kläger das Anwesen ausschließlich **zu eigenen Wohnzwecken** genutzt; einen anderen Wohn- und Aufenthaltsort hatte er in dieser Zeit nicht innegehabt.

Das FA sah in dem Bewohnen eines Gartenhauses auf Dauer ohne Baugenehmigung eine **baurechtswidrige Nutzung** und behandelte das Objekt als ein unbebautes Grundstück. Während das FA den Veräußerungsgewinn aus dem Grundstücksverkauf als sonstige Einkünfte nach § 23 EStG berücksichtigte, beantragte der Kläger die Anwendung der Ausnahmeregelung des § 23 Abs. 1 Nr.1 S. 3 EStG, da nach seiner Ansicht eine „Nutzung zu eigenen Wohnzwecken“ vorgelegen habe.

Das **FG München** hielt die Klage für **unbegründet** und entschied mit Urteil vom 15.9.2020[44], dass das Tatbestandsmerkmal „Nutzung zu eigenen Wohnzwecken“ auf ein im Außenbereich in einer Kleingartenanlage in einem sog. Wochenend- und Ferienhausgebiet belegenes, voll erschlossenes Gartenhaus, das baurechtlich **nicht ganzjährig** bewohnt werden darf, nicht zutrifft.

7. Entnahme eines Wirtschaftsgutes aus dem Betriebsvermögen und Überführung in das Privatvermögen

Nach § 23 Abs. 1 S. 2 EStG gilt auch die Überführung eines WG in das Privatvermögen **durch Entnahme** als Anschaffung. An die Stelle der Anschaffungskosten tritt in diesem Fall der nach § 6 Abs. 1 Nr. 4 EStG angesetzte Wert (Teilwert)[45]. Der „angesetzte Teilwert“ kann dem Buchwert im Zeitpunkt der Entnahme entsprechen.

Nach § 23 Abs. 1 S. 3 EStG ist bei einem **unentgeltlichen Erwerb** dem Einzelrechtsnachfolger die Anschaffung oder die Überführung des WG in das Privatvermögen durch den Rechtsvorgänger zuzurechnen.

---

[44] FG München, Urt. v. 15.9.2020 – 2 K 1316/19, EFG 2021, 762, Revision eingelegt, Az des BFH: IX R 5/21

[45] § 23 Abs. 3 S. 3 EStG

Sonstige Einkünfte – Private Veräußerungsgeschäfte von Grundstücken

Sachverhalt

Landwirt X hatte i.R.d. vorweggenommenen Erbfolge mit Übergabevertrag in **2007** ein Grundstück aus seinem Betriebsvermögen entnommen und unentgeltlich auf seine Kinder übertragen. Einen **Entnahmegewinn** erklärte der Vater in seiner ESt-Erklärung jedoch **nicht**. Der entsprechende Steuerbescheid wurde **bestandskräftig**. Mit notariellem Vertrag wurde das Grundstück in **2016** durch die Kinder veräußert.

Bei der Ermittlung des Veräußerungsgewinns 2016 wurden von den Stpfl. fiktive Anschaffungskosten bzw. ein „Entnahmewert", der in Anlehnung an den Erwerb eines Nachbargrundstücks in 2007 ermittelt worden war, in Abzug gebracht.

Das **FA** vertrat dagegen die Ansicht, dass bei der Ermittlung des Veräußerungsgewinns für die fiktiven Anschaffungskosten nach § 23 Abs. 3 S. 3 EStG nicht der Teilwert des Grundstücks, sondern der **Buchwert des Rechtsvorgängers** bei Ausscheiden aus dem Betriebsvermögen als Anschaffungskosten anzusetzen sei, da der Rechtsvorgänger keinen Entnahmegewinn angesetzt und versteuert habe.

Mit Urteil vom 8.12.2020 entschied das **FG Rheinland-Pfalz**[46]:

> Bei der Ermittlung des Veräußerungsgewinns nach § 23 EStG ist bei einem zuvor aus dem Betriebsvermögen in das Privatvermögen überführten Grundstück anstelle der Anschaffungs- oder Herstellungskosten der tatsächlich angesetzte Entnahmewert anzusetzen, unabhängig davon, ob dieser Wert fehlerhaft war.

Das FG folgte der Auffassung des FA, dass der **„angesetzte Teilwert"** i.S.d. **§ 23 Abs. 3 S. 3 EStG** dem **Buchwert** des Grundstücks im Zeitpunkt der Entnahme entspricht. Der lt. Gesetz „angesetzte Wert" ist der Entnahmewert, der der Steuerfestsetzung im Steuerbescheid des VZ, in dem die Entnahme aus dem Betriebsvermögen erfolgt ist, zugrunde gelegen hat, unabhängig davon, ob sich dieser Wert als fehlerhaft herausstellt. Hierdurch soll vermieden werden, dass die bei der **Entnahme nicht versteuerte stille Reserven** unversteuert bleiben. Da eine Änderung des Steuerbescheids des Rechtsvorgängers aus verfahrensrechtlichen Gründen nicht mehr in Betracht

---

[46] FG Rheinland-Pfalz, Urt. v. 1.12.2020 – 3 K 1277/20, EFG 2021, 452, Revision eingelegt, Az des BFH: IX R 3/21

kommt, sollen insoweit die **bisher nicht versteuerten stillen Reserven** nunmehr **i.R.d. § 23 EStG** der Besteuerung unterwerfen werden.

Revision war wegen grundsätzlicher Bedeutung zuzulassen und ist anhängig[47].

8. Berücksichtigung von Abbruchkosten bei den Einkünften aus privaten Veräußerungsgeschäften

Mit Urteil vom 2.2.2021 hat das **FG Düsseldorf**[48] entschieden, dass **Abbruchkosten für ein Gebäude** auf einer nachträglich parzellierten Teilfläche eines im Übrigen für die Errichtung eines Gebäudes zu eigenen Wohnzwecken erworbenen Grundstücks, die sich **erhöhend** auf den Veräußerungspreis dieser Teilfläche auswirken, durch ein damit getätigtes Spekulationsgeschäft veranlasst sind. Sie stellen deshalb **Werbungskosten bei den Einkünften aus privaten Veräußerungsgeschäften** dar.

Werbungskosten i.S.d. § 9 Abs. 1 S. 1, § 23 Abs. 3 S. 1 EStG sind grds. alle durch ein Spekulationsgeschäft veranlassten Aufwendungen, die nicht zu den Anschaffungs- oder Herstellungskosten gehören. Es können grds. **Aufwendungen,** die während des **gesamten Spekulationszeitraums** angefallen sind, Werbungskosten sein.

---

47 Az des BFH: IX R 3/21
48 FG Düsseldorf, Urt. v. 2.2.2021 – 10 K 3253/17 E, EFG 2021, 743, rkr.

III. Sonstiges

1. Virtuelle Währungen

Virtuelle Währungen sind **digital dargestellte Werteinheiten** von Währungen, die von keiner Zentralbank oder öffentlichen Stelle emittiert oder garantiert werden und nicht den gesetzlichen Status einer Währung oder von Geld besitzen, aber deren Werteinheiten von natürlichen oder juristischen Personen als Tauschmittel akzeptiert werden und auf **elektronischem Wege** übertragen, gespeichert und gehandelt werden können. Zu den bekanntesten virtuellen Währungen gehören beispielsweise **Bitcoin**, Ether, Litecoin und Ripple (Kryptowährungen).

Sofern die Einkünfte aus Kryptowährungen im **Privatvermögen** erzielt werden, können diese insb. der Besteuerung als Einkünfte aus Leistungen i.S.d. **§ 22 Nr. 3 EStG** oder als **privates Veräußerungsgeschäft nach § 23 Abs. 1 S. 1 Nr. 2 EStG** unterliegen[49].

Nach Auffassung des FG Berlin-Brandenburg handelt es sich bei virtuellen Währungen (Bitcoins) um ein **immaterielles WG**, das bei einer Veräußerung im Privatvermögen, wenn zwischen Anschaffung und Veräußerung **weniger als ein Jahr** liegt, zu den Einkünften nach § 23 Abs. 1 S. 1 Nr. 2 EStG (anderes WG) führt. Voraussetzung ist, dass die Bitcoins **nicht selbst generiert** wurden, da es insoweit an einem „Erwerb“ fehlt.

Nach Auffassung von Andres/Stoffels[50] verlängert sich die **Spekulationsfrist** auf **zehn Jahre**, wenn Stpfl. mindestens in einem Kalenderjahr Einkünfte durch **Verleihung** ihrer Coins (Bitcoin Lending) erzielen. Diese zusätzlich generierten Erträge sollen Einkünfte nach § 22 Nr. 3 EStG auslösen.

Das FG Nürnberg[51] hat dagegen **Zweifel** daran geäußert, ob es sich bei Bitcoins um **„Wirtschaftsgüter“** handelt und **verneint** die Anwendung des § 23 Abs. 1 S. 1 Nr. 2 EStG. Die Einordnung ist **höchstrichterlich** bisher noch **ungeklärt.**

---

49 FG Berlin-Brandenburg, Beschl. v. 20.6.2019 – 13 V 13100/19, DStRE 2019, 1329

50 *Andres/Stoffels*, NWB 2020, 489

51 FG Nürnberg, Beschl. v. 8.4.2020 – 3 V 1239/19, EFG 2020, 1074, rkr.

Gegenwärtig ist zu dieser Rechtsfrage ein Verfahren vor dem FG Köln anhängig. Mit Hinweis auf dieses anhängige Verfahren kann das Verfahrensruhen aus Billigkeitsgründen beantragt werden.[52]

Praxishinweis

Das **BMF** hat am 17.6.2021 den **Entwurf** eines BMF-Schreibens zur **ertragsteuerlichen Behandlung von virtuellen Währungen** veröffentlicht[53].

Wenngleich bislang ein abgestimmtes BMF-Schreiben fehlt, sollten Berater über die **Vollständigkeitserklärung** das Vorliegen von Transaktionen mit einer virtuellen Währung beim jeweiligen **Mandanten** abfragen[54].

Überdies hat der BMF im Mai 2021 einen Referentenentwurf einer Verordnung über **verstärkte Sorgfaltspflichten** bei der Übertragung von Kryptowerten (Kryptowertetransferverordnung – **KryptoTransferV**[55]) veröffentlicht. Die Verordnung soll eine **lückenlose Rückverfolgbarkeit** der Übertragungen sicherstellen. Sie ordnet an, dass Angaben zum Begünstigten oder Auftraggeber eines Kryptowertetransfers erhoben und gespeichert werden müssen, wenn die Übertragung von oder auf eine elektronische Geldbörse erfolgt, die nicht von einem Kryptoverwahrer verwaltet wird.

2. Probandenhonorar für medizinische Studien

Die Klägerin hatte als Probandin an drei klinischen Studien zur Entwicklung neuer Medikamente teilgenommen und hierfür eine Vergütung von rd. 7.000 EUR erhalten. Hiervon erhielt das FA Kenntnis durch Kontrollmitteilungen und unterwarf die Einnahmen als **Einkünfte aus Leistungen** gem. § 22 Nr. 3 EStG. Hiergegen wandte sich die Klägerin im Einspruchsverfahren und beantragte, die Leistungen als **nicht steuerbares Schmerzensgeld** für gesundheitliche Beeinträchtigungen zu behandeln.

Mit Urteil vom 18.3.2021 entschied **das FG Rheinland-Pfalz**[56], dass das **Probandenhonorar** für die freiwillige Teilnahme an einer mehrwöchigen medizinischen Studie kein nicht steuerbares Schmerzensgeld sei, sondern zu **steuerbaren sonstigen Einkünften i.S.d. § § 22 Nr. 3 EStG** führe. **Die Einkünfte aus Leistungen erfassen jedes Tun, Unterlassen oder Dulden**, das Ge-

---

52 Az des FG Köln: 14 K 1178/20; *Andres*, DStR 2021, 1630
53 Entwurf BMF-Schr. v. 17.6.2021, NWB BAAAH-81639
54 S.a. *Seifert*, NWB 2021, 1975
55 KryptoTransferV v. 24.9.2021, BGBl I 2021 Nr. 69
56 FG Rheinland-Pfalz, Urt. v. 18.3.2021 – 4 K 1017/20, EFG 2021, 1103, rkr.

genstand eines entgeltlichen Vertrags sein kann. Selbst eine **einmalige Teilnahme** an einer Studie führe zu einer steuerbaren Vergütung. Lediglich die Freigrenze von 256 EUR müsse überschritten sein.

3. Darlehenserlass nach bestandener beruflicher Fortbildung

Die Klägerin erhielt als ArbN für eine Fortbildungsmaßnahme ein Darlehen von der staatlichen KfW-Bank. Sie setzte Ausbildungskosten und Darlehenszinsen als Werbungskosten von der Steuer ab. **Nach bestandener Abschlussprüfung erließ** die KfW-Bank – wie im AFBG (Aufstiegs-BAföG) vorgesehen – **40 % des Darlehens** für Lehrgangs- und Prüfungsgebühren.

Das **FA** sah in dem Erlass des Darlehens eine Umwandlung des gewährten Kredits in einen Zuschuss und **erhöhte die Einnahmen** aus nichtselbstständiger Arbeit entsprechend.

In der hiergegen gerichteten Klage machte die Klägerin geltend, dass es sich bei dem Darlehenserlass nicht um Arbeitslohn handele, da die Einnahme nicht durch das Dienstverhältnis veranlasst sei. Das Darlehen sei dem privaten Bereich zuzuordnen und sei auch nicht als Ersatz von Werbungskosten anzusehen.

Das **Nds. FG** hielt die Klage für begründet und entschied **mit Urteil vom 31.3.2021**[57]:

> Der Ansatz rückempfangener Beträge als Einnahmen – auch wenn sie zuvor als Werbungskosten abgezogen wurden – setze eine erwerbsbezogene Veranlassung voraus.
>
> Der gewährte **Darlehenserlass** nach dem AFBG aufgrund einer bestandenen Fortbildungsprüfung stelle **keine Einnahme** bei der Einkunftsart dar, bei der die durch das Darlehen finanzierten Lehrgangs- und Prüfungsgebühren steuermindernd berücksichtigt worden seien.
>
> Auch könne dieser Darlehenserlass auch **nicht als sonstige Leistung nach § 22 Nr. 3 EStG** besteuert werden.

---

57 Nds. FG, Urt. v. 31.3.2021 – 14 K 47/20, EFG 2021, 1366, Revision eingelegt, Az des BFH: VI R 9/21

Das FG führte u.a. aus, dass zu den Einkünften aus nichtselbstständiger Arbeit gem. § 19 Abs. 1 S. 1 Nr. 1 EStG – neben Gehältern und Löhnen – auch andere Bezüge und Vorteile gehörten, die **„für" eine Beschäftigung** im öffentlichen oder privaten Dienst gewährt werden, unabhängig davon, ob ein Rechtsanspruch auf sie bestehe und ob es sich um laufende oder um einmalige Bezüge handele[58].

Im vorliegenden Fall stünden die Darlehenserlasse der KfW in keinem Zusammenhang mit dem Arbeitsverhältnis der Klägerin und seien nicht als Frucht ihrer Arbeit anzusehen. Es handele sich auch deshalb nicht um steuerpflichtige Einnahmen, auch wenn die Klägerin Werbungskosten i.H.d. Erlassbetrages geltend gemacht habe. Es **fehle** an dem **erwerbsbezogenen Veranlassungszusammenhang** mit den Einkünften aus nichtselbstständiger Arbeit.

---

58 § 19 Abs. 1 S. 2 EStG

F. Sonderausgaben

I. Blick in den Erklärungsvordruck

1. Zeilen 15 bis 20

Ab dem VZ 2021 ist nach § 10 Abs. 1a Nr. 2 S. 4 EStG Voraussetzung für den Sonderausgabenabzug von als Versorgungsleistungen gezahlten Renten, dass die Identifikationsnummer des Empfängers in der Steuererklärung des Leistenden angegeben wird.

Dementsprechend wird ab dem VZ 2021 neben dem Namen (Zeile 16 und 19) auch die Identifikationsnummer der empfangsberechtigten Person abgefragt (Zeile 17 und 20). Die Angabe der Identifikationsnummer soll einen programmgesteuerten **Datenabgleich** ermöglichen.

Praxishinweis

Dieser Datenabgleich könnte dazu führen, dass bislang nicht besteuerte Fälle möglicherweise nunmehr „entdeckt" werden. Diese Möglichkeit sollte seitens des Beraters nicht unberücksichtigt bleiben.

I.R.d. Umgestaltung der Vordrucke wurde eine weitere Eintragungsmöglichkeit für eine zweite empfangsberechtigte Person geschaffen, da in der Praxis häufig mehrere Empfangsberechtigte Versorgungsleistungen im Rahmen von Vermögensübertragungen erhalten.

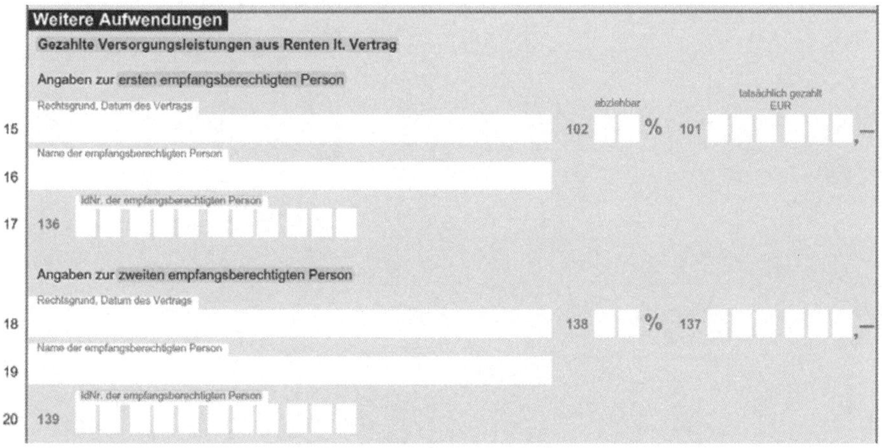
Weitere Aufwendungen
Gezahlte Versorgungsleistungen aus Renten lt. Vertrag
Angaben zur ersten empfangsberechtigten Person
15 Rechtsgrund, Datum des Vertrags | abziehbar 102 % | tatsächlich gezahlt EUR 101 ,—
16 Name der empfangsberechtigten Person
17 IdNr. der empfangsberechtigten Person 136
Angaben zur zweiten empfangsberechtigten Person
18 Rechtsgrund, Datum des Vertrags | 138 % | 137 ,—
19 Name der empfangsberechtigten Person
20 IdNr. der empfangsberechtigten Person 139

2. Zeilen 31 bis 36

Die Ausführungen zu den Zeilen 15 bis 20 gelten sinngemäß auch für die dauernden Lasten, die nun in den Zeilen 31 bis 36 abgefragt werden.

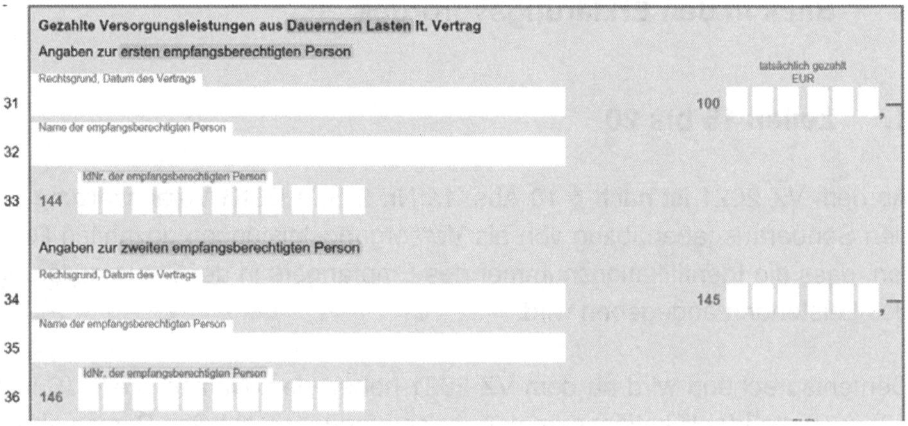

Gezahlte Versorgungsleistungen aus Dauernden Lasten lt. Vertrag

Angaben zur ersten empfangsberechtigten Person

31 Rechtsgrund, Datum des Vertrags — 100 tatsächlich gezahlt EUR ,–

32 Name der empfangsberechtigten Person

33 144 IdNr. der empfangsberechtigten Person

Angaben zur zweiten empfangsberechtigten Person

34 Rechtsgrund, Datum des Vertrags — 145 ,–

35 Name der empfangsberechtigten Person

36 146 IdNr. der empfangsberechtigten Person

II. Kirchensteuer

1. Grundsätzliches

Nach § 10 Abs. 1 Nr. 4 EStG ist die gezahlte KiSt grds. als Sonderausgabe abziehbar. Dies gilt allerdings nicht für die KiSt auf Kapitalerträge, die mit dem Abgeltungsteuertarif[1] besteuert werden. Dies begründet sich damit, dass der Sonderausgabeneffekt der KiSt durch eine Minderung des Abgeltungsteuersatzes berücksichtigt wird und ein zusätzlicher Sonderausgabenabzug eine nicht gewollte doppelte Wirkung hätte.

Praxishinweis

Auf diese Abzugseinschränkung wird auch im Erklärungsvordruck ausdrücklich hingewiesen. KiSt-Zahlungen von Vorauszahlungsbescheiden, Erstbescheiden und auch Änderungsbescheiden sind hinsichtlich einer Aufteilung in abziehbare und nicht abziehbare Aufwendungen zu prüfen. Elektronisch übernommene E-Daten der FinVerw sollten zur Vermeidung von Haftungsrisiken hinterfragt werden.[2]

2. Blick in den Erklärungsvordruck

Kirchensteuer		2021 gezahlt EUR		2021 erstattet EUR
4	soweit diese nicht als Zuschlag zur Abgeltungsteuer einbehalten oder gezahlt wurde	103 ,—		104 ,—

3. Schaubild

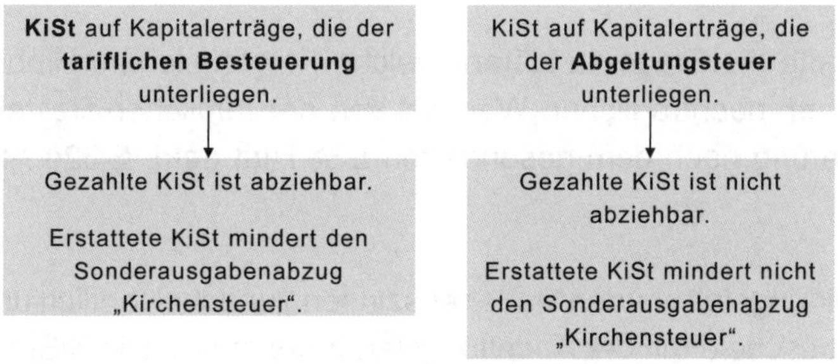

1 § 32d Abs. 1 EStG
2 *Lemper/Knodt*, NWB 2020, 1580

Praxishinweis

Für den Abzug von KiSt gilt das Abflussprinzip.[3] Da nur „gezahlte“ KiSt zu berücksichtigen ist und ein Sonderausgabenabzug das Vorliegen von Aufwendungen voraussetzt, sind die im VZ zugeflossenen KiSt-Erstattungen nach den allgemeinen Grundsätzen abzugsmindernd zu erfassen.[4]

Als Erstattung gilt dabei auch die Umbuchung überzahlter KiSt auf eine andere Steuerart.

Zu beachten ist, dass der **Erbe** die Zahlungen auf offene KiSt des Erblassers im Zahlungsjahr als eigene Sonderausgaben abziehen kann.[5] Werden elektronische Daten vom FA abgerufen, ist zu prüfen, ob auch diese Zahlungen des Erben als gezahlte KiSt elektronisch automatisch bereitgestellt werden.

4. Sonderausgabenabzug für KiSt bei nachträglicher Besteuerung von Kapitaleinkünften mit dem Abgeltungsteuertarif

Werden Zinseinnahmen zunächst nach dem regulären Einkommensteuertarif besteuert, löst eine spätere Anwendung des gesonderten Tarifs gem. § 32d Abs. 1 EStG eine Herabsetzung der als Zuschlag zur tariflichen ESt festgesetzten KiSt aus.

Die hiermit verbundene Minderung des Sonderausgabenabzugs für gezahlte KiSt nach § 10 Abs. 1 Nr. 4 Hs. 1 EStG ist in dem Veranlagungszeitraum zu berücksichtigen, in dem die insoweit geänderte Einkommen- und Kirchensteuerfestsetzung wirksam wird.

BFH-Urt. v. 16.3.2021 – X R 23/19, DStR 2021, 2189

Der BFH hatte die Frage zu klären, welche Folgen sich im Hinblick auf die KiSt bei einem nachträglichen Wechsel von der tariflichen Besteuerung auf die Besteuerung nach dem gesonderten ESt-Tarif gem. § 32d Abs. 1 EStG ergeben.

Im Entscheidungsfall wurden Darlehenszinsen zunächst tariflich und in einem Änderungsbescheid mit der Abgeltungsteuer besteuert. Die KiSt auf die tarifliche ESt wurde i.H.v. rd. 2.200 EUR herabgesetzt und eine KiSt i.R.d. Regelung der Abgeltungsteuer festgesetzt. Die Herabsetzung behandelte das FA

---

3 § 11 Abs. 2 S. 1 EStG
4 BFH-Urt. v. 16.3.2021 – X R 23/19, BFH/NV 2021, 1428
5 BFH-Urt. v. 21.7.2016 – X R 43/13, BStBl II 2017, 256

als KiSt-Erstattung, die bei der Ermittlung der Sonderausgaben zu berücksichtigen sei. Dieser Auffassung schloss sich nunmehr auch der BFH an und hob die Entscheidung der Vorinstanz[6] auf.

5. Kirchensteuer-Erstattungsüberhang

Ergibt sich bei der abziehbaren KiSt ein Erstattungsüberhang, ist dieser nach Maßgabe von § 10 Abs. 4b S. 3 EStG dem Gesamtbetrag der Einkünfte zuzurechnen. Zu einer Hinzurechnung kommt es aber nicht, falls die KiSt-Erstattung im Zusammenhang mit Einnahmen steht, die der Abgeltungsteuer zu unterwerfen sind.[7]

Übersicht

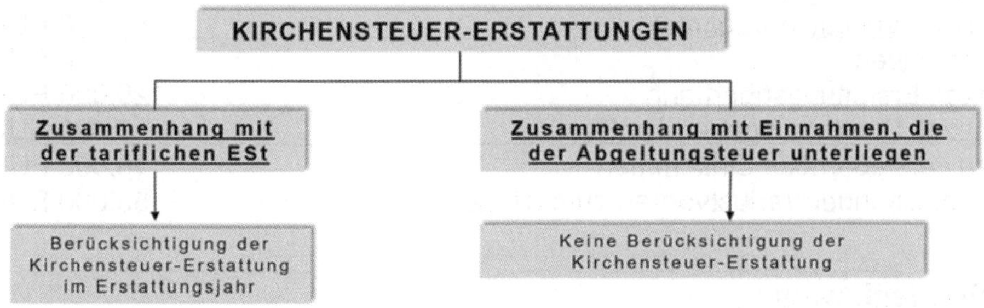

Beispiel

A ist an einer GmbH beteiligt. Aus dieser Beteiligung erhielt A in 2020 eine Gewinnausschüttung, die bei A zu – der Abgeltungsteuer unterliegenden – Einkünften aus KapV führte. A war bereits 2019 aus der Kirche ausgetreten. Dennoch behielt die GmbH bei der Gewinnausschüttung neben der KapESt auch KiSt ein. Die zu Unrecht einbehaltene KiSt für das Jahr 2020 wurde in 2021 erstattet.

Die KiSt-Erstattung ist bei der Veranlagung 2021 unberücksichtigt zu lassen. Dies gilt auch bei Ermittlung des Erstattungsüberhangs. Die ursprüngliche Forderung der FinVerw, jedwede KiSt-Erstattung zur Vermeidung der Aufrollung früherer Veranlagungsjahre steuerlich gleich zu behandeln, hat sich nicht durchgesetzt.

---

6 FG Düsseldorf, Urt. v. 5.6.2019 – 2 K 1544/17 E, EFG 2019, 1757, rkr.
7 Nds. FG, Urt. v. 21.11.2018 – 2 K 25/17, EFG 2019, 1090, rkr.

Die anzuwendende Hinzurechnung beeinflusst die Höhe des Gesamtbetrags der Einkünfte nicht.[8] Dieser Hinzurechnungsbetrag wird erst nach Abzug eines Verlustvortrags oder Verlustrücktrags berücksichtigt.[9] Dies sollte gerade auch bei der Wahl der Höhe eines Verlustrücktrags berücksichtigt werden.

Beispiel

Der alleinstehende A erzielt im VZ 2021 ein Gesamtbetrag der Einkünfte von 150.000 EUR. Der Verlustvortrag nach § 10d EStG beträgt zum 31.12.2020 insgesamt 200.000 EUR. Infolge eines erfolgreichen FG-Verfahrens ergibt sich für den VZ 2021 ein KiSt-Erstattungsüberhang von 25.000 EUR. Abziehbare Sonderausgaben und außergewöhnliche Belastungen ergeben sich i.H.v. 7.000 EUR.

Lösung

Gesamtbetrag der Einkünfte	150.000 EUR
abzgl. Verlustvortrag, max.	- 150.000 EUR
verbleiben	0 EUR
zzgl. Erstattungsüberhang	25.000 EUR
abzgl. Sonderausgaben / agB	- 7.000 EUR
zu versteuerndes Einkommen	18.000 EUR
verbleibender Verlustvortrag zum 31.12.2021	50.000 EUR

Praxishinweis

Der Hinzurechnungsbetrag ist im Erstattungsjahr erhöhend – quasi wie negative Sonderausgaben – zu behandeln. Auch wenn laut Gesetzestext der Gesamtbetrag der Einkünfte zu erhöhen ist, beeinflusst dies nach Auffassung des BFH nicht die Höhe des Gesamtbetrags der Einkünfte i.S.d. § 2 Abs. 3 EStG.[10] Folglich wirkt sich der Hinzurechnungsbetrag nicht auf die von der Höhe des Gesamtbetrags der Einkünfte abhängige zumutbare Belastung[11] oder den Höchstbetrag für den Spendenabzug nach § 10b Abs. 1 S. 1 Nr. 1 EStG aus.

Gegenwärtig ist strittig, ob ein KiSt-Erstattungsbetrag selbst dann zu erfassen ist, wenn im VZ der KiSt-Erstattung keine KiSt-Zahlung erbracht wurde. Das FG Düsseldorf[12] hat auch in einem solchen Fall einen Erstattungsüberhang berücksichtigt; die abschließende Entscheidung des BFH bleibt abzuwarten.

---

[8] FG Düsseldorf, Urt. v. 5.12.2019 – 14 K 3341/15 E, EFG 2020, 352, Revision eingelegt, Az des BFH: X R 1/20

[9] BFH-Urt. v. 12.3.2019 – IX R 34/17, BStBl II 2019, 658

[10] BFH-Urt. v. 12.3.2019 – IX R 34/17, BStBl II 2019, 658

[11] § 33 Abs. 3 EStG

[12] FG Düsseldorf, Urt. v. 5.12.2019 – 14 K 3341/15 E, EFG 2020, 352, Revision eingelegt, Az des BFH: X R 1/20

Praxishinweis

Im Hinblick auf die ausstehende Entscheidung des BFH und eine durch die Corona-Pandemie bedingte Praxisrelevanz wegen der Erzielung von Verlusten oder der Berücksichtigung von Verlustvorträgen oder Verlustrückträgen sollten vergleichbare Fälle verfahrensrechtlich offengehalten werden. Ein Ruhen des Verfahrens hat die FinVerw zu gewähren, sofern der Einspruch auf das anhängige Verfahren Bezug nimmt.[13]

6. Exkurs: Kirchenaustritt und fälschliche Angaben in der Einkommensteuererklärung

Mit einem praxisrelevanten Sachverhalt hat sich das FG Baden-Württemberg[14] auseinandergesetzt.

Sachverhalt

- Der Kl. erzielte im Streitjahr 2017 gewerbliche Beteiligungseinkünfte.
- Bereits am 22.12.2014 war er aufgrund Erklärung gegenüber dem Standesamt der Gemeinde A aus der evangelischen Kirche ausgetreten.
- Die Meldebehörde teilte dem BZSt den Austritt am 23.12.2014 mit Wirkung zum 1.1.2015 mit.
- Dennoch gab der Kl. – wie auch in den Vorjahren – in der von seinem Steuerberater erstellten und elektronisch eingereichten ESt-Erklärung 2017 an, Mitglied der evangelischen Kirche zu sein.
- Das FA setzte gegenüber dem Kl. evangelische KiSt für das Jahr 2017 i.H.v. 9.790,64 EUR fest.
- Der an den StB des Kl. bekannt gegebene Bescheid wurde bestandskräftig.
- Den Antrag des Kl., die KiSt-Festsetzung gem. § 175b AO aufzuheben, lehnte das FA ab.

---

13 § 363 Abs. 2 S. 2 AO
14 FG Baden-Württemberg, Gerichtsbescheid v. 5.1.2021 – 10 K 1662/20, EFG 2021, 1689, Revision eingelegt, Az des BFH: I R 6/21

Entscheidung des FG Baden-Württemberg[15]

Das FG Baden-Württemberg sah die Klage als zulässig aber unbegründet an, weil keine Änderungs- bzw. Berichtigungsnorm greift.

Nach § 175b Abs. 1 S. 1 AO sind Steuerbescheide aufzuheben oder zu ändern, soweit von der mitteilungspflichtigen Stelle an die Finanzbehörden übermittelte Daten nach § 93c AO bei der Steuerfestsetzung nicht oder nicht zutreffend berücksichtigt wurden.

Damit die Änderungsnorm nach § 175b AO greift, muss es sich um Daten handeln, die für die Steuerfestsetzung übermittelt wurden. Zwar haben die Meldebehörden dem BZSt Änderungen im Melderegister – wozu auch die Änderung der Konfessionszugehörigkeit zählt – für Zwecke des LSt-Abzugsverfahrens zu melden.[16] Diese Meldepflicht bezieht sich aber auch nur auf das LSt-Abzugsverfahren. Für die Änderung des KiSt-Bescheides reicht diese Meldepflicht nach dem EStG nicht aus, weil sich diese nicht aus § 93c AO (mitteilungspflichtige Stelle) ergibt.

Bis zur abschließenden Entscheidung des BFH sollten vergleichbare Sachverhalte offengehalten werden.

Praxishinweis

Über die Vollständigkeitserklärung sollte mit der jährlichen Veranlagung die KiSt-Pflicht bei den Mandanten abgefragt werden. Auf einen Kirchenaustritt kann eine hohe KiSt-Nachzahlung hindeuten, da im LSt-Abzugsverfahren die zeitanteilige Konfessionszugehörigkeit aufgrund der Mitteilung der Meldebehörde[17] bereits berücksichtigt wurde.

---

[15] FG Baden-Württemberg, Gerichtsbescheid v. 5.1.2021 – 10 K 1662/20, EFG 2021, 1689, Revision eingelegt, Az des BFH: I R 6/21

[16] § 39e Abs. 2 S. 2 EStG

[17] § 39e Abs. 2 S. 2 EStG

III. Zuwendungen (Spenden und Mitgliedsbeiträge)

1. Blick in den Erklärungsvordruck

Der Spendenabzug wird in § 10b EStG geregelt. Die als Sonderausgaben abziehbaren Spenden sind in der Anlage Sonderausgaben in den Zeilen 5 bis 12 einzutragen.

Blick in den Erklärungsvordruck

Zeile	Zuwendungen (Spenden und Mitgliedsbeiträge)		lt. Bestätigungen EUR		lt. Betriebsfinanzamt EUR
	Spenden und Mitgliedsbeiträge (ohne Beträge in den Zeilen 9 bis 12)				
5	– zur Förderung steuerbegünstigter Zwecke an Empfänger im Inland	123	,—	124	,—
6	– zur Förderung steuerbegünstigter Zwecke an Empfänger im EU- / EWR-Ausland	133	,—	134	,—
7	– an politische Parteien (§§ 34g, 10b EStG)	127	,—	128	,—
8	– an unabhängige Wählervereinigungen (§ 34g EStG)	129	,—	130	,—
	Spenden in das zu erhaltende Vermögen (Vermögensstock) einer Stiftung		stpfl. Person / Ehemann / Person A EUR		Ehefrau / Person B EUR
9	2021 geleistete Spenden an Empfänger im Inland (lt. Bestätigungen / lt. Betriebsfinanzamt)	208	,—	209	,—
10	2021 geleistete Spenden (lt. Bestätigungen / lt. Betriebsfinanzamt) an Empfänger im EU- / EWR-Ausland	224	,—	225	,—
11	Von den Spenden in den Zeilen 9 und 10 sollen 2021 berücksichtigt werden	212	,—	213	,—
12	2021 zu berücksichtigende Spenden aus Vorjahren in das zu erhaltende Vermögen (Vermögensstock) einer Stiftung, die bisher noch nicht berücksichtigt wurden	214	,—	215	,—

Angaben zu einem Spendenvortrag ergeben sich aus der Anlage Sonstiges.

Blick in den Erklärungsvordruck

Zeile	Spendenvortrag	stpfl. Person / Ehemann / Person A	Ehefrau / Person B
6	Es wurde ein verbleibender Spendenvortrag nach § 10b EStG zum 31.12.2020 festgestellt.	1 = Ja	1 = Ja

2. Kappungsgrenze und Erbfall

Zuwendungen (Spenden und Mitgliedsbeiträge) zur Förderung steuerbegünstigter Zwecke i.S.d. §§ 52 - 54 AO können insgesamt bis zu

- 20 % des Gesamtbetrags der Einkünfte oder
- 4 Promille der Summe der gesamten Umsätze und der im Kj aufgewendeten Löhne und Gehälter

als Sonderausgaben abgezogen werden. Oftmals kommt es bei älteren Personen – gerade auch im Todesjahr – zu hohen Spenden, die sich im Spendenjahr wegen der Kappungsgrenze nicht vollumfänglich steuerlich auswirken. Das EStG sieht lediglich einen Spendenvortrag, aber keinen Spendenrücktrag vor. Nach Auffassung des FG Münster ist sowohl die Abzugsbeschränkung der tatsächlich geleisteten Spenden auf die Kappungsgrenze als auch das Verbot des Spendenrücktrags verfassungsgemäß.[18] Ein Spendenvortrag geht bei Tod unter; eine Vererblichkeit eines Spendenvortrags existiert nicht.[19]

3. Keine elektronische Übermittlung der Zuwendungsbestätigungen im VZ 2021

Es ist auch im VZ 2021 nicht möglich, Zuwendungen des Mandanten elektronisch abzurufen. Eine verpflichtende elektronische Übermittlung der Zuwendungsbestätigung durch den Zuwendungsempfänger an die FinVerw ist geplant, soll aber frühestens für Zuwendungen gelten, die dem Zuwendungsempfänger nach dem 31.12.2024 zufließen.

4. Zuwendungsbestätigungen bzw. Einzahlungsbelege oder Buchungsbestätigungen

Für den Spendenabzug bedarf es einer Zuwendungsbestätigung nach Maßgabe von § 50 EStDV. Die Zuwendungsbestätigung ist eine unverzichtbare materiell-rechtliche Voraussetzung für den Sonderausgabenabzug.[20] Inhaltlich muss die Bestätigung die Angaben enthalten, die für den Abzug wesentlich sind.

Sofern in einer Spendenbescheinigung eine „Sachspende“ statt einer „Geldspende“ angegeben wird, soll dies für den Abzug unschädlich sein.[21] Wird hingegen eine „Geldspende“ vermerkt, obwohl eine „Sachspende“ vorliegt, dürfte dies anders sein. Denn bei „Sachspenden“ müssen die zusätzlichen Voraussetzungen nach § 10b Abs. 3 EStG eingehalten sein, die das FA im Einzelfall zu prüfen hat.

---

18 FG Münster, Urt. v. 27.8.2020 – 5 K 3940/18 E,F, DStRE 2021, 568 (Revision nicht zugelassen)

19 BFH-Beschl. v. 26.10.2011 – X B 12/11, BFH/NV 2012, 215

20 BFH-Urt. v. 12.12.2017 – X R 46/16, BFH/NV 2018, 717

21 BFH-Urt. v. 16.3.2021 – X R 37/19, BFH/NV 2021, 1397 Rz 33 - 36

Nur ausnahmsweise genügt der Bareinzahlungsbeleg oder die Buchungsbestätigung eines Kreditinstituts, wenn die Zuwendungen zur Hilfe in Katastrophenfällen[22] geleistet werden oder die Zuwendungen 300 EUR[23] nicht übersteigen.

Praxishinweis

Aus der Buchungsbestätigung müssen der Name und die Kontonummer oder ein sonstiges Identifizierungsmerkmal des Auftraggebers und des Empfängers, der Betrag, der Buchungstag sowie die tatsächliche Durchführung der Zahlung ersichtlich sein.[24]

Gerade durch die erheblichen Schäden durch Unwetter im Juni und Juli 2021 mit Hochwasser kommt dem vereinfachten Spendennachweis bei Katastrophenfällen eine besondere Bedeutung zu. Hierzu haben die Länderfinanzministerien Erlasse veröffentlicht und folgende vereinfachte Zuwendungsnachweise zugelassen:[25]

> Statt einer Zuwendungsbestätigung genügt als Nachweis der Zuwendungen, die bis zum 31.10.2021 zur Hilfe in Katastrophenfällen auf ein für den Katastrophenfall eingerichtetes Sonderkonto einer inländischen juristischen Person des öffentlichen Rechts, einer inländischen öffentlichen Dienststelle oder eines inländischen amtlich anerkannten Verbandes der freien Wohlfahrtspflege einschließlich seiner Mitgliedsorganisationen eingezahlt oder bis zur Einrichtung des Sonderkontos auf ein anderes Konto der genannten Zuwendungsempfänger eingezahlt werden, der Bareinzahlungsbeleg oder die Buchungsbestätigung eines Kreditinstitutes (z.B. der Kontoauszug, Lastschrifteinzugsbeleg oder der PC-Ausdruck bei Online-Banking). Wird die Zuwendung über ein als Treuhandkonto geführtes Konto eines Dritten auf eines der genannten Sonderkonten eingezahlt, genügt als Nachweis der Bareinzahlungsbeleg oder die Buchungsbestätigung des Kreditinstituts des Zuwendenden zusammen mit einer Kopie des Bareinzahlungsbelegs oder der Buchungsbestätigung des Kreditinstituts des Dritten.[26]
>
> Bei Zuwendungen zur Hilfe in Katastrophenfällen, die bis zum 31.10.2021 über ein Konto eines Dritten an eine inländische juristische

22 Siehe im Detail § 50 Abs. 4 Nr. 1 EStDV
23 Siehe im Detail § 50 Abs. 4 Nr. 2 EStDV
24 § 50 Abs. 4 S. 2 EStDV
25 Z.B. Bayerisches Staatsministerium der Finanzen und für Heimat v. 26.7.2021 – 37-S 1915-14, Juris; FinMin NRW v. 23.7.2021 – S 1915-6/48-V A3, Juris
26 § 50 Abs. 4 S. 1 Nr. 1 EStDV

Person des öffentlichen Rechts, an eine inländische öffentliche Dienststelle oder an eine nach § 5 Abs. 1 Nr. 9 KStG steuerbefreite Körperschaft, Personenvereinigung oder Vermögensmasse geleistet werden, genügt als Nachweis eine auf den jeweiligen Zuwendenden ausgestellte Zuwendungsbestätigung des Zuwendungsempfängers, wenn das Konto des Dritten als Treuhandkonto geführt wurde, die Zuwendungen von dort an den Zuwendungsempfänger weitergeleitet wurden und diesem eine Liste mit den einzelnen Zuwendenden und ihrem jeweiligen Anteil an der Zuwendungssumme übergeben wurde.[27]

Die für den Nachweis jeweils erforderlichen Unterlagen sind vom Zuwendenden auf Verlangen der Finanzbehörde vorzulegen und im Übrigen bis zum Ablauf eines Jahres nach Bekanntgabe der Steuerfestsetzung aufzubewahren.[28]

Die **Anhebung auf 300 EUR** hat der Gesetzgeber durch das JStG 2020 beschlossen. Diese Anhebung gilt – nach anfänglichen Diskussionen – bereits ab dem VZ 2020 und somit auch für den VZ 2021.

5. Spendenabzug bei Zuwendungen mit konkreter Zweckbindung und unzutreffender Angabe in der Zuwendungsbestätigung

1. Eine Zuwendung mit der Zweckbindung, ein bestimmtes, einzelnes Tier in konkreter Art und Weise zu unterstützen, kann als Sonderausgabe abzugsfähig sein, da das Letztentscheidungsrecht darüber, ob und wie der begünstigte Empfänger seine steuerbegünstigten Zwecke fördert, bei diesem verbleibt; er muss die Zuwendung nicht annehmen.

2. Bei zweckgebundenen Spenden ist die Unentgeltlichkeit zwar besonders sorgfältig zu prüfen. Diese fehlt aber nicht schon dann, wenn der Spender sich nur gewisse immaterielle Vorteile (wie z.B. eine Ansehensmehrung) erhofft.

3. Allein der Umstand, dass in einer Zuwendungsbestätigung für eine Geldzuwendung irrig angegeben wird, es handele sich um eine Sachzuwendung, steht dem Abzug der Zuwendung nicht entgegen.

BFH-Urt. v. 16.3.2021 – X R 37/19, BFH/NV 2021, 1397

---

27 § 50 Abs. 5 EStDV
28 § 50 Abs. 8 EStDV

Der BFH hatte die Frage zu klären, ob Zuwendungen mit konkreter Zweckbindung nach § 10b EStG abziehbar sind.

Die Klägerin hatte einen im Tierheim lebenden „Problemhund" in ihr Herz geschlossen. Dem kaum mehr vermittelbaren Tier wollte sie durch die dauerhafte Unterbringung in einer gewerblichen Tierpension helfen. Zu diesem Zweck übergab sie bei einem Treffen mit einer Vertreterin des gemeinnützigen Tierschutzvereins und der Tierpension einen Geldbetrag von 5.000 EUR. Der Tierschutzverein stellte der Klägerin eine Zuwendungsbestätigung („Spendenbescheinigung") über diesen Betrag aus.

Das FA und nachfolgend das FG Köln[29] verwehrten einen Spendenabzug.

Der BFH hob hingegen die Entscheidung der Vorinstanz auf und verwies die Sache zur anderweitigen Verhandlung an das FG zurück.[30]

- Begünstigt sind Zuwendungen zur Förderung steuerbegünstigter Zwecke i.S.d. §§ 52 bis 54 AO.[31] Eine Zweckbindung als solche ist für den Abzug nach § 10b EStG nicht spendenschädlich.[32]
- Der Spendenempfänger muss die Zuwendung für seine steuerbegünstigten Zwecke i.S.d. §§ 52 bis 54 AO einsetzen. Das FG Köln muss nunmehr prüfen, ob die Spende zugunsten des Problemhunds tatsächlich für satzungsmäßige Zwecke verwendet wurde.
- Im Übrigen führt die Zweckbindung nicht automatisch zur Verneinung der Unentgeltlichkeit, die Voraussetzung für den Zuwendungsabzug ist. Die Unentgeltlichkeit setzt voraus, dass die Spende ohne die Erwartung eines besonderen Vorteils gegeben wird; die Spendenmotivation muss im Vordergrund stehen. Die Förderung muss dem Gemeinwohl dienen (Fremdnützigkeit). Im Entscheidungsfall ging der BFH von einer Fremdnützigkeit aus, zumal der Problemhund der Klägerin nicht selbst gehörte.

---

29 FG Köln, Urt. v. 11.12.2018 – 10 K 1568/17, EFG 2020, 1003
30 BFH-Urt. v. 16.3.2021 – X R 37/19, BFH/NV 2021, 1397
31 § 10b Abs. 1 S. 1 EStG
32 So auch zum „Crowdfunding", BMF-Schr. v. 15.12.2017 – IV C 4 - S 2223/17/10001, BStBl I 2018, 246

Praxishinweis

Diskussionen über einen Spendenabzug können trotz Vorliegens von Zuwendungsbestätigungen im Rahmen der Veranlagung – insb. bei größeren Spenden – aufkommen. Zwar gilt der Grundsatz, dass der Mandant auf die Richtigkeit der Bestätigung über Zuwendungen vertrauen kann.[33] Eine Zuwendungsbestätigung bildet aber keine Grundlage für einen Vertrauensschutz, die Zuwendungsbestätigung kann i.R.d. Veranlagung hinterfragt werden.[34]

33 § 10b Abs. 4 S. 1 EStG
34 *Kulosa*, H/H/R, EStG-Komm., § 10b Rz 141 (Stand: 10/2019)

IV. Kinderbetreuungskosten

1. Blick in den Erklärungsvordruck

In der Praxis enthielten die erklärten Kinderbetreuungskosten[35] häufig nicht abzugsfähige Aufwendungen, so eine Feststellung der FinVerw. Abzugsfähig sind nach § 10 Abs. 1 Nr. 5 EStG beispielsweise nicht die Verpflegungskosten[36], wenngleich ein ArbG diese nach § 3 Nr. 33 EStG steuerfrei erstatten kann.[37]

Aus diesem Grund wurde vor Zeile 76 klarstellend ein Hinweis aufgenommen, welche Aufwendungen in den Kinderbetreuungskosten nicht enthalten sein dürfen. Zudem wurde die Spalte der Aufwendungen um das Wort *„berücksichtigungsfähige“* ergänzt.

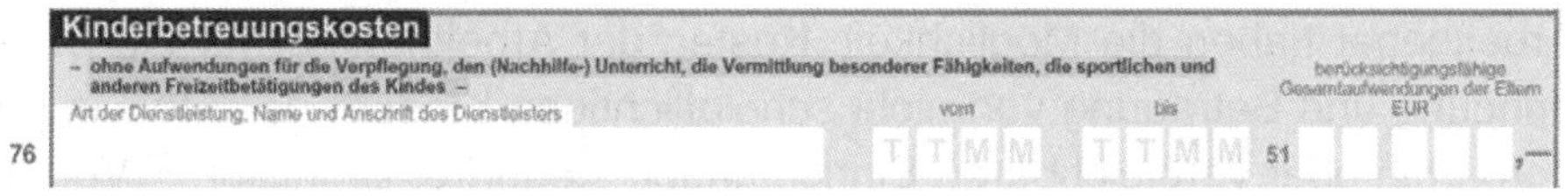
Kinderbetreuungskosten

– ohne Aufwendungen für die Verpflegung, den (Nachhilfe-) Unterricht, die Vermittlung besonderer Fähigkeiten, die sportlichen und anderen Freizeitbetätigungen des Kindes –

	Art der Dienstleistung, Name und Anschrift des Dienstleisters	vom	bis		berücksichtigungsfähige Gesamtaufwendungen der Eltern EUR
76		T T M M	T T M M	51	,—

---

35 § 10 Abs. 1 Nr. 5 EStG

36 BMF-Schr. v. 14.3.2012 – IV C 4 - S 2221/07/0012:012, BStBl I 2012, 307 Rz 9

37 R 3.33 Abs. 1 S. 1 LStR 2015

2. Steuerfreie Arbeitgeber-Erstattung kürzt den Sonderausgabenabzug

1. Als Sonderausgaben abziehbare Kinderbetreuungskosten sind um steuerfreie Arbeitgeberzuschüsse zu kürzen.

2. Der Abzug von Sonderausgaben setzt Aufwendungen voraus, durch die der Steuerpflichtige tatsächlich und endgültig wirtschaftlich belastet wird.

3. Der Steuerpflichtige wird durch Beiträge in dem Umfang nicht belastet, die der Arbeitgeber hierfür durch einen zweckgebundenen Zuschuss gewährt.

4. Die Anrechnung der steuerfreien Leistungen nach § 3 Nr. 33 EStG auf die Sonderausgaben nach § 10 Abs. 1 Nr. 5 EStG steht im Einklang mit dem Gesetzeszweck.

BFH-Beschl. v. 14.4.2021 – III R 30/20, BStBl II 2021, 772

Arbeitgeber haben die Möglichkeit, Kosten der Arbeitnehmer für die Unterbringung und Betreuung von nicht schulpflichtigen Kindern der ArbN in Kindergärten oder vergleichbaren Einrichtungen steuerfrei zu leisten.[38] Voraussetzung für die Steuerfreiheit ist eine Leistung zusätzlich zum ohnehin geschuldeten Arbeitslohn.[39]

Ferner können ArbG Kosten für die kurzfristige Betreuung bestimmter Kinder (i.d.R. bis zur Vollendung des 14. Lj) bis zu 600 EUR im Kj steuerfrei erstatten.[40] Der letztgenannten Regelung kommt gerade während der Corona-Pandemie eine besondere Bedeutung zu.

In einer Vielzahl von Fällen sind steuerfreie Arbeitgeberleistungen in der elektronischen LSt-Bescheinigung wertmäßig aufzuführen.[41] Allerdings sieht der Gesetzgeber keine Angabepflicht für steuerfreie Kita-Beiträge und für die steuerfreien Betreuungskosten vor.

Praxishinweis

Lohnsteuer-Außenprüfungen erstellen oftmals Kontrollmitteilungen zwecks Prüfung, ob der ArbN in seiner persönlichen ESt-Erklärung die steuerfreien ArbG-Leistungen mindernd berücksichtigt hat. Erfolgte eine Angabe der steuerfreien ArbG-Leistung

38 § 3 Nr. 33 EStG und weitergehend R 3.33 LStR 2015
39 § 8 Abs. 4 EStG
40 § 3 Nr. 34a Buchst. b EStG
41 Siehe § 41b Abs. 1 Sa. 2 EStG

nicht, wird dies i.d.R. in einem geänderten ESt-Bescheid erfasst. Lange Zeit war unklar, ob eine Minderung überhaupt zu erfolgen hat. Der BFH hatte sich mit dieser Frage auseinanderzusetzen und eine mindernde Berücksichtigung für rechtens gehalten. Überzeugend wird dies damit begründet, dass nur das abgesetzt werden kann, womit man tatsächlich und endgültig wirtschaftlich belastet ist.[42]

Blick in den Erklärungsvordruck (Anlage Kind)

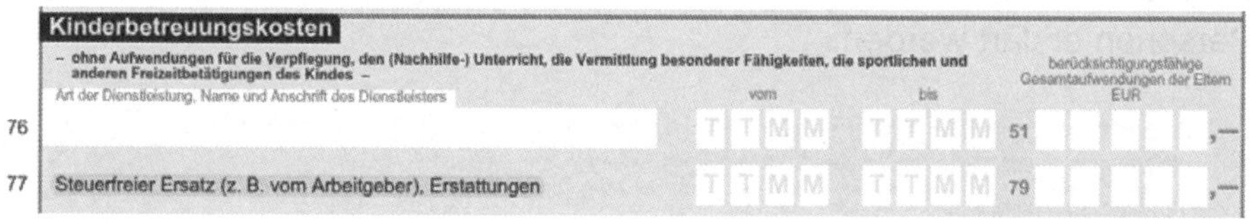

Kinderbetreuungskosten

– ohne Aufwendungen für die Verpflegung, den (Nachhilfe-) Unterricht, die Vermittlung besonderer Fähigkeiten, die sportlichen und anderen Freizeitbetätigungen des Kindes –

	Art der Dienstleistung, Name und Anschrift des Dienstleisters	vom	bis		berücksichtigungsfähige Gesamtaufwendungen der Eltern EUR
76		T T M M	T T M M	51	,—
77	Steuerfreier Ersatz (z. B. vom Arbeitgeber), Erstattungen	T T M M	T T M M	79	,—

Beispiel

Kinderbetreuungskosten	3.000 EUR
abzgl. steuerfreie Arbeitgebererstattung	- 1.000 EUR
verbleiben	2.000 EUR
davon 2/3 (aufgerundet)	1.334 EUR

Praxishinweis

Durch die aktuelle BFH-Entscheidung tritt keine lohnsteuerliche Folgewirkung ein. Die Steuerfreiheit bleibt hiervon unberührt. Auch ergibt sich aus der BFH-Rechtsprechung keine ArbG-Verpflichtung, die steuerfreien Kita-Beiträge oder getragene Betreuungskosten (künftig) zwingend auf der LSt-Bescheinigung wertmäßig aufzuführen. I.R.d. Vollständigkeitserklärung zur Erstellung der ESt-Erklärung sollte nach diesen – für den Berater nicht erkennbaren – steuerfreien Erstattungen gefragt werden.

[42] BFH-Beschl. v. 14.4.2021 – III R 30/20, BStBl II 2021, 772

V. Unterhaltsleistungen (Realsplitting)

1. Blick in den Erklärungsvordruck

Die Abfragen zu erbrachten Unterhaltsleistungen laut der Anlage U wurden umgestaltet. Nunmehr können Unterhaltsleistungen **für zwei** unterstützte Personen erklärt werden.

Unterhaltsleistungen lt. Anlage U – ohne Kindesunterhalt – an den
– geschiedenen Ehegatten, Lebenspartner einer aufgehobenen Lebenspartnerschaft
– dauernd getrennt lebenden Ehegatten / Lebenspartner

Zeile		Kz	tatsächlich gezahlt EUR
	Angaben zur ersten unterstützten Person		
38	Name der ersten unterstützten Person	116	,–
39	117 IdNr. der ersten unterstützten Person		
40	In Zeile 38 enthaltene Beiträge (abzgl. Erstattungen und Zuschüsse) zur Basis-Kranken- und gesetzlichen Pflegeversicherung	118	,–
41	Davon entfallen auf Krankenversicherungsbeiträge mit Anspruch auf Krankengeld	119	,–
	Angaben zur zweiten unterstützten Person		
42	Name der zweiten unterstützten Person	140	,–
43	141 IdNr. der zweiten unterstützten Person		
44	In Zeile 42 enthaltene Beiträge (abzgl. Erstattungen und Zuschüsse) zur Basis-Kranken- und gesetzlichen Pflegeversicherung	142	,–
45	Davon entfallen auf Krankenversicherungsbeiträge mit Anspruch auf Krankengeld	143	,–

2. Grundsätzliches

Unterhaltsleistungen an den geschiedenen oder dauernd getrennt lebenden unbeschränkt einkommensteuerpflichtigen Ehegatten sind nach Maßgabe von § 10 Abs. 1a Nr. 1 EStG als Sonderausgaben abziehbar.

Abzugsvoraussetzung hierfür ist, dass der Geber dies mit Zustimmung des Empfängers beantragt.

Blick in die Anlage U

Finanzamt

Anlage U

für Unterhaltsleistungen und Ausgleichsleistungen zur Vermeidung des Versorgungsausgleichs an den geschiedenen Ehegatten / Lebenspartner einer aufgehobenen Lebenspartnerschaft oder dauernd getrennt lebenden Ehegatten / Lebenspartner

Steuernummer
Identifikationsnummer

Bitte beachten Sie die Erläuterungen auf der letzten Seite.

- zum Lohnsteuer-Ermäßigungsantrag
- zur Einkommensteuererklärung
- zum Antrag auf Anpassung der Einkommensteuer-Vorauszahlungen

20____

A. Antrag auf Abzug von Unterhaltsleistungen und Ausgleichsleistungen zur Vermeidung des Versorgungsausgleichs als Sonderausgaben

Antragsteller

Name, Vorname	Geburtsdatum
Anschrift	

Ich beantrage, folgende Unterhaltsleistungen nach § 10 Abs. 1a Nr. 1 EStG und / oder Ausgleichsleistungen zur Vermeidung des Versorgungsausgleichs nach § 10 Abs. 1a Nr. 3 EStG an meinen in Abschnitt B genannten geschiedenen Ehegatten / Lebenspartner einer aufgehobenen Lebenspartnerschaft oder dauernd getrennt lebenden Ehegatten / Lebenspartner als Sonderausgaben abzuziehen.

	Geldleistungen	Sachleistungen
Im Kalenderjahr tatsächlich erbrachte Unterhaltsleistungen oder – bei Anträgen vor Ablauf des Kalenderjahres – voraussichtliche Unterhaltsleistungen:	€	€
Davon entfallen auf Unterhaltsleistungen für Kinder:	– €	– €
Unterhaltsleistungen, die zum Abzug als Sonderausgaben geltend gemacht werden:	= €	= €
In den o. g. Geldleistungen enthaltene Beiträge (abzgl. Erstattungen und Zuschüsse) für eine Basis-Kranken- und gesetzliche Pflegeversicherung meines geschiedenen Ehegatten / Lebenspartners einer aufgehobenen Lebenspartnerschaft oder dauernd getrennt lebenden Ehegatten / Lebenspartners:	€	
Davon entfallen auf Krankenversicherungsbeiträge mit Anspruch auf Krankengeld:	€	

	Ausgleichsleistungen
Im Kalenderjahr tatsächlich erbrachte Ausgleichsleistungen zur Vermeidung des Versorgungsausgleichs oder – bei Anträgen vor Ablauf des Kalenderjahres – voraussichtliche Ausgleichsleistungen	€

Mir ist bekannt, dass eine **Rücknahme** dieses Antrags **nicht** zulässig ist und dass ein im Lohnsteuer-Ermäßigungs- oder Einkommensteuer-Vorauszahlungsverfahren gestellter Antrag auch bei der Einkommensteuerveranlagung für dasselbe Kalenderjahr bindend ist.

Datum und Unterschrift

B. Zustimmung zum Antrag A

Der Abzug ist der Höhe nach auf 13.805 EUR im Kj beschränkt.[43] Der Höchstbetrag erhöht sich um übernommene Basis-Krankenversicherungs- und Pflegepflichtversicherungsbeiträge.[44]

Praxishinweis

Ein Sonderausgabenabzug beim Geber korrespondiert mit der Steuerpflicht beim Empfänger der Unterhaltsleistung nach Maßgabe von § 22 Nr. 1a EStG.

43 § 10 Abs. 1a Nr. 1 S. 1 EStG
44 § 10 Abs. 1a Nr. 1 S. 2 EStG

Übersicht

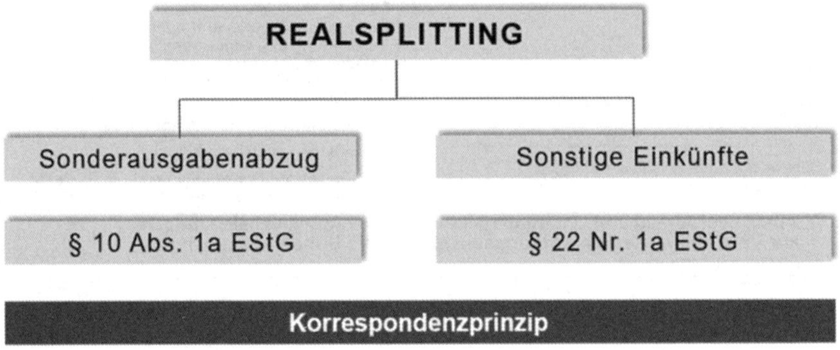

3. Unterhaltsleistungen durch Bar- und/oder Sachunterhalt denkbar

Unterhaltsleistungen können durch Barunterhalt oder aber durch Sachleistungen erbracht werden.

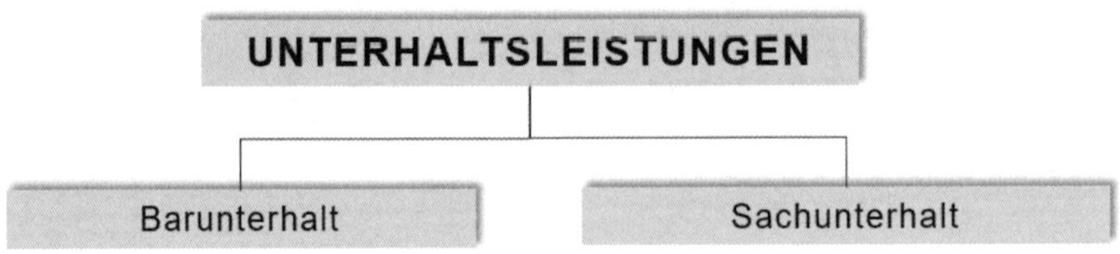

Das Nds. FG hat sich mit der Frage der Bewertung einer unentgeltlichen Wohnungsgestellung als Unterhaltsleistung auseinandergesetzt.[45] Der Entscheidung lag folgender Sachverhalt zu Grunde:

- Der Kläger war im Streitjahr nichtselbstständig tätig.
- Er lebte seit dem Jahr 2013 von der Ehefrau (EF) dauernd getrennt und zog aus der gemeinsamen Familienwohnung aus.
- Er traf mit EF durch notariellen Vertrag vom November 2015 eine Trennungs- und Scheidungsfolgenvereinbarung.
- Danach sollte EF mit den beiden gemeinsamen Kindern noch bis Dezember 2015 die bisherige Familienwohnung bewohnen. Bei dieser

[45] Nds. FG, Urt. v. 11.6.2020 – 1 K 99/19, DStRE 2021, 716, Revision eingelegt, Az des BFH: X R 33/20

Wohnung handelte es sich um eine Doppelhaushälfte mit einer Wohnfläche von über 235,62 qm, deren Eigentümer der Kläger und EF je zur ideellen Hälfte waren.

- Die Doppelhaushälfte wurde im August 2015 an fremde Dritte veräußert und nach Auszug von EF und den Kindern im Dezember 2015 übergeben.
- Nach der Trennungs- und Scheidungsfolgenvereinbarung war eine Zahlung des Klägers an EF i.H.v. 600 EUR/Monat für die Zeit ab dem 1.8.2015 bis zur Rechtskraft der Scheidung vereinbart.
- Zudem waren folgende Vereinbarungen getroffen:

  „Solange die Ehefrau noch im Haus in X lebt, wird ein Anteil von 400 EUR als Wohnvorteil der Ehefrau bewertet und mithin nur ein Betrag i.H.v. 200 EUR an die Ehefrau vom Ehemann ausgezahlt. (...) Für den Monat Dezember 2015 zahlt der Ehemann zusätzlich einen Unterhaltsbetrag von 200 EUR."

  „Die Ehefrau verpflichtet sich, für den Ehemann die Anlage U zur ESt-Erklärung zu unterzeichnen. Im Gegenzug verpflichtet sich der Ehemann, die Ehefrau von allen hieraus erwachsenen steuerlichen Nachteilen freizuhalten."
- EF hatte eine Anlage U unterschrieben, in der sie erklärte, im Streitjahr Geldleistungen i.H.v. 2.250 EUR und Sachleistungen i.H.v. 4.800 EUR vom Kläger erhalten zu haben, mithin insgesamt einen Betrag i.H.v. 7.050 EUR. In dieser Höhe stimmte sie dem Abzug von Unterhaltsleistungen als Sonderausgaben beim Kläger zu.
- Der Kläger begehrte i.R.e. ESt-Änderungsbescheids neben dem unstrittigen Barunterhalt von 2.250 EUR einen Sachunterhalt von 9.816,84 EUR und damit in der Summe ca. 12.000 EUR.
- Der Sachunterhalt ergebe sich aus dem Ansatz des Mietwerts für seinen Miteigentumsanteil an der Doppelhaushälfte, die EF im Streitjahr bewohnt habe. Die ortsübliche Miete betrage 8,68 EUR/qm. Bei einer Größe von 235,62 qm ergäbe sich ein monatlicher Mietwert in Höhe von 2.045,18 EUR. Berücksichtige man darauf einen Abzug von 20 %, weil die lineare Fortschreibung der flächenbezogenen Nettokaltmiete bei großen Objekten ggf. eine Überschätzung darstelle, errechne sich immer noch ein Mietwert i.H.v. 1.636,14 EUR/Monat. Davon seien 50 % (hälftiger Eigentumsanteil des Klägers) als Sachunterhalt zu berücksichtigen.
- <u>Berechnung:</u>
  9.816,84 EUR (1.636,14 EUR : 2 = 818,07 EUR x 12 Monate)

Entgegen der Auffassung des Klägers ließ das FA und dem folgend auch das Nds. FG einen Sonderausgabenabzug nur i.H.v. 7.050 EUR im Streitjahr 2015 zu. Haben dauernd getrennt lebende Ehegatten einen Barunterhalt vereinbart, auf den eine unentgeltliche Wohnungsgestellung Anrechnung findet, so kommt ein Sonderausgabenabzug im Wege des Realsplittings nur in Höhe dieser Anrechnung, nicht aber in Höhe des Mietwerts der Wohnung in Betracht.

Praxishinweis

In dem Entscheidungsfall war ein Barunterhalt vereinbart, der in der Trennungs- und Scheidungsfolgenvereinbarung um einen Betrag von 400 EUR für die unentgeltliche Wohnungsüberlassung gemindert wurde. Das FG kommt zu dem Ergebnis, dass ein Sonderausgabenabzug für die unentgeltliche Wohnungsüberlassung nur in Höhe des Anrechnungswertes und nicht in Höhe des Mietwerts der Wohnung in Frage kommt.

Anders dürfte es sich verhalten, wenn ein Barunterhalt und/oder ein Sachunterhalt durch unentgeltliche Nutzung des bisher gemeinsam genutzten Eigenheims vereinbart werden. Dann dürfte der Mietwert als Aufwand beim Realsplitting zu erfassen sein.[46]

Wird die Nutzungsüberlassung der Wohnung i.R.e. Unterhaltspflicht in die Berechnung von (Bar-)Unterhalt einbezogen, erzielt der die Wohnung Überlassende keine Einkünfte aus VuV.[47] Schließen die künftigen Ex-Gatten allerdings einen Mietvertrag ab, werden unter Berücksichtigung der allgemeinen Grundsätze Einkünfte aus VuV erzielt.[48] Ein Gestaltungsmissbrauch wird hierin nicht gesehen.[49]

Leitsätze des BFH-Urteils vom 12. April 2000

1. Überlässt der geschiedene Ehemann seiner Ehefrau, die beide Miteigentümer eines Einfamilienhauses sind, aufgrund einer Unterhaltsvereinbarung das Haus zur alleinigen Nutzung, so kann er den Mietwert seines Miteigentumsanteils als Sonderausgabe i.S.d. § 10 Abs. 1 Nr. 1 EStG [50]absetzen.

2. Auch die verbrauchsunabhängigen Kosten für den Miteigentumsanteil der geschiedenen Ehefrau, welche der Ehemann nach der Unterhaltsvereinbarung trägt, sind Sonderausgaben.

---

46 Siehe auch BFH-Urt. v. 12.4.2000 – XI R 127/96, BStBl II 2002, 130
47 BFH-Beschl. v. 24.6.2009 – IX B 35/09, BFH/NV 2009, 1647
48 *Pfirrmann,* in: H/H/R zu § 21 Rz. 51 (Unterhaltsregelungen)
49 BFH-Urt. v. 16.1.1996 – IX R 13/92, BStBl II 1996, 214
50 Zwischenzeitlich § 10 Abs. 1a Nr. 1 EStG

Diese Aussagen des BFH dürften auch für die Nachfolgeregelung des § 10 Abs. 1a Nr. 1 EStG gelten.

Praxishinweis

Aus der Wohnungsüberlassung an den getrennten Ehepartner können sich im Falle der Objektveräußerung innerhalb des 10-Jahreszeitraums steuerpflichtige Einkünfte ergeben[51], die bei § 23 Abs. 1 S. 1 Nr. 1 EStG zu erfassen sind. Dies wird oftmals verkannt.

4. Zivilrechtlicher Anspruch auf Erteilung der Zustimmungserklärung

Der Anspruch auf Erteilung der Zustimmungserklärung ist im Übrigen ein zivilrechtlicher Anspruch.[52] Der Geber ist grds. verpflichtet, dem Empfänger die aus der Versteuerung der Unterhaltsleistungen entstehenden Belastungen zu ersetzen, um so den Nettounterhalt zu gewährleisten (sog. **Nachteilsausgleich**).[53]

Die Zustimmung kann daher davon abhängig gemacht werden, dass der Geber die eintretenden Nachteile des Empfängers, z.B. die Steuerlast, aber auch Nachteile auf Grund des höheren zu versteuernden Einkommens bei Wohngeld, BAföG, Stipendien, Wohnungsbauprämie etc. ersetzt.

Sofern die Zustimmung durch den Empfänger nicht erfolgt, kann der Geber den Anspruch auf Zustimmung zivilrechtlich geltend machen. Die Zustimmung kann in diesen Fällen durch eine rechtskräftige Verurteilung zu ihrer Abgabe oder durch einen entsprechenden Prozessvergleich ersetzt werden. Ein etwaiger Anspruch auf eine Zustimmung genügt für den Sonderausgabenabzug jedoch nicht.[54]

5. Fehlende Zustimmung und Ansatz als agB

Wird keine Zustimmung erteilt, kommt nach Maßgabe von § 33a Abs. 1 EStG ein Abzug des Unterhalts als agB in Betracht. Hierbei sind jedoch auch die Einkünfte und Bezüge der empfangenden Person zu berücksichtigen.

---

51 Siehe z.B. FG München, Urt. v. 11.3.2021 – 11 K 2405/19, EFG 2021, 1625, Revision eingelegt, Az des BFH: IX R 11/21

52 BFH-Urt. v. 25.7.1990 – X R 137/88, BStBl II 1990, 1022

53 BFH-Urt. v. 22.9.1999 – XI R 121/96, BStBl II 2000, 218

54 BFH-Beschl. v. 21.2.2013 – X B 53/11, BFH/NV 2013, 972

VI. Vorsorgeaufwendungen

1. Grundsätzliches

Bei dem Sonderausgabenabzug aus Vorsorgeaufwendungen ist – unverändert – zu unterscheiden zwischen

- Beiträgen zur Altersvorsorge **(Basisversorgungsaufwand)**[55] und
- Aufwendungen für **sonstige Vorsorgeaufwendungen**.[56]

2. Beiträge zur Altersvorsorge

Zu den Beiträgen zur Altersvorsorge zählen:

- Beiträge zu den **gesetzlichen Rentenversicherungen**,
- Beiträge zur **landwirtschaftlichen Alterskasse** sowie
- Beiträge zu **berufsständischen Versorgungseinrichtungen**, die den gesetzlichen Rentenversicherungen vergleichbare Leistungen erbringen.[57]
- Beiträge, die zugunsten eines sog. **Rürup-Vertrags** geleistet werden.[58]

Praxishinweis

Auch Zahlungen zur **Wiederauffüllung** der infolge eines **Versorgungsausgleichs** gekürzten **Rentenanwartschaft sollen den Altersvorsorgeaufwendungen zuzuordnen sein**. Vorweggenommene Werbungskosten sollen hierin nicht zu sehen sein.[59] Abzuwarten bleibt, ob der BFH sich dieser einschränkenden Auffassung anschließen wird. Vergleichbare Sachverhalte sollten offengehalten werden.

55 § 10 Abs. 1 Nr. 2 EStG
56 § 10 Abs. 1 Nr. 3 u. 3a EStG
57 § 10 Abs. 1 Nr. 2 Buchst. a EStG
58 § 10 Abs. 1 Nr. 2 Buchst. b EStG
59 FG Baden-Württemberg, Urt. v. 11.2.2019 – 9 K 376/18, EFG 2019, 1304, Revision eingelegt, Az des BFH: X R 4/19

a) Höchstbeträge

Die Höhe der sich auswirkenden Beiträge zur Altersvorsorge ist **dynamisch ausgestaltet**. Es sind höchstens 24,7 % der Beitragsbemessungsgrundlage in der knappschaftlichen Rentenversicherung (West) abziehbar. Der Höchstbetrag beträgt

- VZ 2019: 24,7 % v. 98.400 EUR =[60] 24.305 EUR
- VZ 2020: 24,7 % v. 101.400 EUR =[61] 25.046 EUR
- VZ 2021: 24,7 % v. 104.400 EUR =[62] 25.787 EUR

Diese Werte beziehen sich jeweils auf die Einzelveranlagung. Im Falle der Zusammenveranlagung von Ehegatten oder eingetragenen Lebenspartnerschaften verdoppelt sich dieser Betrag.[63] Dies gilt im Übrigen unabhängig davon, wer von den Ehegatten oder den eingetragenen Lebenspartnern die begünstigten Aufwendungen entrichtet hat.[64]

Praxishinweis

Der für den jeweiligen VZ geltende Höchstbetrag wird programmgesteuert unter Berücksichtigung der Eintragungen in der Anlage Vorsorgeaufwand berechnet. Eines besonderen Antrags bedarf es nicht.

b) Höchstbetragskürzungen in Sonderfällen

Bei bestimmten Personengruppen hat eine Kürzung des Höchstbetrages zu erfolgen.[65]

Der **Höchstbetrag** ist bei einem Stpfl., der zum Personenkreis des § 10 Abs. 3 S. 3 Nr. 1 oder 2 EStG gehört, um den Betrag **zu kürzen**, der dem Gesamtbeitrag (ArbG- und ArbN-Anteil) zur allgemeinen Rentenversicherung

60 Aufgerundet auf einen vollen Betrag in EUR – § 10 Abs. 3 S. 1 EStG
61 Aufgerundet auf einen vollen Betrag in EUR – § 10 Abs. 3 S. 1 EStG
62 Aufgerundet auf einen vollen Betrag in EUR – § 10 Abs. 3 S. 1 EStG
63 § 10 Abs. 3 S. 2 EStG
64 BMF-Schr. v. 24.5.2017 – IV C 3 - S 2221/16/10001:004, BStBl I 2017, 820 unter Berücksichtigung der Ergänzung durch das BMF-Schr. v. 6.11.2017 – IV C 3 - S 2221/17/10006:001 BStBl I 2017, 1455, Tz 72
65 § 10 Abs. 3 S. 3 EStG und BMF-Schr. v. 24.5.2017 – IV C 3 - S 2221/16/10001:004, BStBl I 2017, 820 unter Berücksichtigung der Ergänzung durch das BMF-Schr. v. 6.11.2017 – IV C 3 - S 2221/17/10006:001 BStBl I 2017, 1455, Tz 61 - 71

entspricht. Der Gesamtbeitrag ist dabei anhand der Einnahmen aus der Tätigkeit zu ermitteln, die die Zugehörigkeit zum genannten Personenkreis begründen.

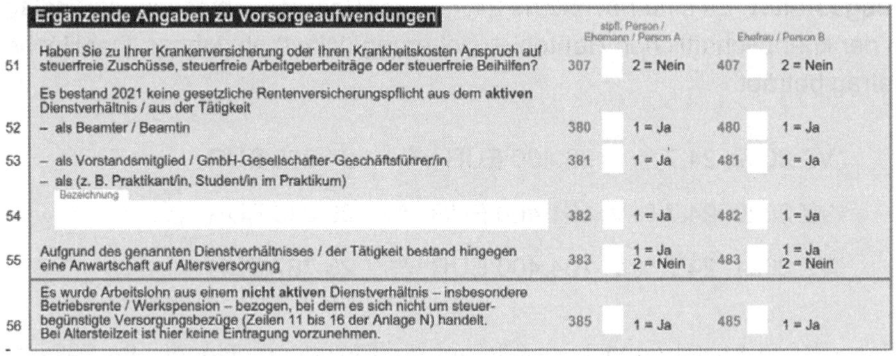

Ergänzende Angaben zu Vorsorgeaufwendungen

Zeile		stpfl. Person / Ehemann / Person A		Ehefrau / Person B	
51	Haben Sie zu Ihrer Krankenversicherung oder Ihren Krankheitskosten Anspruch auf steuerfreie Zuschüsse, steuerfreie Arbeitgeberbeiträge oder steuerfreie Beihilfen?	307	2 = Nein	407	2 = Nein
	Es bestand 2021 keine gesetzliche Rentenversicherungspflicht aus dem **aktiven** Dienstverhältnis / aus der Tätigkeit				
52	– als Beamter / Beamtin	380	1 = Ja	480	1 = Ja
53	– als Vorstandsmitglied / GmbH-Gesellschafter-Geschäftsführer/in	381	1 = Ja	481	1 = Ja
	– als (z. B. Praktikant/in, Student/in im Praktikum)				
54	Bezeichnung	382	1 = Ja	482	1 = Ja
55	Aufgrund des genannten Dienstverhältnisses / der Tätigkeit bestand hingegen eine Anwartschaft auf Altersversorgung	383	1 = Ja 2 = Nein	483	1 = Ja 2 = Nein
56	Es wurde Arbeitslohn aus einem **nicht aktiven** Dienstverhältnis – insbesondere Betriebsrente / Werkspension – bezogen, bei dem es sich nicht um steuerbegünstigte Versorgungsbezüge (Zeilen 11 bis 16 der Anlage N) handelt. Bei Altersteilzeit ist hier keine Eintragung vorzunehmen.	385	1 = Ja	485	1 = Ja

c) Derzeitige Abzugsübergangsregelung bis VZ 2024

Das EStG sieht in § 10 Abs. 3 EStG i.R.e. Übergangsregelung eine allgemeine betragsmäßige Begrenzung des Abzugsvolumens für die Beiträge zur Altersversorgung[66] vor.

Vom Grundsatz her sollen die Beiträge zur Altersversorgung vollumfänglich als Sonderausgaben berücksichtigt werden. Um den Übergang zur nachgelagerten Besteuerung für den Staat finanzierbar zu machen, ist (sowohl für die Rentenbesteuerung als auch den Sonderausgabenabzug) eine Übergangsregelung für die Veranlagungsjahre 2005 bis 2024 gesetzlich bestimmt.

Danach begann die steuerliche Abziehbarkeit im Veranlagungsjahr 2005 mit 60 % der begünstigten Beiträge bis max. zum Höchstbetrag. Dieser Vomhundertsatz steigt in den Folgejahren für alle Stpfl. jährlich um zwei Punkte an, sodass erst im VZ 2025 der Abzug bei 100 % der begünstigten Beiträge liegt.[67]

VZ ...	Prozentsatz
2019	88 %
2020	90 %
2021	92 %
2022	94 %
2023	96 %
2024	98 %
ab 2025	100 %

66 § 10 Abs. 1 Nr. 2 EStG

67 Zur Verfassungsmäßigkeit dieser Übergangsregelung siehe BVerfG, Beschl. v. 14.6.2016 – 2 BvR 290/10, BStBl II 2016, 801

Ausweislich des Koalitionsvertrags ist ein **vollständiger Kostenabzug** bereits ab **2023** geplant. Die Gesetzgebung bleibt mit Spannung – auch im Hinblick auf die Rentenbesteuerung – abzuwarten.

Praxishinweis

Die beschränkte Abziehbarkeit der Altersvorsorgeaufwendungen nach § 10 Abs. 3 EStG wird als verfassungsgemäß angesehen.[68] Durch die beschränkte Abziehbarkeit der Altersvorsorgeaufwendungen muss in der Auszahlungsphase eine Doppelversteuerung verhindert werden. Der BFH hat hierzu Berechnungsgrundsätze aufgestellt,[69] wie eine „doppelte Besteuerung" von Renten zu ermitteln ist.

Es sind zwei Zahlen miteinander zu vergleichen: Auf der einen Seite die Einzahlungen in der Ansparphase, die aus dem bereits versteuerten Einkommen erfolgen, d.h. die weder steuerfrei gestellt noch als Sonderausgaben abgezogen werden konnten. Und auf der anderen Seite der Teil der Rente, der in der Auszahlungsphase steuerfrei ausgezahlt wird. Dabei wird – vereinfacht ausgedrückt – der jährliche Rentenfreibetrag mit der statistischen Lebenserwartung multipliziert. Ist der so ermittelte Steuerrückfluss in der Auszahlungsphase höher als die Summe aller Beiträge, die aus dem versteuerten Einkommen während des Erwerbslebens in die Rentenkasse eingezahlt wurden, liegt keine „Doppelbesteuerung" vor. Gegenwärtig bleibt abzuwarten, ob die geplante Neuregelung von der Rechtsprechung als verfassungsgemäß angesehen wird.

68 BFH-Urt. v. 18.11.2009 – X R 34/07, BStBl II 2010, 414 und BVerfG, Beschl. v. 13.7.2016 – 2 BvR 288/10, Juris (nicht zur Entscheidung angenommen)

69 BFH-Urt. v. 19.5.2021 – X R 33/19, BFH/NV 2021, 992, Verfassungsbeschwerde eingelegt, Az des BVerfG: 2 BvR 1140/21 und X R 20/19, BFH/NV 2021, 980, Verfassungsbeschwerde eingelegt, Az des BVerfG: 2 BvR 1143/21; zum Vorläufigkeitsvermerk siehe BMF-Schr. v. 30.8.2021, BStBl I 2021, 1042 und *Schindler/Braun*, NWB 2021, 3026

d) Erstattung von Arbeitnehmerbeiträgen zur gesetzlichen Rentenversicherung und Folgewirkungen

1. Die Beitragserstattungen der Deutschen Rentenversicherung Bund i.S.d. § 210 SGB VI sind als „andere Leistungen" steuerbare Einkünfte gem. § 22 Nr. 1 S. 3 Buchst. a EStG. Sie können deshalb nicht zugleich „negative Sonderausgaben" sein.

2. Die Erstattung der Rentenversicherungsbeiträge nach § 210 Abs. 1a SGB VI ist gem. § 3 Nr. 3 Buchst. b EStG steuerfrei.

BFH-Urt. v. 7.7.2020 – X R 35/18, BStBl II 2021, 750

Gezahlte Rentenversicherungsbeiträge können in den in § 210 SGB VI genannten Fällen auf Antrag erstattet werden. Eine Erstattungsmöglichkeit besteht auch, wenn zunächst ArbN-Beiträge zur gesetzlichen Rentenversicherung geleistet werden, später eine Verbeamtung erfolgt und die allgemeine Wartezeit zur Erlangung von Rentenansprüchen bei der DRV nicht erfüllt wird. Der BFH[70] vertritt hierzu die Auffassung, dass durch die Steuerfreiheit eine solche Rückzahlung auch nicht mit gezahlten Altersvorsorgeaufwendungen bei Ermittlung des Sonderausgabenabzugs zu verrechnen sei.[71]

Praxishinweis

Die FinVerw hat über die Anwendung dieser Rechtsprechung beraten. Sie wendet die „positive" BFH-Rechtsprechung über den entschiedenen Einzelfall in allen noch offenen Fällen an.[72] Eine Minderung der als Sonderausgaben abzugsfähigen Altersvorsorgeaufwendungen tritt nicht ein; auch § 10 Abs. 4b EStG ist nicht anzuwenden.

---

70 BFH-Urt. v. 7.7.2020 – X R 35/18, BStBl II 2021, 750
71 § 10 Abs. 4b S. 2 EStG
72 BMF-Schr. v. 28.9.2021, BStBl I 2021, 1831

3. Sonstige Vorsorgeaufwendungen

a) Grundsätzliches

Sonstige Vorsorgeaufwendungen nach § 10 Abs. 1 Nr. 3 und Nr. 3a EStG können vorbehaltlich eines Mindestansatzes für Beiträge zur Basiskrankenversicherung und gesetzlichen Pflegeversicherung[73] und der im VZ 2019 auslaufenden Günstigerprüfung[74] grundsätzlich bis zur Höhe von **2.800 EUR** abgezogen werden.

Bei einem Stpfl., der ganz oder teilweise ohne eigene Aufwendungen einen Anspruch auf vollständige oder teilweise Erstattung oder Übernahme von Krankheitskosten hat oder für dessen Krankenversicherung Leistungen i.S.d. § 3 Nr. 9, 14, 57 oder 62 EStG erbracht werden, vermindert sich der **Höchstbetrag auf 1.900 EUR**.

Praxishinweis

Dies gilt auch, wenn die Voraussetzungen dafür nur in einem Teil des Kj vorliegen. Ohne Bedeutung ist hierbei, ob aufgrund eines Anspruchs tatsächlich Leistungen erbracht werden und wie hoch der Anspruch ist. Ein vom ArbG i.R.e. geringfügigen Beschäftigung erbrachter pauschaler Beitrag zur GKV führt nicht zum Ansatz des verminderten Höchstbetrags.

b) Bonuszahlungen der Krankenkasse

(1) Grundsätzliches

Beitragserstattungen der Krankenkassen können die als Sonderausgaben abziehbaren Krankenversicherungsaufwendungen mindern. Auch Bonuszahlungen können wie eine Beitragsrückerstattung einzuordnen sein.

Bei den Bonusleistungen ist zu unterscheiden zwischen

- sonderausgaben**neutralen** und
- sonderausgaben**mindernden**

Bonusleistungen.

---

[73] § 10 Abs. 1 Nr. 3 EStG
[74] § 10 Abs. 4a EStG

(2) Pauschaler Bonus der gesetzlichen Krankenkassen

Mit Urteil vom 6.5.2020 hat es der BFH zugelassen,[75] dass auch pauschale Bonuszahlungen sonderausgabenabzugsneutral sein können, sofern die pauschale Bonuszahlung ganz oder zum Teil im Zusammenhang mit tatsächlichen Krankheitsaufwendungen steht. Die Bonuszahlung steht dann nicht im Zusammenhang mit dem Basiskrankenversicherungsschutz.

Übersicht

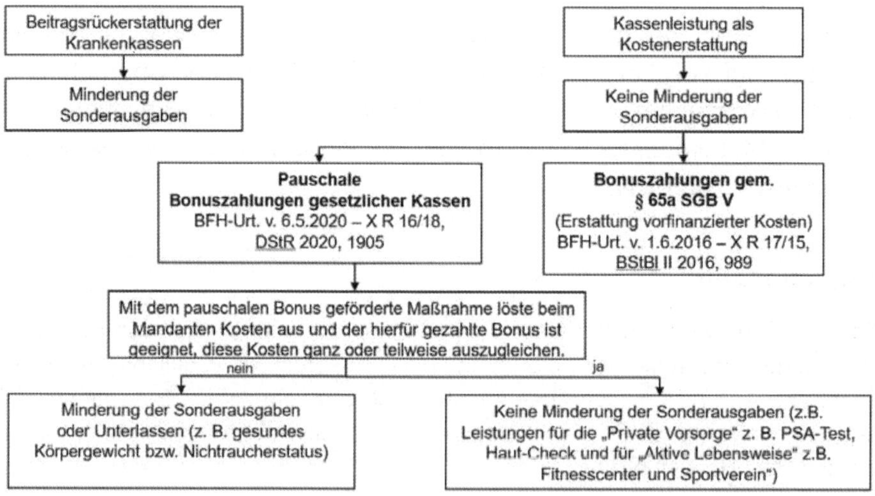

Den Beitragsrückerstattungen sind auch Prämienzahlungen der gesetzlichen Krankenkassen für einen Wahltarif zuzurechnen. Etwas anderes dürfte nur gelten, wenn eine unmittelbare Mittelverwendung zu Gunsten einer Gesundheitsmaßnahme nachgewiesen werden kann.[76]

Praxishinweis

Es bleibt zu hoffen, dass von den Krankenkassen diese feinsinnige Unterscheidung zwischen Versicherungsleistungen (keine Sonderausgabenminderung) und Beitragsrückerstattungen (Sonderausgabenminderung) bei der elektronischen Datenübertragung für den VZ 2021 berücksichtigt wird.

---

75 BFH-Urt. v. 6.5.2020 – X R 30/18, BFH/NV 2020, 1067

76 FG Rheinland-Pfalz, Urt. v. 18.3.2021 – 4 K 1017/20, EFG 2021, 1103, rkr. siehe auch *Scholz*, NWB 2021, 1704, 1705

(3) Pauschaler Bonus der privaten Krankenversicherungen

Offen war die Frage, ob auch eine (pauschale) Bonusleistung einer privaten Krankenversicherung zwingend sonderausgabenmindernd zu berücksichtigen ist. Zumindest wenn ein gesamter bereits ausgezahlter jährlicher Bonus auf einen Erstattungsbetrag angerechnet wird, handelt es sich um einen sonderausgabenmindernden Selbstbehalt.[77]

Im Entscheidungsfall erhielt der privat krankenversicherte Kläger einen Bonus, der auf die erstattungsfähigen Krankheitskosten angerechnet wurde. Dieser Bonus steht im Zusammenhang mit den Basiskrankenversicherungsaufwendungen, weil durch diese Bonusregelung zu einem kostenbewussten bzw. sogar kostenvermeidenden Verhalten bewegt werden soll.[78] Letztlich bleibt der Bonus von 30 EUR im Monat (= 360 EUR im Jahr) erhalten, wenn keine oder geringere Gesundheitsaufwendungen vorliegen.

4. Vorsorgeaufwendungen: Aufteilung eines einheitlichen Sozialversicherungsbeitrags

Das BMF hat mit Schreiben vom 13.11.2020[79] Aufteilungen eines einheitlichen Sozialversicherungsbeitrags (Globalbeitrag) festgelegt. Die Tabellen sind für den VZ 2021 anzuwenden. Mit Schreiben vom 19.11.2021[80] hat das BMF neue Aufteilungen eines einheitlichen Sozialversicherungsbeitrags (Globalbeitrag) festgelegt. Die neuen Tabellen sind für den VZ 2022 anzuwenden.

---

77 BFH-Urt. v. 16.12.2020 – X R 31/19, BFH/NV 2021, 973
78 *Reddig*, DB 2021, 2187
79 BMF-Schr. v. 13.11.2020 – IV C 3 - S 2221/20/10002:002, BStBl I 2020, 1215
80 BMF-Schr. v. 19.11.2021 – IV C 3 - S 2221/20/10002:002, Juris

5. Vorsorgeaufwendungen und Auslandsbezug

a) Grundsätzliches

Der Sonderausgabenabzug von Vorsorgeaufwendungen ist durch § 10 Abs. 2 EStG eingeschränkt.

Voraussetzung für den Kostenabzug der Vorsorgeaufwendungen ist, dass sie nicht in unmittelbarem wirtschaftlichen Zusammenhang mit steuerfreien Einnahmen stehen.[81]

Dieser Grundsatz wird durchbrochen und ein Abzug der Vorsorgeaufwendungen als Sonderausgaben ist zulässig[82], soweit

a) sie in unmittelbarem wirtschaftlichen Zusammenhang mit in einem Mitgliedstaat der EU oder einem Vertragsstaat des Abkommens über den EWR erzielten Einnahmen aus nichtselbstständiger Tätigkeit stehen

b) diese Einnahmen nach einem Abkommen zur Vermeidung der Doppelbesteuerung im Inland steuerfrei sind

und

c) der Beschäftigungsstaat keinerlei steuerliche Berücksichtigung von Vorsorgeaufwendungen i.R.d. Besteuerung dieser Einnahmen zulässt;

steuerfreie Zuschüsse zu einer Kranken- oder Pflegeversicherung stehen insgesamt in unmittelbarem wirtschaftlichen Zusammenhang mit den Vorsorgeaufwendungen i.S.d. § 10 Abs. 1 Nr. 3 EStG.

---

81 § 10 Abs. 2 S. 1 Nr. 1 1. HS EStG
82 § 10 Abs. 2 S. 1 Nr. 1 2. HS EStG

b) Übersicht

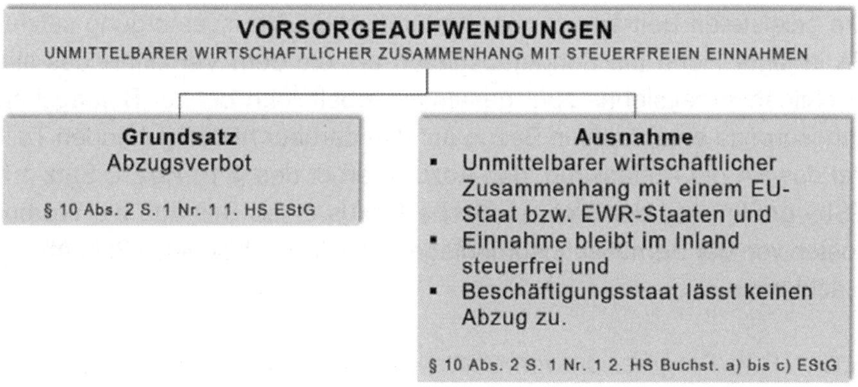

c) BFH-Urt. v. 13.4.2021 – I R 19/19, BFH/NV 2021, 1357

Der BFH hatte sich mit der Frage auseinanderzusetzen, ob Vorsorgeaufwendungen im Zusammenhang mit einer in Österreich steuerpflichtigen Arbeitnehmertätigkeit in Deutschland als Sonderausgaben abziehbar sind oder hilfsweise bei den Progressionsvorbehaltseinkünften zu berücksichtigen sind.

Sachverhalt

Der Kläger war in den Streitjahren nichtselbstständig für eine inländische Arbeitgeberin sowohl im Inland (2012: an 47 Tagen; 2014: an 37 Tagen) als auch in Österreich (2012: an 166 Tagen; 2014: an 191 Tagen) tätig. Aufgrund seiner Mitgliedschaft in der Bayerischen ...versorgung (als Teil der Bayerischen Versorgungskammer) war der Kläger von der gesetzlichen Rentenversicherung befreit. Er leistete in den Streitjahren Altersvorsorgebeiträge (einschließlich Arbeitgeberanteil) an die Versorgungskammer.

Das FA teilte i.R.d. Festsetzung der ESt für die Streitjahre 2012 und 2014 den nicht der jeweiligen Tätigkeit zuzuordnenden Arbeitslohn des Klägers und dessen Werbungskosten entsprechend dem Verhältnis der im Inland zu den in Österreich absolvierten Arbeitstagen (2012: 22 % inländische Arbeitstage; 2014: 16 % inländische Arbeitstage) in einen voll steuerpflichtigen und einen nach dem DBA Deutschland-Österreich steuerfreien Arbeitslohn auf.

Die nach DBA steuerfreien Einkünfte unterwarf das FA dem Progressionsvorbehalt.[83]

Die geleisteten Beiträge zur berufsständischen Altersversorgung setzte das FA in jener Höhe als Sonderausgaben an, die dem Verhältnis des steuerpflichtigen Arbeitslohns zum gesamten Arbeitslohn bis zur Beitragsbemessungsgrenze entsprach. In Bezug auf den darüber hinausgehenden Teil vertrat das FA die Auffassung, das Abzugsverbot des § 10 Abs. 2 Satz 1 Nr. 1 EStG greife, weil der österreichische Fiskus diese Beiträge als Werbungskosten von der Bemessungsgrundlage der österreichischen ESt in Abzug gebracht habe.

Auch i.R.d. Progressionsvorbehalts berücksichtigte das FA – ebenso wie nachfolgend das FG – diesen Teil der Beiträge zur Altersversorgung nicht.

Entscheidung des BFH

Der BFH wies die erhobene Revision als unbegründet zurück. Dafür waren die nachfolgenden Erwägungen maßgebend:

- § 10 Abs. 2 S. 1 Nr. 1 EStG ist in allen noch offenen Fällen[84] und damit auch im Entscheidungsfall anzuwenden.
- Von einem unmittelbaren wirtschaftlichen Zusammenhang mit steuerfreien Einnahmen ist auszugehen, wenn die Einnahmen und die Aufwendungen durch **dasselbe Ereignis** veranlasst sind. Im Entscheidungsfall löste der Arbeitslohn den an das Versorgungswerk zu entrichtenden Pflichtbeitrag zum Versorgungswerk – auch während der zeitweisen Tätigkeit in Österreich – aus.
- Ein Kostenabzug in Deutschland scheitert daran, dass ein Kostenabzug in Österreich zulässig war, so dass eine nochmalige Berücksichtigung dieser Beiträge im Wohnsitzstaat Deutschland unionsrechtlich nicht geboten ist.
- Die in Deutschland nicht abziehbaren Vorsorgeaufwendungen sind auch bei der Berechnung der Progressionsvorbehaltseinkünfte nicht zu erfassen. Die Altersvorsorgeaufwendungen hat der deutsche Gesetzgeber den Sonderausgaben zugeordnet.[85] Mangels Auswirkung auf die Ermittlung der Einkünfte wirken sich Sonderausgaben nicht beim Progressionsvorbehalt aus.

---

83 § 32b Abs. 1 S. 1 Nr. 3 EStG
84 § 52 Abs. 18 S. 4 EStG
85 § 10 Abs. 1 Nr. 2 EStG

d) Praxisfolgen

Die BFH-Entscheidung verdeutlicht nochmals die Folgewirkung der im Wohnsitzstaat steuerfreien Auslandstätigkeit. Zu unterscheiden sind folgende Fälle:

- DBA sieht die Freistellung der ausländischen Einkünfte im Wohnsitzstaat vor (Freistellungsmethode).
- DBA sieht vor, dass die Einkünfte des Tätigkeitsstaats im Wohnsitzstaat unter Anrechnung der ausländischen Steuer versteuert werden (Anrechnungsmethode).

Sieht das DBA mit dem Tätigkeitsstaat die Anrechnungsmethode vor, liegt kein Anwendungsfall der vorstehend erläuterten Ausnahmeregelung vor. Der Arbeitnehmer erzielt im Beschäftigungsstaat insoweit keine durch ein DBA in Deutschland steuerfrei gestellten Einnahmen aus nichtselbstständiger Arbeit. Die Anrechnungsmethode ist u.a. in den DBA mit Liechtenstein, Norwegen und Zypern vorgesehen.

Praxishinweis

Entsprechendes dürfte gelten, wenn infolge der Rückfallregelung in § 50d Abs. 8 EStG eine Besteuerung im Wohnsitzstaat erfolgt. Diese Rückfallregelung hat den Sinn, sog. weiße Einkünfte zu verhindern. Sie sieht – trotz DBA – eine Versteuerung im Ansässigkeitsstaat vor, sofern kein Nachweis einer Besteuerung im ausländischen Tätigkeitsstaat nachgewiesen wird oder der ausländische Staat auf das Besteuerungsrecht verzichtet hat.[86]

Sieht das DBA mit dem Tätigkeitsstaat die Freistellung der Einkünfte, die im Tätigkeitsstaat erzielt werden, vor, kommt im Wohnsitzstaat Deutschland nur unter engen – zuvor beschriebenen – Voraussetzungen ein Sonderausgabenabzug in Frage.[87]

Zu berücksichtigen ist auch, dass die Ausnahme von dem Abzugsverbot nach § 10 Abs. 2 S. 1 Nr. 1 EStG nur dann zur Anwendung kommt, wenn kein unmittelbarer wirtschaftlicher Zusammenhang mit einem Drittstaat besteht. So hat das FG Hamburg einen Sonderausgabenabzug von inländischen

---

[86] § 50d Abs. 8 EStG; s.a. BMF-Schr. v. 3.5.2018 – IV B 2 - S 1300/08/10027, BStBl I 2018, 643 Rz 45 ff.

[87] § 10 Abs. 2 S. 1 Nr. 1 EStG

Pflichtbeiträgen zur Renten- und Arbeitslosenversicherung im Zusammenhang mit einer Arbeitnehmertätigkeit in der VR China abgelehnt.[88]

Bei Anwendung dieser Grundsätze sollte beachtet werden, dass die Werte der LSt-Bescheinigung für den Kostenabzug nicht 1:1 übernommen werden können.

Arbeitgeber haben die mit dem steuerfreien Arbeitslohn im Zusammenhang stehenden Sozialversicherungsaufwendungen nicht auf der LSt-Bescheinigung betragsmäßig aufzuführen.

ArbG haben die Aufteilung der Sozialversicherungsbeiträge auf der LSt-Bescheinigung selbst dann vorzunehmen[89], wenn in Deutschland ein Sonderausgabenabzug infolge der Rückfallklausel möglich ist. Ein Abzug ist in Deutschland trotz steuerfreier Einnahmen zulässig, wenn der Tätigkeitsstaat keinen Kostenabzug zulässt. Da keine Bindungswirkung an die LSt-Bescheinigung i.R.d. Veranlagung besteht, kann ein höherer Kostenabzug als auf der LSt-Bescheinigung ausgewiesen angesetzt werden.

Eine Bindungswirkung vergleichbar mit einem Grundlagenbescheid der Angaben der LSt-Bescheinigung besteht für die Veranlagung nicht.

Beispiel

Ein in Deutschland unbeschränkt steuerpflichtiger Arbeitnehmer ist mit 60 % seines Gehalts in Deutschland steuerpflichtig.

Den übrigen Teil seines Gehalts i.H.v. 40 % versteuert er nach den Regelungen des DBA zu Recht im ausländischen EU-Staat; persönliche Abzüge werden im Tätigkeitsstaat nicht zugelassen.

Auf seinen gesamten Arbeitslohn (= 100 %) werden Renten-, Kranken-, Pflege- und Arbeitslosenversicherungsbeiträge an die deutschen Sozialversicherungsträger abgeführt.

---

[88] FG Hamburg, Gerichtsbescheid v. 14.6.2021 – 1 K 73/19, EFG 2021, 1661, Revision eingelegt, Az des BFH: I R 31/21

[89] BMF-Schr. v. 9.9.2020 – IV C 5 - S 2533/19/10030:002, BStBl I 2020, 926 i.V.m. BMF-Schr. v. 9.9.2019 – IV C 5 - S 2378/19/10002:001, BStBl I 2019, 911 unter Nr. 13 Buchst. e

Lösung

Obwohl auf der LSt-Bescheinigung nur 60 % der Sozialversicherungsaufwendungen betragsmäßig aufgeführt werden, können im Rahmen der inländischen Veranlagung die gesamten Sozialversicherungsbeiträge (= Vorsorgeaufwendungen) als Sonderausgaben angesetzt werden.

Es erfolgt keine Abzugsbegrenzung auf 40 % der Gesamtaufwendungen entsprechend des im Inland erzielten Anteils am Gesamtgehalt. Der ausländische EU-Staat lässt keinerlei Abzug der mit den in Deutschland steuerfreien Einnahmen in unmittelbarem wirtschaftlichen Zusammenhang stehenden Beiträge im Besteuerungsverfahren zu. Damit ist Deutschland als Wohnsitzstaat verpflichtet, auch die mit den steuerfreien ausländischen Einkünften aus nichtselbstständiger Tätigkeit in Zusammenhang stehenden Vorsorgeaufwendungen i.R.d. Sonderausgabenabzugs zu berücksichtigen.

Praxishinweis

Die Aufteilung der Sozialversicherungsbeiträge in einen abziehbaren und in einen nicht abziehbaren Betrag sollte bei Erstellung der ESt-Erklärung eingehend geprüft werden, da sich diese Angabe oftmals als fehleranfällig erweist.

Wird ein Abzug von Aufwendungen für die Altersvorsorge in Deutschland verwehrt, stellt sich die Frage, welche Folgen hieraus bei der deutschen Rentenbesteuerung in der Auszahlungsphase zu ziehen sind. Aufgrund des Abzugs der Basisvorsorgeaufwendungen in Österreich dürften diese Altersvorsorgeaufwendungen in dem vom BFH entschiedenen Fall nicht aus dem zu versteuernden Einkommen erbracht sein. Ein Kostenabzug wurde zumindest in Österreich zugelassen. Abzuwarten bleibt, ob sich die Rechtsprechung dieser grenzüberschreitenden Betrachtungsweise anschließen wird.

VII. Verlustberücksichtigung nach § 10d EStG

1. Blick in den Erklärungsvordruck

Die Angaben zum Verlustabzug sind in der Anlage „Sonstiges“ einzutragen. Die Eintragungen sind jeweils getrennt je stpfl. Person (z.B. Ehemann bzw. Ehefrau) einzutragen. Die Länge der Eintragungsfelder wurde angepasst, da durch das Dritte Corona-Steuererleichterungsgesetz nunmehr ein Verlustrücktrag von 10 Mio. EUR bzw. 20 Mio. EUR (Einzel- bzw. Zusammenveranlagung) möglich ist.

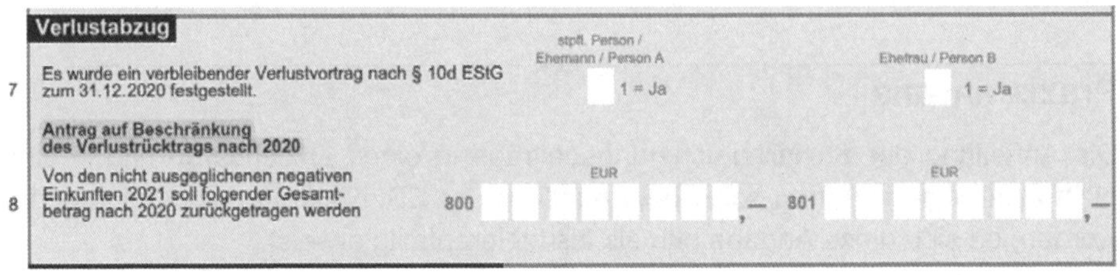

	Verlustabzug	stpfl. Person / Ehemann / Person A	Ehefrau / Person B
7	Es wurde ein verbleibender Verlustvortrag nach § 10d EStG zum 31.12.2020 festgestellt.	1 = Ja	1 = Ja
	Antrag auf Beschränkung des Verlustrücktrags nach 2020	EUR	EUR
8	Von den nicht ausgeglichenen negativen Einkünften 2021 soll folgender Gesamtbetrag nach 2020 zurückgetragen werden	800 ,—	801 ,—

2. Aktuelle Entwicklungen

a) Erhöhung der Grenzen für den Verlustrücktrag

Durch das Dritte Corona-Steuerhilfegesetz[90] hat der Gesetzgeber die Höhe des Verlustrücktrags für die Veranlagungsjahre 2020 und 2021 angehoben. Ab dem VZ 2022 gelten wiederum die im VZ 2019 geltenden Rücktragshöchstbeträge.[91] Nicht verändert wurde bislang der Rücktragszeitraum. Dieser beträgt gegenwärtig weiterhin (nur) ein Jahr.

> **Praxishinweis**
>
> Nach dem Koalitionsvertrag ist ein Verlustrücktrag auf zwei Jahre vorgesehen. Gesetzgebungsverfahren bleiben abzuwarten.

Die weitere Erhöhung auch für das Jahr 2021 dürfte weitestgehend verpuffen, da ein hoher Rücktrag in das Jahr 2020 aufgrund der fehlenden Gewinne in 2020 für die meisten Stpfl. keinen Sinn ergeben wird und aus diesem Grund

---

90 Drittes Corona-Steuerhilfegesetz v. 10.3.2021, BGBl I 2021, 330

91 § 52 Abs. 18b EStG

Verluste aus 2021 wohl eher vorgetragen werden. Sie dient damit hauptsächlich jenen Stpfl., bei denen der krisenbedingte Gewinneinbruch zeitverzögert erst im Jahr 2021 erfolgt.[92]

Praxishinweis

Ein Verlustrücktrag ist selbst dann möglich, wenn im Rücktragsjahr bereits ein steuerlicher Verlustvortrag[93] berücksichtigt wurde.

Übersicht

VZ	2019	2020/2021	Ab 2022
Einzelveranlagung	1 Mio. EUR	10 Mio. EUR	1 Mio. EUR
Zusammenveranlagung	2 Mio. EUR	20 Mio. EUR	2 Mio. EUR

Praxishinweis

Nach dem Koalitionsvertrag soll die erweiterte Verlustverrechnung zeitlich bis Ende 2023 verlängert werden. Damit dürfte gemeint sein, dass die bisherige Verlustverrechnungshöhe (10 Mio. EUR / 20 Mio. EUR) bis 2023 verlängert werden soll. Gesetzgebungsverfahren bleiben abzuwarten.

Anzumerken ist, dass nach § 4a Abs. 2 Nr. 2 EStG bei Gewerbetreibenden der Gewinn des Wj als in dem Kj bezogen gilt, in dem das Wj endet. Demzufolge erstreckt sich die Neuregelung auch auf Verluste, die ökonomisch in 2019 entstanden sind, sofern das Wj abweichend vom Kj bereits vor Ende des Kj 2020 endet.[94]

Praxishinweis

Anders als § 10d Abs. 1 EStG kennt das GewStG weiterhin keinen Rücktrag negativer Gewerbeerträge in den vorangegangenen Erhebungszeitraum.[95] Um GewSt-Anrechnungsvolumen nach Maßgabe von § 35 EStG nicht zu verlieren, sollte die Wechselwirkung zwischen dem ertragsteuerlichen Verlustrücktrag und der Steueranrechnung nach § 35 EStG beachtet werden. Bedarfsweise sollte von der Möglichkeit der Begrenzung des Verlustrücktrags nach § 10d Abs. 1 S. 5 EStG Gebrauch gemacht werden, um GewSt-Anrechnungsvolumen nicht zu „verschenken".

92 *Eckhardt,* in: K/K/B, EStG-Komm. NWB, § 10d Anm. 6
93 § 10d Abs. 2 EStG
94 *Hechtner,* NWB 2020, 2374
95 Siehe § 10a GewStG

b) Verlustabzug nach § 10d EStG im Todesfall

Nach der Entscheidung des GrS des BFH vom 17.12.2007[96] kann der Erbe einen vom Erblasser nicht ausgenutzten Verlustabzug nach § 10d EStG nicht bei seiner eigenen Veranlagung zur ESt geltend machen. Da es sich bei der Entscheidung um eine Änderung der bisherigen langjährigen Rspr. gehandelt hatte, konnte die vorherige gegenteilige Rspr. des BFH aus Gründen des Vertrauensschutzes weiterhin in allen Erbfällen angewendet werden, die bis zum Ablauf des Tages der Veröffentlichung des Beschl. am 12.3.2008 eingetreten sind.[97]

Nach den Ausführungen des BFH im o.g. Beschl. kann in seltenen und extrem gelagerten Konstellationen eine auf den entsprechenden Einzelfall bezogene abweichende Steuerfestsetzung nach § 163 AO oder ein Steuererlass nach § 227 AO in Betracht kommen.[98] Dies kann der Fall sein, wenn sich im Einzelfall herausstellt, dass ein beim Erben angefallener steuerpflichtiger Gewinn unmittelbar mit einem vom Erblasser erlittenen und bei ihm nicht mehr ausgeglichenen Verlust korrespondiert.[99]

Besonderheiten gelten nach § 62d EStDV für Ehegatten: Im Fall der Zusammenveranlagung im Todesjahr können Verluste des verstorbenen Ehegatten aus dem Todesjahr verrechnet werden und Verlustvorträge abgezogen werden. Wurde im Jahr vor dem Tod ebenfalls eine Zusammenveranlagung durchgeführt, können Verluste aus dem Todesjahr zurückgetragen werden. Im Fall der Einzelveranlagung im Vorjahr können die Verluste nur i.R.d. Veranlagung des verstorbenen Ehegatten zurückgetragen werden. Erfolgt im Todesjahr eine Einzelveranlagung, aber im Vorjahr eine Zusammenveranlagung, ist ein Rücktrag hingegen möglich.

Praxishinweis

Im Zusammenhang mit einer Entscheidung, die zu § 2a EStG ergangen ist, hat der BFH[100] an seiner Sichtweise zur Nichtvererblichkeit von Verlusten festgehalten.[101]

Auch hat der BFH zu noch nicht berücksichtigtem verteiltem Erhaltungsaufwand nach § 82b EStDV entschieden, dass dieser nur bei dem Erblasser zu berücksichtigen sei

---

96 BFH-Beschl. v. 17.12.2007 – GrS 2/04, BStBl II 2008, 608
97 Vgl. auch BMF-Schr. v. 24.7.2008 – IV C 4 - S 2225/07/0006, BStBl I 2008, 809
98 Vgl. hierzu auch BFH-Urt. v. 17.4.2018 – IX R 24/17, BFH/NV 2018, 929 (ablehnend zu einem Verlust durch Verkauf einer Kommanditbeteiligung kurz vor dem Tod)
99 Vgl. BFH-Vorlagebeschluss v. 29.3.2000 – I R 76/99, BStBl II 2000, 622; BFH-Urt. v. 16.5.2001 – I R 76/99, BStBl II 2002, 487
100 BFH-Urt. v. 23.10.2019 – I R 23/17, BStBl II 2021, 138
101 S.a. *Perschon*, AktStR 2020, 529

und nicht (mehr) auf die Erben übergehe.[102] Die anders lautende Verwaltungsauffassung in R 21.1 Abs. 6 S. 2 und 3 EStR ist (aufgrund der amtlichen Veröffentlichung des Urteils) überholt.[103]

c) Vorläufige Berücksichtigung von Verlusten

Nach Maßgabe von § 111 EStG kann für den VZ 2020 und 2021 ein vorläufiger steuerlicher Verlustrücktrag berücksichtigt werden, selbst wenn die dem Verlustrücktrag zugrundeliegende Veranlagung noch nicht durchgeführt wurde. Dieser vorläufige steuerliche Verlustrücktrag ist der Höhe nach auf den Höchstbetrag von 10 Mio. EUR bzw. 20 Mio. EUR (Einzel- bzw. Zusammenveranlagung) beschränkt. Mit der endgültigen Veranlagung des Verlustentstehungsjahres wird der zunächst vorläufig berücksichtigte Verlustrücktrag angepasst. Es ergibt sich eine Verpflichtung zur Abgabe der ESt-Erklärung 2021, sofern in 2020 ein vorläufiger Verlustrücktrag Berücksichtigung fand (§ 111 Abs. 9 EStG).

Es bleibt abzuwarten, ob die vorläufige Verlustrücktragsmöglichkeit von der neuen Bundesregierung verlängert werden wird.

d) Verlustabzug nach § 10d Abs. 2 EStG ist vorrangig vor dem Abzug von Sonderausgaben und außergewöhnlichen Belastungen

Der BFH hat mit Beschluss vom 3.9.2021 bestätigt, dass es geklärt sei, dass der gegenüber Sonderausgaben und agB vorrangige Verlustabzug gem. § 10d Abs. 2 EStG (Verlustvortrag) keinen verfassungsrechtlichen Bedenken begegnet.[104] Durch den grundsätzlich nicht begrenzbaren Verlustvortrag kann es damit dazu kommen, dass sich Sonderausgaben und/oder agB nicht auswirken.

Praxishinweis

Wirken sich die als Sonderausgaben ansonsten abziehbaren Beiträge zur Basisaltersversorgung infolge der Höhe des Verlustvortrags nicht aus, dürfte sich die Frage nach den Auswirkungen auf die Versteuerung der Einnahmen aus der Basisversorgungsrente in der Auszahlungsphase und die damit verbundene Verhinderung einer grds. möglichen Doppelbesteuerung stellen. Denn die sich nicht auswirkenden Bei-

---

102 BFH-Urt. v. 10.11.2020 – IX R 31/19, BStBl II 2021, 474
103 *Seifert*, AktStR 2021, 553
104 BFH-Beschl. v. 3.9.2021 – IX B 14/21, DStR 2021, 2443 m.w.N.

träge zur Basisaltersversorgung werden faktisch aus dem zu versteuernden Einkommen erbracht und müssen bei der Prüfung, ob eine Doppelbesteuerung vorliegt, entsprechend berücksichtigt werden.[105] Rechtsentscheidungen bleiben hierzu abzuwarten.

105 Zur Berechnung siehe BFH-Beschl. v. 24.8.2021 – X B 53/21, DStR 2021, 2443, m.w.N.

G. Außergewöhnliche Belastungen

I. Aktuelle Entwicklungen und Rechtsprechung zu außergewöhnlichen Belastungen

1. Vorbemerkungen

Aktuelle Rechtsprechung zur **Heimunterbringung** (siehe hierzu unter G.II.).

Zur Berücksichtigung der **Aufwendungen behinderter Menschen** als agB (siehe hierzu unter G.V.).

2. Hochwasserschäden / Flutkatastrophe aus dem Juli 2021

Im Fall von Hochwasser oder anderen Elementarereignissen erkennt das FA die Aufwendungen zur Wiederbeschaffung und zur Beseitigung der Schäden als **agB**[1] an, soweit ein **existenziell notwendiger Gegenstand** betroffen ist. Dies sind nach Verwaltungsauffassung **Wohnung, Hausrat und Kleidung**, nicht aber z.B. ein Pkw oder eine Garage.[2]

Die Aufwendungen müssen ihrer Höhe nach notwendig und angemessen sein und werden nur berücksichtigt, soweit sie den **Wert des Gegenstandes im Vergleich zu vorher nicht übersteigen.**[3]

Eigentlich schließt die **Erlangung eines Gegenwerts** insoweit die Belastung des Stpfl. aus. Bei der Beseitigung eingetretener Schäden an einem Vermögensgegenstand, der für den Stpfl. von existenziell wichtiger Bedeutung ist, ergibt sich aber ein **Gegenwert nur hinsichtlich von Wertverbesserungen**, nicht jedoch hinsichtlich des verlorenen Aufwandes.[4]

Ein Abzug der Aufwendungen scheidet aus, sofern der Stpfl. zumutbare Schutzmaßnahmen unterlassen oder eine **allgemein zugängliche und übliche Versicherungsmöglichkeit** nicht wahrgenommen hat. Dies gilt grds.

---

1 § 33 EStG
2 R 33.2 Nr. 1 u. 2 EStR
3 R 33.2 Nr. 4 EStR
4 H 33.1-33.4 EStH „Gegenwert“

auch, wenn lebensnotwendige Vermögensgegenstände, wie Hausrat und Kleidung wiederbeschafft werden müssen.[5]

Das Finanzministerium NRW hat hierzu im sog. „Katastrophenerlass" anlässlich der Flutkatastrophe aus dem Juli 2021 klargestellt:[6]

> Aufwendungen für die Wiederbeschaffung von Hausrat und Kleidung und für die Beseitigung von Schäden an dem eigengenutzten Wohneigentum können i.R.v. R 33.2 EStR als agB berücksichtigt werden. Dabei ist das **Fehlen einer sogenannten Elementarschadensversicherung unschädlich**; diese stellt **keine** allgemein zugängliche und übliche Versicherungsmöglichkeit i.S.d. R 33.2 Nr. 7 EStR dar."

3. Gesetzliche Grundlagen

§ 33 EStG – Außergewöhnliche Belastungen

> *„(1) Erwachsen einem Steuerpflichtigen **zwangsläufig** größere Aufwendungen als der überwiegenden Mehrzahl der Steuerpflichtigen gleicher Einkommensverhältnisse, gleicher Vermögensverhältnisse und gleichen Familienstands (außergewöhnliche Belastung), so wird auf Antrag die Einkommensteuer dadurch ermäßigt, dass der Teil der Aufwendungen, der die dem Steuerpflichtigen zumutbare Belastung (Absatz 3) übersteigt, vom Gesamtbetrag der Einkünfte abgezogen wird.*
>
> *(2) [1]Aufwendungen erwachsen dem Steuerpflichtigen **zwangsläufig**, wenn er sich ihnen aus **rechtlichen**, **tatsächlichen** oder **sittlichen** Gründen nicht entziehen kann und soweit die Aufwendungen den Umständen nach notwendig sind und einen angemessenen Betrag nicht übersteigen.[2]... [3]... [4]Aufwendungen für die Führung eines **Rechtsstreits (Prozesskosten)** sind vom Abzug ausgeschlossen, es sei denn, es handelt sich um Aufwendungen ohne die der Steuerpflichtige Gefahr liefe, seine **Existenzgrundlage** zu verlieren und seine **lebensnotwendigen Bedürfnisse** in dem üblichen Rahmen nicht mehr befriedigen zu können."*

---

[5] R 33.2 Nr. 7 EStR
H 33.1-33.4 EStH Versicherung

[6] Finanzministerium NRW, Schr. v. 23.7.2021 – S 1915 - 6/48 - V A 3, Tz 4.5

4. Aktuelle Rechtsprechung

a) Prozesskosten

(1) Kindesentführung durch die Mutter

Der Kläger hatte im Streitjahr 2014 den Abzug von Prozesskosten i.H.v. rd. 20.000 EUR beantragt, die ihm i.R.v. Verfahren zum „Haager Übereinkommen über die zivilrechtlichen Aspekte internationaler Kindesentführung" entstanden sind. Hintergrund war, dass die frühere Ehefrau die gemeinsame Tochter nach einer Urlaubsreise nicht zurück nach Deutschland gebracht, sondern in Südamerika bei sich behalten hat.

Das FG als Vorinstanz hatte entschieden, dass die Prozesskosten unter die Ausnahmeregelung des § 33 Abs. 2 S. 4 EStG fallen und abzugsfähig seien. Die Richter am FG waren der Auffassung, dass der Begriff „Existenzgrundlage" nicht nur materiell, sondern auch im immateriellen Sinn auszulegen sei.

Der BFH hielt jedoch mit Urteil vom 13.8.2020[7] an seiner Grundsatzentscheidung (ergangen zu Scheidungskosten)[8] fest, dass der Begriff **„Existenzgrundlage"** im Zusammenhang mit Prozesskosten als agB **ausschließlich materiell auszulegen** ist und begründete dies anhand der bisherigen Rechtsprechung zu Prozesskosten und der daraus hervorgegangenen Gesetzesänderung i.R.d. Entstehungsgeschichte der Rechtsnorm.

Die Richter bekräftigten zudem, dass die **ausschließlich materielle Auslegung allgemein im Anwendungsbereich des § 33 Abs. 2 S. 4 EStG** gilt, und nicht nur für den Fall von Scheidungskosten.

Auch im Hinblick auf den verfassungsrechtlich gebotenen Schutz der Familie[9] sei es nicht geboten, den Begriff der Existenzgrundlage in einem immateriellen Sinn zu deuten. Der Staat sei nicht verpflichtet, jegliche die Familie treffende finanzielle Belastung auszugleichen.[10]

---

7 BFH-Urt. v. 13.8.2020 – VI R 15/18, BStBl II 2021, 83
8 BFH-Urt. v. 18.5.2017 – VI R 9/16, BStBl II 2017, 988
9 Art. 6 GG
10 BVerfG, Beschl. v. 7.5.1968 – 1 BvR 133/67, BVerfGE 23, 258

(2) Verhinderung des Umgangs des nichtehelichen Vaters im Hinblick auf das Kindeswohl – Höhe des Unterhalts für das Kind

Der Mutter eines nichtehelichen Kindes waren Prozesskosten entstanden, um den Umgang des nichtehelichen Vaters mit dem gemeinsamen Kind zu verhindern. Ein vom Amtsgericht beauftragter Sachverständiger hatte dabei festgestellt, dass der Umgang nicht dem Kindeswohl entspricht.

In einem weiteren Verfahren der Mutter ging es um die Höhe des vom Vater zu zahlenden Unterhalts für das Kind.

Als Parallelentscheidung zu dem unter (1) genannten Urteil[11] hat der BFH mit Urteil vom 13.8.2020[12] die Prozesskosten mit derselben Begründung auch in diesen Fällen nicht zum Abzug zugelassen. Das Existenzminimum der Mutter im materiellen Sinn war durch die Umstände, die den Prozessen zugrunde lagen, nicht gefährdet.

(3) Prozesskosten i.R.e. Arzthaftungsprozesses und einer Schmerzensgeldforderung

In dem unter a)(2) genannten Urteil[13] ging es außerdem um die Kosten für einen Arzthaftungsprozess gegen einen Zahnarzt wegen angeblicher Behandlungsfehler und einen Anspruch auf Schmerzensgeld. Die Klage wurde in zweiter Instanz abgewiesen.

Auch hierzu entschied der BFH, dass die Aufwendungen nicht als agB abgezogen werden können. Die Begründung lautete ebenfalls, dass die Existenzgrundlage der Klägerin im materiellen Sinn ohne die Prozesse nicht gefährdet war.

(4) Kosten der Strafverteidigung bei Einkommensteuerhinterziehung

Das FG Rheinland-Pfalz[14] hat die Verfahrenskosten in einem Verfahren wegen (u.a.) ESt-Hinterziehung **weder als Betriebsausgaben noch als agB** berücksichtigt. Das Verfahren wurde gegen Zahlung einer Auflage eingestellt.

---

[11] BFH-Urt. v. 13.8.2020 – VI R 15/18, BStBl II 2021, 83
[12] BFH-Urt. v. 13.8.2020 – VI R 27/18, BStBl II 2021, 86
[13] BFH-Urt. v. 13.8.2020 – VI R 27/18, BStBl II 2021, 86
[14] FG Rheinland-Pfalz, Urt. v. 20.10.2020 – 5 K 1613/17, EFG 2021, 92, Revision eingelegt, Az des BFH: X R 34/20

- Keine Betriebsausgaben:

  Zur Begründung führten die Richter aus, dass Prozesskosten grds. die einkommensteuerliche Beurteilung der Aufwendungen teilen, die Gegenstand des Prozesses waren. In finanzgerichtlichen Verfahren wegen Betriebssteuern ist daher regelmäßig der Abzug als Betriebsausgabe vorzunehmen. Dies gilt auch hinsichtlich der ESt, soweit es um Fragen der Gewinnermittlung geht.

  In Verfahren wegen Steuerhinterziehung muss die Tat aber ausschließlich und unmittelbar betrieblich veranlasst sein. Die Tat muss in Ausübung und nicht nur bei Gelegenheit der betrieblichen Tätigkeit begangen worden sein.[15] Andernfalls liegen gemischte Aufwendungen vor, bei denen mangels geeignetem Aufteilungsmaßstab das Aufteilungs- und Abzugsverbot greift.[16]

  Aber selbst bei einer in Ausübung der betrieblichen Tätigkeit begangenen Tat entfällt der betriebliche Veranlassungszusammenhang, wenn eine persönliche Bereicherung angestrebt wird. Dies ist in Fällen der ESt-Hinterziehung häufig der Fall, sodass der Betriebsausgabenabzug nicht in Betracht kommt.

- Keine agB:

  Scheidet der Betriebsausgabenabzug aus, stellt sich die Frage, ob die Aufwendungen als agB zu berücksichtigen sind. Hierbei ist aber Voraussetzung, dass die Kosten zwangsläufig entstanden sind.

  Bei einer Einstellung des Verfahrens trägt die Staatskasse die Kosten des Verfahrens. Insoweit fehlt es bereits an einer wirtschaftlichen Belastung, sodass eine Berücksichtigung beim Stpfl. nicht in Betracht kommt.

  Die Auslagen des Stpfl. trägt er selbst. Hier fehlt es aber an der Zwangsläufigkeit, weil der Einstellung freiwillig zugestimmt wurde, um die Weiterführung des Verfahrens zu vermeiden.

Gegen das Urteil wurde Revision eingelegt.[17]

---

15 BFH-Urt. v. 16.4.2013 – IX R 5/12, BStBl II 2013, 806
16 BFH-Beschl. v. 21.9.2009 – GrS 1/06, BStBl II 2010, 672
17 Az des BFH: X R 34/20

b) Wissenschaftlich nicht anerkannte Heilmethoden, hier: Liposuktion (operative Fettabsaugung)

Bei Krankheitskosten geht der BFH nach ständiger Rechtsprechung davon aus, dass diese aus tatsächlichen Gründen zwangsläufig erwachsen. Aufwendungen zum Zwecke der Heilung oder mit dem Ziel, die Krankheit erträglicher zu machen, werden als agB berücksichtigt, ohne dass nach dem Grund der Erkrankung gefragt wird. Dies ist zur Vermeidung eines unzumutbaren Eindringens in die Privatsphäre geboten.

Allerdings hat der Stpfl. die Zwangsläufigkeit von Aufwendungen im Krankheitsfall in einer Reihe von Fällen **formalisiert nachzuweisen.** Der Nachweis ist u.a. bei wissenschaftlich nicht anerkannten Heilmethoden durch ein **vor Beginn der Behandlung ausgestelltes amtsärztliches Gutachten** oder durch eine ärztliche Bescheinigung eines Medizinischen Dienstes der Krankenkassen zu führen.[18]

Zur Berücksichtigung der Aufwendungen für eine Liposuktion (operative Fettabsaugung bei einem Lipödem) als agB liegen **widersprüchliche FG-Urteile** vor:

- Das **FG München**[19] hat die Aufwendungen für eine Liposuktion **nicht** anerkannt, weil kein Nachweis i.S.d. § 64 EStDV erbracht wurde.

  Die Klägerin hatte sich im Jahr 2016 einer operativen Fettabsaugung wegen eines Lipödems im Stadium II unterzogen. Im Zeitpunkt der Behandlung war dies keine wissenschaftlich anerkannte Heilmethode. Erst im Jahr 2019 wurde die Liposuktion für Lipödeme im Stadium III zur Erprobung als befristete Kassenleistung eingestuft.

  Der **maßgebliche Zeitpunkt** für die medizinische Anerkennung einer Heilmethode ist nach Auffassung des FG München der **Zeitpunkt der Behandlung.**

  Die Münchener Richter ließen die Revision im Hinblick auf die teils gleichlautenden, teils anderslautenden Entscheidungen anderer FG zu. Die Revision wurde jedoch **nicht** eingelegt.

---

18 § 64 Abs. 1 S. 1 Nr. 2 Buchst. f EStDV i.V.m. § 64 Abs. 1 S. 2 EStDV

19 FG München, Urt. v. 15.12.2020 – 15 K 2606/19, EFG 2021, 650, rkr.

– Ebenso wie das FG München hat auch das **Thüringer FG**[20] eine Liposuktion im Jahr 2016 ohne vorheriges amtsärztliches Gutachten **nicht** anerkannt. Die Begründung ist der des FG München vergleichbar.

  Gegen das Urteil des Thüringer FG wurde **Revision** eingelegt.[21]

  Das **Sächsische FG**[22] hat dagegen die Aufwendungen für eine Liposuktion im Jahr 2017 **auch ohne amtsärztliches Gutachten als agB anerkannt.** Der Stand der Wissenschaft habe sich weiterentwickelt. Ein bestimmter Evidenzgrad für die wissenschaftliche Anerkennung sei in § 64 EStDV nicht vorgesehen.

  Auch gegen das Urteil des Sächsischen FG wurde die zugelassene **Revision** eingelegt.[23]

c) Wildtierschäden grds. keine agB (hier: Biberschaden)

Das Urteil des BFH vom 1.10.2020[24] enthält allgemeine, über den entschiedenen Fall hinausgehende Aussagen und ist somit von **weitergehender Bedeutung.**

Biber stehen unter Naturschutz und dürfen nicht bejagt oder vertrieben werden. Nur in einigen Bundesländern, z.B. in Bayern, werden Biberschäden teilweise vom Versicherungsschutz erfasst und auch von den Landschaftsämtern erstattet.

Das FG Köln als Vorinstanz hatte entschieden, dass die Beseitigung von Biberschäden im Garten und an der Terrasse des selbstgenutzten Wohnhauses und die Errichtung einer Bibersperre zum Schutz vor weiteren Schäden **im konkreten Urteilsfall nicht als agB** berücksichtigt werden können. Die Richter waren der Auffassung, dass Schäden an einem existenziell wichtigen Vermögensgegenstand des Mandanten durch ein unabwendbares Ereignis zwar grundsätzlich agB sein können, sahen im Streitfall aber keine existenzielle Bedrohung.

---

20 Thüringer FG, Urt. v. 7.7.2020 – 3 K 54/20, EFG 2021, 211, Revision eingelegt, Az des BFH: VI R 36/20
21 Az des BFH: VI R 36/20
22 Sächsisches FG, Urt. v. 10.9.2020 – 3 K 1498/18, EFG 2021, 43; Revision eingelegt, Az des BFH: VI R 39/20
23 Az des BFH: VI R 39/20
24 BFH-Urt. v. 1.10.2020 – VI R 42/18, BStBl II 2021, 146

Der BFH bestätigte das Urteil des FG **im Ergebnis**, geht in seiner Urteilsbegründung v. 1.10.2020[25] aber noch einen Schritt weiter und lässt Aufwendungen in Zusammenhang mit **Wildtierschäden generell nicht als agB** zum Abzug zu. Der erkennende Senat führte hierzu aus:

Wildtierschäden als solche sind **keineswegs unüblich** und nicht mit ungewöhnlichen Schadensereignissen i.S.d. § 33 EStG (etwa mit Schäden aufgrund von Brand oder Hochwasser) vergleichbar.

Aufwendungen in Zusammenhang mit Wildtierschäden erlauben folglich grds. keine Ermäßigung der ESt nach § 33 EStG, **selbst wenn** sie zur Beseitigung konkreter, **von einem Gegenstand des existenznotwendigen Bedarfs ausgehender Gesundheitsgefahren** geleistet werden.

Es ist nach Ansicht des BFH **nicht Aufgabe des Steuerrechts**, für einen Ausgleich von durch Wildtiere verursachten Schäden über eine entsprechende Abzugsmöglichkeit nach § 33 EStG Sorge zu tragen. Dies gelte selbst dann, wenn die Stpfl. Schäden erleiden, die sie aufgrund naturschutzrechtlicher Regelungen, die effektive Schutzmaßnahmen verbieten, **nicht vermeiden können.**

Insoweit sei es vielmehr **Aufgabe des Naturschutzrechts**, durch ein urbanes Wildtiermanagement **Schäden zu vermeiden** und – so der Gesetzgeber dies für erforderlich hält – durch die Errichtung entsprechender Fonds **für einen Schadensausgleich zu sorgen.**

Praxishinweis

Da der Abzug als agB nicht möglich ist, hat das FA die nachgewiesenen Lohnkosten zutreffend als **Handwerkerleistungen nach § 35a Abs. 3 EStG** angesetzt.

d) Fahrtkosten der Großeltern zur Betreuung der Enkelkinder sind keine agB

Die Kläger sind Eigentümer eines alten Bauernhauses, das sie an ihre Tochter vermietet haben. Die Tochter betreibt im Erdgeschoss des Gebäudes ein Restaurant und wohnt im Obergeschoss mit ihrem Ehemann und zwei kleinen Kindern (geboren 2008 und 2011). Im Streitjahr 2009 sind die Kläger jedes Wochenende von ihrem Wohnort zur Tochter gefahren.

---

25 BFH-Urt. v. 1.10.2020 – VI R 42/18, BStBl II 2021, 146

Einen Teil der Aufwendungen für Fahrtkosten und Verpflegungsmehraufwendungen machten sie i.H.v. rd. 6.000 EUR **als agB** geltend, weil diese anlässlich der Betreuung des Enkelkindes angefallen seien. Die Arbeit im Restaurant dauere bis spät in die Nacht, für diese Zeit sei ein Babysitter kaum zu finden bzw. unbezahlbar. Die Kläger sahen hierin eine sittliche Verpflichtung, die eine Zwangsläufigkeit der Aufwendungen i.S.d. § 33 EStG begründe.

Daneben beantragten sie für einen Teil der Fahrtkosten und Verpflegungsmehraufwendungen den Abzug **als Werbungskosten** bei den Einkünften aus VuV i.H.v. rd. 4.500 EUR, da sie wegen Finanzknappheit Renovierungsarbeiten an dem Gebäude in Eigenleistung durchgeführt hätten.

Das FG Münster[26] lehnte den Abzug von agB und von Werbungskosten ab.

Aufwendungen für Besuche zwischen nahen Angehörigen sind nach der Rechtsprechung des BFH regelmäßig **nicht als außergewöhnlich**, sondern typisierend als durch allgemeine Freibeträge und etwaige andere steuerliche Ermäßigungen abgegolten anzusehen. Das gilt **auch** dann, wenn der besuchte Angehörige **erkrankt oder pflegebedürftig** ist und Fahrten in kürzeren zeitlichen Abständen oder über größere Entfernungen durchgeführt werden. Denn es ist üblich und nicht im vorgenannten Sinne außergewöhnlich, wenn ein erkrankter oder pflegebedürftiger Angehöriger häufiger und auch über größere Entfernungen besucht wird als ein gesunder. **Ausnahmen** hat der BFH nur zugelassen, wenn die Besuche eines erkrankten Angehörigen ausschließlich **zum Zwecke der Heilung oder Linderung** einer Krankheit oder eines Leidens getätigt werden. In dem Fall zählen die Kosten zu den unmittelbaren Krankheitskosten.[27]

Die Situation der Kläger und ihrer Tochter beurteilte das FG grds. als nicht außergewöhnlich, weil es üblich ist, dass Eltern ihre Kinder zeitweilig bei der Betreuung der Enkelkinder unterstützen. In vorübergehenden Notsituationen könnte dies u.U. als eine Erwartung der Gesellschaft auch eine sittliche Pflicht begründen. Der Umfang der Betreuung im Urteilsfall geht aber weit über das hinaus, was die Gesellschaft von Großeltern erwarten würde und kann daher auch keine sittliche Pflicht begründen.

---

[26] FG Münster, Urt. v. 1.3.2021 – 9 K 1651/18 E, Juris, NZB eingelegt, Az des BFH: IX B 21/21, Juris

[27] BFH-Urt. v. 22.10.1996 – III R 265/94, BStBl II 1997, 558

Der Abzug als Werbungskosten scheitert nach Ansicht des FG daran, dass die Aufenthalte zur Renovierung gleichzeitig dem Besuch der Tochter gedient haben. Insoweit liegen **gemischte Aufwendungen** vor. Da es an einem geeigneten Aufteilungsmaßstab fehlt, sind die Aufwendungen nach dem Beschluss des BFH zu gemischten Aufwendungen[28] insgesamt nicht abziehbar.

Das FG hat die Revision nicht zugelassen, da es sich nach Ansicht der Richter um eine Einzelfallentscheidung unter Beachtung der höchstrichterlichen Rechtsprechung handelt. Gegen das Urteil wurde **Nichtzulassungsbeschwerde** eingelegt.[29]

---

28 BFH-Beschl. v. 21.9.2009 – GrS 1/2009, BStBl II 2010, 672

29 Az des BFH: IX B 21/21, Juris

II. Heimunterbringung

1. Vorbemerkung

Die steuerliche Behandlung der Aufwendungen für eine Heimunterbringung ist davon abhängig, ob es sich um einen **altersbedingten** oder einen **krankheits- bzw. behinderungsbedingten Heimaufenthalt** handelt.

Die üblichen **Aufwendungen der Lebensführung**, die in Höhe des Existenzminimums durch den Grundfreibetrag[30] abgegolten sind, **können nicht** nochmals nach § 33 EStG berücksichtigt werden. Zu diesen rechnen u.a. die Kosten der Unterbringung und Verpflegung, insofern **regelmäßig auch die Kosten für die altersbedingte Unterbringung in einem Altersheim.**[31]

Zu den als agB **berücksichtigungsfähigen Krankheitskosten** gehören die Aufwendungen, die unmittelbar zum Zwecke der Heilung der Krankheit oder mit dem Ziel getätigt werden, die Krankheit erträglicher zu machen, wie insbesondere Kosten für die eigentliche Heilbehandlung und eine **krankheitsbedingte Unterbringung**.[32]

Werden Kosten einer Heimunterbringung dem Grunde nach als agB (Krankheitskosten) berücksichtigt, sind sie **nur insoweit abziehbar**, als sie die **zumutbare Belastung**[33] übersteigen.

Wird der eigene Hausstand aufgelöst, ist die sog. **Haushaltsersparnis**[34] gegenzurechnen. Diese wird typisierend i.H.d. Unterhaltshöchstbetrags[35] angenommen.

Praxishinweis

AgB, die i.H.d. **zumutbaren Belastung** nicht abgezogen werden, sind nach der allgemeinen Rechtsauffassung **nicht als agB berücksichtigt**[36] worden. Dieser Auffassung folgt auch der BFH.[37]

[30] § 32a Abs. 1 S. 1 Nr. 1 EStG
[31] BFH-Urt. v. 14.11.2013 – VI R 20/12, BStBl II 2014, 456
[32] BFH-Urt. v. 14.11.2013 – VI R 20/12, BStBl II 2014, 456
[33] § 33 Abs. 3 EStG
[34] BFH-Urt. v. 15.4.2010 – VI R 51/09, BStBl II 2010, 794
[35] § 33a Abs. 1 S. 1 EStG
[36] § 35a Abs. 5 S. 1 EStG
[37] BFH-Urt. v. 16.12.2020 – VI R 46/18, BStBl II 2021, 476

Insoweit kommt eine **Steuerermäßigung nach § 35a EStG** in Betracht. Im Fall einer krankheits- oder behinderungsbedingten Heimunterbringung ist dies insbesondere die Steuerermäßigung für die Inanspruchnahme von Pflege- und Betreuungsleistungen.[38]

Die FinVerw geht typisierend davon aus, dass die zumutbare Belastung **vorrangig** auf die nach § 35a EStG begünstigten Aufwendungen entfällt.[39] Diese für die Mandanten **vorteilhafte** Auffassung ist nach Ansicht des BFH nicht zu beanstanden.[40]

Der Antrag zur Berücksichtigung der zumutbaren Belastung i.R.d. § 35a EStG erfolgt nicht auf der Anlage Haushaltsnahe Aufwendungen, sondern auf der **Anlage Außergewöhnliche Belastungen**:

	Für folgende Aufwendungen wird die Steuerermäßigung für haushaltsnahe Beschäftigungsverhältnisse / Dienstleistungen / Handwerkerleistungen beantragt, soweit sie wegen Abzugs der zumutbaren Belastung nicht als außergewöhnliche Belastungen berücksichtigt werden (die Beträge sind nicht zusätzlich in den Zeilen 4 bis 9 der Anlage Haushaltsnahe Aufwendungen einzutragen):		Aufwendungen (abzüglich Erstattungen) EUR
36	Die in Zeile 32 enthaltenen Pflegeleistungen im Rahmen eines geringfügigen Beschäftigungsverhältnisses im Privathaushalt – sog. Minijob – betragen	370	,–
37	Die in Zeile 32 enthaltenen übrigen haushaltsnahen Pflegeleistungen (ohne Minijob) und in Heimunterbringungskosten enthaltenen Aufwendungen für Dienstleistungen, die denen einer Haushaltshilfe vergleichbar sind, betragen	371	,–
38	Die in Zeile 31 bis 35 enthaltenen Arbeitskosten für Handwerkerleistungen betragen	372	,–

2. Keine Steuerermäßigung in Bezug auf die Haushaltsersparnis

Anders als bei der zumutbaren Belastung (s.o.) hat der BFH mit Urteil vom 16.12.2020[41] eine Steuerermäßigung nach § 35a EStG insoweit **abgelehnt**, als die agB um eine Haushaltsersparnis[42] gekürzt wurden.

Eine Steuerermäßigung nach § 35a Abs. 2 EStG setzt nach der Urteilsbegründung voraus, dass in den nicht als agB berücksichtigten Beträgen **überhaupt Aufwendungen für haushaltsnahe Dienstleistungen** enthalten sind. Hiervon kann im Fall der Haushaltsersparnis nicht typisierend ausgegangen werden.

Die Haushaltsersparnis entspricht den ersparten Verpflegungs- und Unterbringungskosten. Die üblichen Kosten eines Einpersonenhaushalts müssen dazu geschätzt werden. Dies geschieht realitätsgerecht durch den Ansatz

---

[38] § 35a Abs. 2 EStG
[39] BMF-Schr. v. 9.11.2016 – IV C 8 - S 2296-b/07/10003:008, BStBl I 2016, 1213
[40] BFH-Urt. v. 16.12.2020 – VI R 46/18, BStBl II 2021, 476
[41] BFH-Urt. v. 16.12.2020 – VI R 46/18, BStBl II 2021, 476
[42] BFH-Urt. v. 15.4.2010 – VI R 51/09, BStBl II 2010, 794

des Unterhaltshöchstbetrags[43]. Mit der Haushaltsersparnis werden somit Fixkosten wie Miete oder Zinsaufwendungen, Grundgebühr für Strom, Wasser etc. sowie Reinigungsaufwand und Verpflegungskosten typisiert.

Aufwendungen für haushaltsnahe Dienstleistungen sind in der Haushaltsersparnis nach Auffassung der Richter nicht in einer belastbaren Größenordnung enthalten.

3. Aufwendungen für die Unterbringung in einer Pflegewohngemeinschaft als agB

Der 50-jährige Kläger ist nach einem Motorradunfall schwerbehindert. Der GdB beträgt 100, ferner liegen die Merkzeichen G, B und H vor. Er ist in Pflegegrad 4 eingestuft.

Zunächst erfolgte die Pflege durch die Ehefrau im eigenen Zuhause. Seit 2011 lebt er in einer Pflegewohngemeinschaft. Die dort untergebrachten pflegebedürftigen Menschen werden von einem ambulanten Pflegedienst rund um die Uhr betreut und gepflegt. Daneben erfolgt eine hauswirtschaftliche Versorgung.

Nach Ansicht des FG Köln[44] sind die Aufwendungen für die krankheitsbedingte Unterbringung als agB zu berücksichtigen. Die Richter haben den Abzug als agB anerkannt, obwohl die Einrichtung **kein** Heim i.S.d. § 1 HeimG bzw. **keine** Einrichtung mit einem umfassenden Leistungsangebot i.S.d. § 18 Wohn- und Teilhabegesetz NRW (WTG NRW) ist.

Nach Ansicht der Richter reicht aber eine „Wohngemeinschaft mit Betreuungsleistungen" i.S.d. § 24 Abs. 1 WTG NRW aus.

Das vermutlich größere (aber auch teurere) Leistungsangebot eines Heims ist nach den Ausführungen des Senats nicht zwingend erforderlich. Beide Formen der Unterbringung pflegebedürftiger Menschen sind vom Gesetzgeber durch das WTG NRW gleichermaßen anerkannt. Einen für die steuerliche Betrachtung relevanten Unterschied konnten die Richter nicht erkennen.

---

43 § 33a Abs. 1 S. 1 EStG

44 FG Köln, Urt. v. 30.9.2020 – 3 K 1858/18, EFG 2021, 764; Revision eingelegt, Az des BFH: VI R 40/20

In Anbetracht der gesundheitlichen Verfassung des Klägers und des Umfangs der Betreuung liegen nach Auffassung des FG eindeutig agB vor.

Gegen das Urteil wurde Revision eingelegt.[45]

45 Az des BFH: VI R 40/20

III. Unterhalt nach § 33a EStG

1. Aktuelle Höchstbeträge

Der nach § 33a Abs. 1 EStG abziehbare Unterhaltshöchstbetrag erhöht sich – analog zum Grundfreibetrag[46] – im **VZ 2021** auf **9.744 EUR.**[47]

Dieser Betrag **erhöht** sich zudem – wie bisher – um die für die unterhaltene Person aufgewendeten Beiträge zu Basis-Krankenversicherung und Pflegeversicherung i.S.d. § 10 Abs. 1 Nr. 3 EStG, es sei denn, die Aufwendungen sind als Sonderausgaben beim Empfänger anzusetzen.[48]

2. Eigene Einkünfte und Bezüge der unterstützten Person

§ 33a Abs. 1 EStG

> *„... [5]Hat die unterhaltene Person andere Einkünfte oder **Bezüge**, so vermindert sich die Summe der nach Satz 1 und Satz 2 ermittelten Beträge um den Betrag, um den diese Einkünfte und Bezüge den Betrag von 624 Euro im Kalenderjahr übersteigen, ...“*

Bezüge i.S.v. § 33a Abs. 1 S. 5 EStG sind alle Einnahmen in Geld oder Geldeswert, die nicht i.R.d. einkommensteuerrechtlichen Einkunftsermittlung erfasst werden.[49] Dazu gehören auch Einkünfte, die dem **Progressionsvorbehalt** unterliegen[50], somit auch das steuerfreie Kurzarbeitergeld und die in der Corona-Krise oftmals gezahlten steuerfreien ArbG-Zuschüsse zum Kurzarbeitergeld.[51]

---

46 § 32a Abs. 1 S. 2 Nr. 1 EStG
47 § 33a Abs. 1 S. 1 EStG
48 § 33a Abs. 1 S. 2 EStG
49 R 33a Abs. 3 S. 3 EStR
50 R 33a Abs. 3 S. 4 Nr. 3 EStR
51 § 32b Abs. 1 S. 1 Nr. 1 Buchst. a und g EStG

Praxishinweis

Das steuerfreie **Kurzarbeitergeld**[52] und die in der Corona-Krise steuerfrei gezahlten **ArbG-Zuschüsse**[53] zum Kurzarbeitergeld sind als **eigene Bezüge** der unterstützten Person anzusetzen.

Von den Bezügen ist aus Vereinfachungsgründen ein Betrag von **180 EUR** abzuziehen, wenn nicht höhere Aufwendungen nachgewiesen werden, die im Zusammenhang mit den Bezügen stehen.[54]

3. Unterhalt im Ausland lebender Personen

Die Lebenshaltungskosten sind in vielen Ländern niedriger als in Deutschland, gelegentlich allerdings auch höher. In § 33a Abs. 1 S. 6 EStG wird diesem Umstand wie folgt Rechnung getragen:

> *„[6]Ist die unterhaltene Person nicht unbeschränkt einkommensteuerpflichtig, so können die Aufwendungen nur abgezogen werden, soweit sie* ***nach den Verhältnissen des Wohnsitzstaates der unterhaltenen Person*** *notwendig und angemessen sind, höchstens jedoch der Betrag, der sich nach den Sätzen 1 bis 5 ergibt; ob der Steuerpflichtige zum Unterhalt gesetzlich verpflichtet ist, ist nach inländischen Maßstäben zu beurteilen."*

Für die Ermittlung der als agB abziehbaren Unterhaltsaufwendungen erstellt das BMF eine **Ländergruppeneinteilung**, in der für die jeweiligen Staaten festgelegt wird, ob der inländische Höchstbetrag i.v.H. (Ländergruppe 1), mit ¾ (Ländergruppe 2), mit ½ (Ländergruppe 3) oder mit ¼ (Ländergruppe 4) angesetzt wird.

Das BMF hat zum 1.1.2021 eine **aktualisierte Ländergruppeneinteilung**[55] veröffentlicht, in der u.a. auch Länder im europäischen Ausland neu eingestuft wurden:

- Albanien: von Gruppe 4 nach Gruppe 3
- Gibraltar: Neuaufnahme in Gruppe 1
- Kroatien: von Gruppe 3 nach Gruppe 2

---

52 § 3 Nr. 2 Buchst. a EStG
53 § 3 Nr. 28a EStG
54 R 33a Abs. 3 S. 5 EStR
55 BMF-Schr. v. 11.11.2020 – IV C 8 - S 2285/19/10001:002, BStBl I 2020, 1212

- Polen: von Gruppe 3 nach Gruppe 2
- Ungarn: von Gruppe 3 nach Gruppe 2

4. Aktuelle Rechtsprechung zu Unterhaltsleistungen

a) Kein Abzug von Unterhaltsaufwendungen an die BAfÖG-beziehende Lebensgefährtin

§ 33a Abs. 1 S. 1 EStG gewährt den Abzug von Unterhaltsaufwendungen für eine dem Stpfl. oder seinem Ehegatten ggü. **gesetzlich unterhaltsberechtigte** Person, für die weder der Stpfl. noch eine andere Person Anspruch auf Kindergeld/Kinderfreibeträge haben. **Ergänzend** dazu bestimmt § 33a Abs. 1 S. 3 EStG:

> *„[3]Der gesetzlich unterhaltsberechtigten Person **gleichgestellt** ist eine Person, wenn bei ihr zum Unterhalt bestimmte inländische öffentliche Mittel mit Rücksicht auf die Unterhaltsleistungen des Steuerpflichtigen gekürzt werden."*

Dies betrifft insbesondere die eheähnlichen Lebensgemeinschaften, die als sozialrechtliche Bedarfsgemeinschaften angesehen werden, und bei denen der unterhaltene Partner deshalb keinen Anspruch auf Sozialleistungen hat.

Im Streitjahr lebte der Kläger mit seiner studierenden Lebensgefährtin (und späteren Ehefrau) in einer eheähnlichen Gemeinschaft. Er erzielte Einkünfte aus nichtselbstständiger Arbeit, die Lebensgefährtin bekam eine elternunabhängige Ausbildungsförderung nach dem BAfÖG i.H.v. 670 EUR/Monat.

Der BFH entschied mit Urteil vom 31.3.2021[56], dass der Kläger keine Aufwendungen für den Unterhalt seiner Lebensgefährtin als agB abziehen kann.

Eine **gesetzliche** Unterhaltspflicht bestand nach übereinstimmender Rechtsauffassung der Beteiligten eindeutig **nicht**.

Eine **Gleichstellung** mit einer gesetzlich unterhaltsberechtigten Person nach § 33a Abs. 1 S. 3 EStG kommt **ebenfalls nicht** in Betracht, da bei der Le-

---

[56] BFH-Urt. v. 31.3.2021 – VI R 2/19, BStBl II 2021, 572

bensgefährtin zwar kein Anspruch auf Sozialleistungen (ALG II bzw. Sozialhilfe) bestand, dies aber nicht aufgrund der Unterhaltsleistungen des Klägers, sondern wegen des Bezugs der BAföG-Leistungen.[57]

In der Urteilsbegründung führten die Richter weiterhin aus, dass ein Abzug der Aufwendungen wegen einer vermeintlich sittlichen Verpflichtung zum Unterhalt der Lebensgefährtin seit der Änderung des § 33a EStG durch das JStG 1996[58] ausgeschlossen ist.

Ein Abzug nach § 33 EStG wegen einer möglicherweise bestehenden sittlichen Verpflichtung ist ebenfalls nicht möglich, da § 33 EStG nach dem eindeutigen Wortlaut des § 33a Abs. 4 EStG für Unterhaltsaufwendungen keine Anwendung findet.

Praxishinweis

Die dem Urteilsfall zugrunde liegende Lebenssituation – **Unterhaltsaufwendungen für studierende, BAföG-beziehende Lebenspartner** – ist nicht ungewöhnlich, weshalb der Entscheidung eine weiterreichende Bedeutung zukommen dürfte.

Nicht zu verwechseln ist dies mit einem kürzlich entschiedenen Fall[59], in dem es um den Abzug von **Unterhaltsaufwendungen der Eltern für ein studierendes Kind** ging, das mit seinem Lebenspartner in einer Haushaltsgemeinschaft lebt.[60] Im Urteilsfall konnten die Eltern ihre Unterhaltsaufwendungen nach § 33a EStG abziehen.

b) Sind negative Einkünfte zu berücksichtigen?

Streitig ist, ob bei der Berechnung der eigenen Einkünfte und Bezüge der unterhaltenen Person nur positive oder auch negative Einkünfte zu berücksichtigen sind.

Das FA vertrat die Auffassung, dass nur positive Einkünfte zu berücksichtigen seien, Verluste jedoch nicht. Das FG Rheinland-Pfalz[61] sah dies anders und **verrechnete negative Einkünfte mit positiven Bezügen.**

Die FinVerw hat gegen das Urteil **Revision**[62] eingelegt.

---

57 § 7 Abs. 5 SGB II; § 22 Abs. 1 SGB XII; § 11 Abs. 1 BAföG
58 JStG 1996 v. 11.10.1995, BGBl I 1995, 1250
59 BFH-Urt. v. 28.4.2020 – VI R 43/17, BStBl II 2021, 209
60 Siehe hierzu „Die Einkommensteuererklärung 2020", 339
61 FG Rheinland-Pfalz, Urt. v. 13.2.2020 – 6 K 1753/19, EFG 2021, 768, Revision eingelegt, Az des BFH: VI R 45/20
62 Az des BFH: VI R 45/20

Beispiel

Die Eheleute V und M haben im VZ 2021 für ihre studierende Tochter Unterhaltsaufwendungen in Form von Sachleistungen (Zimmer und Verpflegung im Haus der Eltern) erbracht, die dem Grunde nach bis zum Höchstbetrag gem. § 33a EStG abziehbar sind. Die Tochter der Kläger erhielt Leistungen nach dem BAfÖG i.H.v. 4.020 EUR. Außerdem erzielte sie einen Verlust i.H.v. 350 EUR bei den Einkünften aus nichtselbstständiger Arbeit (n.s.A).

Nach Ansicht der FinVerw sind die abziehbaren agB **ohne** Berücksichtigung der Verluste aus n.s.A. wie folgt zu ermitteln:

Höchstbetrag § 33a EStG		9.744 EUR
- eigene Einkünfte:		
Verlust aus n.s.A.	- 350 EUR	
anzurechnen	0 EUR	
- eigene Bezüge/Zuschüsse:		
BAfÖG	4.020 EUR	
Kostenpauschale[63]	- 180 EUR	
anzurechnen	3.840 EUR	- 3.840 EUR
abzugsfähige Unterhaltsleistungen		**5.904 EUR**

Nach Ansicht des FG Rheinland-Pfalz[64] sind die **Verluste** aus n.s.A. aber **zu berücksichtigen** und mit den Bezügen zu verrechnen.

Die Berechnung lautet dann:

Höchstbetrag § 33a EStG		9.744 EUR
- eigene Einkünfte:		
Verlust aus n.s.A.	- 350 EUR	- 350 EUR
- eigene Bezüge/Zuschüsse:		
BAfÖG	4.020 EUR	
Kostenpauschale[65]	- 180 EUR	
anzurechnen	3.840 EUR	3.840 EUR
insgesamt anzurechnen	3.490 EUR	- 3.490 EUR
abzugsfähige Unterhaltsleistungen		**6.254 EUR**

63 R 33a Abs. 3 S. 5 EStR

64 FG Rheinland-Pfalz, Urt. v. 13.2.2020 – 6 K 1753/19, EFG 2021, 768, Revision eingelegt, Az des BFH: VI R 45/20

65 R 33a Abs. 3 S. 5 EStR

Praxishinweis

Der anrechnungsfreie Betrag von 624 EUR[66] kommt bei den **als Zuschuss gewährten** BAfÖG-Leistungen nicht in Betracht.[67]

66 § 33a Abs. 1 S. 5 1. Hs EStG
67 § 33a Abs. 1 S. 5 2. Hs EStG; H 33a.1 EStH „Zuschüsse"

IV. Pflegepauschbetrag

Durch das „Gesetz zur Erhöhung der Behinderten-Pauschbeträge und zur Anpassung weiterer steuerlicher Regelungen“ (Behinderten-Pauschbetragsgesetz) vom 9.12.2020[68] wurde u.a. der Pflegepauschbetrag in § 33b Abs. 6 EStG **erhöht** und die Möglichkeit der Inanspruchnahme um die Pflegegrade 2 und 3 **erweitert**.

Der Pflege-Pauschbetrag soll die häufig nicht bezifferbaren **agB für die Pflege einer Person** abdecken und kann **anstelle** der agB nach § 33 EStG in Anspruch genommen werden.

Bis 2020 wurde ein Pflegepauschbetrag i.H.v. 924 EUR nur für die Pflege einer **hilflosen** Person bzw. bei Pflegegrad 4 oder 5 gewährt.

Die Pflegepauschbeträge betragen **ab 2021:**

bei Pflegegrad 2	600 EUR,
bei Pflegegrad 3	1.100 EUR,
bei Pflegegrad 4 oder 5	1.800 EUR.

Der Pauschbetrag von 1.800 EUR wird auch gewährt, wenn die gepflegte Person **hilflos** ist. Dadurch wird eine Schlechterstellung gegenüber der bis 2020 geltenden Rechtslage vermieden.

Bei erstmaliger Feststellung, **Änderung** oder Wegfall des **Pflegegrads** im Laufe des Kj ist der Pflege-Pauschbetrag nach dem höchsten Grad zu gewähren, der im Kj festgestellt worden ist.

Voraussetzung für die Gewährung des Pflege-Pauschbetrags ist die Angabe der erteilten **Identifikationsnummer**[69] der gepflegten Person in der ESt-Erklärung des Stpfl.

Wird ein Pflegebedürftiger von **mehreren** Stpfl. im VZ **gepflegt**, wird der Pflege-Pauschbetrag nach der Zahl der Pflegepersonen geteilt.

Nach dem neu ins Gesetz aufgenommenen § 33b Abs. 8 EStG soll die Neuregelung des Pflege-Pauschbetrags ab dem **Ende 2026 evaluiert** werden,

---

68 Gesetz zur Erhöhung der Behinderten-Pauschbeträge und zur Anpassung weiterer steuerlicher Regelungen v. 9.12.2020, BGBl I 2020, 2770

69 § 139b AO

weil dann voraussichtlich die Daten zur ESt-Statistik vorliegen. Dabei soll insbesondere untersucht werden, in welchem Umfang der Pflege-Pauschbetrag für die häusliche Pflege von Personen mit Pflegegrad 2, 3, 4 oder 5 sowie für Menschen mit Behinderungen und dem Merkzeichen „H" **in Anspruch genommen** wird. Außerdem soll festgestellt werden, ob die geänderte **Systematik** der Vorschrift hinsichtlich des Erfüllungsaufwands für die Stpfl. und Behörden **angepasst** werden sollte.[70]

---

[70] BT-Drucks. 19/21985, 18 - 19

V. Menschen mit Behinderung

1. Behinderten-Pauschbetragsgesetz

Durch das „Gesetz zur Erhöhung der Behinderten-Pauschbeträge und zur Anpassung weiterer steuerlicher Regelungen“ (Behinderten-Pauschbetragsgesetz) vom 9.12.2020[71] wurden **zum 1.1.2021 Änderungen in den §§ 33, 33b EStG sowie den §§ 64, 65 EStDV** beschlossen.

Neben den materiell-rechtlichen Änderungen wurde in allen Gesetzen die veraltete Formulierung „behinderte Menschen“ durch den Begriff **„Menschen mit Behinderungen“** ersetzt, der auch in Art. 1 S. 2 der UN-Behindertenrechtskonvention[72] verwendet wird.

2. Behinderungsbedingte Fahrtkostenpauschale gem. § 33 Abs. 2a EStG

Ab dem VZ 2021 wird für behinderungsbedingte Fahrtkosten eine **Fahrtkostenpauschale** als agB gewährt.[73] Hierdurch wird die bisherige Regelung durch Verwaltungsanweisung[74] in abgewandelter Form im EStG verankert. Die Pauschalen entsprechen den bis einschl. VZ 2020 mit Einzelnachweis anerkannten Höchstbeträgen. Durch den pauschalen Ansatz werden die Stpfl. von dem Nachweis der Fahrten und die FÄ von der Überprüfung der Angaben entlastet.

Allerdings sind über die Fahrtkostenpauschale hinaus sind **keine weiteren** behinderungsbedingten Fahrtkosten als **agB** berücksichtigungsfähig.[75]

---

71 Gesetz zur Erhöhung der Behinderten-Pauschbeträge und zur Anpassung weiterer steuerlicher Regelungen v. 9.12.2020, BGBl I 2020, 2770

72 Convention on the Rights of Persons with Disabilities v. 13.12.2006; Gesetz zu dem Übereinkommen der Vereinten Nationen v. 13.12.2006 über die Rechte von Menschen mit Behinderungen sowie zu dem Fakultativprotokoll v. 13.12.2006 zum Übereinkommen der Vereinten Nationen über die Rechte von Menschen mit Behinderungen v. 21.12.2008, BGBl II 2008, 1419

73 § 33 Abs. 2a S. 1 EStG

74 H 33.1-33.4 EStH „Fahrtkosten behinderter Menschen“

75 § 33 Abs. 2a S. 6 EStG

Die Pauschale beträgt

- 900 EUR für Menschen mit einem Grad der Behinderung von mindestens 80 oder mit einem Grad der Behinderung von mindestens 70 und dem Merkzeichen „G“ (erheblich gehbehindert),
- **4.500 EUR** für Menschen mit dem Merkzeichen **„aG“ (außergewöhnlich gehbehindert),** mit dem Merkzeichen **„Bl“ (blind),** mit dem Merkzeichen **„TBl“ (taubblind)** oder mit dem Merkzeichen **„H“ (hilflos).** Dem Merkzeichen „H“ werden die **Pflegegrade 4 und 5** gleichgestellt (pflegebedürftige Personen mit schwersten Beeinträchtigungen der Selbstständigkeit oder der Fähigkeiten).[76]

Bei Vorliegen beider Voraussetzungen ist nur die höhere Pauschale von 4.500 EUR anzusetzen.[77]

Im Gesetzgebungsverfahren wurde der ursprünglich vorgesehene Begriff „Fahrtkosten-Pauschbetrag“ durch „Fahrtkostenpauschale“ ersetzt. Damit soll verdeutlicht werden, dass unverändert die **zumutbare Belastung[78] zu beachten** ist.[79] Die (nunmehr pauschal angesetzten) Fahrtkosten sollen wie bisher Teil der allgemeinen agB i.S.d. § 33 Abs. 1 EStG sein und **unter Berücksichtigung der zumutbaren Belastung** abgezogen werden.[80]

Praxishinweis

Die Zuordnung der Fahrtkostenpauschalen zu den allgemeinen agB durch Aufnahme der Regelung in den § 33 Abs. 2a EStG (statt in § 33b EStG) wird in der Literatur deutlich kritisiert[81], weil damit die Kürzung um die zumutbare Belastung verbunden sei. Dies entspreche nach der Gesetzesbegründung zwar dem Willen des Gesetzgebers, könne aber dazu führen, dass **beim Fehlen weiterer agB die Pauschale nicht berücksichtigt wird. Hierin liege ein Verstoß gegen den Gleichheitssatz.**

Eine Begrenzung der tatsächlichen Aufwendungen durch einen Höchstbetrag und eine zusätzliche Kürzung um die zumutbare Belastung habe das BVerfG im Fall der Kinderbetreuungskosten Alleinstehender in der 1997 geltenden Fassung des § 33c EStG für **verfassungswidrig** erklärt.[82] In gleicher Weise habe der BFH eine **Kürzung um die zumutbare Belastung abgelehnt.**[83]

---

76 § 33 Abs. 4 EStG i.V.m. § 65 Abs. 2 S. 2 EStDV
77 § 33 Abs. 2a S. 4 u. 5 EStG
78 § 33 Abs. 3 EStG
79 BT-Drucks. 23793, 19
80 § 33 Abs. 2a S. 7 EStG
81 *Kanzler,* NWB 2021, 898
82 BVerfG, Beschl. v. 16.3.2005 – 2 BvL 7/00, BVerfGE 112, 268
83 BFH-Urt. v. 10.4.1992 – III R 184/90, BStBl II 1992, 814

Es ist davon auszugehen, dass betroffene Stpfl. der Empfehlung des Autors folgen und sich unter Berufung auf die o.g. Entscheidungen des BVerfG und des BFH gegen die Kürzung der Pauschalen um die zumutbare Belastung wenden werden. Sobald entsprechende Verfahren beim BFH/BVerfG anhängig sind, können vergleichbare Fälle im Rechtsbehelfsverfahren offengehalten werden.

3. Behinderten-Pauschbeträge gem. § 33b Abs. 3 EStG

Menschen mit Behinderungen können wegen der Aufwendungen für die Hilfe bei den gewöhnlichen und regelmäßig wiederkehrenden Verrichtungen des täglichen Lebens, für die Pflege sowie für einen erhöhten Wäschebedarf **anstelle einer Steuerermäßigung nach § 33 EStG** einen **Pauschbetrag** geltend machen.[84] In diesem Fall **entfällt der Einzelnachweis** der Aufwendungen, und es erfolgt **keine Kürzung um eine zumutbare Belastung.**

Zum 1.1.2021 wurden

- die Systematik der Pauschbeträge aktualisiert (tiefergehende Staffelung ab einem GdB von 20, anschließend in 10er-Schritten),
- die Pauschbeträge erhöht und
- die zusätzlichen Voraussetzungen bei einem Grad der Behinderung (GdB) von weniger als 50 aufgehoben.

Die neuen Pauschbeträge betragen im Vergleich mit den bis 2020 geltenden Beträgen:[85]

Grad der Behinderung von mindestens	VZ 2020	Ab VZ 2021
20	0 EUR	384 EUR
30	310 EUR	620 EUR
40	430 EUR	860 EUR
50	570 EUR	1.140 EUR
60	720 EUR	1.440 EUR
70	890 EUR	1.780 EUR
80	1.060 EUR	2.120 EUR
90	1.230 EUR	2.460 EUR
100	1.420 EUR	2.840 EUR
Hilflose, blinde und (ab 2021:) taubblinde Menschen	3.700 EUR	7.400 EUR
Pflegegrad 4 oder 5[86]	3.700 EUR	7.400 EUR

[84] § 33b Abs. 1 EStG
[85] § 33b Abs. 3 EStG
[86] § 33b Abs. 7 EStG i.V.m. § 65 Abs. 2 S. 2 EStDV

Die bis einschl. VZ 2020 geltenden, zusätzlichen Voraussetzungen bei einem GdB von weniger als 50 sind ab dem VZ 2021 komplett entfallen.[87]

Die **Übertragung des einem Kind zustehenden Behinderten-Pauschbetrags,** für das der Stpfl. einen Anspruch auf Kindergeld/Kinderfreibeträge hat, ist wie bisher möglich. Die Übertragung erfolgt grds. zur Hälfte auf jeden Elternteil, auf gemeinsamen Antrag der Eltern auch in einem anderen Verhältnis.[88]

Voraussetzung für die Übertragung ist ab dem VZ 2021, dass die **Identifikationsnummer**[89] des Kindes angegeben wird.[90]

4. Nachweis der Behinderung gem. § 65 EStDV

Da ein Behinderten-Pauschbetrag ab dem VZ 2021 bereits ab einem GdB von 20 (bisher 25) gewährt wird[91], und aufgrund des Wegfalls der zusätzlichen Voraussetzungen bei einem GdB von weniger als 50[92] wurden **redaktionelle Folgeänderungen** in § 65 EStDV[93] vorgenommen.

Die frühere Gleichstellung von Merkzeichen „H“ und Pflegestufe III wurde ebenfalls aktualisiert. Nunmehr sind dem **Merkzeichen „H“** die **Pflegegrade 4 und 5** gleichgestellt.[94]

5. Aktuelle Rechtsprechung

Der Klägerin fehlt seit ihrer Geburt eine Niere. Das Versorgungsamt stellte einen Grad der Behinderung (GdB) von 30 fest. Das FA lehnte den Abzug eines Behinderten-Pauschbetrags in den Streitjahren 2013 - 2015 mit Verweis auf die eindeutige gesetzliche Regelung ab.

Die **bis einschließlich VZ 2020** geltende Fassung des § 33b EStG erforderte bei Menschen, deren GdB weniger als 50 beträgt, als **zusätzliche Voraussetzung** für die Gewährung des Behinderten-Pauschbetrags entweder die

---

[87] § 33b Abs. 2 EStG
[88] § 33b Abs. 5 S. 1 - 3 EStG
[89] § 139b AO
[90] § 33b Abs. 5 S. 5 EStG
[91] § 33b Abs. 3 EStG
[92] § 33b Abs. 2 EStG
[93] § 65 Abs. 1 Nr. 2 Buchst. a EStDV
[94] § 65 Abs. 2 S. 2 EStDV

Zahlung von Renten oder anderen lfd. Bezügen aufgrund der Behinderung[95] oder eine dauerhafte Einbuße der körperlichen Beweglichkeit.[96]

Beides lag bei der Klägerin nach dem Bescheid des Versorgungsamts **nicht** vor.

Der BFH entschied mit Urteil vom 13.8.2020[97], dass die zusätzlichen, einschränkenden Voraussetzungen zur Gewährung des Behinderten-Pauschbetrags bei einem GdB von weniger als 50 **nicht gegen das Grundgesetz verstoßen.**

Die vom Gesetzgeber vorgenommene Differenzierung zwischen Menschen mit Behinderungen, die diese Voraussetzungen erfüllen, und denjenigen, die dies bei einem identischen GdB nicht tun, ist nach Ansicht der Richter aufgrund der spezifischen Besonderheiten beider Behindertengruppen gerechtfertigt.

Eine Verfassungswidrigkeit liegt auch deshalb nicht vor, weil Menschen mit Behinderungen, die diese zusätzlichen Voraussetzungen für einen Behinderten-Pauschbetrag nicht erfüllen, die mit dem Pauschbetrag abgegoltenen Aufwendungen **stattdessen i.R.d. § 33 EStG geltend machen können.**

Praxishinweis

Ab dem VZ 2021 sind die zusätzlichen Anforderungen in § 33b Abs. 2 EStG **entfallen**. Der Abzug eines Behinderten-Pauschbetrags ist ab dem VZ 2021 ab einem GdB von 20 ohne weitere Voraussetzungen möglich (siehe hierzu auch unter G.V.3.).

95 § 33b Abs. 2 Nr. 2 Buchst. a EStG
96 § 33b Abs. 2 Nr. 2 Buchst. b EStG
97 BFH-Urt. v. 13.8.2020 – VI R 27/18, BStBl II 2021, 86

H. Familie im Einkommensteuerrecht

I. Veranlagung

1. Gesetzliche Grundlagen der Ehegattenveranlagung

Für **Eheleute** und Partner einer **eingetragenen Lebenspartnerschaft** besteht ein **Wahlrecht** bei der Veranlagungsart. Sie können zwischen

- der Einzelveranlagung von Ehegatten (§ 26a EStG) und
- der Zusammenveranlagung (§ 26b EStG)

wählen.

Für die einkommensteuerliche Behandlung, insb. auch bei der Veranlagungsart, werden nach § 2 Abs. 8 EStG die **eingetragenen Lebenspartnerschaften der Ehe gleichgestellt**.

a) Veranlagung von Ehegatten / Partnern einer eingetragenen Lebenspartnerschaft

§ 26 Abs. 1 EStG – Veranlagung von Ehegatten

„(1) [1]Ehegatten können zwischen der Einzelveranlagung (§ 26a) und der Zusammenveranlagung (§ 26b) wählen, wenn

1. beide unbeschränkt einkommensteuerpflichtig im Sinne des § 1 Absatz 1 oder 2 oder des § 1a sind,

2. sie nicht dauernd getrennt leben und

3. bei ihnen die Voraussetzungen aus den Nummern 1 und 2 zu Beginn des Veranlagungszeitraums vorgelegen haben oder im Laufe des Veranlagungszeitraums eingetreten sind. …“

§ 2 Abs. 8 EStG

„(8) Die Regelungen dieses Gesetzes zu Ehegatten und Ehen sind auch auf Lebenspartner und Lebenspartnerschaften anzuwenden.“

b) Gesetz zur Einführung des Rechts auf Eheschließung für Personen gleichen Geschlechts

Gleichgeschlechtliche Personen konnten **seit dem 1.8.2001 eine eingetragene Lebenspartnerschaft** begründen. Ermöglicht wurde dies durch das Gesetz über die Eingetragene Lebenspartnerschaft (Lebenspartnerschaftsgesetz – LPartG). Eine Eheschließung für gleichgeschlechtliche Personen war **bis zum 30.9.2017** nicht möglich.

Durch das Gesetz zur Einführung des Rechts auf Eheschließung für Personen gleichen Geschlechts (Eheöffnungsgesetz – EheöffnungsG)[1] ist die **Eheschließung ab** Inkrafttreten (**1.10.2017**)[2] auch für gleichgeschlechtliche Personen möglich.

Ab Inkrafttreten des EheöffnungsG können **keine eingetragenen Lebenspartnerschaften** mehr begründet werden.[3]

2. Familienbesteuerung und Koalitionsvertrag

Nach dem Koalitionsvertrag soll die Familienbesteuerung weiterentwickelt werden. Ob das Splittingverfahren abgeschafft werden soll, bleibt abzuwarten. Zumindest soll hierdurch das Faktorverfahren aufgehoben bzw. weiterentwickelt werden.

---

1 Gesetz zur Einführung des Rechts auf Eheschließung für Personen gleichen Geschlechts (EheöffnungsG) v. 20.7.2017, BGBl I 2017, 2787, ausgegeben am 28.7.2017

2 „am ersten Tag des dritten auf die Verkündung folgenden Monats“, Art. 3 Abs. 1 EheöffnungsG

3 Art. 3 Abs. 3 EheöffnungsG

3. Aktuelle Rechtsprechung im Zusammenhang mit der Ehegattenveranlagung

a) Aufteilung der Einkommensteuerschuld bei vom Insolvenzverwalter beantragter Zusammenveranlagung

Der Insolvenzverwalter gab eine gemeinsame Steuererklärung für den Insolvenzschuldner und dessen nicht insolvente Ehefrau ab und beantragte die Zusammenveranlagung. Das FA führte die Zusammenveranlagung antragsgemäß durch und ermittelte dabei die insgesamt festzusetzende ESt.

In einem zweiten Schritt setzte das FA einen Teil der ESt-Schuld gegenüber dem Insolvenzverwalter als Masseverbindlichkeit fest. Gegen die Berechnung der anteiligen Steuerschuld wendete sich der Insolvenzverwalter im Klage- und Revisionsverfahren.

Der BFH hatte in seinem Urteil vom 27.10.2020[4] darüber zu entscheiden, nach welchen Grundsätzen die Steuerschuld **gegenüber dem Insolvenzverwalter als Masseverbindlichkeit** und **gegenüber dem Insolvenzschuldner als insolvenzfreier Steueranspruch** festzusetzen ist.

Hierbei war insb. fraglich, wie der **Altersentlastungsbetrag**[5] des Insolvenzschuldners i.R.d. Aufteilung zu berücksichtigen ist, und ob die anteilige, **auf die Einkünfte der Ehefrau entfallende ESt** ebenfalls aufzuteilen ist.

Die Entscheidung des BFH lässt sich wie folgt zusammenfassen:

- Aufteilung der gesamten ESt-Schuld:
  - Nach ständiger Rechtsprechung[6] ist die auf den Insolvenzschuldner entfallende ESt-Schuld **auf die insolvenzrechtlichen Vermögensbereiche aufzuteilen**.
  - Steueransprüche sind, soweit diese als **Masseverbindlichkeiten** zu qualifizieren sind, gegenüber dem Insolvenzverwalter festzusetzen.

---

4 BFH-Urt. v. 27.10.2020 – VIII R 19/18, BFH/NV 2021, 591
5 § 24a EStG
6 Z.B. BFH-Urt. v. 16.4.2015 – III R 21/11, BStBl II 2016, 29

  - Steueransprüche, soweit sie auf die Nutzung des insolvenzfreien Vermögens des Schuldners entfallen, sind **insolvenzfrei** und gegen den Insolvenzschuldner festzusetzen.
  - Vom Insolvenzschuldner erzielte Einkünfte aus selbstständiger Arbeit[7] sind **der Masse zuzurechnen**, wenn der Insolvenzverwalter die Tätigkeit im Interesse der Masse erlaubt, die Einnahmen daraus zur Insolvenzmasse gezogen hat und zur Förderung der Tätigkeit Mittel der Insolvenzmasse eingesetzt hat.
- Aufteilung des Altersentlastungsbetrags:
  - Ein **Altersentlastungsbetrag** ist i.R.d. Ermittlung der Einkünfte ebenfalls auf die Vermögensbereiche **aufzuteilen** und damit auch zugunsten des Insolvenzverwalters zu berücksichtigen.
- Aufteilung der auf die Einkünfte der Ehefrau entfallenden ESt:
  - Wählt der Insolvenzverwalter die Zusammenveranlagung, ist auch die auf die Einkünfte der nicht insolventen Ehefrau entfallende ESt zu verteilen.
  - Die Aufteilung zwischen der Insolvenzmasse und dem insolvenzfreien Vermögen erfolgt **im selben Verhältnis** wie die durch die Einkünfte des Insolvenzschuldners ausgelöste ESt.

Die Aufteilung der auf die Einkünfte der Ehefrau entfallenden Steuerschuld begründete der BFH damit, dass die **Wahl der Veranlagungsart** durch den Insolvenzverwalter in rechtlicher Hinsicht eine **Handlung** darstellt, die eine Masseverbindlichkeit begründet.[8]

Im Übrigen habe der Insolvenzverwalter selbst die Zusammenveranlagung gewählt und damit die Einbeziehung der Einkünfte der Ehefrau in die Ermittlung der ESt-Schuld des Streitjahres veranlasst.

Die von der Ehefrau erzielten Einkünfte haben dabei keinen Einfluss auf die Quote, nach der die Steuerschuld auf die insolvenzrechtlichen Vermögensbereiche zu verteilen ist. Diese richtet sich nur nach den Einkünften des Insolvenzschuldners.

Die durch die Einkünfte der Ehefrau ausgelöste Steuerschuld ist aber gleichwohl zu verteilen und im selben Verhältnis der Masseverbindlichkeit zuzuordnen, wie die anteilige Steuerschuld des Ehemanns.

---

7 § 18 EStG
8 § 55 Abs. 1 Nr. 1 InsO

Die aus der Entscheidung resultierende Berechnung des BFH stellt sich wie folgt dar:

	Insolvenzmasse	insolvenzfrei	Einkünfte der Ehefrau
Einkünfte			
§ 15 EStG			21.400 EUR
§ 18 EStG	13.378 EUR		
§ 21 EStG	835 EUR	749 EUR	
§ 22 EStG		17.101 EUR	
AEB § 24a EStG	./. 1.660 EUR	./. 88 EUR	
Summe	12.553 EUR	17.762 EUR	

Einkünfte (nur) des Insolvenzschuldners: 30.315 EUR
davon **41,41 %** 58,59 %

Die gesamte Steuerschuld unter Berücksichtigung der Einkünfte der Ehefrau betrug 6.326 EUR. Davon entfallen **41,41 %** = 2.619,60 EUR auf die Insolvenzmasse und sind gegenüber dem Insolvenzverwalter festzusetzen.

b) Berechnung der auf einen Schadenersatz entfallenden Steuerschuld bei einem mit seinem Ehegatten zusammenveranlagten Geschädigten

Die Klägerin wurde bei einem Verkehrsunfall verletzt. In einem Vorprozess wurde entschieden, dass die Haftpflichtversicherung des Schädigers alle **Verdienstausfallschäden** der Klägerin zu ersetzen hat. Darüber hinaus muss die Versicherung auch die **Steuern** ersetzen, die sich durch die Erstattung des Verdienstausfalls ergeben.

Der BGH[9] hatte zu entscheiden, wie die Höhe der zu erstattenden Steuern zu ermitteln ist, wenn die Geschädigte mit ihrem Ehemann zusammenveranlagt wird.

Im Verhältnis zu ihrem Ehemann hatte die Klägerin die niedrigeren Einkünfte. Die Versicherung war daher der Meinung, dass nur die Steuer ersetzt werden muss, die sich bei einer fiktiven Einzelveranlagung ergeben würde.

Der BGH hat dagegen entschieden, dass die **tatsächlich gewählte Veranlagungsart** zugrunde zu legen ist.

---

9 BGH-Urt. v. 8.6.2021 – VI ZR 924/20, DStR 2021, 1780

Nach § 249 BGB ist i.R.d. Schadensersatzes der Zustand herzustellen, der ohne die Schädigung bestehen würde. Dabei hat der zum Schadensersatz Verpflichtete den Geschädigten nach Ansicht der Richter auch in steuerlicher Hinsicht so zu nehmen, wie er ist.

Hätte die Klägerin im Verhältnis der zusammenveranlagten Eheleute die höheren Einkünfte, könnte sie umgekehrt auch nicht verlangen, dass ihr die bei einer fiktiven Einzelveranlagung entstehende höhere Steuer erstattet wird.

II. Kindergeld / Kinderfreibeträge

1. Höhe des Kindergeldes / der Kinderfreibeträge

a) Kindergeld 2021

	Kindergeld 2021	
	monatlich	jährlich
1. Kind	219 EUR	2.628 EUR
2. Kind	219 EUR	2.628 EUR
3. Kind	225 EUR	2.700 EUR
Ab 4. Kind	250 EUR	3.000 EUR

Ob und in welcher Höhe eine Anpassung zum 1.1.2022 erfolgen wird, war bei Drucklegung des Buches noch nicht ersichtlich.

(1) Veröffentlichungen zum Kindergeld

Das Bundeszentralamt für Steuern (BZSt) hat auf seiner Internetseite ein **Merkblatt zum Kindergeld** bereitgestellt. Die Adresse lautet:

> https://www.bzst.de/DE/Privatpersonen/Kindergeldberechtigte/kindergeldberechtigte_node.html#js-toc-entry2

Das BZSt als Aufsichtsbehörde für die Kindergeldstellen veröffentlicht außerdem jährlich die **Dienstanweisung Kindergeld (DA-KG),** die als PDF-Datei heruntergeladen werden kann. Die Adresse lautet:

> https://www.bzst.de/SharedDocs/Downloads/DE/FamKreform/DA-KG.html

(2) Digitalisierung der Familienleistungen

Mit dem Gesetz zur Digitalisierung von Verwaltungsverfahren bei der Gewährung von Familienleistungen[10] wurde (u.a.) die Möglichkeit eröffnet, das **Kindergeld elektronisch** nach amtlich vorgeschriebenem Datensatz über die

---

[10] Gesetz zur Digitalisierung von Verwaltungsverfahren bei der Gewährung von Familienleistungen v. 3.12.2020, BGBl I 2020, 2668

amtlich vorgeschriebene Schnittstelle zu **beantragen**.[11] Die Antragsseite ist über die folgende Adresse erreichbar:

https://www.arbeitsagentur.de/familie-und-kinder

b) Kinderbonus (nur 2020 und 2021)

Durch das Zweite Corona-Steuerhilfegesetz[12] hatte der Gesetzgeber einen Kinderbonus i.H.v. **300 EUR je Kind nur für den VZ 2020** eingeführt.

Im Dritten Corona-Steuerhilfegesetz[13] wurde erneut, **nur für den VZ 2021** ein Kinderbonus i.H.v. **150 EUR je Kind** beschlossen.[14] Der Kinderbonus wird i.v.H. und **nicht zeitanteilig** gewährt, selbst wenn das Kind nur in einem Kalendermonat zu berücksichtigen war.

Der Kinderbonus wird für jedes Kind, für das für den Monat **Mai 2021** ein Anspruch auf Kindergeld besteht, zusätzlich zum Kindergeld für den Monat Mai 2021 gezahlt.

Der Anspruch in Höhe 150 EUR für das Kj 2021 besteht auch für ein Kind, für das **nicht für den Monat Mai 2021**, jedoch für mindestens einen anderen Kalendermonat im Kj 2021 ein Anspruch auf Kindergeld besteht.[15]

Praxishinweis

Der Kinderbonus wird als Kindergeld i.R.d. **Günstigerprüfung** nach § 31 S. 4 EStG berücksichtigt.[16] Bei Stpfl. mit höheren Einkommen werden i.R.d. ESt-Veranlagung die Kinderfreibeträge vom Einkommen abgezogen. **Die tarifliche ESt erhöht sich in diesen Fällen um den Anspruch auf das Kindergeld und den Kinderbonus.**

---

11 § 67 S. 1 EStG
12 Zweites Corona-Steuerhilfegesetz v. 29.6.2020, BGBl I 2020, 1512
13 Drittes Corona-Steuerhilfegesetz v. 10.3.2021, BGBl I 2021, 330
14 § 66 Abs. 1 S. 2 - 4 EStG
15 § 66 Abs. 1 S. 3 EStG
16 § 66 Abs. 1 S. 4 EStG

c) Kinder- und BEA-Freibeträge 2020 / 2021

Die Kinderfreibeträge i.H.d. sächlichen Existenzminimums eines Kindes werden jährlich an die gestiegenen Lebenshaltungskosten angepasst (siehe Tabelle). Der Freibetrag für den Betreuungs- und Erziehungs- oder Ausbildungsbedarf (BEA-FB) wurde für **2021** erhöht, nachdem er über viele Jahre unverändert geblieben war.[17]

	2020		2021	
	je Elternteil	Gemeinsam	je Elternteil	Gemeinsam
Kinder-FB	2.586 EUR	5.172 EUR	2.730 EUR	5.460 EUR
BEA-FB	1.320 EUR	2.640 EUR	1.464 EUR	2.928 EUR
Summe	3.906 EUR	7.812 EUR	4.194 EUR	8.388 EUR

Ob und in welcher Höhe eine Anpassung zum 1.1.2022 erfolgen wird, war bei Drucklegung des Buches noch nicht ersichtlich.

2. Familienleistungsausgleich

a) Gesetzliche Grundlagen

§ 31 EStG Familienleistungsausgleich

*„[1]Die steuerliche Freistellung eines Einkommensbetrags in Höhe des Existenzminimums eines Kindes einschließlich der Bedarfe für Betreuung und Erziehung oder Ausbildung wird im gesamten Veranlagungszeitraum **entweder durch die Freibeträge** nach § 32 Absatz 6 **oder durch Kindergeld** nach Abschnitt X bewirkt. ... [4]Bewirkt der Anspruch auf Kindergeld für den gesamten Veranlagungszeitraum die nach Satz 1 gebotene steuerliche Freistellung nicht vollständig und **werden deshalb bei der Veranlagung zur Einkommensteuer die Freibeträge nach § 32 Absatz 6 vom Einkommen abgezogen, erhöht sich die** unter Abzug dieser Freibeträge ermittelte **tarifliche Einkommensteuer um den Anspruch auf Kindergeld für den gesamten Veranlagungszeitraum**; bei nicht zusammenveranlagten Eltern wird der Kindergeldanspruch im Umfang des Kinderfreibetrags angesetzt. ...“*

[17] § 32 Abs. 6 EStG

b) Berechnungsgrundlagen für die Günstigerprüfung bei gleichzeitigem Anspruch auf Steuerermäßigungen und bei Übertragung des Kinderfreibetrags – Reihenfolge des Abzugs von Steuerermäßigungen und der Hinzurechnung des Kindergeldanspruchs

Mit Urteil vom 14.4.2021[18] hat der BFH unter Hinweis auf Gesetzeswortlaut und Gesetzessystematik klargestellt:

(1) Berechnungsgrundlagen für die Günstigerprüfung

- Besteht ein Anspruch auf **Steuerermäßigungen** (z.B. nach § 34c EStG für ausländische Einkünfte oder nach § 35a EStG für Handwerkerleistungen), gilt nach der Entscheidung des BFH:
  - I.R.d. Günstigerprüfung[19] ist die tarifliche ESt[20] unter Berücksichtigung von Kinderfreibeträgen[21] und die tarifliche ESt ohne Ansatz der Kinderfreibeträge zu ermitteln.
  - **Steuerermäßigungen** sind auf dieser Stufe der Berechnung **nicht** zu berücksichtigen.
- Die so ermittelte Steuerersparnis durch Ansatz der Kinderfreibeträge ist mit dem Anspruch auf Kindergeld zu vergleichen. Für die Günstigerprüfung eines **einzeln veranlagten Elternteils** stellten die Richter klar:
  - Im Fall der Freibetragslösung erfolgt die Hinzurechnung des Anspruchs auf Kindergeld „im Umfang des Kinderfreibetrags".[22]
  - Daher ist bei der Vergleichsberechnung der **Anspruch auf Kindergeld** in dem Umfang zu berücksichtigen, in dem **Kinderfreibeträge** gewährt werden können.
  - Es kommt **nicht** darauf an, ob eine Übertragung des **BEA**-Freibetrags erfolgt.

Bei einem einzeln veranlagten Elternteil können berücksichtigt werden	Die Steuerersparnis ist zu vergleichen mit dem
1 x Kinder-FB und 1 x BEA-FB	halben Anspruch auf Kindergeld
1 x Kinder-FB und 2 x BEA-FB	halben Anspruch auf Kindergeld
1 x Kinder-FB und kein BEA-FB	halben Anspruch auf Kindergeld
2 x Kinder-FB und 2 x BEA-FB	gesamten Anspruch auf Kindergeld

---

18 BFH-Urt. v. 14.4.2021 – III R 34/19, DStR 2021, 2296
19 § 31 S. 4 EStG
20 § 32a EStG
21 § 32 Abs. 6 EStG
22 § 31 S. 4 HS 2 EStG

(2) Reihenfolge des Abzugs von Steuerermäßigungen und der Hinzurechnung des Anspruchs auf Kindergeld

- Von der tariflichen ESt[23] sind **zuerst die Steuerermäßigungen** abzuziehen.
- Die tarifliche ESt ist dabei ggf. bis auf 0 EUR zu mindern.
- Die **Hinzurechnung des Anspruchs auf Kindergeld** erfolgt erst **nach** Abzug der Steuerermäßigungen.

Zur Begründung führten die Richter aus, dass die **Hinzurechnung des Kindergelds** nach dem Wortlaut des § 31 S. 4 i.V.m. § 2 Abs. 6 EStG den **letzten Schritt** auf dem Weg zur Ermittlung der festzusetzenden ESt bildet und keinen Einfluss auf etwaige, vorher zu berücksichtigende Steuerermäßigungen hat.

Die im Urteilsfall zu berücksichtigenden Steuerermäßigungen für ausländische Einkünfte[24], Parteispenden[25] und Handwerkerleistungen[26] sind nach dem Wortlaut der jeweiligen Vorschrift vor der Hinzurechnung des Kindergeldanspruchs zu berücksichtigen.

Praxishinweis

Aufgrund der vom BFH unter Hinweis auf den Gesetzeswortlaut bestimmten Reihenfolge der vorrangigen Minderung der tariflichen ESt um die Steuerermäßigungen ergibt sich im Fall der Freibetragslösung **kein zusätzliches Anrechnungsvolumen durch die Hinzurechnung des Anspruchs auf Kindergeld.**

Es kann bei entsprechenden Fallgestaltungen dazu kommen, dass Steuerermäßigungen nicht in maximalem Umfang abgezogen werden können, weil sie durch die Höhe der tariflichen Einkommensteuer begrenzt werden.

Gleichwohl kann durch den erst im letzten Schritt hinzuzurechnenden Anspruch auf Kindergeld eine positive festzusetzende Einkommensteuer in Höhe des Kindergeldanspruchs entstehen.

---

23 § 32a EStG
24 § 34c EStG
25 § 34g EStG
26 § 35a EStG

Beispiel

Die Eheleute V und M haben sich in 2017 getrennt. Der gemeinsame 9-jährige Sohn S lebt bei der Mutter M und ist auch dort gemeldet. V kommt seiner Unterhaltsverpflichtung durch monatliche Zahlungen nach. Dem Antrag der M auf Übertragung des V zustehenden BEA-Freibetrags hat er nicht widersprochen.

V erzielte im VZ 2021 überwiegend ausländische Einkünfte, für die eine Steuerermäßigung nach § 34c EStG i.H.v. 10.000 EUR zu gewähren ist. Außerdem hat V Anspruch auf eine Steuerermäßigung nach § 35a EStG für haushaltsnahe Dienstleistungen i.H.v. 3.000 EUR.

Frage 1

Nach welchen Grundsätzen ist die Günstigerprüfung i.S.d. § 31 S. 4 EStG durchzuführen?

Lösung zu 1

V hat nur einen Anspruch auf den einfachen Kinderfreibetrag, sein BEA-Freibetrag wurde zulässigerweise auf M übertragen.

Die tarifliche ESt ist einmal unter Berücksichtigung des einfachen Kinderfreibetrags und einmal ohne Freibetrag zu berechnen. Der Anspruch auf Steuerermäßigungen bleibt hierbei außer Betracht.

Die so ermittelte Steuerersparnis ist mit dem Anspruch auf das halbe Kindergeld zu vergleichen. Die Übertragung des BEA-Freibetrags auf M spielt dabei keine Rolle.

Frage 2

Welche festzusetzende ESt ergibt sich, wenn sich bei der Günstigerprüfung ergibt, dass der Kinderfreibetrag abzuziehen ist, und die so ermittelte tarifliche ESt des V 12.000 EUR beträgt?

Lösung zu 2

Die Steuerermäßigungen sind vorrangig von der tariflichen ESt abzuziehen. Die tarifliche ESt ist ggf. bis auf 0 EUR zur mindern. Der Anspruch auf Kindergeld ist im letzten Schritt hinzuzurechnen.

Tarifliche ESt nach § 32a EStG	12.000 EUR
- Steuerermäßigung nach § 34c EStG	- 10.000 EUR
- Steuerermäßigung nach § 35a EStG	- 2.000 EUR
Zwischensumme	0 EUR
+ Anspruch auf das halbe Kindergeld	+ 1.314 EUR
Festzusetzende ESt	**1.314 EUR**

3. Sechs-Monats-Frist für die Auszahlung von Kindergeld

a) Vorbemerkung

Praxishinweis

Anträge auf Kindergeld sollten **in allen Fällen zeitnah** gestellt werden, um finanzielle Verluste oder zumindest langwierige Rechtsstreitigkeiten mit dem FA zu vermeiden.

Nach dem Willen des Gesetzgebers soll Kindergeld seit dem 1.1.2018 **rückwirkend nur für die letzten sechs Monate** vor Beginn des Monats ausgezahlt werden, in dem der Antrag auf Kindergeld **eingegangen** ist.

Die dazu erfolgte Gesetzesänderung in § 66 Abs. 3 EStG hat der BFH abweichend von der Verwaltungsauffassung interpretiert und dem Festsetzungsverfahren zugeordnet. Noch vor Abschluss des Revisionsverfahrens erfolgte eine weitere Änderung des EStG in den §§ 31, 52, 66 und 70 EStG.

Die umstrittene Vorschrift § 66 Abs. 3 EStG wurde aufgehoben. Stattdessen ist nun in § 70 Abs. 1 S. 2 EStG geregelt, dass **festgesetztes** Kindergeld rückwirkend nur für die letzten sechs Monate vor Beginn des Monats **ausgezahlt** wird, in dem der Antrag auf Kindergeld eingegangen ist. Diese Regelung ist dem Erhebungsverfahren zuzuordnen, betrifft also nicht die Festsetzung, sondern die Auszahlung des Kindergeldes.

Gleichzeitig wurde zugunsten der Stpfl. in § 31 S. 5 EStG bestimmt, dass der Anspruch auf Kindergeld, der festgesetzt, aber wegen § 70 Abs. 1 S. 2 EStG nicht ausgezahlt wurde, i.R.d. Günstigerprüfung unberücksichtigt bleibt.

Zu den Einzelheiten, insb. den in Abhängigkeit vom Datum der Antragstellung unterschiedlichen Rechtsfolgen, siehe **„Die Einkommensteuererklärung 2020", 365.**

b) Aktuelle Rechtsprechung zu § 66 Abs. 3 EStG

Streitig war bislang, ob **Kindergeld**, das **vor** der unter a) genannten Gesetzesänderung aufgrund der Frist des § 66 Abs. 3 EStG **nicht festgesetzt** worden ist, gleichwohl als „Anspruch auf Kindergeld" i.R.d. Günstigerprüfung nach § 31 S. 4 EStG **der tariflichen ESt hinzugerechnet wird.** Die FinVerw hatte dies bejaht und für betroffene Stpfl. die ESt-Veranlagungen entsprechend durchgeführt. Das Hessische FG und das FG Köln hatten die Frage unterschiedlich beantwortet, siehe hierzu „Die Einkommensteuererklärung 2020, 367“.

In einem der beiden Revisionsverfahren hat der BFH mit Urteil vom 26.5.2021[27] **zugunsten** der Kläger entschieden. Das Urteil wurde am 18.11.2021 auf der Internetseite des BFH veröffentlicht. Eine weitere Fundstelle war bei Redaktionsschluss noch nicht verfügbar.

Die Entscheidung lässt sich wie folgt zusammenfassen:

- Wird ein noch nicht festsetzungsverjährter **Kindergeldanspruch** aufgrund der Anwendung der Frist des § 66 Abs. 3 EStG **ausgeschlossen**, ist er auch bei der Günstigerrechnung und der Hinzurechnung nach § 31 S. 4 EStG **nur i.H.v. 0 EUR zu berücksichtigen.**
- Die Frage, ob der Kindergeldanspruch durch die Frist des § 66 Abs. 3 EStG ausgeschlossen wird, haben die FA und FG **selbstständig und ohne Bindung an die Beurteilung im Kindergeldverfahren** zu entscheiden.

Die Urteilsbegründung stützt sich im Wesentlichen auf die verfassungsrechtlich gebotene **steuerliche Freistellung des Familienexistenzminimums**, die durch die Verklammerung von Kindergeld und Kinderfreibeträgen i.R.d. Günstigerprüfung nur erreicht werden kann, wenn der Begriff „Anspruch auf Kindergeld“ in Fällen des § 66 Abs. 3 EStG in der vom BFH vorgenommenen Weise ausgelegt wird.

Eine **verfassungsrechtlich bedenkliche Ungleichbehandlung** von einkommensstarken und einkommensschwachen Familien sahen die Richter durch diese Auslegung des Begriffs „Anspruch auf Kindergeld“ als **nicht gegeben**, da in beiden Fällen die Freibetragslösung zur Anwendung kommen kann, wenn der Anspruch auf Kindergeld mit 0 EUR angesetzt wird.

---

[27] BFH-Urt. v. 26.5.2021 – III R 50/19, bei Redaktionsschluss nur auf der Internetseite des BFH veröffentlicht

c) Ist die Sechs-Monats-Frist für die Auszahlung von Kindergeld verfassungsgemäß?

Das FG Münster sah die Regelung in zwei Parallelentscheidungen[28] als **verfassungsgemäß** an und lehnte die Auszahlung von Kindergeld für mehr als sechs Monate vor der Antragstellung zurückliegende Zeiträume ab.

Gegen eins der beiden Urteile wurde Revision[29] eingelegt. In dem Verfahren geht es nun um die Fragen,

- ob § 70 Abs. 1 S. 2 EStG verfassungswidrig ist, und
- ob durch das Zusammenspiel von § 70 Abs. 1 S. 2 EStG und § 31 EStG die gebotene steuerliche Freistellung des Existenzminimums des Kindes gewahrt ist.

4. Verfassungsmäßigkeit der Kinder- und BEA-Freibeträge

Das Sächsische FG hat mit Urteil vom v. 9.11.2020[30] (u.a.) entschieden, dass die Kinder- und BEA-Freibeträge bis einschl. VZ 2017 nicht verfassungswidrig sind.

Die vom FG zugelassene Revision[31] wurde eingelegt.

5. Übertragung von Kinder- und BEA-Freibeträgen auf den anderen Elternteil

a) Kinderfreibetrag

Liegen die Voraussetzungen für die steuerliche Berücksichtigung eines Kindes nach § 32 Abs. 1 - 5 EStG vor, wird bei dem jeweiligen Elternteil ein **Kinderfreibetrag für das sächliche Existenzminimum** des Kindes i.H.v. 2.730 EUR (VZ 2021) abgezogen.[32]

---

28 FG Münster, Urt. v. 21.5.2021 – 4 K 3198/20 Kg, Juris, rkr.; FG Münster, Urt. v. 21.5.2021 – 4 K 3164/20 AO, Juris, Revision eingelegt, Az des BFH: III R 21/21

29 Az des BFH: III R 21/21

30 Sächsisches FG, Urt. v. 9.11.2020 – 1 K 1869/18, EFG 2021, 463, Revision eingelegt, Az des BFH: VIII R 32/20

31 Az des BFH: VIII R 32/20

32 § 32 Abs. 6 S. 1 EStG

Auf Antrag eines Elternteils wird der dem anderen Elternteil zustehende **Kinderfreibetrag** auf ihn übertragen, wenn er, nicht jedoch der andere Elternteil, seiner **Unterhaltspflicht** gegenüber dem Kind für das Kj **im Wesentlichen** nachkommt oder der andere Elternteil mangels Leistungsfähigkeit nicht unterhaltspflichtig ist.[33] Werden Unterhaltsleistungen nach dem Unterhaltsvorschussgesetz gezahlt, kommt eine Übertragung nicht in Betracht.[34]

Die **Barunterhaltsverpflichtung** eines Elternteils gilt **im Wesentlichen** als erfüllt, wenn er den Unterhalt zu **mindestens 75 %** leistet. Der Elternteil, in dessen Obhut sich ein minderjähriges Kind befindet, kommt nach Auffassung der FinVerw seiner **Unterhaltspflicht durch die Pflege und Erziehung des Kindes** nach (§ 1606 Abs. 3 S. 2 BGB).[35]

Eine anderweitige – z.B. **freiwillige** – **Übertragung** des Kinderfreibetrags ist **ausgeschlossen**.

(1) Bisherige Verwaltungsauffassung

Die Übertragung des Kinderfreibetrags führt nach Ansicht der FinVerw stets **auch zur Übertragung des BEA-Freibetrags**.[36]

(2) BFH widerspricht der Verwaltungsauffassung

Mit Urteil vom 22.4.2020[37] hat der BFH der Verwaltungsauffassung widersprochen. Nach Ansicht der Richter ist **nach dem eindeutigen Wortlaut** des § 32 Abs. 6 S. 6 EStG **nur** eine Übertragung des **Kinderfreibetrags**, nicht aber des BEA-Freibetrags vorgesehen.

(3) Gesetzesänderung ab dem VZ 2021

Durch das Gesetz zur Modernisierung der Entlastung von Abzugsteuern und der Bescheinigung der Kapitalertragsteuer (Abzugsteuerentlastungsmodernisierungsgesetz – AbzStEntModG) vom 2.6.2021[38] wurde § 32 Abs. 6 S. 6 EStG wie folgt neu gefasst:

---

33 § 32 Abs. 6 S. 6 EStG
34 § 32 Abs. 6 S. 7 EStG
35 R 32.13 Abs. 2 EStR
36 BMF-Schr. v. 28.6.2013 – IV C 4 - S 2282-a/10/10002, BStBl I 2013, 845, Rz 5
37 BFH-Urt. v. 22.4.2020 – III R 61/18, BFH/NV 2021, 56 und BFH-Urt. v. 22.4.2020 – III R 25/19, BFH/NV 2021, 80
38 AbzStEntModG v. 2.6.2021, BGBl I 2021, 1259

§ 32 Abs. 6 S. 6 EStG (n.F.)

„Abweichend von Satz 1 wird bei einem unbeschränkt einkommensteuerpflichtigen Elternpaar, bei dem die Voraussetzungen des § 26 Absatz 1 Satz 1 nicht vorliegen, auf Antrag eines Elternteils der dem anderen Elternteil zustehende Kinderfreibetrag auf ihn übertragen, wenn er, nicht jedoch der andere Elternteil, seiner Unterhaltspflicht gegenüber dem Kind für das Kalenderjahr im Wesentlichen nachkommt oder der andere Elternteil mangels Leistungsfähigkeit nicht unterhaltspflichtig ist; ***die Übertragung des Kinderfreibetrags führt stets auch zur Übertragung des Freibetrags für den Betreuungs- und Erziehungs- oder Ausbildungsbedarf.*** *“*

Praxishinweis

Die Problematik betrifft nur den BEA-Freibetrag für volljährige Kinder, da bei Minderjährigen eine separate Übertragung des BEA-Freibetrags möglich ist[39] (s.u. unter b) BEA-Freibetrag).

Die Neufassung des § 32 Abs. 6 S. 6 EStG ist **erstmals für den VZ 2021** anzuwenden.[40]

Die von der bisherigen Verwaltungsauffassung[41] und von der ab 2021 geltenden Rechtslage abweichenden BFH-Urteile[42] wurden nicht im BStBl II veröffentlicht und dürften daher von der FinVerw nicht angewendet werden. Die Antragsmöglichkeit auf der **Anlage Kind 2020** sieht dementsprechend auch nur die **gemeinsame** Übertragung von Kinder- und BEA-Freibetrag vor.

Beruft sich ein getrenntlebender Elternteil, der seiner Unterhaltsverpflichtung nicht im Wesentlichen nachgekommen ist, für **VZ bis einschl. 2020** auf die BFH-Rechtsprechung, besteht somit weiterhin ein Streitpotenzial sowohl zwischen den Elternteilen als auch ggü. der FinVerw.

b) BEA-Freibetrag

Zusätzlich zum Kinderfreibetrag ist ein **Freibetrag für den Betreuungs- und Erziehungs- oder Ausbildungsbedarf** (BEA-Freibetrag) i.H.v. 1.464 EUR (VZ 2021) abzuziehen.

---

39 § 32 Abs. 6 S. 8 EStG
40 § 52 Abs. 1 S. 1 EStG
41 BMF-Schr. v. 28.6.2013 – IV C 4 - S 2282-a/10/10002, BStBl I 2013, 845, Rz 5
42 BFH-Urt. v. 22.4.2020 – III R 61/18, BFH/NV 2021, 56 und BFH-Urt. v. 22.4.2020 – III R 25/19, BFH/NV 2021, 80

Dabei kann auch eine separate Übertragung des BEA-Freibetrags erfolgen. Bei **minderjährigen Kindern** – nicht aber bei volljährigen Kindern – wird der dem Elternteil, in dessen Wohnung das Kind nicht gemeldet ist, zustehende BEA-Freibetrag **auf Antrag** des anderen Elternteils auf diesen übertragen, wenn bei dem Elternpaar die Voraussetzungen des § 26 Abs. 1 S. 1 EStG nicht vorliegen[43]. Die Übertragungsmöglichkeit betrifft damit den **„klassischen" Trennungsfall**, wenn Kinder **ausschließlich im Haushalt eines Elternteils** gemeldet sind.

Seit dem **VZ 2012** besteht für den Elternteil, in dessen Haushalt das Kind nicht gemeldet ist, die Möglichkeit, **der Übertragung** des BEA-Freibetrags zu **widersprechen**, wenn er entweder

- Kinderbetreuungskosten trägt oder
- das Kind regelmäßig in einem nicht unwesentlichen Umfang betreut.[44]

Praxishinweis

Nach Auffassung der FinVerw gehören zu den hier genannten **Kinderbetreuungskosten** nicht nur die unter § 10 Abs. 1 Nr. 5 EStG fallenden Dienstleistungen, sondern alle Aufwendungen für Betreuung, Erziehung oder Ausbildung bis zur Volljährigkeit.[45]

Der BFH hat mit Urteil vom 8.11.2017[46] klargestellt, dass es zur Annahme einer **Regelmäßigkeit** ausreicht, wenn das Kind nach einem – üblicherweise für einen längeren Zeitraum im Voraus festgelegten – weitgehend gleichmäßigen Rhythmus betreut wird.

Ob ein **nicht unwesentlicher Umfang der Betreuung** vorliegt, richtet sich grds. nach den Umständen des Einzelfalls. Dabei müssten Faktoren wie Häufigkeit und Länge der Kontakte, das Alter des Kindes und die Distanz der Wohnorte berücksichtigt werden.

Aus Gründen der Vereinfachung ist nach der Entscheidung des BFH bei einem zeitlichen Betreuungsanteil von jährlich durchschnittlich 10 % die Voraussetzung „nicht unwesentlicher Umfang" als erfüllt anzusehen. Die übrigen o.g. Indizien müssen dann regelmäßig nicht geprüft werden.

Nach dem **Koalitionsvertrag** soll die partnerschaftliche Betreuung der Kinder nach Trennung besser als bislang berücksichtigt werden. Es bleibt abzuwarten, ob dieser Koalitionsbeschluss durch eine Änderung beim BEA-Freibetrag umgesetzt wird.

---

43 § 32 Abs. 6 S. 8 EStG
44 § 32 Abs. 6 S. 9 EStG
45 BMF-Schr. v. 28.6.2013 – IV C 4 - S 2282-a/10/10002, BStBl I 2013, 845, Rz 8
46 BFH-Urt. v. 8.11.2017 – III R 2/16, BStBl II 2018, 266

Beispiel

Die Eheleute V und M haben sich bereits in 2017 getrennt. Der gemeinsame 9-jährige Sohn S lebt bei der Mutter M und ist auch dort gemeldet. V kommt seiner Unterhaltsverpflichtung durch monatliche Zahlungen nach. Zwischen V und M wurde vereinbart, dass der Vater V das Kind an jedem zweiten Wochenende für zwei volle Tage betreut. Im Jahr 2021 war S insgesamt an 52 Tagen beim Vater. Da das Kind bei M gemeldet ist, beantragt sie die Übertragung des BEA-Freibetrags des V.

Frage

Kann V der Übertragung seines BEA-Freibetrags auf M widersprechen?

Lösung

Der Vater V hat die Möglichkeit, der Übertragung des BEA-Freibetrags zu widersprechen.

Der BFH hat klargestellt, dass das Merkmal einer **regelmäßigen Betreuung** insb. dann als erfüllt angesehen werden kann, wenn sich ein minderjähriges Kind entsprechend eines – üblicherweise für einen längeren Zeitraum im Voraus festgelegten – weitgehend gleichmäßigen Betreuungsrhythmus tatsächlich in der vereinbarten Abfolge bei dem Elternteil, bei dem es nicht gemeldet ist, aufhält.

Der BFH hat aus Gründen der Vereinfachung keine Bedenken, bei einem zeitlichen Betreuungsanteil von jährlich 10 % das Merkmal einer Betreuung in einem **nicht unwesentlichen Umfang** in der Regel als erfüllt anzusehen. Da der Sohn S an 52 Tagen betreut wird, ist die 10 %-Grenze (365 Tage x 10 % = rd. 36 Tage) deutlich überschritten.

Praxishinweis

Für den Widerspruch gegen die Übertragung des BEA-Freibetrags ist **keine besondere Form** vorgeschrieben. Die Einlegung eines zulässigen **Einspruchs** gegen den ESt-Bescheid ist nach Ansicht des BFH jedenfalls **ausreichend**.

In der Praxis kann es zu **mehrfachen Änderungen der Steuerbescheide** kommen. Zunächst wird der BEA-Freibetrag **gewährt**, auf Antrag des anderen Elternteils dann **gestrichen** und **übertragen** und nach erfolgreichem Widerspruch **erneut gewährt** und beim anderen Elternteil **wieder gestrichen**.

Wenn möglich, sollten sich die Stpfl. daher bereits **im Vorfeld** auf die steuerlich günstigste Lösung **verständigen**.

Die Möglichkeit, der Übertragung schon **vorsorglich** zu widersprechen, ist im Erklärungsvordruck bislang nicht vorgesehen, wäre aber aus o.g. Gründen wünschenswert.

6. Aktuelle Rechtsprechung zur Berücksichtigung von Kindern

a) Ein volljähriges, geistig behindertes Geschwisterteil kann als Pflegekind berücksichtigt werden

Die Klägerin war nach dem Tod der Mutter als Betreuerin für ihren volljährigen geistig schwerbehinderten Bruder (100 GdB) bestellt worden. Sie hatte sich auch schon zu Lebzeiten der Mutter intensiv um den Bruder gekümmert. Der Bruder lebte in einer stationären Einrichtung für geistig behinderte Menschen zunächst in einer Wohngruppe, später in einer eigenen Wohnung.

Das FG des Saarlandes[47] kam bei einer Gesamtwürdigung der Umstände zu dem Ergebnis, dass zwischen der Klägerin und ihrem Bruder ein Pflegekindschaftsverhältnis bestand.

Der Bruder hielt sich trotz des eigenen Hausstands häufig im Haushalt der Klägerin auf (alle Wochenenden, Feiertage und Familienfeiern, insgesamt mehr als drei Monate im Jahr). Hierdurch sah das Gericht die erforderliche Aufnahme in den Haushalt[48] der Klägerin als gegeben, da Häufigkeit und Dauer der Aufenthalte weit über bloße Besuche hinausgingen. **Der eigene Hausstand des Bruders stand dem nach Ansicht der Richter nicht entgegen.**

Ein familienähnliches Band[49], vergleichbar mit dem von Eltern und Kindern, lag nach Ansicht der Richter ebenfalls vor, da der geistige Entwicklungsstand des Bruders aufgrund seiner Schwerbehinderung dem einer noch minderjährigen Person entsprach, und die Klägerin sich um nahezu alle Belange des Bruders kümmern musste, so wie es bei Eltern eines minderjährigen Kindes der Fall ist.

---

47 FG des Saarlandes, Urt. v. 25.2.2021 – 2 K 1395/20, EFG 2021, 1115, rkr.
48 § 32 Abs. 1 Nr. 2 EStG
49 § 32 Abs. 1 Nr. 2 EStG

b) Kein Kindergeld für ein studierendes Kind in Nordzypern

Kinder, die weder einen Wohnsitz noch ihren gewöhnlichen Aufenthalt im Inland, einem Mitgliedstaat der EU oder in einem Staat des Europäischen Wirtschaftsraums haben, werden für die Gewährung von Kindergeld nicht berücksichtigt.[50]

Der BFH hat mit Beschluss vom 18.2.2021[51] klargestellt, dass für die Bestimmung eines Staates als „Mitgliedstaat" der EU der Beitritt des Staates zur EU vorausgesetzt wird.

Entscheidend ist nicht allein, ob das Gebiet völkerrechtlich dem Gebiet der EU zugerechnet werden kann. Auf diesem Gebiet muss auch das Recht der EU gelten.

Die völkerrechtlich nicht anerkannte Türkische Republik Nordzypern erfüllt nach der Entscheidung des BFH diese Voraussetzungen nicht.

Die Klägerin konnte daher für ihre in Nordzypern studierende Tochter kein Kindergeld beanspruchen.

c) Kein Kindergeld bei krankheitsbedingter Beendigung eines freiwilligen sozialen Jahres (FSJ)

Das Kind der Kläger hatte ein FSJ aus gesundheitlichen Gründen gekündigt. Erst nach mehr als sechs Monaten begann es ein neues FSJ bei einem anderen Träger.

Während der Ableistung eines der im Gesetz aufgezählten Freiwilligendienste kann das Kind bis zur Vollendung des 25. Lj berücksichtigt werden.[52]

Der BFH entschied aber mit Urteil vom 9.9.2020[53], dass den Eltern für die Zeit **zwischen den beiden FSJ kein Kindergeld** zusteht.

Die Berücksichtigung von Kindern, die eine **Berufsausbildung** mangels Ausbildungsplatz nicht beginnen oder fortsetzen können[54], ist **auf ein FSJ nicht übertragbar**, da ein FSJ regelmäßig nicht der Vorbereitung auf einen Beruf

---

50 § 63 Abs. 1 S. 6 EStG
51 BFH-Beschl. v. 18.2.2021 – III B 123/20, Juris
52 § 32 Abs. 4 S. 1 Nr. 2 Buchst. d EStG
53 BFH-Urt. v. 9.9.2020 – III R 15/20, BFH/NV 2021, 544
54 § 32 Abs. 4 S. 1 Nr. 2 Buchst. c EStG

dient, sondern der Erlangung sozialer Erfahrungen und der Stärkung des Verantwortungsbewusstseins für das Gemeinwohl.[55]

Aus diesem Grund sind auch die Grundsätze zur Berücksichtigung von Kindern, die eine Berufsausbildung krankheitsbedingt unterbrechen müssen, nicht auf das FSJ übertragbar. Der Gesetzgeber behandelt die Berufsausbildung bewusst anders als die Freiwilligendienste.

Andernfalls käme es nach Ansicht der Richter auch zu einer **ungerechtfertigten Ungleichbehandlung** mit Kindern, die ein FSJ aus gesundheitlichen Gründen gar nicht erst beginnen können. Diese könnten allenfalls i.R.d. Regelungen für behinderte Kinder berücksichtigt werden, während nach dem Beginn und der krankheitsbedingten Beendigung des FSJ eine unbefristete Berücksichtigung möglich wäre.

Die steuerliche Freistellung des Existenzminimums eines Kindes bei einer evtl. bestehenden Unterhaltspflicht der Eltern wegen mangelnder Erwerbsmöglichkeiten des Kindes wird durch die **Steuerentlastung nach § 33a EStG** ausreichend berücksichtigt.

55 BFH-Urt. v. 13.12.2018 – III R 25/18, BStBl II 2019, 256

III. Kinder in Berufsausbildung

1. Gesetzliche Regelungen

a) Abzug der Ausbildungskosten beim Kind

§ 4 Abs. 9 EStG – Betriebsausgaben

*„(9) [1]Aufwendungen des Steuerpflichtigen für seine Berufsausbildung oder für sein Studium sind **nur dann Betriebsausgaben**, wenn der Steuerpflichtige zuvor bereits eine **Erstausbildung** (Berufsausbildung oder Studium) **abgeschlossen** hat. [2]§ 9 Absatz 6 Satz 2 bis 5 gilt entsprechend."*

§ 9 Abs. 6 EStG – Werbungskosten

*„(6) [1]Aufwendungen des Steuerpflichtigen für seine Berufsausbildung oder für sein Studium sind **nur dann Werbungskosten**, wenn der Steuerpflichtige zuvor bereits eine **Erstausbildung** (Berufsausbildung oder Studium) **abgeschlossen** hat oder wenn die Berufsausbildung oder das Studium im Rahmen eines Dienstverhältnisses stattfindet. [2]Eine Berufsausbildung als Erstausbildung nach Satz 1 liegt vor, wenn eine geordnete Ausbildung mit einer Mindestdauer von 12 Monaten bei vollzeitiger Ausbildung und mit einer Abschlussprüfung durchgeführt wird. [3]Eine geordnete Ausbildung liegt vor, wenn sie auf der Grundlage von Rechts- oder Verwaltungsvorschriften oder internen Vorschriften eines Bildungsträgers durchgeführt wird. [4]Ist eine Abschlussprüfung nach dem Ausbildungsplan nicht vorgesehen, gilt die Ausbildung mit der tatsächlichen planmäßigen Beendigung als abgeschlossen. [5]Eine Berufsausbildung als Erstausbildung hat auch abgeschlossen, wer die Abschlussprüfung einer durch Rechts- oder Verwaltungsvorschriften geregelten Berufsausbildung mit einer Mindestdauer von 12 Monaten bestanden hat, ohne dass er zuvor die entsprechende Berufsausbildung durchlaufen hat."*

§ 10 Abs. 1 Nr. 7 EStG – Sonderausgaben sind...

*„[1]Aufwendungen für die **eigene Berufsausbildung** bis zu 6 000 Euro im Kalenderjahr. [2]Bei Ehegatten, die die Voraussetzungen des § 26 Absatz 1 Satz 1 erfüllen, gilt Satz 1 für jeden Ehegatten. [3]Zu den Aufwendungen im Sinne des Satzes 1 gehören auch Aufwendungen für eine auswärtige Unterbringung. [4]§ 4 Absatz 5 Satz 1 Nummer 6b sowie § 9 Absatz 1 Satz 3 Nummer 4 und 5, Absatz 2, 4 Satz 8 und Absatz 4a sind bei der Ermittlung der Aufwendungen anzuwenden."*

b) Gewährung von Kindergeld/Kinderfreibeträgen

§ 32 Abs. 4 EStG

„(4) [1]Ein Kind, das das 18. Lebensjahr vollendet hat, wird berücksichtigt, wenn es ...

2. noch nicht das 25. Lebensjahr vollendet hat und

a) für einen Beruf ausgebildet wird oder

*b) sich in einer **Übergangszeit von höchstens vier Monaten** befindet, die zwischen zwei Ausbildungsabschnitten oder zwischen einem Ausbildungsabschnitt und der Ableistung des gesetzlichen Wehr- oder Zivildienstes, einer vom Wehr- oder Zivildienst befreienden Tätigkeit als Entwicklungshelfer oder als Dienstleistender im Ausland nach § 14b des Zivildienstgesetzes oder der Ableistung des freiwilligen Wehrdienstes nach § 58b des Soldatengesetzes oder der Ableistung eines freiwilligen Dienstes im Sinne des Buchstaben d liegt, oder*

*c) eine Berufsausbildung **mangels Ausbildungsplatzes** nicht beginnen oder fortsetzen kann*

...

*[2]Nach **Abschluss einer erstmaligen Berufsausbildung** oder eines Erststudiums wird ein Kind in den Fällen des Satzes 1 Nummer 2 nur berücksichtigt, wenn das Kind **keiner Erwerbstätigkeit** nachgeht. [3]Eine Erwerbstätigkeit mit bis zu **20 Stunden** regelmäßiger wöchentlicher Arbeitszeit, ein Ausbildungsdienstverhältnis oder ein geringfügiges Beschäftigungsverhältnis im Sinne der §§ 8 und 8a des Vierten Buches Sozialgesetzbuch sind unschädlich."*

2. Verwaltungsanweisungen – DA-KG

Das BZSt als Aufsichtsbehörde für die Kindergeldstellen veröffentlicht jährlich eine **Dienstanweisung zum Kindergeld nach dem Einkommensteuergesetz (DA-KG),** die auch als PDF-Datei zum Download zur Verfügung gestellt wird. Die Adresse dazu lautet:

https://www.bzst.de/SharedDocs/Downloads/DE/FamKreform/DA-KG.html

Die jeweils aktuelle Fassung der DA-KG berücksichtigt u.a. die neuen BFH-Urteile zur Gewährung von Kindergeld. Soweit die Ausführungen auf die Gewährung von Kinderfreibeträgen i.R. der ESt-Veranlagung übertragbar sind, finden sich die entsprechenden Abschnitte der DA-KG auch im Amtlichen Einkommensteuer-Handbuch.

Die Auszüge aus der DA-KG haben die früheren Veröffentlichungen in den ESt-Hinweisen zu § 32 EStG weitgehend ersetzt und sind unter H 32.1 - H 32.11 EStH abgedruckt.

Die DA-KG 2021 vom 17.9.2021 ist im BStBl I 2021, 1598 veröffentlicht. Diese enthält nützliche Hinweise für die Beratungspraxis.

3. Begriff der erstmaligen Berufsausbildung

Für den Abzug von **vorweggenommenen Werbungskosten bzw. Betriebsausgaben bei Kindern** in Berufsausbildung ist Voraussetzung, dass die erstmalige Berufsausbildung **abgeschlossen** ist. § 9 Abs. 6 EStG definiert dazu die **Mindestanforderungen** an eine abgeschlossene Berufsausbildung.

Andererseits kann ein Kind, das **neben der Ausbildung** (insb. während des Studiums) **mehr als 20 Stunden** die Woche arbeitet, **bei den Eltern** nur berücksichtigt werden, wenn die erstmalige Berufsausbildung **nicht abgeschlossen** ist[56].

Auf den ersten Blick erscheint es so, als ob **nur eine der beiden Steuerbegünstigungen** zur Anwendung kommen kann. Tatsächlich verhält es sich aber **anders**.

---

56 § 32 Abs. 4 S. 2 EStG

Die Rechtsprechung und Gesetzgebung zum **Werbungskostenabzug** einerseits und zu **Kindergeld/Kinderfreibeträgen** andererseits erfolgte nicht in einem einheitlichen Verfahren. Die Richter haben den **Begriff der erstmaligen Berufsausbildung** je nach Rechtsfrage aus ganz **unterschiedlichen Blickwinkeln** betrachtet.

Die FinVerw hat diese differenzierende Sichtweise offenbar übernommen. In Absch. 20.2.4 Abs. 4 S. 2 DA-KG 2021 heißt es dazu: *„Für die Frage, ob eine erstmalige Berufsausbildung oder ein Erststudium nach **§ 32 Abs. 4 S. 2 EStG** abgeschlossen sind, **kommt es nicht darauf an**, ob die Berufsausbildung bzw. das Studium die besonderen Voraussetzungen für eine Erstausbildung i.S.d. **§ 9 Abs. 6 EStG** erfüllen."*

Danach kann beispielsweise ein Masterstudium **gleichzeitig** eine **Zweitausbildung** i.S.d. § 9 Abs. 6 EStG darstellen und damit zum Abzug von vorweggenommenen Werbungskosten **beim Kind** führen und ebenso Teil einer einheitlichen mehraktigen **Erstausbildung** i.S.d. § 32 Abs. 4 EStG sein und damit zur Gewährung von Kinderfreibeträgen/Kindergeld **bei den Eltern** berechtigen.

4. Abzug von Berufsausbildungskosten

a) § 9 Abs. 6 EStG ist verfassungsgemäß

Das BVerfG hat mit Beschluss vom 19.11.2019[57] entschieden, dass der Ausschluss des Werbungskostenabzugs für eine Erstausbildung außerhalb eines Dienstverhältnisses[58] verfassungsgemäß ist.

Zu den Einzelheiten der Urteilsbegründung und zu den Folgen für die Praxis s. **„Die Einkommensteuererklärung 2020", 386.**

57 BVerfG, Beschl. v. 19.11.2019 – 2 BvL 22/14 - 27/14
58 § 9 Abs. 6 S. 1 EStG

b) Aktuelle Rechtsprechung zu Ausbildungskosten

(1) Aufwendungen für die Ausbildung zum Verkehrsflugzeugführer nicht als Werbungskosten abziehbar

Unter Bezugnahme auf den Beschluss des BVerfG[59] hat der BFH[60] die Aufwendungen für die Ausbildung zum Verkehrsflugzeugführer **nicht** als Werbungskosten berücksichtigt.

Die Ausbildung stellte die Erstausbildung des Klägers dar und erfolgte nicht i.R.e. Ausbildungsdienstverhältnisses.[61]

Die Aufwendungen konnten daher nur i.R.d. Sonderausgabenabzugs berücksichtigt werden.[62]

Praxishinweis

Ein Abzug der Ausbildungskosten als vorweggenommene Werbungskosten hätte zu einem Verlust bei den Einkünften aus nichtselbstständiger Arbeit geführt, der nach Maßgabe des § 10d EStG vortragsfähig gewesen wäre.

Der Sonderausgabenabzug nach § 10 Abs. 1 Nr. 7 EStG unterliegt dagegen dem Abflussprinzip des § 11 Abs. 2 EStG und kann nur im Jahr der Verausgabung steuerlich berücksichtigt werden. Werden während der Ausbildung keine Einkünfte erzielt, ergibt sich keine steuermindernde Auswirkung der Sonderausgaben.

(2) Aufwendungen für ein Erststudium nicht als Betriebsausgaben abziehbar

Die o.g. Vorlage beim BVerfG[63] betraf zwar (nur) die Frage, ob der **Ausschluss des Werbungskostenabzugs** nach **§ 9 Abs. 6 EStG** verfassungswidrig sei.

Der BFH hat aber mit Urteil vom 16.6.2020[64] klargestellt, dass die Entscheidung auf den gleichlautenden **Ausschluss des Betriebsausgabenabzugs** nach **§ 4 Abs. 9 EStG** übertragbar ist.

---

59 BVerfG, Beschl. v. 19.11.2019 – 2 BvL 22/14 - 27/14, BVerfGE 152, 274
60 BFH-Beschl. v. 7.7.2020 – VI R 18/20 (VI R 59/14), BFH/NV 2021, 9
61 § 9 Abs. 6 S. 1 EStG
62 § 10 Abs. 1 Nr. 7 EStG
63 BVerfG, Beschl. v. 19.11.2019 – 2 BvL 22/14 - 27/14, BVerfGE 152, 274
64 BFH-Urt. v. 16.6.2020 – VIII R 4/20 (VIII R 49/11), BStBl II 2021, 11

Zudem haben die Richter in dem Verfahren entschieden, dass ein Erststudium, das eine **bereits ausgeübte künstlerische Tätigkeit** fördern soll, nicht den Charakter einer „Erstausbildung" i.S.d. § 4 Abs. 9 EStG verliert, wenn es sowohl der Persönlichkeitsentwicklung als auch der Entwicklung der künstlerischen Fähigkeiten dient. Dies gilt selbst dann, wenn das Studium der Förderung einer konkreten späteren Erwerbstätigkeit dient.

Die Klägerin war **im Streitjahr 19 Jahre alt** und studierte Slawistik und Kunstpädagogik. Dieses Studium schloss sie einige Jahre später mit der Magisterprüfung ab.

Sie hatte zuvor bereits eine Kunstschule besucht und Pädagogik studiert, beides aber **nicht** mit einer Abschlussprüfung beendet. Während der gesamten Zeit ihrer Ausbildung und der Studien erzielte sie (geringe) Einnahmen aus selbstständiger Arbeit als Künstlerin und Buchillustratorin.

Nach der Entscheidung des BFH sind die Aufwendungen für das Magisterstudium **keine Betriebsausgaben i.R.d. künstlerischen Tätigkeit**, da es sich um ein Erststudium i.S.d. § 4 Abs. 9 EStG handelt. Zwar sollte das Studium die bereits ausgeübte künstlerische Tätigkeit fördern, es diente aber auch der Persönlichkeitsentwicklung. Nach den vom BVerfG aufgestellten Grundsätzen[65] ist der Ausschluss des Betriebsausgabenabzugs[66] in diesem Fall verfassungsrechtlich nicht zu beanstanden.

Die Aufwendungen konnten daher nur i.R.d. Sonderausgabenabzugs berücksichtigt werden.[67]

Praxishinweis

Ein Abzug der Studienkosten als Betriebsausgaben hätte im Urteilsfall zu einem erheblichen Verlust aus selbstständiger Arbeit geführt, der nach Maßgabe des § 10d EStG vortragsfähig gewesen wäre.

Der Sonderausgabenabzug nach § 10 Abs. 1 Nr. 7 EStG unterliegt dagegen dem Abflussprinzip des § 11 Abs. 2 EStG und kann nur im Jahr der Verausgabung steuerlich berücksichtigt werden. Da die Einkünfte aus selbstständiger Arbeit bereits unter dem Grundfreibetrag lagen, ergab sich durch den Sonderausgabenabzug keine steuermindernde Auswirkung.

---

65 BVerfG, Beschl. v. 19.11.2019 – 2 BvL 22/14 - 27/14

66 § 4 Abs. 9 EStG

67 § 10 Abs. 1 Nr. 7 EStG

c) Zu berücksichtigende Aufwendungen für die eigene Berufsausbildung

Praxishinweis

Bei den Aufwendungen für die eigene Berufsausbildung können, unabhängig von der Qualifizierung als BA/WK oder SA, auch die **Homeoffice-Pauschale**[68] (Einzelheiten s. „Abschnitt B. Arbeitnehmerbereich") sowie die **Digitalabschreibung**[69] (Einzelheiten s. „Abschnitt A. Unternehmerbereich") geltend gemacht werden. Die **Mobilitätsprämie**[70] (Einzelheiten s. „Abschnitt B. Arbeitnehmerbereich") kann hingegen nur in Anspruch genommen werden, wenn die Fahrten zu den Betriebsausgaben/Werbungskosten gehören.

5. Abgeschlossene Erstausbildung i.S.d. § 32 Abs. 4 EStG

a) Vorbemerkung

Aufgrund der seit VZ 2012 geltenden Rechtslage kommt es für die Gewährung von **Kindergeld/Kinderfreibeträgen bei volljährigen Kindern in Ausbildung** nicht mehr auf die eigenen Einkünfte und Bezüge des Kindes an.

Das Kind kann bis zur Vollendung des 25. Lj berücksichtigt werden, und zwar ohne weitere Voraussetzungen, solange es sich in der **erstmaligen** Ausbildung/Erststudium befindet.

Nach Abschluss einer erstmaligen Ausbildung/Erststudium gilt dies nur noch, wenn das Kind keiner schädlichen Erwerbstätigkeit nachgeht. Außerhalb eines Ausbildungsdienstverhältnisses darf die durchschnittliche regelmäßige Wochenarbeitszeit nicht mehr als 20 Stunden betragen.[71]

Daher kommt der Frage, wann die erstmalige Ausbildung/Erststudium abgeschlossen ist, eine besondere Bedeutung zu.

---

68 § 4 Abs. 5 S. 1 Nr. 6b S. 4 EStG, § 9 Abs. 5 S. 1 EStG, § 10 Abs. 1 Nr. 7 S. 4 EStG
69 BMF-Schr. v. 26.2.2021 – IV C 3 - S 2190/21/10002:013, BStBl I 2021, 298
70 § 101 EStG
71 § 32 Abs. 4 S. 3 EStG

b) Ursprüngliche Rechtsprechung des BFH zur einheitlichen mehraktigen Erstausbildung

Zur Rechtslage ab dem VZ 2012[72] hat der BFH in den vergangenen Jahren eine Reihe von Fällen entschieden, in denen das Kind nacheinander mehrere Ausbildungsabschnitte durchlaufen hat. Danach können auch mehraktige Ausbildungsmaßnahmen Teil einer **einheitlichen Erstausbildung** i.S.d. § 32 Abs. 4 S. 2 EStG sein, wenn

- das **ursprüngliche Ausbildungsziel** noch nicht erreicht ist,
- die Ausbildungsabschnitte in einem **engen sachlichen** Zusammenhang stehen,
- die Ausbildungsabschnitte in einem **engen zeitlichen** Zusammenhang stehen.

Ein **enger sachlicher Zusammenhang** liegt nach Auffassung der FinVerw[73] vor, wenn die nachfolgende Ausbildung z.B. dieselbe Berufssparte oder denselben fachlichen Bereich betrifft.

Ein **enger zeitlicher Zusammenhang** liegt vor, wenn das Kind die weitere Ausbildung zum **nächstmöglichen Zeitpunkt** aufnimmt oder sich bei mangelndem Ausbildungsplatz **zeitnah zum nächstmöglichen Zeitpunkt** für die weiterführende Ausbildung **bewirbt**.

c) Zusätzliche Anforderungen des BFH an eine einheitliche mehraktige Erstausbildung

Mit Urteil vom 11.12.2018[74] hat der BFH seine Rechtsprechung weiterentwickelt und **weitere Kriterien** für die Abgrenzung von Erstausbildung und Weiterbildung aufgestellt.

Die bis dahin eher großzügige Betrachtung wurde deutlich eingeschränkt und **die Anforderungen an eine einheitliche Erstausbildung verschärft.**

Die Grundsätze lassen sich wie folgt zusammenfassen:

1. Nimmt ein volljähriges Kind nach Erlangung eines ersten Abschlusses in einem öffentlich-rechtlich geordneten Ausbildungsgang eine nicht

---

72 § 32 Abs. 4 S. 2 EStG
73 Abschn. 20.2.4 Abs. 2 DA-KG 2021
74 BFH-Urt. v. 11.12.2018 – III R 26/18, BFH/NV 2019, 465

unter § 32 Abs. 4 S. 3 EStG fallende Berufstätigkeit auf, fordert § 32 Abs. 4 S. 2 EStG die Abgrenzung zwischen einer **mehraktigen einheitlichen Erstausbildung** mit daneben ausgeübter Erwerbstätigkeit und einer berufsbegleitend durchgeführten **Weiterbildung (Zweitausbildung)**.

2. Eine einheitliche Erstausbildung ist nicht mehr anzunehmen, wenn die von dem Kind aufgenommene Erwerbstätigkeit bei einer **Gesamtwürdigung der Verhältnisse** bereits die hauptsächliche Tätigkeit bildet und sich die weiteren Ausbildungsmaßnahmen als eine auf Weiterbildung und/oder Aufstieg in dem bereits aufgenommenen Berufszweig gerichtete Nebensache darstellen.

3. I.R.d. Gesamtwürdigung der Verhältnisse kommt es insb. darauf an,

   - für welche Dauer das Kind das Beschäftigungsverhältnis vereinbart hat,
   - in welchem Umfang die vereinbarte Arbeitszeit die 20-Stundengrenze überschreitet,
   - in welchem zeitlichen Verhältnis die Arbeitstätigkeit und die Ausbildungsmaßnahmen zueinander stehen,
   - ob die ausgeübte Berufstätigkeit die durch den ersten Abschluss erlangte Qualifikation erfordert und
   - inwieweit die Ausbildungsmaßnahmen und die Berufstätigkeit im Hinblick auf den Zeitpunkt ihrer Durchführung und auf ihren Inhalt aufeinander abgestimmt sind.

d) Aktuelle Rechtsprechung zur mehraktigen Ausbildung

(1) Umorientierung während der einheitlichen Erstausbildung

Der Sohn der Kläger hatte zunächst eine **Banklehre** absolviert und geplant, direkt im Anschluss ein **Studium am Bankkolleg** aufzunehmen. Als es fraglich wurde, ob der Studiengang überhaupt zustande kommt, hat er sich umorientiert und ein **Studium im Fach Betriebswirtschaft** aufgenommen. Seit dem Ende der Banklehre hat der Sohn in der Bank mehr als 20 Wochenstunden gearbeitet.

In seinem Urteil vom 23.10.2019[75] widersprach der BFH der Auffassung von FA und FG und entschied, dass die Umorientierung **unschädlich** ist, solange der **sachliche Zusammenhang gewahrt** bleibt. Bei einer Banklehre und anschließendem BWL-Studium sei dies unstreitig erfüllt.

Der BFH hat den Fall **an das FG zurückverwiesen**, da im zweiten Rechtsgang zu prüfen war, ob die übrigen Voraussetzungen für eine einheitliche Erstausbildung ebenfalls erfüllt sind. Hierbei musste das FG insb. anhand der vom BFH entwickelten neuen Kriterien zur Abgrenzung von Erst- und Zweitausbildung[76] prüfen, ob das Studium im Vordergrund steht oder ob die Berufstätigkeit in der Bank bereits die Haupttätigkeit darstellt.

Im zweiten Rechtsgang hat das Nds. FG[77] die Berücksichtigung des Kindes **abgelehnt**.

Praxishinweis

Die Entscheidung des FG im zweiten Rechtsgang verdeutlicht die Verschärfung, die durch die neuen Kriterien des BFH zur Abgrenzung von Erst- und Zweitausbildung eingetreten ist.

Obwohl die ursprünglichen Voraussetzungen für die Annahme einer einheitlichen Erstausbildung erfüllt waren (Ausbildungsziel noch nicht erreicht, enger sachlicher und enger zeitlicher Zusammenhang), scheiterte die Klage im zweiten Rechtsgang, nachdem das FG die zusätzlichen Kriterien des BFH berücksichtigt hatte.

(2) „Gesamtplan" des Kindes zur Erreichung des Berufsziels reicht allein nicht aus

In einer erneuten Entscheidung hat der BFH[78] bekräftigt, dass die **ursprünglichen Voraussetzungen** für die Annahme einer einheitlichen mehraktigen Ausbildung (Ausbildungsziel noch nicht erreicht, enger sachlicher und zeitlicher Zusammenhang) allein **nicht mehr genügen**, vielmehr sind die weiterentwickelten, zusätzlichen Kriterien zur Abgrenzung von Erst- und Zweitausbildung[79] in jedem Fall zu prüfen.

[75] BFH-Urt. v. 23.10.2019 – III R 14/18, BStBl II 2020, 785
[76] BFH-Urt. v. 11.12.2018 – III R 26/18, BFH/NV 2019, 465
[77] Nds. FG, Urt. v. 25.8.2020 – 8 K 42/20, nicht dokumentiert
[78] BFH-Urt. v. 14.4.2021 – III R 50/20, BFH/NV 2021, 1382
[79] BFH-Urt. v. 11.12.2018 – III R 26/18, BFH/NV 2019, 465

Das FG als Vorinstanz war der Meinung, dass der „Gesamtplan“ des Kindes, die Ausbildung erst mit Abschluss des zweiten Ausbildungsabschnitts als beendet anzusehen, das maßgebliche Kriterium sei.

Dem widersprach der BFH unter Verweis auf seine bisherige Rechtsprechung. Der „Gesamtplan“ ist i.R.d. Abgrenzung **nicht** das maßgebliche Kriterium und überlagert **nicht** alle weiteren Anforderungen an eine einheitliche erstmalige Ausbildung.

6. Weitere Rechtsprechung zu Kindern in Berufsausbildung

a) Zeitpunkt des Beginns und der Beendigung eines Hochschulstudiums – Übergangszeit von vier Monaten zwischen zwei Ausbildungsabschnitten

Der Sachverhalt lässt sich wie folgt zusammenfassen:

- Die Tochter der Klägerin erhielt **zunächst mündlich** die Mitteilung über den erfolgreichen Abschluss des Masterstudiengangs „Management“.
- Im Oktober 2016 stellte die Hochschule den **Abschluss und die Noten online**.
- Im November 2016 holte die Tochter die **schriftlichen Zeugnisse** im Prüfungsamt persönlich ab.
- Im März 2017 **bewarb** sie sich für einen weiteren Bachelorstudiengang im Fach „Politikwissenschaft“ und erhielt eine Zusage.
- Im April 2017 **begann** sie das neue Studium.

Der BFH stellte mit Urteil vom 7.7.2021[80] klar, dass das Masterstudium **mit der Online-Bekanntgabe** der Prüfungsergebnisse **im Oktober 2016 beendet war**. Die Bekanntgabe erfordert nach Ansicht der Richter regelmäßig, dass das Kind **entweder eine schriftliche Bestätigung** über den erfolgreichen Abschluss und die erzielten Abschlussnoten erhalten hat **oder** jedenfalls objektiv in der Lage war, eine solche **schriftliche Bestätigung über ein Online-Portal der Hochschule erstellen** zu können. Entscheidend ist, welches Ereignis früher eingetreten ist.

---

80 BFH-Urt. v. 7.7.2021 – III R 40/19, BFH/NV 2021, 1413

Das neue Bachelorstudium hat **nicht bereits mit der Bewerbung** im März begonnen, weil zu diesem Zeitpunkt noch **keine Ausbildungsmaßnahmen** durchgeführt wurden. Das Kind wurde **erst wieder ab April 2017** „für einen Beruf ausgebildet".[81]

Die **Übergangszeit** zwischen den beiden Ausbildungsabschnitten (November 2016 - März 2017) **überschreitet die Frist von vier vollen Monaten.**[82] Daher kann das Kind auch während der ersten vier Monate der Übergangszeit **nicht berücksichtigt** werden.[83]

Im **März 2017** – in der Wartezeit nach der erfolgreichen Bewerbung bis zum Beginn der Ausbildung – kann das Kind **zwar schon berücksichtigt** werden, weil es „eine Ausbildung mangels Ausbildungsplatz nicht beginnen kann".[84] Als Anknüpfungspunkt für die viermonatige Übergangszeit eignet sich die Bewerbung aber nach Ansicht des BFH nicht. Nach dem eindeutigen Wortlaut der Vorschrift kommt eine Übergangszeit nur zwischen zwei Ausbildungsabschnitten oder zwischen einem Ausbildungsabschnitt und einem der im Gesetz näher bezeichneten Dienste in Betracht.

Somit bestand für den Zeitraum November 2016 - Februar 2017 kein Anspruch auf Kindergeld.

b) Berücksichtigung von Kindern, die wegen einer Erkrankung eine Berufsausbildung nicht beginnen können

Der BFH hat in zwei vergleichbar gelagerten Fällen[85] entschieden, dass ein Kind unter 25 Jahren, das wegen einer Erkrankung keine Berufsausbildung beginnen kann, **nur** dann als ausbildungsplatzsuchendes Kind[86] zu berücksichtigen ist, **wenn das Ende der Erkrankung absehbar ist.**

In beiden Urteilsfällen war dies **nicht** der Fall, einmal aufgrund eines bereits langjährigen Drogenkonsums des Kindes, im anderen Fall wegen einer chronischen, schwerwiegenden psychischen Erkrankung. Die Kinder waren in den Streitjahren jeweils 20 Jahre alt und nach den vorliegenden ärztlichen Attesten nicht in der Lage, ihre Ausbildung zu beginnen bzw. fortzusetzen.

---

81 § 32 Abs. 4 S. 1 Nr. 2 Buchst. a EStG
82 § 32 Abs. 4 S. 1 Nr. 2 Buchst. b EStG
83 BFH-Urt. v. 22.12.2011 – III R 5/07, BStBl II 2012, 678
84 § 32 Abs. 4 S. 1 Nr. 2 Buchst. c EStG
85 BFH-Urt. v. 12.11.2020 – III R 49/18, BStBl II 2021, 390
BFH-Urt. v. 18.2.2021 – III R 35/19, BFH/NV 2021, 938
86 § 32 Abs. 4 S. 1 Nr. 2 Buchst. c EStG

Ein Ende der Erkrankungen war nach Aussage der Ärzte in beiden Fällen nicht absehbar.

Nach der Entscheidung des BFH reicht der Wille des Kindes, sich nach dem Ende der Erkrankung um einen Ausbildungsplatz zu bemühen, für eine Berücksichtigung als arbeitsplatzsuchendes Kind[87] **nicht** aus, wenn das **Ende der Erkrankung nicht absehbar** ist.

In ihrer Begründung zitierten die Richter verschiedene Entscheidungen zu dem Thema „arbeitsplatzsuchende Kinder", deren Kernaussagen hier kurz wiedergegeben werden, um einen zusammenfassenden Überblick zu vermitteln:

- Kinder, die einen Ausbildungsplatz suchen, sollen mit denen, die bereits einen Ausbildungsplatz gefunden haben, **gleichgestellt** werden. Dies setzt voraus, dass der Beginn der Ausbildung **nicht an anderen Umständen** als dem Mangel eines Ausbildungsplatzes scheitert.[88]
- Dabei ist zwar grds. jeder Ausbildungswunsch des Kindes zu berücksichtigen; seine Verwirklichung darf jedoch **nicht an den persönlichen Verhältnissen des Kindes scheitern.**[89]
- Das Kind muss die Ausbildungsstelle im Falle des Erfolgs seiner Bemühungen **antreten können.**[90]

Durch die Veröffentlichung des zuerst ergangenen Urteils im BStBl II wird die Entscheidung von der FinVerw in allen offenen Fällen angewendet. Hierauf weist die OFD Frankfurt in ihrer Rundverfügung vom 13.7.2021[91] hin.

Praxishinweis

In solchen Fällen ist aber zu prüfen, ob eine Berücksichtigung als **behindertes Kind**[92] möglich ist. Der BFH hat daher beide Fälle an die FG zur anderweitigen Verhandlung und Entscheidung zurückverwiesen.

Der **Begriff der Behinderung** orientiert sich an der Definition des § 2 Abs. 1 S. 1 SGB IX.[93] Danach sind Menschen behindert, die körperliche, seelische, geistige oder Sinnesbeeinträchtigungen haben, die sie in Wechselwirkung mit einstellungs- und

87 § 32 Abs. 4 S. 1 Nr. 2 Buchst. c EStG
88 BFH-Urt. v. 7.4.2011 – III R 24/08, BSBl II 2012, 210
89 BFH-Urt. v. 15.7.2003 – VIII R 71/99, BFH/NV 2004, 473
90 BFH-Urt. v. 15.7.2003 – VIII R 79/99, BStBl II 2003, 843
91 OFD Frankfurt am Main, Rundvfg. v. 13.7.2021 – S 2282 A - 036 - St 24, DStR 2021, 2530
92 § 32 Abs. 4 S. 1 Nr. 3 EStG
93 BFH-Urt. v. 19.1.2017 – III R 44/14, BFH/NV 2017, 735

umweltbedingten Barrieren an der gleichberechtigten Teilhabe an der Gesellschaft **mit hoher Wahrscheinlichkeit länger als sechs Monate** hindern können.

Ist das **Ende** einer der in § 2 Abs. 1 SGB IX aufgezählten Beeinträchtigungen, die ein Kind daran hindert, sich um eine Berufsausbildung zu bemühen, **nicht absehbar**, sind nach Auffassung des BFH **in der Regel die Voraussetzungen einer Behinderung in zeitlicher Hinsicht erfüllt.**

7. Ausbildungsfreibetrag

Zur Abgeltung des Sonderbedarfs eines sich in Berufsausbildung befindenden, auswärtig untergebrachten, volljährigen Kindes, für das Anspruch auf einen Freibetrag für Kinder oder Kindergeld besteht, kann einen Freibetrag i.H.v. 924 EUR je Kj vom Gesamtbetrag der Einkünfte abgezogen werden; § 33a Abs. 2 EStG. Nach dem Koalitionsvertrag soll dieser Betrag auf 1.200 EUR – vermutlich ab dem VZ 2022 – angehoben werden.

Das Gesetzgebungsverfahren bleibt abzuwarten.

IV. Entlastungsbetrag für Alleinerziehende

1. Allgemeines

a) Entlastungsgrundbetrag und Erhöhungsbetrag

Der Entlastungsbetrag für Alleinerziehende[94] setzt sich bei **mehr als einem zu berücksichtigenden Kind** aus dem **Entlastungsgrundbetrag**[95] und einem **Erhöhungsbetrag**[96] von 240 EUR für jedes weitere gemeldete Kind zusammen.

Praxishinweis

Der jeweilige Entlastungsbetrag ist **zeitanteilig** für volle Monate zu kürzen, in denen die Voraussetzungen nicht vorliegen.[97]

b) Unwiderlegbare Vermutung der Haushaltszugehörigkeit

Der Entlastungsbetrag für Alleinerziehende ist alleinstehenden Stpfl. zu gewähren, wenn zu ihrem Haushalt mindestens ein Kind gehört, für das sie einen Anspruch auf Kindergeld oder Kinderfreibeträge haben.[98]

Nach § 24b Abs. 1 S. 2 EStG ist eine **Haushaltszugehörigkeit anzunehmen**, wenn das Kind in der Wohnung des alleinstehenden Stpfl. **gemeldet** ist.

Der BFH stellte mit Urteil vom 5.2.2015[99] klar, dass es sich bei dieser Regelung um eine **unwiderlegbare Vermutung** handelt. D.h. auch wenn das Kind tatsächlich in einer anderen Wohnung lebt, aber beim Stpfl. gemeldet ist, **gilt** es aufgrund der Meldung als haushaltszugehörig i.S.d. § 24b EStG.

---

94 § 24b EStG
95 § 24b Abs. 2 S. 1 EStG
96 § 24b Abs. 2 S. 2 EStG
97 § 24b Abs. 4 EStG
98 § 24b Abs. 1 S. 1 EStG
99 BFH-Urt. v. 5.2.2015 – III R 9/13, BFH/NV 2015, 1163

Praxishinweis

Selbst ein Verstoß gegen das Melderecht ändert nach Auffassung des BFH nichts an der unwiderlegbaren Vermutung der Haushaltszugehörigkeit.

Nach § 24b Abs. 1 S. 3 EStG kommt es **nur** in Fällen, in denen das Kind bei **mehreren** Stpfl. gemeldet ist, auf die **tatsächliche** Haushaltsaufnahme[100] an.

Ist das Kind aber nur bei **einem** Stpfl. gemeldet, gilt die unwiderlegbare Vermutung der Haushaltszugehörigkeit.

2. Erhöhung des Entlastungsgrundbetrags ab dem Veranlagungszeitraum 2020

a) Übersicht

Entlastungsbetrag für Alleinerziehende	**Bis VZ 2019**	**VZ 2020 und 2021**	**Ab VZ 2022**
Entlastungsgrundbetrag § 24b Abs. 2 S. 1 EStG	1.908 EUR	1.908 EUR	4.008 EUR
Erhöhung des Entlastungsgrundbetrags § 24b Abs. 2 S. 3 EStG		2.100 EUR	
Erhöhungsbetrag für jedes weitere Kind § 24b Abs. 2 S. 2 EStG	240 EUR	240 EUR	240 EUR

b) Erhöhung für die Veranlagungszeiträume 2020 und 2021

Durch das Zweite Gesetz zur Umsetzung steuerlicher Hilfsmaßnahmen zur Bewältigung der Corona-Krise vom 29.6.2020[101] (Zweites Corona-Steuerhilfegesetz) hat der Gesetzgeber den Entlastungsgrundbetrag für Alleinerziehende für die VZ 2020 und 2021 aufgestockt.

Der Entlastungsgrundbetrag von **1.908 EUR** wird durch eine **auf die VZ 2020 und 2021 befristete Ergänzung,** geregelt in § 24b Abs. 2 S. 3 EStG, **um 2.100 EUR** erhöht. Der sich dadurch ergebende **Gesamtbetrag von**

100 § 24b Abs. 1 S. 3 EStG i.V.m. § 64 Abs. 2 EStG

101 Zweites Gesetz zur Umsetzung steuerlicher Hilfsmaßnahmen zur Bewältigung der Corona-Krise v. 29.6.2020, BGBl I 2020, 1512

4.008 EUR wird bei der ESt-Veranlagung für die Jahre 2020 und 2021 programmgesteuert berücksichtigt.

Der Erhöhungsbetrag für jedes weitere gemeldete Kind beträgt **unverändert 240 EUR**.[102]

c) Erhöhung bleibt ab dem Veranlagungszeitraum 2022 erhalten

Ab dem VZ 2022 ist die befristete Aufstockung des Entlastungsgrundbetrags durch § 24b Abs. 2 S. 3 EStG (s.o.) entfallen.

Stattdessen wurde der Entlastungsgrundbetrag in § 24b Abs. 2 S. 1 EStG durch das Jahressteuergesetz 2020 (JStG 2020)[103] mit Wirkung **ab dem VZ 2022 unbefristet auf 4.008 EUR** erhöht.

Der Erhöhungsbetrag für jedes weitere gemeldete Kind beträgt **unverändert 240 EUR**.[104]

> **Praxishinweis**
>
> Bei der ESt-Veranlagung wird ab dem VZ 2020 automatisch der Entlastungsgrundbetrag von 4.008 EUR berücksichtigt, unabhängig davon, ob er sich aus Grundbetrag und Aufstockungsbetrag zusammensetzt (VZ 2020 und 2021), oder ob der ab dem VZ 2022 geltende erhöhte Grundbetrag zur Anwendung kommt.
>
> Abweichungen und ggf. Handlungsbedarf ergeben sich aber beim Lohnsteuerabzugsverfahren (s.u.).

3. Berücksichtigung im Lohnsteuerabzugsverfahren

a) Veranlagungszeiträume 2020 und 2021

Während der **Entlastungsgrundbetrag i.H.v. 1.908 EUR**[105] i.d.R. bereits durch die Wahl der **Steuerklasse II** im LSt-Abzugsverfahrens berücksichtigt wird, muss zur Berücksichtigung des Erhöhungsbetrags von 240 EUR[106] für

102 § 24b Abs. 2 S. 2 EStG
103 JStG 2020 v. 21.12.2020, BGBl I 2020, 3096
104 § 24b Abs. 2 S. 2 EStG
105 § 24b Abs. 2 S. 1 EStG
106 § 24b Abs. 2 S. 2 EStG

jedes weitere gemeldete Kind **und für die Aufstockung des Entlastungsgrundbetrags von jeweils 2.100 EUR**[107] für die Veranlagungsjahre 2020 und 2021 ein Freibetrag eingetragen werden, der dann über die ELStAM-Daten bereits im LSt-Abzugsverfahren berücksichtigt wird.[108]

Dabei ist die Eintragung des Erhöhungsbetrags von 240 EUR antragsgebunden. Für den Erhöhungsbetrag von 2.100 EUR kann das FA auch ohne Antrag des ArbN „von Amts wegen" einen Freibetrag ermitteln.[109]

Praxishinweis

Die Eintragung von Freibeträgen für diese Erhöhungsbeträge löst für sich betrachtet **keine Veranlagungspflicht** aus. Bei den Veranlagungsgründen in § 46 Abs. 2 Nr. 4 EStG sind die Freibeträge i.S.d. § 39a Abs. 1 S. 1 Nr. 4a EStG nicht aufgeführt.

Das Zweite Corona-Steuerhilfegesetz vom 29.6.2020 wurde am 30.6.2020 im BGBl I veröffentlicht und ist am 1.7.2020[110] in Kraft getreten. Damit kann der Erhöhungsbetrag von 2.100 EUR seit dem Zeitpunkt auch im LSt-Abzugsverfahren berücksichtigt werden.

Praxishinweis

Sollte der LSt-Abzug z.B. wegen Problemen bei der technischen Umsetzung ohne den Erhöhungsbetrag erfolgt sein, erfolgt die Berücksichtigung „automatisch" i.R.d. ESt-Veranlagung.

b) Veranlagungszeiträume ab 2022

Der ab dem VZ 2022 geltende erhöhte **Grundfreibetrag von 4.008 EUR**[111] wird i.d.R. bereits durch die Wahl der **Steuerklasse II** berücksichtigt.

Zur Berücksichtigung des Erhöhungsbetrags von 240 EUR[112] für jedes weitere gemeldete Kind muss ggf. ein Freibetrag eingetragen werden, der dann über die ELStAM-Daten bereits im LSt-Abzugsverfahren berücksichtigt wird.[113]

---

107 § 24b Abs. 2 S. 3 EStG
108 § 39a Abs. 1 S. 1 Nr. 4a EStG
109 § 39a Abs. 1 S. 1 Nr. 4a, 2. HS EStG
110 Art. 12 Abs. 1 Zweites Corona-Steuerhilfegesetz
111 § 24b Abs. 2 S. 1 EStG
112 § 24b Abs. 2 S. 2 EStG
113 § 39a Abs. 1 S. 1 Nr. 4a EStG

4. Entlastungsbetrag für Alleinerziehende im Jahr der Eheschließung und im Jahr der Trennung von Ehegatten

Alleinstehend i.S.d. § 24b EStG ist, wer

- **nicht die Voraussetzungen für die Anwendung des Splitting-Verfahrens (§ 26 Abs. 1) erfüllt** oder verwitwet ist und
- keine Haushaltsgemeinschaft mit einer anderen volljährigen Person bildet. Unschädlich wäre eine Haushaltsgemeinschaft mit einem bereits volljährigen Kind, für das noch Anspruch auf Kindergeld / Kinderfreibeträge besteht.[114]

Die FinVerw gewährt bislang im Jahr der **Eheschließung** und im Jahr der **Trennung von Ehegatten** keinen Entlastungsbetrag für Alleinerziehende, weil nach der Verwaltungsauffassung in beiden Fällen die **Voraussetzungen für die Anwendung des Splitting-Verfahrens erfüllt** sind.

In zwei Revisionsverfahren hat der BFH nun Gelegenheit, hierzu bislang noch nicht höchstrichterlich geklärte Fragen zu entscheiden:

a) Entlastungsbetrag für Alleinerziehende im Jahr der Eheschließung

Die Kläger lebten mit jeweils einem eigenen Kind in getrennten Haushalten. Erst **nach der Eheschließung im Dezember** des Streitjahres zogen sie in eine gemeinsame Familienwohnung. Für das Jahr der Eheschließung beantragten die Eheleute die Zusammenveranlagung.[115] Sie machten für ihre Kinder jeweils einen Entlastungsbetrag für Alleinerziehende[116] geltend.

Nach Auffassung der Kläger liegen die Voraussetzungen für die Anwendung des Splitting-Verfahrens erst ab der Eheschließung vor. Für eine monatsweise Betrachtung und anteilige Gewährung des Entlastungsbetrags[117] spreche, dass die Negativvoraussetzungen „Anwendung des Splitting-Verfahrens“ und „Haushaltsgemeinschaft mit einer volljährigen Person“ gleichwertig nebeneinanderstehen. Daher sei es nicht gerechtfertigt, eine monatsweise Betrachtung nur für den Fall der Haushaltsgemeinschaft mit einer volljährigen Person anzuwenden.

---

[114] § 24b Abs. 3 EStG
[115] §§ 26, 26b EStG
[116] § 24b EStG
[117] § 24b Abs. 4 EStG

Das FG München hat jedoch mit Urteil vom 27.11.2019[118] entschieden, dass den Klägern **für das gesamte Streitjahr kein Entlastungsbetrag** für Alleinerziehende zusteht.

Wegen der Wahl der Zusammenveranlagung werden die Eheleute so behandelt, als hätte die Ehe bereits das gesamte Jahr bestanden. Aufgrund dieser Fiktion werden die Einkünfte des gesamten Jahres, und nicht erst ab der Eheschließung, unter Anwendung des Splitting-Verfahrens versteuert. Daher gelten die Ehegatten nach Auffassung der Richter auch für Zwecke des § 24b EStG in keinem Kalendermonat als alleinstehend, sodass ein Entlastungsbetrag auch nicht zeitanteilig[119] bis November gewährt werden kann.

Das FG hatte die Revision nicht zugelassen, die hiergegen gerichtete Nichtzulassungsbeschwerde[120] der Eheleute war jedoch erfolgreich. Das Beschwerdeverfahren wird nun als Revisionsverfahren[121] fortgeführt.

Praxishinweis

Entsprechende Bescheide sollten im Rechtsbehelf offengehalten werden. Wegen der anhängigen Revision[122] kommt ein Ruhen des Verfahrens in Betracht.

b) Entlastungsbetrag für Alleinerziehende im Jahr der Trennung von Ehegatten

Streitig ist, ob im Jahr der Trennung von Ehegatten ein Entlastungsbetrag für Alleinerziehende in Betracht kommt, wenn der Ehegatte, bei dem das Kind gemeldet ist, die **Einzelveranlagung von Ehegatten nach § 26a EStG** beantragt hat.

Die **FinVerw lehnt dies ab**, da die Eheleute im Jahr der Trennung noch eine Zusammenveranlagung gem. §§ 26, 26b EStG wählen **könnten** und dann das Splitting-Verfahren zur Anwendung käme.[123]

---

118 FG München, Urt. v. 27.11.2019 – 9 K 3275/18, EFG 2021, 278, Revision eingelegt, Az des BFH: III R 57/20

119 § 24b Abs. 4 EStG

120 BFH-Beschl. v. 27.10.2020 – III B 4/20, nicht dokumentiert; das Beschwerdeverfahren wird unter dem Az III R 57/20 als Revisionsverfahren fortgeführt

121 Az des BFH: III R 57/20

122 Az des BFH: III R 57/20

123 BMF-Schr. v. 23.10.2017 – IV C 8 - S 2265-a/14/10005, BStBl I 2017, 1432, Rz 6

Das Nds. FG hat dem mit Urteil vom 18.2.2020[124] **widersprochen**. Nach Ansicht der Nds. Richter dürfe **nicht** darauf abgestellt werden, ob die **Zusammenveranlagung gewählt werden kann[125]**, sondern – entsprechend dem Wortlaut des Gesetzes – ob die **Voraussetzungen für die Anwendung des Splitting-Verfahrens** vorliegen. Dies kann nach der Auslegung des FG erst beurteilt werden, **nachdem** die Wahl der Veranlagungsart getroffen wurde. Das Splitting-Verfahren ist nämlich ausgeschlossen, wenn ein Ehegatte die Einzelveranlagung[126] wählt. Somit kann § 24b EStG bei der **Wahl der Einzelveranlagung gem. § 26a EStG** im Trennungsjahr nach dem Monatsprinzip zeitanteilig für die Monate des Alleinstehens gewährt werden.

Tatsächlich steht in § 24b Abs. 3 EStG zu dem Tatbestandsmerkmal „Voraussetzungen für die Anwendung des Splitting-Verfahrens" der Klammerzusatz „(§ 26 Absatz 1)", was aber missverständlich ist, da die Anwendung des Splitting-Verfahrens gar nicht in § 26 Abs. 1 EStG, sondern in § 32a Abs. 5 EStG bestimmt ist.

§ 26 Abs. 1 EStG eröffnet lediglich ein Wahlrecht für die Art der Veranlagung, Einzelveranlagung gem. § 26a EStG oder Zusammenveranlagung gem. § 26b EStG. Der anzuwendende Steuertarif, Grund-Tarif nach § 32a Abs. 1 EStG oder Splitting-Verfahren nach § 32a Abs. 5 EStG, richtet sich nach der **zuvor** getroffenen Wahl der Veranlagungsart.

Den Entlastungsbetrag auch bei Eheleuten im Jahr der Trennung zu gewähren, entspricht nach Ansicht des FG dem **Zweck der Vorschrift**, den höheren Aufwand von Alleinerziehenden pauschal zu entlasten. Unterstrichen wird diese eindeutige Zielsetzung des Gesetzgebers dadurch, dass der Entlastungsbetrag nur für die Monate gewährt wird, in denen ein „echtes Alleinerziehen" und damit verbundene höhere Aufwendungen vorliegen. Das ist aber auch bei einem verheirateten Alleinerziehenden nach der Trennung von dem anderen Ehegatten der Fall.

Zudem ist nach Auffassung des FG nur so eine **verfassungskonforme Auslegung** möglich. Wenn bereits die Möglichkeit zur Wahl der Zusammenveranlagung den Entlastungsbetrag ausschließen würde, käme es außerdem zu **Wertungswidersprüchen** in wirtschaftlich vergleichbaren Situationen.

---

[124] Nds. FG, Urt. v. 18.2.2020 – 13 K 182/19, EFG 2020, 1664, Revision eingelegt, Az des BFH: III R 17/20

[125] § 26 Abs. 1 EStG

[126] § 26a EStG

Denn wenn bei nicht verheirateten Personen die Haushaltsgemeinschaft mit einer anderen volljährigen Person aufgelöst wird, besteht für den Rest des Jahres ein Anspruch auf den Entlastungsbetrag. **Eheleute**, die ihre Haushaltsgemeinschaft auflösen, hätten diese Möglichkeit nicht und **wären damit schlechter gestellt als unverheiratete Paare**.

Gegen das Urteil wurde Revision[127] zugelassen und eingelegt.

Beispiel

Die Eheleute A und B leben im Jahr 2021 gemeinsam mit der 6-jährigen Tochter in ihrer in Hamburg belegenen Eigentumswohnung. Am 30.6.2021 trennen sich die Eheleute. A zieht aus der gemeinsamen Wohnung aus. Ab Juli 2021 lebt B gemeinsam mit der Tochter in der Eigentumswohnung.

Nach Auffassung der FinVerw scheidet die Gewährung des Entlastungsbetrags für Alleinerziehende für das gesamte Jahr 2021 wegen der Möglichkeit einer Zusammenveranlagung aus. Dies soll nach der Verwaltungsauffassung selbst dann gelten, wenn B die Einzelveranlagung von Ehegatten nach § 26a EStG wählt.

Praxishinweis

Die Frage, ob der Entlastungsbetrag nur denjenigen zusteht, für die das Wahlrecht nach § 26 Abs. 1 EStG nicht in Betracht kommt, oder ob der Entlastungsbetrag bereits Anwendung findet, wenn ein Ehegatte sich für die Einzelveranlagung entscheidet, bei der das Splitting-Verfahren ausgeschlossen ist, wird in Literatur und Rechtsprechung unterschiedlich beantwortet.

Entsprechende Bescheide sollten im Rechtsbehelf offengehalten werden. Wegen der anhängigen Revision[128] kommt ein Ruhen des Verfahrens in Betracht.

---

[127] Az des BFH: III R 17/20
[128] Az des BFH: III R 17/20

5. Entlastungsbetrag für Alleinerziehende nach dem Tod eines Ehegatten

Bei verwitweten Stpfl. wird, nach dem eindeutigen Wortlaut des § 24b Abs. 3 S. 1 EStG, der Entlastungsbetrag auch bei Anwendung des Splitting-Verfahrens berücksichtigt.

Beispiel

Die Eheleute A und B leben im Jahr 2021 gemeinsam mit der 6-jährigen Tochter in ihrer in Hamburg belegenen ETW. Der Ehemann A verstarb am 30.6.2021. Die nunmehr verwitwete B lebt seither gemeinsam mit der Tochter in der Eigentumswohnung.

Der Entlastungsgrundbetrag für Alleinerziehende wird im Jahr 2021 für die Monate Juli bis Dezember und 2022 für das komplette Jahr gewährt. Unerheblich hierfür ist, dass bei der Zusammenveranlagung[129] für 2021[130] und bei der Einzelveranlagung der B[131] für 2022[132] jeweils der Splittingtarif zur Anwendung kommt.

---

129 §§ 26, 26b EStG
130 § 32a Abs. 5 EStG
131 § 25 EStG
132 § 32a Abs. 6 S. 1 Nr. 1 EStG i.V.m. § 32a Abs. 5 EStG

V. Elterngeld

1. Reform des Elterngeldes

Durch das Zweite Gesetz zur Änderung des Bundeselterngeld- und Elternzeitgesetzes vom 15.2.2021[133] ist das Elterngeld seit Herbst 2021 in einigen Bereichen neu geregelt worden.

Die Neuregelungen gelten für alle Kinder, die **ab dem 1.9.2021 geboren** werden.

Verbesserungen ergeben sich insb. durch eine Anhebung der zulässigen Arbeitszeit für eine **Teilzeitbeschäftigung** von 30 auf 32 Wochenstunden und durch eine flexiblere Regelung und Ausweitung des Arbeitszeitkorridors beim **Partnerschaftsbonus**.

Eltern besonders **frühgeborener Kinder** erhalten zusätzliche Elterngeldmonate. Bei einem mindestens sechs Wochen vor dem errechneten Termin geborenen Kind wird ein zusätzlicher Monat Basiselterngeld gewährt, bei acht Wochen zwei Monate, bei zwölf Wochen drei Monate und bei 16 Wochen vier Monate.

Für Eltern, die in häuslicher Gemeinschaft leben, wurde die **Einkommensgrenze** von 500.000 EUR auf 300.000 EUR gesenkt. Für Alleinerziehende bleibt sie aber unverändert bei 250.000 EUR.

Bei Eltern mit nur geringen Einkünften aus selbstständigen (Neben-)Tätigkeiten bestehen neue Wahlmöglichkeiten zur Berechnung der Bemessungsgrundlage für das Elterngeld.

Weitere Einzelheiten finden sich auf der Internetseite des BMFSFJ unter der Adresse:

> https://familienportal.de/familienportal/familienleistungen/elterngeld/faq/was-ist-neu-beim-elterngeld-seit-dem-01-09-2021--177368#anchor-link-2-177368

---

133 Zweites Gesetz zur Änderung des Bundeselterngeld- und Elternzeitgesetzes v. 15.2.2021, BGBl I 2021, 239

2. Steuerrechtliche Folgen aus dem Bezug von Elterngeld

- Das Elterngeld ist nach § 3 Nr. 67 Buchst. b EStG **steuerfrei**.
- Es unterliegt nach § 32b Abs. 1 S. 1 Nr. 1 Buchst. j EStG dem **Progressionsvorbehalt**.
- Die Höhe des Elterngeldes wird der FinVerw von der auszahlenden Stelle als sog. **e-Daten** übermittelt. Auf die Eintragung im Abschnitt Einkommensersatzleistungen des Hauptvordrucks ESt 1 A der ESt-Erklärung kann daher verzichtet werden.

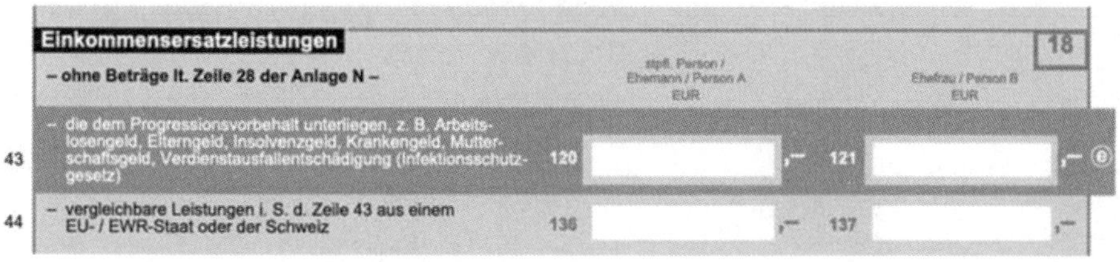

Einkommensersatzleistungen 18

– ohne Beträge lt. Zeile 28 der Anlage N –

			stpfl. Person / Ehemann / Person A EUR		Ehefrau / Person B EUR
43	– die dem Progressionsvorbehalt unterliegen, z. B. Arbeitslosengeld, Elterngeld, Insolvenzgeld, Krankengeld, Mutterschaftsgeld, Verdienstausfallentschädigung (Infektionsschutzgesetz)	120	,–	121	,– ⓔ
44	– vergleichbare Leistungen i. S. d. Zeile 43 aus einem EU- / EWR-Staat oder der Schweiz	136	,–	137	,–

I. §§ 35a und 35c EStG – Aktuelle Entwicklungen

I. Aktuelle Entwicklungen zu § 35a EStG

1. Übersicht

§ 35a EStG gewährt eine Steuerermäßigung bei Aufwendungen für haushaltsnahe Beschäftigungsverhältnisse, haushaltsnahe Dienstleistungen und Handwerkerleistungen.

Begünstigte Tätigkeit im Privathaushalt	**Steuerermäßigung**
§ 35a **Abs. 1** EStG Geringfügige Beschäftigungsverhältnisse i.S.d. § 8a SGB IV, die im Haushaltsscheckverfahren abgerechnet werden (Arbeitsentgelt bis zu 450 EUR monatlich).	20 % der begünstigten Aufwendungen, höchstens 510 EUR jährlich
§ 35a **Abs. 2** EStG Sozialversicherungspflichtige Beschäftigungsverhältnisse, die nicht unter § 35a Abs. 1 EStG fallen. Haushaltsnahe Dienstleistungen, die keine Handwerkerleistungen i.S.d. § 35a Abs. 3 EStG sind. Aufwendungen für die Inanspruchnahme von Pflege- und Betreuungsleistungen. Aufwendungen, die wegen der Unterbringung in einem Heim oder zur dauernden Pflege erwachsen sind, soweit darin Kosten für Dienstleistungen enthalten sind, die mit denen einer Hilfe im Haushalt vergleichbar sind.	20 % der begünstigten Aufwendungen, höchstens 4.000 EUR jährlich
§ 35a **Abs. 3** EStG Handwerkerleistungen für Renovierungs-, Erhaltungs- und Modernisierungsmaßnahmen. Diese Steuerermäßigung ist für öffentlich geförderte Maßnahmen (Inanspruchnahme von zinsverbilligten Darlehen oder steuerfreien Zuschüssen) ausgeschlossen; § 35a Abs. 3 S. 2 EStG.	20 % der begünstigten Aufwendungen, höchstens 1.200 EUR jährlich

2. Blick in den Erklärungsvordruck

a) Vermeidung einer Doppelförderung nach §§ 35a und 35c EStG

Nach Maßgabe von § 35c EStG wird eine Steuerermäßigung für energetische Maßnahmen bei zu eigenen Wohnzwecken genutzten Gebäuden gewährt. Diese neue Steuerermäßigung gilt für Maßnahmen, mit deren Durchführung nach dem 31.12.2019 begonnen wird und die vor dem 1.1.2030 abgeschlossen werden. Diese neue Steuerermäßigung wird nicht gewährt, wenn für die energetischen Maßnahmen eine Steuerermäßigung nach § 35a EStG in Anspruch genommen wird.[1]

Aufgrund des Ausschlusses einer Doppelberücksichtigung von Aufwendungen nach § 35a EStG und § 35c EStG für dieselbe Maßnahme[2] wurde der Hinweis vor den Zeilen 6 bis 9 (nach dem Klammerzusatz) umformuliert und ergänzt.

Blick in den Erklärungsvordruck (vor Zeile 6)

Handwerkerleistungen
für Renovierungs-, Erhaltungs- und Modernisierungsmaßnahmen im eigenen Haushalt
(ohne Handwerkerleistungen, für die eine öffentliche Förderung durch zinsverbilligte Darlehen oder steuerfreie Zuschüsse [z. B. KfW-Bank, BAFA, landeseigener Förderbanken oder Gemeinden] oder für die eine Steuerermäßigung für energetische Maßnahmen nach § 35c EStG in Anspruch genommen wird)

Zeile		Rechnungsbeträge (bei Eintragungen in Zeile 10 nur anteilig) EUR		darin enthaltene Lohnanteile, Maschinen- und Fahrtkosten inkl. Umsatzsteuer EUR
6	Art der Aufwendungen	,—		,—
7	Art der Aufwendungen	,—	+	,—
8	Art der Aufwendungen	,—	+	,—
9	Summe steuerlich berücksichtigungsfähiger Lohnanteile, Maschinen- und Fahrtkosten inkl. Umsatzsteuer		214	,—

Praxishinweis

Aufgrund der vom Maximalbetrag deutlich geringer ausfallenden Förderung von Handwerkerleistungen (max. 1.200 EUR), die sich zudem auf die Arbeitskosten beschränkt[3], sollte i.d.R. von der ebenfalls antragsabhängigen Inanspruchnahme der Steuerermäßigung nach § 35a EStG Abstand genommen werden. Etwas anderes kann z.B. gelten, wenn die Förderbeträge nach § 35c Abs. 1 EStG bereits ausgeschöpft sind. Der Ausschluss von § 35c EStG soll bereits dann gelten, wenn nur für einzelne auch unter § 35c EStG fallende Aufwendungen eine Steuerermäßigung

---

1 § 35c Abs. 3 S. 2 EStG
2 § 35c Abs. 3 S. 2 EStG
3 § 35a Abs. 5 S. 2 EStG

nach § 35a EStG geltend gemacht wird (**Förderfalle**[4]). Unverändert gilt im Übrigen, dass eine Förderung nach § 35a EStG – aber auch nach § 35c EStG – ausgeschlossen ist, sofern eine bereits öffentlich geförderte Maßnahme vorliegt (siehe hierzu § 35a Abs. 3 S. 2 EStG und § 35c Abs. 3 S. 2 EStG).

3. Hausnotrufsystem als haushaltsnahe Dienstleistungen

Nachdem bereits das Sächsische FG[5] die Aufwendungen für ein Hausnotrufsystem außerhalb des „Betreuten Wohnens" als haushaltsnahe Dienstleistungen eingeordnet hat, sieht dies auch das FG Baden-Württemberg so.[6]

Praxishinweis

Sofern das örtliche FA keine Steuerermäßigung nach Maßgabe von § 35a Abs. 2 EStG zulässt, sollten vergleichbare Sachverhalte im Hinblick auf die beim BFH anhängigen Musterverfahren offengehalten werden.

4. Haushaltsnahe Dienstleistungen und Koalitionsvertrag

Nach dem Koalitionsvertrag ist für haushaltsnahe Dienstleistungen eine Förderung durch Gutscheine und Zulagen vorgesehen. Diese sollen ebenso wie eine eventuelle neue steuerfreie ArbG-Erstattungsmöglichkeit gegen die bestehenden Steuerermäßigungen – gemeint ist hier offensichtlich § 35a EStG – gerechnet werden. Gesetzgebungsverfahren bleiben gegenwärtig abzuwarten.

5. Wo endet der „Haushalt"?

Mit Urteil vom 21.2.2018 hat der BFH entschieden,[7] dass der für § 35a Abs. 3 EStG nötige räumlich-funktionale Zusammenhang zum Haushalt nicht gegeben ist, wenn für die Neuverlegung einer öffentlichen Mischwasserleitung als Teil des öffentlichen Sammelnetzes ein Baukostenzuschuss erhoben wird.

---

4 *Reddig,* in: Kirchhof, EStG, 19. Aufl. 2020, § 35c Rz 23

5 Sächsisches FG, Urt. v. 14.10.2020 – 2 K 323/20, EFG 2021, 217, Revision eingelegt, Az des BFH: VI R 7/21

6 FG Baden-Württemberg, Urt. v. 11.6.2021 – 5 K 2380/19, EFG 2021, 1548, Revision eingelegt, Az des BFH: VI R 14/21

7 BFH-Urt. v. 21.2.2018 – VI R 18/16, BStBl II 2018, 641

Praxishinweis

Der Baukostenzuschuss unterscheidet sich von den Kosten für den eigentlichen Grundstücksanschluss (= die Verbindung des öffentlichen Sammelnetzes mit der Grundstücksentwässerungsanlage, beginnend an der Abzweigstelle von der jeweiligen Sammelleitung und endend mit dem Grundstücksanschlussschacht an der Grundstücksgrenze des Anschlussgrundstücks).

Zudem hat der BFH mit Urteil vom 13.5.2020 entschieden, dass der räumlich-funktionale Zusammenhang zum Haushalt an der „Bordsteinkante" endet.[8]

Das BMF hat nunmehr auf die vorgenannte BFH-Rechtsprechung reagiert. In dem BMF-Schreiben vom 1.9.2021[9] heißt es nun:

> Für Handwerkerleistungen der öffentlichen Hand, die nicht nur einzelnen Haushalten, sondern allen an den Maßnahmen der öffentlichen Hand beteiligten Haushalten zugutekommen, ist danach eine Begünstigung nach § 35a EStG ausgeschlossen (z.B. Ausbau des allgemeinen Versorgungsnetzes oder Erschließung einer Straße). Insoweit fehlt es an einem räumlich-funktionalen Zusammenhang der Handwerkerleistungen mit dem Haushalt des einzelnen Grundstückseigentümers.

Übersicht

Maßnahme	Begünstigt	Nicht begünstigt	Haushaltsnahe Dienstleistung	Handwerkerleistung
Straßenreinigung				
Fahrbahn		X		
Gehweg	X		X	
Winterdienst				
Fahrbahn		X		
Gehweg	X		X	

8 BFH-Urt. v. 13.5.2020 – VI R 4/18, BStBl II 2021, 669

9 BMF-Schr. v. 1.9.2021 – IV C 8 - S 2296-b/21/10002:001, BStBl I 2021, 1494

II. Aktuelle Entwicklungen zu § 35c EStG

1. Grundsätzliches

Durch das Gesetz zur Umsetzung des Klimaschutzprogramms 2030 im Steuerrecht[10] hat der Gesetzgeber einen neuen § 35c EStG eingeführt. § 35c EStG sieht Steuerermäßigungen für bestimmte Aufwendungen für energetische Maßnahmen bei zu eigenen Wohnzwecken genutzten Gebäuden vor.

§ 35c EStG ist erstmals auf Baumaßnahmen anzuwenden, mit deren Durchführung nach dem 31.12.2019 begonnen wurde und die vor dem 1.1.2030 abgeschlossen werden.

Blick in den Erklärungsvordruck

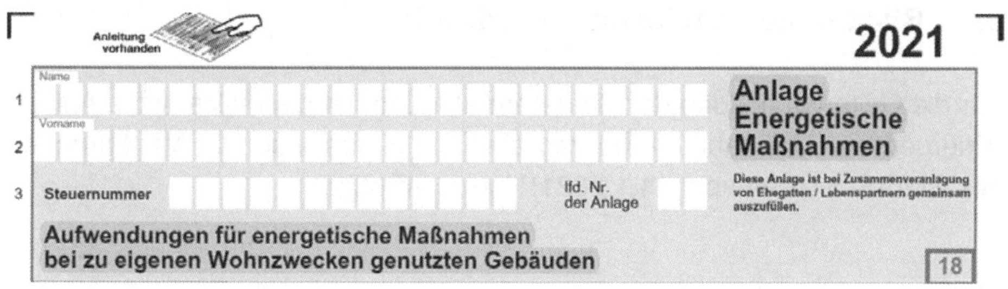
Anleitung vorhanden
2021
Name
1
Vorname
2
3 Steuernummer
lfd. Nr. der Anlage
Anlage Energetische Maßnahmen
Diese Anlage ist bei Zusammenveranlagung von Ehegatten / Lebenspartnern gemeinsam auszufüllen.
Aufwendungen für energetische Maßnahmen bei zu eigenen Wohnzwecken genutzten Gebäuden
18

Grundsatzbeispiel

In 2021 fallen energetische Sanierungsaufwendungen an einem selbstgenutzten Wohnobjekt (Baujahr 1968) von 100.000 EUR an. Das Objekt wird auch in den Folgejahren zu eigenen Wohnzwecken genutzt.

2021: 100.000 EUR x 7 % =	7.000 EUR	(max. 14.000 EUR)
2022: 100.000 EUR x 7 % =	7.000 EUR	(max. 14.000 EUR)
2023: 100.000 EUR x 6 % =	6.000 EUR	(max. 12.000 EUR)
Gesamtermäßigung =	20.000 EUR	

Verbleibender Steuerermäßigungsbetrag für weitere energetische Sanierungsmaßnahmen an diesem Objekt bis 2029: 20.000 EUR.

[10] Gesetz zur Umsetzung des Klimaschutzprogramms 2030 im Steuerrecht v. 21.12.2019, BGBl I 2019, 2886

Die Steuerermäßigung nach § 35c EStG ist nur im VZ des Abschlusses der energetischen Maßnahmen und in den beiden folgenden VZ möglich. Übersteigt der für die energetische Maßnahme ermittelte Steuerermäßigungsbetrag die tarifliche ESt (vermindert um die sonstigen Steuerermäßigungen) der steuerpflichtigen Person (sog. **Anrechnungsüberhang**), so kann der Anrechnungsüberhang weder in anderen VZ steuermindernd berücksichtigt noch innerhalb des dreijährigen Förderzeitraumes auf einen der drei VZ vor- bzw. zurückgetragen werden. Der Anrechnungsüberhang mindert aber auch nicht den Höchstbetrag der Steuerermäßigung.

Praxishinweis

Durch einen steuerlichen Verlust oder einen steuerlichen Verlustrücktrag oder -vortrag kann sich eine Wechselwirkung in Bezug auf den Verlust von Ermäßigungsguthaben nach § 35c EStG ergeben.

2. Blick in den Erklärungsvordruck

Für die Geltendmachung der Steuerermäßigung hat die FinVerw die Anlage „Energetische Maßnahmen“ überarbeitet und hierbei insb. die Ausführungen des BMF-Schreiben vom 14.1.2021[11] berücksichtigt.

a) Bisherige Zeile 7

Die bisherige Abfrage in der Zeile 7 der Anlage Energetische Maßnahmen 2020 war für einen Fallaufgriff bei einer Veräußerung des Objekts vorgesehen, um im Falle eines Erwerbs nach dem 1.1.2020 die berücksichtigten energetischen Maßnahmen des Voreigentümers in die Berechnung der maximalen Steuerermäßigung einzubeziehen. Zunächst sollte die Steuerermäßigung nach § 35c EStG objektbezogen gewährt werden.

[11] BMF-Schr. v. 14.1.2021– IV C 1 - S 2296-c/20/10004:006, BStBl I 2021, 103

Auszug aus dem Erklärungsvordruck 2020

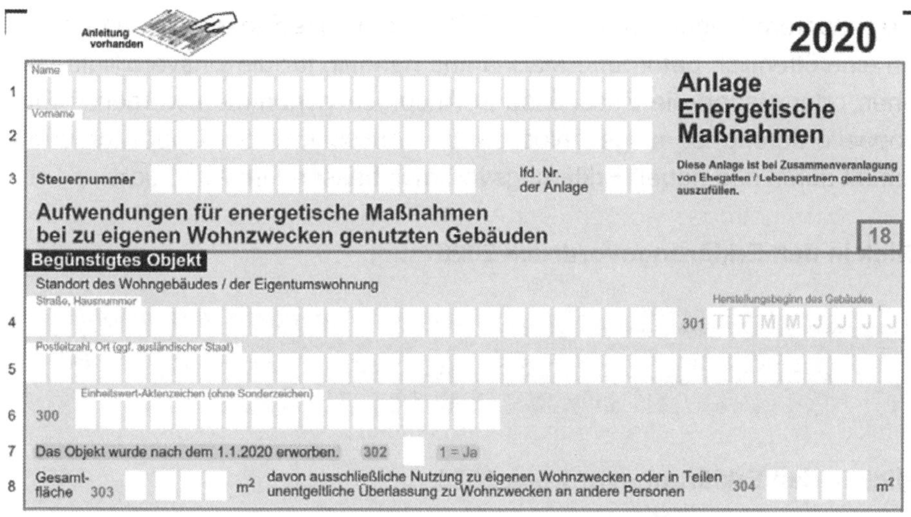
Anleitung vorhanden

2020

Anlage Energetische Maßnahmen

Diese Anlage ist bei Zusammenveranlagung von Ehegatten / Lebenspartnern gemeinsam auszufüllen.

1 Name

2 Vorname

3 Steuernummer lfd. Nr. der Anlage

Aufwendungen für energetische Maßnahmen bei zu eigenen Wohnzwecken genutzten Gebäuden 18

Begünstigtes Objekt

Standort des Wohngebäudes / der Eigentumswohnung

4 Straße, Hausnummer — Herstellungsbeginn des Gebäudes 301 T T M M J J J J

5 Postleitzahl, Ort (ggf. ausländischer Staat)

6 300 Einheitswert-Aktenzeichen (ohne Sonderzeichen)

7 Das Objekt wurde nach dem 1.1.2020 erworben. 302 1 = Ja

8 Gesamtfläche 303 m² — davon ausschließliche Nutzung zu eigenen Wohnzwecken oder in Teilen unentgeltliche Überlassung zu Wohnzwecken an andere Personen 304 m²

Auszug aus der Anleitung zum Erklärungsvordruck 2020

Bei einem Erwerb nach dem 1.1.2020 sind berücksichtigte energetische Maßnahmen des Voreigentümers in die Berechnung der maximalen Steuerermäßigung einzubeziehen. In diesem Fall tragen Sie bitte in Zeile 7 den Wert „1" ein.

Neufassung des Erklärungsvordrucks 2021

Durch das BMF-Schreiben vom 14.1.2021[12] hat die FinVerw die zunächst geäußerte Rechtsauslegung geändert. Die Steuerermäßigung ist nunmehr **personen- und objektbezogen** zu gewähren.

Die Abfrage in der Zeile 7 des Erklärungsvordrucks 2020 ist im Erklärungsvordruck 2021 ersatzlos entfallen.

Praxishinweis

Wird das begünstigte Objekt entgeltlich auf eine andere Person übertragen, kann die – die Immobilie ebenfalls zu eigenen Wohnzwecken nutzende – andere Person für ihre eigenen energetischen Aufwendungen die steuerliche Förderung nach § 35c EStG ebenfalls bis zu einem Höchstbetrag von 40.000 EUR in Anspruch nehmen.[13]

---

12 BMF-Schr. v. 14.1.2021 – IV C 1 - S 2296-c/20/10004:006, BStBl I 2021, 103

13 BMF-Schr. v. 14.1.2021 – IV C 1 - S 2296-c/20/10004:006, BStBl I 2021, 103 Rz 25 und 26

b) Zeile 9 (neu) und neue amtliche Bescheinigungen

Die Steuerermäßigung nach § 35c EStG ist ausgeschlossen, wenn es sich um eine öffentlich geförderte Maßnahme handelt, für die zinsverbilligte Darlehen oder steuerfreie Zuschüsse in Anspruch genommen werden.[14] Eine Doppelförderung ist ausgeschlossen. Der Ausschluss der Doppelförderung kommt durch den neuen Erklärungsvordruck besser zum Ausdruck.

Blick in den Erklärungsvordruck 2020

Eigene Aufwendungen für energetische Maßnahmen
- ohne Betriebsausgaben / Werbungskosten (z. B. Aufwendungen für ein häusliches Arbeitszimmer) oder Sonderausgaben
- ohne öffentlich geförderte Maßnahmen, für die zinsverbilligte Darlehen oder steuerfreie Zuschüsse in Anspruch genommen werden (z. B. KfW-Bank, BAFA, landeseigener Förderbanken oder Gemeinden; §§ 10f, 35a EStG)

– Bitte die Bescheinigung(en) des ausführenden Fachunternehmens / der Person mit Ausstellungsberechtigung nach § 21 Energieeinsparverordnung (EnEV) einreichen –

Blick in den Erklärungsvordruck 2021

Energetische Maßnahmen 2021

Ich / Wir habe(n) für die energetischen Maßnahmen beantragt / in Anspruch genommen:

9
- öffentliche Förderung durch zinsverbilligte Darlehen (z. B. KfW-Bank, landeseigene Förderbank) oder
- steuerfreie Zuschüsse (z. B. KfW-Bank, BAFA, Gemeinde) oder
- Steuerbegünstigung für Gebäude in Sanierungsgebieten und städtebaulichen Entwicklungsbereichen oder
- Steuerermäßigung für Handwerkerleistungen nach § 35a EStG

309 1 = Ja 2 = Nein

Für die nachstehend geltend gemachten energetischen Maßnahmen wurden die in Zeile 9 genannten Förderungsmöglichkeiten **nicht** beantragt oder in Anspruch genommen.

Ein vollständiger Ausschluss tritt nach § 35c Abs. 3 S. 2 EStG dann ein, wenn es sich um eine **öffentlich geförderte Maßnahme** handelt, für die zinsverbilligte Darlehen oder steuerfreie Zuschüsse in Anspruch genommen werden. Entscheidend ist, ob für die jeweilige energetische Maßnahme an sich (z.B. Erneuerung der Heizungsanlage, Wärmedämmung von Wandflächen, Wärmedämmung von Dachflächen) eine öffentliche Förderung, z.B. durch die KfW, erfolgt ist. Nicht entscheidend ist, ob sich alle Aufwendungen der jeweiligen energetischen Maßnahme auch tatsächlich i.R.d. öffentlichen Förderung ausgewirkt haben.[15]

Praxishinweis

Im Erklärungsvordruck 2020 wurden die Hinweise zu öffentlich geförderten Maßnahmen, für die zinsverbilligte Darlehen oder steuerfreie Zuschüsse in Anspruch genommen worden sind, lediglich im „Hinweistext" vor Zeile 8 (alt) abgedruckt. Dies wurde der steuerlichen Folge nicht gerecht, da es hierdurch zum Ausschluss einer Förderung nach § 35c EStG kommt. Im Erklärungsvordruck 2021 ist eine eigene Abfrage formuliert.

---

14 § 35c Abs. 3 S. 2 EStG

15 BMF-Schr. v. 14.1.2021 – IV C 1 - S 2296-c/20/10004:006, BStBl I 2021, 103 Rz 58

Zudem wurde noch ein klarstellender Hinweis angebracht, dass für die in den Zeilen 10 ff beantragten energetischen Maßnahmen keine Förderung i.S.d. Zeile 9 beansprucht wurde. Durch diesen zusätzlichen Hinweis soll sichergestellt werden, dass in den nachfolgenden Zeilen auch tatsächlich nur Aufwendungen eingetragen werden, für die keine der vorgenannten Förderungen beantragt oder in Anspruch genommen werden.

Durch die Verkennzifferung ist ein elektronischer Abgleich durch die FinVerw möglich. Im ELSTER-Verfahren wird die Abfrage als Pflichtfeld definiert.

Daneben wurde auch die gesetzliche Fundstelle (§ 88 Gebäudeenergiegesetz – GEG; anstatt § 21 Energieeinsparverordnung – EnEV) im Erklärungsvordruck 2021 angepasst.

Energetische Maßnahmen 2021

Ich / Wir habe(n) für die energetischen Maßnahmen beantragt / in Anspruch genommen:
- öffentliche Förderung durch zinsverbilligte Darlehen (z. B. KfW-Bank, landeseigene Förderbank) oder
- steuerfreie Zuschüsse (z. B. KfW-Bank, BAFA, Gemeinde) oder
- Steuerbegünstigung für Gebäude in Sanierungsgebieten und städtebaulichen Entwicklungsbereichen oder
- Steuerermäßigung für Handwerkerleistungen nach § 35a EStG

9 — 309 [ ] 1 = Ja / 2 = Nein

Für die nachstehend geltend gemachten energetischen Maßnahmen wurden die in Zeile 9 genannten Förderungsmöglichkeiten **nicht** beantragt oder in Anspruch genommen.

– Bitte die Bescheinigung(en) des ausführenden Fachunternehmens / der Person mit Ausstellungsberechtigung nach § 88 Gebäudeenergiegesetz (GEG) einreichen –

Eigene Aufwendungen für energetische Maßnahmen
(ohne Aufwendungen die als Betriebsausgaben / Werbungskosten [z. B. Aufwendungen für ein häusliches Arbeitszimmer] oder Sonderausgaben berücksichtigt werden)

Die Steuerermäßigung nach § 35c EStG kann nur in Anspruch genommen werden, wenn durch eine nach **amtlichem Muster** erstellte Bescheinigung des ausführenden Fachunternehmens nachgewiesen wird, dass die Voraussetzungen des § 35c Abs. 1 S. 1 bis 3 EStG sowie die Anforderungen nach der Verordnung zur Bestimmung von Mindestanforderungen für energetische Maßnahmen bei zu eigenen Wohnzwecken genutzten Gebäuden nach § 35c EStG (Energetische Sanierungsmaßnahmen-Verordnung – ESanMV) erfüllt sind.

Nach § 2 Abs. 2 ESanMV sind auch Personen mit Ausstellungsberechtigung nach § 88 GEG zur Erstellung entsprechender Bescheinigungen berechtigt. Mit der Verordnung zur Änderung der Sanierungsmaßnahmen-Verordnung vom 14.6.2021[16] wurde die ESanMV an die neue Bundesförderung für effiziente Gebäude angepasst.

16 Verordnung zur Änderung der Sanierungsmaßnahmen-Verordnung v. 14.6.2021, BGBl I 2021, 1780

Ergänzend zu dieser Anpassung hat das BMF das Muster für die von Fachunternehmen und Personen mit Ausstellungsberechtigung nach § 88 GEG[17] angepasst.[18] Zudem wurde der Begriff des Fachunternehmens auf weitere Gewerke und Unternehmen der Fenstermontage ausgedehnt.

Praxishinweis

Das BMF hat mit Schreiben vom 15.10.2021 die amtlich vorgeschriebenen Muster neu gefasst. Diese neuen Muster ersetzen die bisherigen Muster, die mit BMF-Schreiben vom 31.3.2020[19] veröffentlicht wurden.

Wurden bis zum Tag der Veröffentlichung des BMF-Schreibens vom 15.10.2021 für nach dem 31.12.2020 begonnene energetische Maßnahmen Bescheinigungen auf Grundlage der bisherigen Muster ausgestellt, werden diese ebenso im Veranlagungsverfahren akzeptiert. Gerade mit der Erklärungserstellung 2021 sollte auf das Vorliegen der korrekten Bescheinigung geachtet werden.

c) Zeile 15 und 16 (neu)

In Zeile 15 wurde eine Abfrage zu Aufwendungen für sommerlichen Wärmeschutz aufgenommen. In Zeile 16 wurde das Wort *„und"* eingefügt, da sowohl die Erneuerung als auch der Einbau einer Lüftungsanlage als energetische Maßnahme gefördert wird.

Blick in den Erklärungsvordruck

				EUR
11	Aufwendungen für die Wärmedämmung von Wänden			,—
12	Aufwendungen für die Wärmedämmung von Dachflächen		+	,—
13	Aufwendungen für die Wärmedämmung von Geschossdecken		+	,—
14	Aufwendungen für die Erneuerung der Fenster und / oder der Außentür(en)		+	,—
15	Aufwendungen für den Ersatz und / oder den erstmaligen Einbau von sommerlichem Wärmeschutz		+	,—
16	Aufwendungen für die Erneuerung und / oder den Einbau einer Lüftungsanlage		+	,—
17	Aufwendungen für die Erneuerung der Heizungsanlage (bitte Zeile 23 und 24 beachten)		+	,—
18	Aufwendungen für den Einbau von digitalen Systemen zur energetischen Betriebs- und Verbrauchsoptimierung		+	,—
19	Aufwendungen für die Optimierung bestehender Heizungsanlagen (älter als 2 Jahre)		+	,—
20	Aufwendungen für die Erteilung der Bescheinigung(en)		+	,—
21		Summe	310	,—
22	Aufwendungen für die planerische Begleitung oder Beaufsichtigung durch den Energieberater		311	,—

17 § 2 Abs. 2 ESanMV
18 BMF-Schr. v. 15.10.2021 – IV C 1 - S 2296-c/20/10003:004, NWB WAAAH-92953
19 BMF-Schr. v. 31.3.2020 – IV C 1 – S 2296-c/20/10003:001, BStBl I 2020, 484

d) Anleitung zur Anlage Energetische Maßnahmen

Die Kosten für den **Energieberater** sind i.H.v. 50 % der Aufwendungen im Jahr des Abschlusses der Maßnahme zu berücksichtigen und nicht auf drei Jahre zu verteilen. Die Kosten für den Energieberater als auch die Kosten für die Erteilung der Bescheinigung nach § 35c Abs. 1 S. 7 EStG sind jeweils – wie die Aufwendungen für die energetische Maßnahme selbst – vom Höchstbetrag der Steuerermäßigung von 40.000 EUR umfasst.[20]

In den Erläuterungen zum Erklärungsvordruck wird hierauf wie folgt hingewiesen:

> Für alle energetischen Maßnahmen zusammen, einschließlich der Kosten für den Energieberater, wird für das begünstigte Objekt maximal eine Steuerermäßigung von 40.000 EUR gewährt.

3. BMF-Schreiben vom 14.1.2021 – IV C 1 - S 2296-c/20/10004:006, BStBl I 2021, 103

Das BMF hat mit Schreiben vom 14.1.2021[21] im Detail zur Anwendung von § 35c EStG insb. nachfolgend ausgeführte bedeutsame Aussagen getroffen.

- Begünstigt sind energetische Maßnahmen an einem in der Europäischen Union oder dem Europäischen Wirtschaftsraum belegenen und zu eigenen Wohnzwecken genutzten eigenen Gebäude. Hierunter kann auch eine **Ferienwohnung** fallen.[22]
- Eine Nutzung zu eigenen Wohnzwecken liegt vor, wenn die Wohnung allein, mit Familienangehörigen oder gemeinsam mit Dritten bewohnt wird. Von einer Nutzung zu eigenen Wohnzwecken ist auch im Falle der **unentgeltlichen Überlassung** an ein Kind auszugehen, für das Anspruch auf Kindergeld oder Kinderfreibetrag besteht. Die unentgeltliche Überlassung der gesamten Wohnung an andere – auch unterhaltsberechtigte – Angehörige oder fremde Dritte stellt hingegen keine Nutzung zu eigenen Wohnzwecken dar.[23]

---

20 BMF-Schr. v. 14.1.2021 – IV C 1 - S 2296-c/20/10004:006, BStBl I 2021, 103 Rz 49 ff.
21 BMF-Schr. v. 14.1.2021 – IV C 1 - S 2296-c/20/10004:006, BStBl I 2021, 103
22 BMF-Schr. v. 14.1.2021 – IV C 1 - S 2296-c/20/10004:006, BStBl I 2021, 103 Rz 1
23 BMF-Schr. v. 14.1.2021 – IV C 1 - S 2296-c/20/10004:006, BStBl I 2021, 103 Rz 10 (selbst in begünstigten Auslandsfällen dürfte eine Bescheinigung nach deutschem Recht vorzulegen sein; Billigkeitsregelungen bleiben abzuwarten)

- Trotz **häuslichem Arbeitszimmer** liegt eine Eigennutzung vor. Allerdings kann nach § 35c Abs. 3 EStG die Steuerermäßigung in Bezug auf den Werbungskostenabzug für das häusliche Arbeitszimmer nicht beansprucht werden.[24] Keine Aussage trifft die FinVerw, wie bei Inanspruchnahme der **Arbeitsplatzpauschale** (5 EUR/Tag) zu verfahren ist. Es dürfte in solchen Fällen keine Kürzung nach § 35c Abs. 3 EStG vorzunehmen sein. Etwas anderes dürfte nur gelten, wenn auf den Ansatz der Aufwendungen für ein häusliches Arbeitszimmer zu Gunsten der Arbeitsplatzpauschale verzichtet wird.

- Wird auf dem Dach eines zu eigenen Wohnzwecken genutzten Wohngebäudes eine **Photovoltaikanlage** errichtet, und werden mit dieser Anlage gewerbliche Einkünfte gem. § 15 EStG erzielt, bleibt das Wohngebäude ein begünstigtes Objekt i.S.d. § 35c EStG.[25]

- Das begünstigte Objekt muss nach § 35c Abs. 1 S. 2 EStG bei Durchführung der energetischen Maßnahme **älter als zehn Jahre** sein. Maßgebend für die Bestimmung des Zehn-Jahreszeitraumes sind der Beginn der Herstellung des Gebäudes und der Beginn der energetischen Maßnahme. Die Frist ist tagesgenau zu berechnen. Zur Prüfung, ob die 10-Jahres-Frist eingehalten ist, wird in dem Erklärungsvordruck der Herstellungsbeginn abgefragt.

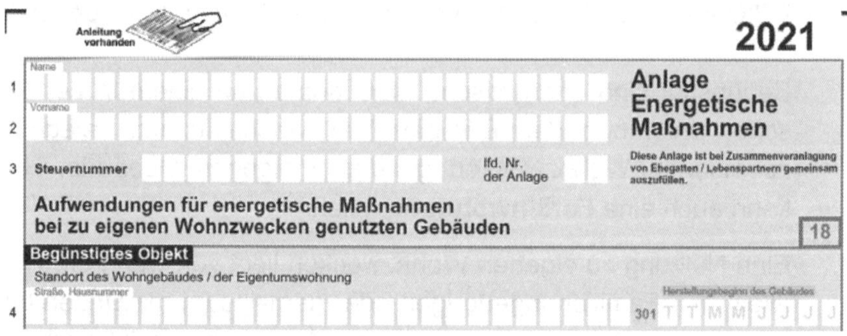
Anleitung vorhanden
2021
Anlage Energetische Maßnahmen
Diese Anlage ist bei Zusammenveranlagung von Ehegatten / Lebenspartnern gemeinsam auszufüllen.
1 Name
2 Vorname
3 Steuernummer — lfd. Nr. der Anlage
Aufwendungen für energetische Maßnahmen bei zu eigenen Wohnzwecken genutzten Gebäuden
18
Begünstigtes Objekt
Standort des Wohngebäudes / der Eigentumswohnung
Straße, Hausnummer — Herstellungsbeginn des Gebäudes
4 — 301 T T M M J J J J

> **Praxishinweis**
>
> Ist bei vor dem Jahr 2010 errichteten Gebäuden der Tag der Bauantragstellung nicht bekannt, genügt es der FinVerw, wenn der 1.1. des Herstellungsjahres eingetragen wird (z.B. bei Baujahr 1960 ist in Zeile 4 einzutragen: 01011960).

- Die Steuerermäßigung nach § 35c EStG ist ausgeschlossen, soweit die Aufwendungen für die energetische Maßnahme bereits als Betriebsausgaben, Werbungskosten, Sonderausgaben oder außerge-

[24] BMF-Schr. v. 14.1.2021 – IV C 1 - S 2296-c/20/10004:006, BStBl I 2021, 103 Rz 12
[25] BMF-Schr. v. 14.1.2021 – IV C 1 - S 2296-c/20/10004:006, BStBl I 2021, 103 Rz 15

wöhnliche Belastung berücksichtigt worden sind. Sind die Aufwendungen nur z.T. zu berücksichtigen, sind die nicht abziehbaren Aufwendungen bei § 35c EStG zu erfassen. Diese Wechselwirkung tritt z.B. bei den Aufwendungen für eine **doppelte Haushaltsführung** ein, weil die inländischen Unterkunftskosten nur bis max. 1.000 EUR/Monat angesetzt werden können.[26] Entsprechendes gilt für die **zumutbare Belastung**, die sich bei § 33 EStG nicht auswirkt.[27]

Beispiel

A macht Aufwendungen i.H.v. 23.000 EUR für die energetische Maßnahme, die im Zusammenhang mit ihrer Eigentumswohnung anfallen, in ihrer ESt-Erklärung 2021 als Werbungskosten geltend. A nutzt diese Eigentumswohnung ganzjährig zu eigenen Wohnzwecken an ihrem Arbeitsort (Ort der ersten Tätigkeitsstätte) i.R.d. doppelten Haushaltsführung.

Zudem stellt sie für dieselben Aufwendungen einen Antrag auf Steuerermäßigung nach § 35c EStG.

Werbungskosten bei den Einkünften aus nichtselbstständiger Arbeit

Max. 1.000 EUR x 12 Monate =	12.000 EUR

Aufwendungen, die i.R.v. § 35c EStG berücksichtigungsfähig sind

23.000 EUR – 12.000 EUR =	11.000 EUR

– Die Inanspruchnahme der Steuerermäßigung durch die steuerpflichtige Person ist auch möglich, wenn die Aufwendungen für die energetischen Maßnahmen, für die die steuerpflichtige Person eine Rechnung erhalten hat, von dem **Konto** einer **dritten Person** bezahlt worden sind.[28]

---

26 BMF-Schr. v. 14.1.2021 – IV C 1 - S 2296-c/20/10004:006, BStBl I 2021, 103 Rz 57
27 BMF-Schr. v. 14.1.2021 – IV C 1 - S 2296-c/20/10004:006, BStBl I 2021, 103 Rz 63
28 BMF-Schr. v. 14.1.2021 – IV C 1 - S 2296-c/20/10004:006, BStBl I 2021, 103 Rz 62

AO
AStG
BewG
EStG
EStDV
ErbStG
ErbStDV
FGO
FZulG
GewStG
GewStDV
GG
GmbHG
GrEStG
GrStG
HGB
InvStG
KStG
KStDV
LStDV
SolzG
StAbwG
SvEV
UmwStG
UStG
UStDV

Lochen – Ösen – Abheften

DUETT € 249,–

Ösenmappe Duett

Bindestärke bei 80 g/qm:

Nr. 1	1–15 Blatt
Nr. 2	16–40 Blatt
Nr. 3	41–65 Blatt
Nr. 4	66–90 Blatt

Farben:
umfangreiches Sortiment

Ausführung:
Vollkarton, Mattfolie, Klarfolie

DUETT BINDEN BIS 90 BLATT

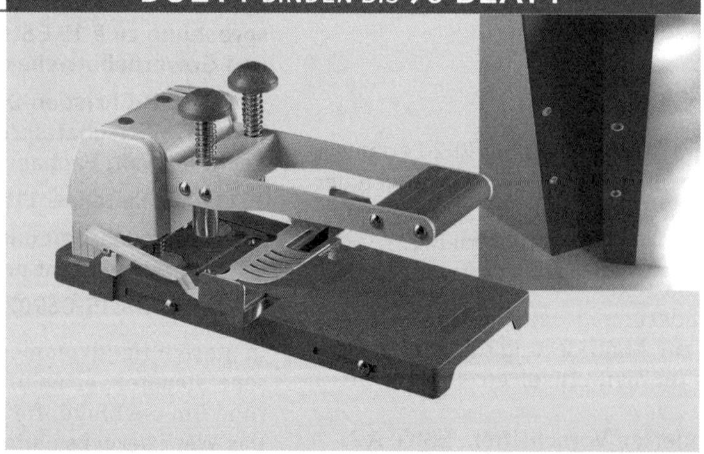

Ösengerät DUETT
Lochen und Ösen: manuell
Bindeformat: beliebig, optimiert für DIN A4
Bindestärke: 2–90 Blatt (80g/qm)
Einsatz: 2 Ösen
Farbe Öse: silber (Aluminium)
Öseninnendurchmesser: 5 mm
Ösenaußendurchmesser: 9 mm
Abheftung im Ringordner: ja
Ösenrückseite: rund

TWISTER € 299,–

Ösenmappe Twister

Bindestärke bei 80 g/qm:

Nr. 1	1–15 Blatt
Nr. 2	16–40 Blatt
Nr. 3	41–65 Blatt
Nr. 4	66–90 Blatt
Nr. 5	91–115 Blatt
Nr. 6	116–140 Blatt
Nr. 7	141–170 Blatt

Farben:
umfangreiches Sortiment

Ausführung:
Vollkarton, Mattfolie, Klarfolie

Preise jeweils zzgl. MwSt.

TWISTER BINDEN BIS 170 BLATT

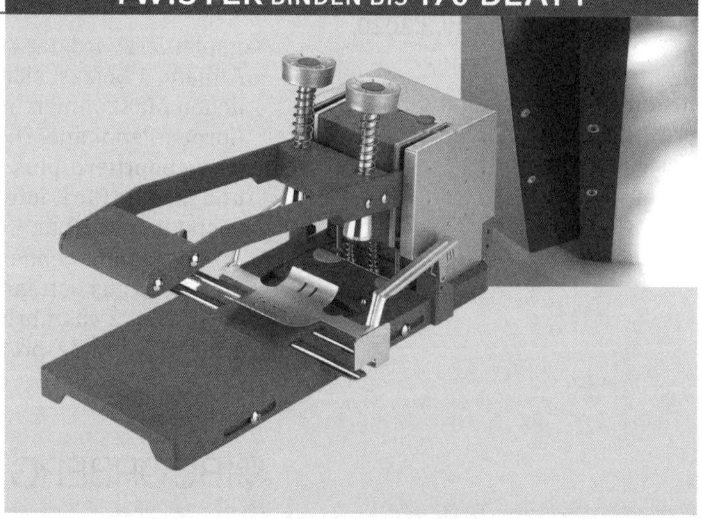

Ösengerät TWISTER
Lochen und Ösen: manuell
Bindeformat: beliebig, optimiert für DIN A4
Bindestärke: 2–170 Blatt (80g/qm)
Einsatz: 2 Ösen
Farbe Öse: silber (Aluminium)
Öseninnendurchmesser: 5 mm
Ösenaußendurchmesser: 9 mm
Abheftung im Ringordner: bis Größe 5
Ösenrückseite: rund

Fax-Bestellschein ➔ 07 11/73 85-100

07 11/73 85-343 @ kundenservice@boorberg.de www.steuerkanzlei-bedarf.de

Ösenmappe »Herkules« satinierte Folie				Anzahl
506311401	No. 1	(1–15 Blatt)	königsblau	
506311402	No. 2	(16–40 Blatt)	königsblau	
506311403	No. 3	(41–65 Blatt)	königsblau	
506311771	No. 1	(1–15 Blatt)	tiefblau	
506311772	No. 2	(16–40 Blatt)	tiefblau	
506311773	No. 3	(41–65 Blatt)	tiefblau	
506311011	No. 1	(1–15 Blatt)	hochweiß	
506311012	No. 2	(16–40 Blatt)	hochweiß	
506311013	No. 3	(41–65 Blatt)	hochweiß	
506311591	No. 1	(1–15 Blatt)	bordeaux	
506311592	No. 2	(16–40 Blatt)	bordeaux	
506311593	No. 3	(41–65 Blatt)	bordeaux	

Preise jeweils zzgl. MwSt.

Preise

ab 50 Stk. (1 VE)	€ 0,99/Stk.
ab 250 Stk. (5 VE)	€ 0,96/Stk.
ab 500 Stk. (10 VE)	€ 0,94/Stk.
ab 750 Stk. (15 VE)	€ 0,92/Stk.
ab 1000 Stk. (20 VE)	€ 0,90/Stk.

Mindestbestellmenge: 50 Stück = 1 VE (Verpackungseinheit)

	VE/St.	Anzahl	Einzel-Preis €
Ösengerät DUETT			249,00
Ösengerät TWISTER			299,00
Ösen No. 1 (1–15 Bl.)	300		18,20
No. 2 (16–40 Bl.)	300		20,50
No. 3 (41–65 Bl.)	300		28,30
No. 4 (66–90 Bl.)	300		31,80
No. 5 (91–115 Bl.)	200		24,80
No. 6 (116–140 Bl.)	150		19,20
No. 7 (141–170 Bl.)	150		22,60
Ösenremover			7,50
Wachspapier	100		6,50

Preise jeweils zzgl. MwSt.

Absender: ☐ Frau ☐ Herr

Name

Vorname

Straße, Nr.

PLZ, Ort

Telefon

Telefax

E-Mail

X

Datum, Unterschrift RA1121

Kundennummer

BOORBERG

RICHARD BOORBERG VERLAG GmbH & Co KG
70551 Stuttgart

Sitz Stuttgart · AG Stuttgart, HRA 3076
Komplementärin: BOORBERG GmbH · Sitz Stuttgart · AG Stuttgart, HRB 2969
Geschäftsführer: Dr. Berndt Oesterhelt, RA Markus Ott